Karen Krüger

Eine Reise durch das islamische Deutschland

Rowohlt • Berlin

Für Ada

1. Auflage August 2016
Copyright © 2016 by Rowohlt · Berlin Verlag GmbH, Berlin
Satz aus der Mercury PostScript (InDesign) bei
Pinkuin Satz und Datentechnik, Berlin
Druck und Bindung CPI books GmbH, Leck, Germany
ISBN 978 3 87134 832 7

Inhalt

7 **Leben und Sterben in der Fremde**
Ramadan und die ewige Kopftuchfrage in Hamburg

52 **Wer ist der Islam und wenn ja, wie viele?**
Identitätssuche in Köln

92 **Die Ketzer von Köln**
Über Apostasie und einen Mann, der gegen Wunderheiler kämpft

123 **Was wird in den Moscheen gepredigt?**
Der Sufi von Wiesbaden und die Suche nach dem Weg

142 **Islamische Pfadfinder am Rhein**
Wo geht's zur islamischen Bedrohung?

163 **Der Mann, der in Witten die Kopftuchmädchen produziert**
Wie schick kann eine moderne Muslimin sein?

175 **Öko-Muslime, islamische Banker und ein Friedenspreis in Frankfurt**
Die Unterwerfung findet nicht statt

190 **Unter den Flügeln des Heiligen Kranichs**
Bei den Aleviten in Berlin

201 **Ein türkisches Dorf namens Goethestraße**
Deutsch-türkische Gemeinschaft in München

222 **In Rosenheim kommt ein anderer Islam an**
Wie die Flüchtlinge nicht nur Deutschland, sondern auch den Islam verändern werden

228 **Christlich, muslimisch – Hauptsache schwäbisch**
In Stuttgart ist der Islam schon angekommen

250 **Rechts gegen Islam**
Wie in Dresden das Abendland verteidigt wird

268 **Generation Dschihad**
Eine Berliner Hip-Hopperin entkommt dem Sog der Salafisten

290 **Sprechen wir über den barmherzigen Gott**
Lehrer des Islams in Dinslaken und Münster

304 **Frau Doktor Yildiz in Berlin-Mitte macht keine Jungfrauen**
Muslimische Frauen und Sexualität

331 **Wir.dienen.Deutschland**
Mit Allah und Grundgesetz in Berlin

342 **Epilog:**
Deutschland, der Islam und das islamische Deutschland

349 **Danksagung**

Leben und Sterben in der Fremde
Ramadan und die ewige Kopftuchfrage in Hamburg

Ich habe mir noch schnell ein Kopftuch gekauft, in dem türkischen Supermarkt neben dem Beerdigungsinstitut. Eigentlich wollten wir uns dort, in Arif Tokincis Büro, unterhalten. Aber der Tod nimmt keine Rücksicht auf Verabredungen. Ein Nigerianer ist gestorben, hat Arif Tokinci am Telefon gesagt. Und mit Hamburger Timbre: «Kommen Sie einfach mit.»

Arif Tokinci wartet auf dem Parkplatz vor seinem Beerdigungsinstitut; ein schlanker, großgewachsener Mann von Ende vierzig, mit freundlichen dunklen Augen. Wir fahren los, über Kopfsteinpflaster die Böckmann-Straße runter, vorbei an der Centrum-Moschee, deren grün-weiße Minarette aussehen, als strecke da ein seltenes Insekt seine Fühler in den Hamburger Morgenhimmel. St. Georg, das Schmuddelkind der feinen Hansestadt, wird gerade wach. Vor den Geschäften werden die Rollläden hochgezogen, auf dem Bürgersteig schiebt sich ein Fahrzeug der Stadtreinigung durch Papiermüll, Glasscherben, Erbrochenes. Am Ufer der Alster präsentiert der Stadtteil sein edles Fotografiergesicht. Am Steindamm jedoch, auf den Herr Tokinci gerade sein Auto lenkt, schlägt nachts der Puls von

St. Georg am lautesten: in Pornoläden, Spielhallen und Schnellrestaurants. «Ein Nigerianer? Was für ein Nigerianer?» – «Der, der vor ein paar Tagen erschossen worden ist. Haben Sie das nicht mitbekommen?» Doch. Die Zeitungen waren voll davon. ‹Dieser Rentner hat gerade einen Mann abgeknallt!›, titelte ein Hamburger Boulevardblatt. Das dazugehörige Foto zeigte einen älteren Herrn in Boxershorts und T-Shirt. Seine Augen hatte die Zeitung verpixelt, man merkte aber, die Kamera hatte ihn überrascht. Die Polizei habe den genauen Tathergang noch nicht endgültig rekonstruiert, stand im Artikel. Sie gehe aber von versuchtem Einbruch aus. Der Mieter – der Mann auf dem Foto – hatte einen Revolver in der Schublade. An einer Kreuzung, keine zweihundert Meter vom Tatort entfernt, brach der angeschossene Nigerianer tot zusammen. Er wurde keine 25 Jahre alt. Sein Kumpel machte sich aus dem Staub.

Der Tote war Muslim, er soll auf dem Friedhof Öjendorf beigesetzt werden, es gibt dort ein islamisches Gräberfeld.

Der Islam sieht das Leben als befristete Gottesgabe, deren Ende der Tod markiert. So wie der Mensch durch das Einhauchen der Seele belebt wird, so stirbt er, wenn der Todesengel *Izra'il* zu dem Menschen tritt und ihm die Seele wieder nimmt. Der Tod bedeutet jedoch nicht das Ende. Er ist ein Übergang, der von bestimmten islamischen Riten begleitet werden soll. Nach islamischem Verständnis ist der Menschen ganz auf Gott ausgerichtet. Der Begriff «Islam» drückt das aus, denn übersetzt bedeutet er so viel wie Unterwerfung, Hingabe an Gott. Beidem verleihen gläubige Muslime durch bestimmte religiöse Riten Ausdruck, etwa in ihrer Niederwerfung zum Gebet. Stirbt ein Mensch, ist er dazu natürlich nicht mehr in der Lage. Die Gemeinde hat deshalb jetzt für ihn Sorge zu tragen. Es ist nicht nur Brauch, es ist das Recht eines jeden Muslims, dass er von seinen Glaubensbrüdern und -schwestern während der Bestattung begleitet wird. Sie sollen dem Verstorbenen durch Bittgebete und eine bestimmte Form der Beisetzung ermöglichen, seine Hingabe für Gott ein letztes Mal in dieser Welt zu bezeugen.

Arif Tokinci ist auf diese Bestattungsrituale spezialisiert. Er betreibt in Hamburg ein islamisches Beerdigungsinstitut. Seine Kunden sind Muslime aus aller Welt, vor allem sind es Türken. Auch christliche Familien wenden sich bisweilen mit einem Sterbefall an ihn. Herr Tokinci organisiert dann einen Pastor.

Eigentlich ist der Deutschtürke gelernter Kaufmann. Zu dem Beruf des Bestatters kam er als junger Mann über einen deutschen Freund, dessen Familie seit Generationen ein Beerdigungsinstitut in Hamburg betreibt. Starb ein Muslim, bot er sich als Übersetzer und Kulturmittler an. Im Jahr 1996 machte er sich selbständig, bis heute gehen er und sein Freund einander beruflich zur Hand. Fallen bei «Arif Bestattungen» ungewöhnlich viele Todesfälle auf einmal an, erledigt der Freund mal ein paar Fahrten, holt die Särge ab und Ähnliches. Hat das christliche Bestattungsinstitut einen muslimischen Sterbefall, übernimmt Arif Tokinci die Waschung des Toten und organisiert einen Imam für das Gebet.

Anfangs habe ihn der tägliche Umgang mit Verstorbenen große Überwindung gekostet, erzählt Arif Tokinci. «Wenn ich mich nicht selbständig gemacht hätte, hätte ich diesen Beruf sicherlich wieder aufgegeben. Der Tod von Kindern und jungen Menschen geht mir noch immer besonders nah. Auch Unfälle oder gewaltsame Todesfälle verkrafte ich nur schwer. Mein Glaube hilft mir, damit umzugehen», sagt er.

«Sind Sie denn sehr religiös?» – «Ich bete fünfmal am Tag, faste und trinke keinen Alkohol. Ich glaube an Gott. Die Religion bedeutet mir viel.» Arif Tokinci lacht verlegen: «Bin ich in Ihren Augen jetzt ein Radikaler?»

Ruhig steuert er seinen dunklen Mercedes durch den Hamburger Stadtverkehr. Der Friedhof Öjendorf liegt im Osten der Stadt. «Werde ich die Trauergemeinde bei der Beerdigung nicht stören?», frage ich. Arif Tokinci schüttelt den Kopf. «Keine Sorge. Bei muslimischen Beerdigungen ist jeder willkommen. Das ist nicht so wie bei deutschen. Sie werden niemandem auffallen, denn es werden sehr viele Leute da sein.»

In muslimischen Ländern überbringt der Gebetsruf die Nachricht vom Tod. Wer möchte, folgt ihm und geht zur Moschee. In Deutschland wird sie von Mund zu Mund weitergegeben. Wer den Toten oder dessen Familie kannte, und sei es nur entfernt, kommt einfach zum Friedhof und drückt sein Mitgefühl aus. Einladungen zur Beerdigung werden nicht verschickt. Auch Todesanzeigen sind nicht üblich. Der Termin der Beisetzung macht in der Community auch so die Runde. Bei dem verstorbenen Nigerianer war besondere Eile geboten. Der islamische Glaube möchte, dass ein Toter nach spätestens 24 Stunden beerdigt wird. Die Staatsanwaltschaft hatte den Leichnam des Mannes wegen der laufenden Ermittlungen aber erst gestern, fünf Tage nach dessen Tod, freigegeben. Die Familie rief sofort bei Arif Tokinci an. Warum gibt es eigentlich diese 24-Stunden-Frist? Arif Tokinci räuspert sich. «Von 24 Stunden ist, soweit ich weiß, in keiner theologischen Schrift die Rede. Man soll aber mit der Beisetzung nicht unbegründet lange warten. Es gibt eine Überlieferung, eine *Hadith*, in der es sinngemäß heißt: War der Verstorbene ein guter Mensch, dann beerdigt ihn so schnell es geht, damit er Ruhe findet und das Paradies erwarten kann. War er hingegen ein schlechter Mensch, dann beerdigt ihn so schnell es geht, damit ihm bald seine gerechte Strafe zukommt.»

Der islamischen Regel gerecht zu werden, verlangt nicht nur Arif Tokincis Berufsethos. Als gläubigem Muslim ist es ihm auch eine Herzensangelegenheit. Es gibt nicht viel, was er als Grund für die Verzögerung einer Beisetzung akzeptiert. Komme ein wichtiger Verwandter von sehr weit her, könne er verstehen, wenn die Familie auf sein Eintreffen warten möchte, sagt er. Verzögerungen wegen polizeilicher Ermittlungen, wie im Falle des Nigerianers, wertet er als höhere Gewalt. Sollte nicht klar sein, wer die Kosten für die Beerdigung trägt, nimmt hingegen er das Tempo raus – «ich muss auch wirtschaftlich denken, der Prophet war Kaufmann, es ist also hoffentlich okay». Überhaupt kein Verständnis hat Arif Tokinci allerdings für Familien, die ihn bitten, den Opa noch eine Weile im Kühlfach zu lassen, damit sie den Urlaub in aller Ruhe beenden können. Genauso wenig kann er akzeptieren, wenn Angehörige sich am Sterbebett so zerstreiten, dass die Beerdigung hinausgezögert werden muss – «das kam alles schon vor». Im Islam heißt es, zu dem Verstorbenen treten zwei Engel, wenn er im Grabe liegt, erklärt Arif Tokinci. Sie fragen ihn: Wer ist dein Gott? Wer ist dein Prophet? Welches ist deine Religion? Welches deine Gebetsrichtung? Kennt der Verstorbene die richtigen Antworten: Gott, Mohammed, der Islam, Mekka, so erhält er von den Engeln die Bestätigung seiner künftigen Erlösung. Arif Tokinci schnaubt laut durch die Nase. «Wer könnte sich anmaßen, einen geliebten Verwandten auf diesen Moment länger als notwendig warten zu lassen? Sind die Engel weg, kommt die sogenannte Wartezeit. Das klingt schlimm und quälend. Es wartet schließlich niemand gern. Diese Wartezeit ist jedoch ganz anders. Für gute Menschen vergeht sie wie im Flug, da der Verstorbene schon in einem sehr angenehmen, gottnäheren Zustand ist, der am Jüngsten Tag aufgehoben wird. Schlechten Menschen kommt sie hingegen wie eine Ewigkeit vor. Je nachdem wie der Richterspruch ausfällt, geht es danach in die Hölle oder ins Paradies.» Reinreden möchte Herr Tokinci den Familien nicht. Offenbar denkt er sich aber seinen Teil.

Tokincis Handy klingelt. Er drückt die Freisprechanlage: «Efendim!» – «Ja bitte!» Einer seiner Mitarbeiter ist am Apparat. Der Mann redet schnell, hektisch, auf Türkisch: Ein Haufen Leute sei schon da, aber er wisse nicht, welchen Toten er waschen soll, in der Kühlanlage lägen zwei. «Der Afrikaner, ihr müsst den Afrikaner waschen!», brüllt Arif Tokinci ins Telefon. Er legt auf, wischt sich Schweißperlen von der Stirn. Es ist Ramadan, die islamische Fastenzeit. Herrn Tokincis Tag begann heute schon früh, weit vor Sonnenaufgang. Er hat gebetet, gegessen und getrunken, bevor es Tag geworden ist. Erst wenn das Tageslicht spät abends wieder erloschen sein wird, darf er wieder etwas zu sich nehmen. Im Radio haben sie vorhin angekündigt, dass die Temperaturen an diesem Hamburger Junitag mittags 30 Grad erreichen. Schon jetzt liegt eine drückende Schwüle über der Stadt. Schwer vorstellbar, wie man das ohne einen Tropfen Wasser durchstehen soll. Arif Tokinci lächelt. «Wir sind heute Morgen alle etwas angespannt. Es ist gar nicht so sehr das Fasten, da sind nur die ersten Tage schwierig. Es ist dieser Sterbefall. Mir sind zehn normale Todesfälle lieber als ein Mensch, der gewaltsam aus dem Leben gerissen wurde. Da kochen die Emotionen bei den Angehörigen immer besonders hoch. Die hören dann nicht mehr auf den Bestatter.»

Die Arbeit eines muslimischen Bestatters bedeutet enormen Stress. Wegen des engen Zeitfensters zwischen Todeseintritt und Beisetzung ist sie kaum zu vergleichen mit einem herkömmlichen Bestattungsinstitut. Sobald Herr Tokinci von einem Sterbefall erfährt, tickt die Uhr. Er sagt den Angehörigen am Telefon, welche Unterlagen des Toten sie bereithalten sollen: Geburtsurkunde und Heiratsurkunde im Original und in deutscher Übersetzung, Ausweis. Dann fährt er oder einer seiner Mitarbeiter ins Krankenhaus oder in die Wohnung des Verstorbenen, um persönlich mit den Angehörigen zu reden und die Unterlagen abzuholen. Hat sich die Familie für eine Beisetzung in deutscher Erde entschieden, kann Tokinci entspannen – nach deutschem Recht darf ein Leichnam nämlich erst nach 36 Stunden beigesetzt werden. Wünscht die Familie eine Überführung, ist Eile geboten. Hat Arif Tokinci ihren Anruf schon morgens erhalten und der Arzt den Totenschein sofort ausgestellt, ist die Überführung – sofern es in die Türkei geht – noch am selben Tag machbar: Die erforderlichen Gänge zum türkischen Konsulat und zum Gesundheitsamt bekommen Arif Tokinci und sein Team innerhalb von ein, zwei Stunden hin, und Flüge in die Türkei gibt es von Hamburg aus dreimal am Tag. Alles läuft parallel. Herr Tokinci sitzt in seinem Büro mit der Checkliste der notwendigen Schritte; faxt, mailt, telefoniert.

Wieder klingelt Arif Tokincis Handy. Es ist sein mobiles Büro. Eine Dame von der Friedhofsverwaltung Ohlsdorf bestätigt einen Beerdigungstermin. Der Bestatter wirkt erleichtert. «Eine türkische Familie», sagt er anschließend. «Es gab Streit. Die Schwestern des Toten wollten, dass der Bruder in ihrem Dorf in der Türkei beerdigt wird. Seine Kinder wünschen, er solle in Hamburg bleiben. Sie haben mich nach meiner Meinung gefragt. Ich habe ihnen erklärt, dass es wie im Erbrecht ist. Das meiste Gewicht hat das Wort der Ehefrau, danach das Wort der Kinder. Andere dürfen sich da laut Gesetz gar nicht einmischen.»

Arif Tokinci managt den Tod. Er sorgt allerdings nicht nur dafür, dass Muslime nach dem islamischen Ritus zur Ruhe gebetet werden. Er ist auch Tröster, Berater in religiösen Fragen und – auch das kommt häufig vor – Streitschlichter.

Bei dem Mann mit nigerianischen Wurzeln gab es keine Diskussion.

Die Familie hat keine Beziehung mehr zum Geburtsland. Auch Iraner und Afghanen wüssten meistens schnell, was sie wollen, erzählt Tokinci: Die erste Generation kam als Verfolgte nach Deutschland. Die politischen Wirren in ihren Ländern machten eine Überführung nach dem Tod unmöglich, und so wurden die afghanischen und iranischen Väter und Mütter in Hamburg beigesetzt.

Kniffelig wird es, wenn eine Familie türkische Wurzeln hat. Die Verbindungen in die Türkei sind noch eng, eine Flugreise dorthin kein Problem und eine Überführung sogar billiger als ein Grab in Deutschland. Achtzig Prozent der verstorbenen Deutschtürken werden in der Türkei beigesetzt. «Bedauerlicherweise», sagt Arif Tokinci, «endet die Entscheidung meistens im Streit.»

In der Regel wollen die hier geborenen Enkel und Kinder die Angehörigen in Deutschland behalten. «Wäre da nicht die Familie in der Türkei, die auf einmal lautstark Anspruch auf die tote Schwester, die Tante, den Bruder, den Onkel erhebt.» Deren Wünsche abzulehnen ist gar nicht so einfach. Denn in der türkischen Gesellschaft wird der Respekt vor Älteren noch groß geschrieben. Und so laufen, sobald ein Angehöriger gestorben ist, zwischen Deutschland und der Türkei die Telefondrähte heiß. Es wird diskutiert, geweint, gestritten, mit Liebesentzug, mit Enterbung, mit Höllenfeuer gedroht. Jeder nimmt für sich in Anspruch, den Willen des Toten zu kennen. Arif Tokinci seufzt. Meistens habe der Verstorbene sich zu Lebzeiten nie klar geäußert, wo er einmal begraben werden will: «Deutsche sind da ganz anders. Sie legen fest, wo sie beigesetzt werden möchten. Manche suchen sich sogar schon ihren Grabstein aus oder hinterlassen Wünsche für die Trauerfeier. Türken hingegen verdrängen gern den Tod, vor allem jene, die ihr Leben lang gegrübelt haben, ob sie nicht doch in die Türkei zurückkehren wollen.» Auch die Finanzierung sei oftmals alles andere als klar.

Vor ein paar Wochen stand eine ältere Frau bei ihm im Büro. Ihr 84 Jahre alter Mann war gestorben. Ein halbes Jahr zuvor war ihm seine Lebensversicherung ausgezahlt worden: 200 000 Euro. «Der Mann hatte nichts Besseres zu tun, als das ganze schöne

Geld in seine Zähne zu investieren», sagt Arif Tokinci. «Als er starb, hatte er ein Gebiss aus Platin.» Für die Beerdigung war kein Cent mehr übrig. Die Frau musste zum Sozialamt gehen.

«Ich finde Streitereien um Tote sehr seltsam», sagt der Bestatter und biegt an einer Kreuzung ab, an der ein Schild auf den Friedhof Öjendorf hinweist. Vor einigen Jahren rief ihn eine türkische Familie an. Der Bruder war gestorben. Die Familie wollte ihn unbedingt in die Türkei überführen lassen. Die polnische Ehefrau des Mannes sperrte sich jedoch. Als die Familie einsah, dass die Dame sich nicht umstimmen ließ, zogen sie sie über den Tisch. Gegenüber der Witwe tat die Familie so, als lenke sie ein: Man werde ihr den Mann nicht nehmen, keine Sorge, sogar ein Termin für die Beisetzung in Hamburg sei mittlerweile mit dem Bestatter abgemacht. In Wirklichkeit war Arif Tokinci jedoch der Auftrag einer Überführung erteilt worden. Gewissenhaft und in der Annahme, die Witwe sei einverstanden, erledigte er ihn sofort. Nachdem das Flugzeug abends in Istanbul gelandet war, verständigte die Familie die Witwe, dass es nichts mit der Beerdigung in Deutschland wird. Sie ging sofort zur Polizei, und Tokinci wurde auf die Wache zitiert. Dort begegnete er einer verzweifelten Frau, die er noch nie zuvor gesehen hatte. Gemeinsam rekonstruierten sie, was geschehen war: Als Arif Tokinci in die Wohnung des Toten gerufen worden war, hatte er sehr viele Menschen dort vorgefunden. In traditionellen muslimischen Familien sitzen Männer und Frauen bei einem Trauerfall in getrennten Räumen. So auch dort. Arif Tokinci sagt, es sei ihm schon immer unangenehm gewesen, als Fremder in den Raum der Frauen zu platzen, weil er von der Gattin des Verstorbenen eine Unterschrift für die Überführung braucht. Er hatte deshalb einen Angehörigen des Toten gebeten, der Witwe das Formular zum Unterschreiben vorzulegen. Auf die Frage, wer sie denn sei, habe der Mann durch die geöffnete Tür auf eine der Damen gezeigt. Von ihr erhielt Tokinci die Unterschrift. Die Witwe aber war sie nicht.

Der wiederum wurde irgendein Bekannter als Bestatter Tokinci vorgestellt. Arif Tokinci scheut sich seitdem nicht mehr, den Frauenraum zu betreten. Außerdem lässt er sich den Ausweis zeigen.

Wir kommen an. Der Friedhof Öjendorf hat ein imposantes Eingangstor, dahinter öffnet sich eine riesige Parkanlage. Der Friedhof ist so groß, dass sogar Buslinien auf seinen Hauptstraßen verkehren. Die Hamburger suchen ihn gern zur Erholung auf. Neben einem islamischen Gräberfeld gibt es einen Abschnitt für serbisch-orthodoxe Gräber, eine italienische Ehrenanlage, einen Bereich für Menschen, die ihren Körper der Medizin zur Verfügung gestellt haben, einen für Lebensgemeinschaften, und es gibt Baumgräber. Was Toleranz auf dem Friedhof angeht, ist Hamburg ziemlich weit vorn. Im Jahr 1997 schaffte die Hansestadt den Sargzwang bei islamischen Bestattungen ab. Der Raum für die rituellen Waschungen, wo der Verstorbene gerade gewaschen wird, befindet sich in einem Nebengebäude des Krematoriums. Die rituelle Waschung ist für Muslime entscheidend. So wie der Mensch zu Lebzeiten zum Gebet gereinigt vor den Schöpfer getreten ist, so soll er das auch in der Vorerwartung zum Jüngsten Gericht tun.

Arif Tokinci stellt den Wagen ab, ich binde mir schnell mein Kopftuch um. Vor dem Gebäude warten schon viele kleine Grüppchen, in sich gekehrt, manche mit Blumen in der Hand, eine Frau hält ihre schluchzende Freundin eng umschlugen. Immer mehr Trauernde treffen ein. Wir stellen uns etwas abseits, unter einen Baum. Herr Tokinci behält sein Handy griffbereit. Im Flüsterton erklärt er mir, was gerade passiert: Der Tote wird dreimal komplett gewaschen. Mit Wasser und Seife oder Shampoo. Besonders wichtig sind die Körperteile, die der Muslim zu Lebzeiten selbst vor dem Gebet immer gereinigt hat, also Hände, Füße, Mund, Gesicht, Ohren, Nase. Der Imam ist anwesend, muss sich aber nicht an der Waschung beteiligen. Das übernehmen Tokincis Mitarbeiter und die Angehörigen, sofern diese das wollen. Alle, die sich um den Toten versammelt haben, unterliegen der Schweigepflicht; der Islam möchte nicht, dass sie hinterher sagen, was sie gesehen haben. Nach der Waschung wird der Leichnam nicht geschminkt oder anderweitig zurechtgemacht, sondern in zwei unbenutzte weiße Leinentücher ohne Naht eingewickelt. Die Familie wünscht sich, dass das Gesicht des Toten zu sehen ist, damit sich die Angehörigen verabschieden können.

Darf sich ein Muslim eigentlich auch einäschern lassen? «Auf keinen Fall! Der Körper muss unversehrt bleiben», sagt Arif Tokinci. Schon die Obduktion eines Angehörigen bereite gläubigen Muslimen Qualen. Sie glaubten, es störe die Ruhe des Toten.

Für Arif Tokinci wurde der Glaube erst wichtig durch die Konfrontation mit dem Tod. Er war acht Jahre alt, als er mit seinen Eltern aus der Türkei nach Hamburg kam. Er wurde nicht religiös erzogen. Nun aber fragte er sich: Was ist das Geheimnis des Lebens? Welchen Sinn hat die Bindung an irdische Güter; an Geld, Haus, ein schickes Auto, wenn alles ganz plötzlich zu Ende gehen kann? Sind Menschlichkeit und Glück nicht viel bedeutender? Arif Tokinci sagt, Werte, die auf diese Fragen antworten, fand er in seiner Religion. Dass seine Frau, die ein Kopftuch trägt, nicht regelmäßig betet, akzeptiert er. «Das ist eine Sache zwischen Gott und ihr.» Jeder Muslim müsse selbst entscheiden, ob und wie er seinen Glauben lebt. Kann er verstehen, wenn man gar nichts mit Religion zu tun haben möchte? Wieder schüttelt Herr Tokinci den Kopf. «Nein, ich kann es nicht verstehen. Aber ich akzeptiere es.»

Zu seinen Kunden zählten viele, die kaum Ahnung vom islamischen Glauben hätten. Kommt es ans Sterben, soll jedoch alles genau nach den islamischen Riten ablaufen. Selbst wenn der verstorbene Verwandte noch nie eine Moschee betreten hat – beerdigt werden soll er, wie es sich im Islam gehört. «Ich weiß, viele Deutsche denken, Türken rennen dauernd zum Beten in die Moschee», sagt Arif Tokinci. «Besuchen Sie aber mal ein muslimisches Gotteshaus zur Gebetszeit, Sie werden kaum jemanden dort antreffen. Oder gehen Sie mal morgen Mittag in St. Georg in ein türkisches Restaurant. Es ist Fastenzeit, trotzdem werden Sie sehen, die Tische sind vollbesetzt mit essenden Türken.»

Die Menschentraube vor dem Gebäude gerät in Bewegung. Vier Männer erscheinen in der Tür, auf ihren Schultern ruht der Sarg, in dem sie ihren verstorbenen Freund zu Grabe tragen werden. Arif Tokinci läuft los, an die Spitze des Trauerzugs, der sich nun still und unaufhaltsam in Bewegung setzt, wie ein Fluss, dessen Damm endlich gebrochen ist. Bestimmt zweihundert Leute sind mittlerweile da. Die Sargträger gehen so schnell, dass die Älteren und die Frauen mit Kindern ans Ende des Zugs zurückfallen. Statt dem Weg zu folgen, kürzen die Männer ab über die freien Rasenflächen. Vielleicht ist es das Gewicht auf ihren Schultern, das die Sargträger antreibt, vielleicht ist es Schmerz, vielleicht Wut: Ein Mann hat ihren besten Freund erschossen. In der Zeitung stand, der junge Mann habe im Stadtteil Jenfeld gelebt. Das Viertel gilt als sozial schwierig; viele Arbeitslose, viele davon muslimisch und mit Migrationshintergrund. Sicherlich sind viele der Trauernden mit ihm aufgewachsen, sind Nachbarn, Freunde. Der Trauerzug vereint Muslime aller Couleur; sämtliche Richtungen, wie der Islam dieser Tage in Deutschland gelebt wird: Männer und Frauen in dunkler Trauerkleidung, die nichts über ihren Glauben verrät. Der Islam in Deutschland dieser Tage, das bedeutet auch: Frauen mit klassischem Kopftuch, einige tragen eine *Abaya*, den schwarzen Ganzkörperschleier, der nur das Gesicht frei lässt. Ihre männlichen Pendants mit religiösem Bart und Häkelkappe sind auch gekommen. Seite an Seite laufen sie mit Männern, die trotz dezenter Trauerkleidung ein Hauch von Gangsta-Rap umweht. Die jungen Frauen afrikanischer Herkunft tragen fast alle hochhackige Schuhe und kurze schwarze Kleider. Ältere Damen haben ihre afrikanische Tracht angelegt, ihre Haare bedecken kunstvoll gewickelte Tücher.

Das islamische Gräberfeld liegt im südlichen Teil des Friedhofs. Seine Struktur ist einem orientalischen Teppich nachempfunden. Alle Gräber sind rautenförmig angelegt und nach Mekka ausgerichtet. Tokinci lenkt den Zug zu einem großen Tisch aus Granit, der am Ende des Gräberfelds steht. Im Türkischen nennt man ihn *Musalla Taşı*. Auf ihm wird der Sarg mit dem Toten für das Totengebet aufgebahrt. So auch jetzt. Der Sargdeckel wird abgenommen. Die Frauen ziehen sich in den Hintergrund zurück. Die Menschen verrichten das Totengebet im Stehen, denn Verbeugung und Niederwerfen gelten nur Allah. Der Imam leitet es an. «*Allahu Akbar*», «Gott ist groß» ertönt es über den Köpfen. Laut rezitiert der Imam die Sure al-Fatiah, die Eröffnungssure des Korans:

«Bismi-llahi-r-rahmani-r-rahim (1)
Al-hamdu li-llahi rabbi-l-'alamin (2)
Ar-rahmani-r-rahim (3)
Maliki yaumi-d-din (4)
Iy-yaka na'budu wa iy-yaka nasta'in (5)
Ihdina-s-sirat al-mustaqim (6)
Sirata-lladhina an'amta 'alaihim
Ghayri-l-maghdubi 'alaihim
wa-la-d-dalin. (7)
Amin»

«Im Namen Gottes, des Allerbarmers, des Barmherzigen, (1)
alles Lob gebührt Gott, dem Herrn der Welten (2)
dem Allerbarmer, dem Barmherzigen (3),
dem Herrscher am Tage des Gerichts. (4)
Dir (allein) dienen wir, und Dich (allein) bitten wir um Hilfe. (5)
Führe uns den geraden Weg (6),
den Weg derer, denen Du Gnade erwiesen hast, nicht (den Weg) derer,
die (Deinen) Zorn erregt haben, und nicht (den Weg) der Irregehenden. (7)
Amen»

Dann sprechen die Menschen ein leises Bittgebet für den Toten, in dem Gott um Vergebung, Schutz vor Strafe im Grab und den Eintritt des Verstorbenen ins Paradies gebeten wird. Noch dreimal erklingt mit *Allahu Akbar* das sogenannte *Takbir*. Als das letzte verklungen ist, tritt der Imam beiseite. Die Trauernden dürfen den Verstorbenen nun ein letztes Mal sehen, sich von ihm verabschieden. Aber irgendetwas läuft schief. Kaum, dass ein paar Dutzend Menschen nach vorne getreten sind, wird der Sarg schon wieder geschultert. Fragende Gesichter in den hinteren Reihen, die Leute verstehen nicht, was vor sich geht; sie wollten sich doch noch verabschieden. Hastig stolpern sie durch die Grabreihen hinterher, es wird geschubst, gedrängelt, ein Mann weicht dem Blumenschmuck eines Grabes gerade noch durch einen großen Ausfallschritt aus.

Wo ist Herr Tokinci? Er ist nirgendwo zu sehen, offenbar wurde auch er von der Wendung des Geschehens überrascht. Da taucht er vorne neben den vier Sargträgern auf. Er dirigiert, wie der Sarg neben dem ausgehobenen Grab abgestellt werden soll.

Jetzt wird es kompliziert: Der Tote muss aus dem Sarg gehoben und so in das Grab gelegt werden, dass sein Gesicht nach Mekka weist – er soll sich bei der Auferstehung in diese Richtung erheben können. Das bedeutet, der Leichnam muss am Grund des Grabes leicht auf der rechten Seite zum Liegen kommen und der Rücken durch angehäufte Erde gestützt werden. Der Mensch wurde zuerst aus Erde geformt und geht dorthin zurück, heißt es im Islam.

Arif Tokinci fuchtelt mit den Armen. Was er sagt, ist aus der Entfernung nicht zu verstehen. Drei, vier Leute müssten nun eigentlich über eine Leiter in das Grab hinabsteigen, um den Toten dort in Empfang zu nehmen. Die Emotionen kochen mittlerweile aber so hoch, dass Tokinci zwei Männer festhalten muss, die auch noch hinterher wollen. Am Grab wird nun laut herumgebrüllt, niemand hört mehr auf den Bestatter. Jeder will etwas tun, den Toten noch mal anfassen, als er aus dem Sarg ins Grab gereicht wird, ihm einen letzten Dienst erweisen. Mit Handzeichen bedeutet Tokinci den Leuten im Grab, wie sie den Toten betten müssen. Es wirkt, als helfe er einem Auto beim Einparken. Irgendwann lässt er die Hände resigniert sinken. Kopfschüttelnd kommt er zu mir herüber.

«Der Imam hat die Verabschiedung von dem Toten viel zu früh abgebrochen. Viele Angehörige konnten ihn nicht mehr sehen. Ich habe ihm gesagt, dass das nicht in Ordnung sei. Er aber meinte, bei so vielen halb fremden Gästen sei es nicht so schlimm.» Herr Tokinci stützt die Hände auf die Knie und starrt kurz ins Nichts, so wie Hundertmeterläufer es nach dem Auslaufen im Ziel gern tun. Ich streife mein Kopftuch ab. «Ist Ihnen die Kleidung der Gäste aufgefallen?», fragt er dann. «Sie haben sich muslimischer angezogen als die meisten Besucher dieser Beerdigung, Frau Krüger.»

Sein Job ist erledigt. Gemeinsam gehen wir die muslimischen Gräberreihen entlang. Es zeigt sich ein Nebeneinander von muslimischer und christlisch-abendländicher Kultur. Da sind Grabsteine aus dunklem, naturbelassenem Stein, wie man sie auf deutschen Friedhöfen überall, auf Friedhöfen in islamischen Ländern jedoch niemals finden würde. Statt in lateinischen Buchstaben sind manche der Beschriftungen in arabischen Schriftzeichen eingemeißelt. Sie alle sind mit Blumen bepflanzt. In den Ländern, aus denen die verstorbenen Muslime ursprünglich stammen, ist Grabschmuck nicht üblich. «Ich sage immer: Blumen sind doch was Schönes, sie sind Geschöpfe Gottes, machen Sie das», sagt Herr Tokinci. Er deutet auf ein Grab mit türkischem Namen, auf dem ein Friedhofslicht mit eingeprägten Kreuzen brennt: «So was sollte man nicht machen. Das ist christlich. Aber gut, es sind deren Verwandte.» Ein paar Schritte weiter umreißt ein Grabstein aus dunklem Marmor die Silhouette einer Moschee. Dort wo ihr Eingang ist, sitzt eine Barockputte aus weißer Keramik. Herr Tokinci sieht es, lächelt, schüttelt aber den Kopf. Transkulturell charmant ist auch der Grabstein, unter dem eine Frau namens Semiha ruht: «*Haydi* Tschüss» steht darauf. Es ist eine von Deutschtürken geschaffene, in der türkischen Community mittlerweile alltägliche Verabschiedungsformel, die auf wunderbare Weise die Verbundenheit zu zwei Kulturen zum Ausdruck bringt: *Haydi* bedeutet ins Deutsche übersetzt so viel wie «Los geht's».

Herr Tokinci zeigt hierhin und dorthin. Er erzählt Geschichten, Anekdoten. Sehr viele der Menschen, deren Namen vor uns auf den Grabsteinen stehen, hat er zur Ruhe gebettet.

Manche gehen ihm nicht mehr aus dem Kopf. Er überlegt, einige der Schicksale aufzuschreiben.

«Leben Ihre Eltern noch?», frage ich ihn. «Mein Vater ist vor zehn Jahren gestorben, wir haben ihn in die Türkei überführt, das wollte er. Ich habe die Beerdigung gemacht, das war nicht einfach.» Er schluckt. «Meine Mutter ist noch unentschieden, sie tendiert aber ebenfalls zur Türkei.» Und er selber? «Ich möchte hierbleiben. Ich bin hier verwurzelt.» Sein Handy klingelt. «Arif Bestattungen!»

Ich lasse ihn allein und schlendere zum älteren Teil des islamischen Gräberfeldes hinüber. Er ist besonders schön, liegt im Schatten alter Eichen, durch deren Zweige das Sonnenlicht zarte Flecken auf die Gräber malt. Die meisten wirken vergessen. Auf vielen wächst Moos, blühen Gänseblümchen, steht das Gras so hoch, dass man es mit der Hand beiseite schieben muss, um die Inschriften zu lesen. *Ruhuna alfatiha* lauten einige. Es bedeutet übersetzt: Man möge über die Seele des Verstorbenen die Eröffnungssure des Korans sprechen. Ich schaue mir die Namen, die Geburtsorte an. Amira, Danijel, Gülay, Alborz, Ömer, Tagiyeva, Rosmie, Maljica wurden geboren in Kabul, Sarajevo, Izmir, Teheran, Ankara, Baku, Palästina, Kosovo – gestorben in Hamburg. Wer waren diese Frauen und Männer? Was brachte sie nach Deutschland? Wie lebten sie? Sind sie hier glücklich gewesen, oder wollten sie zurück in die Länder, aus denen sie einst kamen? Hätten sie Geschichten der Begegnungen zu erzählen? Sie alle haben den Islam in Deutschland mitgeprägt. In einer Ecke entdecke ich zwei Grabsteine, auf dem unter arabischen Schriftzeichen zwei deutsche Namen stehen. Es sind Gräber von Konvertiten. Gastarbeiter und politische Flüchtlinge machten den Islam in Deutschland zu einem Massenphänomen. Genauso wie diese Menschen durch ihr Leben in Deutschland verändert wurden, veränderten auch sie die deutsche Gesellschaft. Deutsche, die zum Islam übergetreten waren, gab es jedoch schon lange, bevor die ersten Muslime sich hier dauerhaft niederließen.

—

Die ersten Muslime, die deutschen Boden betraten, kamen als Kriegsgefangene. Zunächst nach der Belagerung Wiens durch die Osmanen im Jahr 1663, danach in Folge des Russisch-Türkischen Krieges in den Jahren 1735 bis 1739 und später als Kriegsgefangene des Ersten Weltkriegs. Im sogenannten «Halbmondlager», einem Kriegsgefangenenlager in Wünsdorf bei Berlin, wurde 1915 die erste Moschee gebaut. So wackelig, dass sie schon 1930 wieder abgerissen werden musste. Die meisten dieser Muslime kehrten irgendwann in ihre Heimat zurück. Andere kamen nach, vor allem Studenten aus Indien, der Türkei und dem Iran. Sie studierten, wo nach dem Ersten Weltkrieg der Ruf der Technischen Hochschulen am besten war: in München, Aachen, Berlin. Gut eintausend muslimische Studierende lebten in den Zwischenkriegsjahren im Deutschen Reich, zudem eine Handvoll muslimischer Diplomaten und Geschäftsleute. Sie trafen in der Weimarer Republik auf ein Klima, das dem Islam gegenüber äußerst aufgeschlossen war: In allen Bereichen des Lebens wurde experimentiert; angefangen von Kunst und Architektur bis hin zu politischen Ideen und Sexualität. Religion war von der Experimentierfreudigkeit nicht ausgenommen. Die erste Welle deutscher Konversionen zum Islam fällt in diese aufregende Zeit. Die Religion fand so viele Anhänger, dass Konvertiten bis zum Beginn der dreißiger Jahre ein Drittel aller Muslime in Deutschland ausmachten. In den Jahren 1924 bis 1940 gaben sie mit der «Moslemischen Revue» eine eigene Zeitschrift heraus, 1939 lag die erste deutsche Koranübersetzung vor. Manche der Konvertiten waren von Studienreisen in den Nahen Osten als Muslime zurückgekehrt. Bei anderen hatte die Lektüre von Goethes «West-Östlichem Divan», die Abenteuergeschichten Karl Mays oder die Biographie von Lawrence von Arabien das Feuer für den Islam entfacht. Die Inhalte des Glaubens brachte ihnen nun die islamische Gemeinschaft der *Ahmadiyya* nah. Mit diesem Ziel hatten sich eine Gruppierung der in Indien beheimaten Ahmadis 1921 in Berlin niedergelassen und im gutbürgerlichen Berlin-Wilmersdorf eine Moschee erbaut – eine Miniaturausgabe des Taj Mahal. Es dauerte nicht lange und die Moschee galt unter Berliner Intellektuellen, muslimischen wie nichtmuslimischen, als Place to be: Adelige, Akademiker und Bohemiens gingen dort ein und aus und lernten den Islam kennen und lieben. Etliche deutsche Juden waren darunter, so auch Leopold Weiss, der als Muslim den Namen Muhammad Asad annahm. Der Journalist und Enkel eines polnischen Rabbiners ist wahrscheinlich der bekannteste Konvertit dieser Zeit. Er verfasste zahlreiche philosophische Werke über den Islam, die bis heute Beachtung finden. Im Auftrag der pakistanischen Regierung entwickelte er die islamischen Prinzipien, auf denen der neugegründete pakistanische Staat beruhen sollte. Zwar wurde letztendlich nur ein Bruchteil seiner Ideen in die Verfassung aufgenommen, trotzdem schickte Pakistan Weiss als ersten UN-Botschafter des Landes nach New York.

Weiss hatte die Zeit des Nationalsozialismus in einem britischen Internierungslager in Britisch-Indien überlebt. Die meisten der übrigen jüdischen Konvertiten wurden während des Holocaust ermordet. Konvertiten mit christlichem Hintergrund hatten hingegen nichts zu befürchten. Im Gegenteil, die nationalsozialistische Führungselite hegte eine große Faszination für den Islam. Nicht etwa aus theologischen Gründen. Was ihr am Islam gefiel, war vielmehr, dass sein politischer Zweig dem russischen Kommunismus, dem englisch-französischen Imperialismus und den Juden gegenüber genauso feindselig eingestellt war wie sie selbst. Heinrich Himmler soll geradezu geschwärmt haben von dem Todesmut radikaler Islamisten. Genau diese Haltung wünschte er sich auch von seiner SS.

Kaum erforscht ist bisher, welche Rolle die deutschen Konvertiten in der NS-Zeit spielten, ob sie Kollaborateure waren oder Opfer. Fest steht, nicht wenige wurden Mitglied der NSDAP. Bekannt ist auch, dass einige der islamischen Vereine in den Chor der antisemitischen Propaganda einstimmten. Ihr Stichwortgeber war der Groß-Mufti von Jerusalem, Amin al-Husayni, der von 1941 an als persönlicher Gast Hitlers regelmäßig in Berlin weilte. Er wurde ein enger Freund Adolf Eichmanns, unterstützte die Nationalsozialisten, Muslime des Balkans für die Waffen-SS zu rekrutieren, und propagierte die Judenvernichtung als islamische Pflicht. Mit Hilfe deutscher Mitarbeiter verfasste er entsprechende Radioprogramme auf Arabisch und Deutsch. Auch in der deutschen muslimischen Gemeinde in Wilmersdorf trat er auf. Die indischen Ahmadis waren da schon aus Berlin geflüchtet, ebenso die muslimischen Geschäftsleute und Studenten. Als Bürger des britischen Commonwealth oder anderer Länder, die sich für die Seite der Alliierten entschieden hatten, war ihr Leben nicht mehr sicher im Deutschen Reich.

Bis zum Ende des Zweiten Weltkriegs hatten sich sämtliche bestehenden muslimischen Vereine aufgelöst. Nur noch eine Handvoll Muslime war übrig. Die Moschee in Berlin-Wilmersdorf wurde abermals ihr Anlaufpunkt. In der abgeriegelten Stadt entwickelte sie jedoch nie mehr die Wirkungskraft, die in den Zwischenkriegsjahren von ihr ausgegangen war. Andere Moscheen existierten in Deutschland noch nicht, die Muslime im übrigen Bundesgebiet mussten sich einiges einfallen lassen, um ein Gemeindeleben zu organisieren. In Süddeutschland fand sich eine Gruppe zusammen, die für gemeinsame Gebete und islamische Feste Räume in Münchner Bierlokalen anmietete. Es fehlte an allem: an islamischer Literatur, an islamischen Gelehrten, an Muslimen, mit denen man sich austauschen konnte. Fatima Grimm, deutsche Konvertitin der Stunde null, schreibt in ihren posthum erschienenen Memoiren «Mein verschlungener Weg zum Islam»: «Insgesamt wussten wir von den islamischen Verboten und Geboten damals herzlich wenig, Kopftücher waren nahezu unbekannt, und die wenigen muslimischen Frauen trugen durchweg kurze Röcke.» In Hamburg, wo damals die meisten Muslime deutscher Nationalität lebten, gründete Fatima Grimm 1952 im Restaurant des Hamburger Schauspielhauses mit deutschen Glaubensbrüdern und -schwestern die «Deutsche Muslim Liga». Deren Anliegen: Den Islam in Deutschland davor zu schützen, dass er als etwas Fremdes, als eine Ausländerreligion wahrgenommen wird.

Nähe zu den muslimischen Gastarbeitern, die nach Abschluss des Anwerbeabkommens aus Ländern wie der Türkei (1961), Marokko (1963), Tunesien (1965) und Jugoslawien (1968) nach Hamburg und in andere deutsche Städte kamen, suchte die «Deutsche Muslim Liga» zunächst kaum. Der Aufenthalt der Gastarbeiter in Deutschland, so das beiderseitige Missverständnis, war zeitlich ja ohnehin begrenzt. Man verstand einander weder sprachlich, noch religiös, denn der Glaube der Gastarbeiter war stark von ihren jeweiligen Herkunftsländern geprägt. Freundlichen Umgang pflegten die deutschen Muslime jedoch mit den wohlhabenden afghanischen, persischen und pakistanischen Händlern, die bald nach dem Krieg nach Hamburg zurückgekehrt waren. Auch mit den muslimischen Studierenden, die von den sechziger Jahren an wieder in deutschen Hörsälen auftauchten, verkehrte man gern. Selbstbewusst, vielfach hochgebildet und streitbar, entsprachen sie dem Bild vom Islam als elitärer Nischenreligion, wie die Mehrheit der deutschen Konvertiten den Islam damals noch sah. Unterstützt von den deutschen Freunden drängten die muslimischen Studierenden und Geschäftsleute in der Hansestadt auf eine eigene Moschee.

Im Jahr 1967 war es so weit: An der Außenalster wurde mit dem Bau der Imam-Ali-Moschee begonnen, fast zeitgleich erfolgten auch in Aachen und München erste Spatenstiche für Moscheen – auch dort hatten sich deutsche Konvertiten mit Muslimen aus dem universitären Umfeld zusammengetan. Das gesellschaftliche Klima gegenüber Muslimen war damals unvorstellbar anders als heute. Dem Islam wurde mit weit weniger Skepsis und Misstrauen begegnet als heute: Für den Vortragssaal der Münchner Moschee spendete der Erzbischof von München und Freising die Stühle, und als die Imam-Ali-Moschee 1968 eröffnet wurde, feierte der Hamburger Senat sie als großartiges Symbol für die Weltläufigkeit der Stadt.

So zeigt Hamburg sich bis heute gegenüber seinen Muslimen: Obwohl die Hamburger Moscheevereine nach dem 11. September 2001 unter besonderer Beobachtung standen, da einige der Attentäter in der Stadt gelebt hatten, nahm der Hamburger Senat 2007 als erste Landesregierung Verhandlungen mit Muslimen über einen Staatsvertrag auf. Fünf Jahre später wurde er geschlossen. Die Vereinbarung bestätigt verfassungsrechtlich und gesetzlich garantierte Rechte und Pflichten und soll das Zusammenleben zwischen den etwa 12 000 Muslimen und den etwa 1,7 Millionen Nichtmuslimen der Hansestadt regeln. Muslimische Schüler dürfen seitdem an den drei wichtigsten islamischen Feiertagen; dem Opferfest, dem Ende des Ramadans und dem Asure-Tag, dem wichtigsten Fest der Aleviten, zu Hause bleiben und muslimische Arbeitnehmer sich freinehmen. Außerdem wirken die islamischen Religionsgemeinschaften nun verstärkt an der Konzeption und Gestaltung des schulischen Religionsunterrichts mit.

Die Imam-Ali-Moschee zur Schönen Aussicht an der Außenalster wird heute genauso von gläubigen Muslimen wie von Touristen besucht. Sie ist ein Juwel. Man läuft vorbei an elitären Ruderclubs, gediegenen Cafés und herrschaftlichen Stadtvillen, schaut Kindermädchen und ihren Schützlingen beim Entenfüttern zu, wird von Schwärmen ehrgeiziger Jogger überholt und glaubt, das Schreien der Hamburger Möwen noch im Ohr, plötzlich eine Fata Morgana vor sich zu haben: Mit ihrem hellblauen Anstrich, den Türmen und den Wasserspielen sieht die Imam-Ali-Moschee aus wie eine Stein gewordene Kindervorstellung von Tausendundeiner Nacht. Die Moschee ist das Zentrum des schiitischen Islams in Deutschland. Auch eine große deutschsprachige Gemeinde trifft sich unter ihrem Dach. Bis Ende 2013 stand dieser Gemeinde eine Imamin vor, was umso bemerkenswerter ist, als es in ganz Deutschland nur ein gutes Dutzend Frauen in dieser Position gibt.

Imamin Halima Krausen sitzt im sechsten Stock der Hamburger Universität, die seit Mitte 2014 ihr neues berufliches Zuhause ist. Sie ist eine stattliche Frau von Mitte Sechzig, mit weißem Kopftuch, unter dem ein paar graue Haarsträhnen hervorschauen, weitfließendem Kleid mit Blumendruck und dicker Brille. Ihre blauen Augen sind dezent geschminkt. An der Akademie der Weltreligionen der Universität unterrichtet sie Koranarabisch und gibt im Masterstudiengang «Religionen, Dialog und Bildung» ein Seminar. Ihr Büro teilt Halima Krausen sich mit zwei Gastprofessoren. Der eine ist Hindu, der andere Jude. Gerade war aus dem Zimmer schallendes Gelächter zu hören. Worum es ging, war trotz der geöffneten Bürotür vom Gang aus nicht zu verstehen. Nur die Worte ‹Sabbat› und ‹Ramadan› – offenbar haben die drei über ihre Religionen gelacht.

«Meine Tätigkeit als Imamin in der Imam-Ali-Moschee bedeutete nicht, dass ich ständig vor der Gemeinde stand und

Gebete geleitet habe», sagt die Imamin jetzt. «Es ist nämlich umstritten, ob eine Frau das machen sollte. Hatte auch nur ein Anwesender Bedenken, lehnte ich ab. Niemand kann schließlich sagen, ob die Männer tatsächlich beten oder der Frau auf den Hintern schauen.» Es ist eine typische Halima-Krausen-Aussage: klug, überraschend und unverblümt. Hat sie das nicht geärgert, trotz Qualifikation zurückstehen zu müssen, nur weil sie eine Frau ist? Halima Krausen zuckt mit den Schultern. «Wenn ich so anfangen würde, hätte ich schon längst einen Herzinfarkt gehabt.»

Der überwiegende Teil ihrer Studierenden habe viel Klärungsbedarf beim Thema Islam, erzählt die Imamin. So wie es eigentlich immer Klärungsbedarf gibt, wo Halima Krausen ist. Eine Begegnung mit ihr genügt, und Klischees über Muslime stürzen in sich zusammen wie ein Kartenhaus. Beispielsweise jenes, Muslime hätten keinen Humor. Als einer ihrer Unikollegen sie einmal mit diesem Vorbehalt konfrontierte, erwiderte Halima Krausen: «Zur Strafe schicke ich dir von nun an täglich einen Witz.» Auch das Vorurteil, muslimische Frauen hätten nichts zu melden, widerlegt sie en passant: Halima Krausen ist beredt und schlagfertig. Sie sagt keine Gefälligkeiten, sondern verlangt, dass man den Kopf benutzt. Das wirkt mitunter schroff, wird aber durch ihr herzliches Lachen aufgefangen.

Was sie gar nicht mag, ist, als Konvertitin angesprochen zu werden. «Der Begriff Konvertit ist mir zu negativ besetzt», sagt sie. «Als Konvertiten gelten heutzutage Leute, die zum Islam übertreten und dann in ein Ausbildungslager des IS nach Syrien fahren. Ich persönlich assoziiere mit dem Begriff Konvertit eine Person, die erst in die eine Richtung gegangen ist und dann in die andere. Das trifft bei mir nicht zu. Ich bin schon als Kind eine Suchende gewesen.»

Halima Krausen entdeckte ihren Weg zu Allah, als sie gerade

Schülerin war. Sie wuchs in Aachen in einem katholischen Elternhaus auf, in dem der eigentlich evangelische Vater der Mutter zuliebe zum katholischen Glauben übergetreten war. Die katholische und die evangelische Seite ihrer Familie waren tief zerstritten. Beide sagten sich ein furchtbares Ende in der Hölle voraus. Das Mädchen mochte das nicht. Es konnte diesen Gedanken nicht akzeptieren. Es machte sich auf die Suche nach Antworten. Mit acht Jahren hatte Halima Krausen die Bibel komplett gelesen und verschlang alles, was ihr sonst noch in die Hände fiel: Broschüren, die der Pfarrer im Kindergottesdienst verteilte; Artikel in der Kirchenzeitung über Zen-Buddhismus und andere Religionen. Auch in den Büchern ihres evangelischen Großvaters fand sie Impulse. Er war Pfarrer in der Bekennenden Kirche gewesen und hatte die Hitlerzeit durch eine Gratwanderung zwischen Glauben und Zugeständnissen an die Diktatur überlebt. Über die Judenvernichtung herrschte in der Familie jedoch eisiges Schweigen. Auch dieses Thema ließ das Mädchen nicht mehr los. Was sie aus Büchern der Stadtbibliothek erfuhr, bereitete ihr Albträume und verstärkte ihre Sinnsuche noch. Sie hinterfragte alles; «wer bin ich, gibt es mich wirklich, ich hinterfragte den Fußboden unter meinen Füßen». Vieles, das sie als Kind über die Religionen las, habe sie nicht verstanden. Aber einige Sätze gingen dem Mädchen nach. Sie notierte diese in ein Heft und begriff, dass in allen Religionen der Welt Weisheit und Torheit steckt. Sie entwickelte die kindliche Theorie, ein gerechter und barmherziger Gott könne nichts dagegen einzuwenden haben, wenn die Menschen verschiedene Beziehungen zu ihm aufbauen. Nichts anderes erlebte sie zu Hause mit ihren Geschwistern: Die drei Kinder hatten ein so unterschiedliches Verhältnis zu den Eltern, dass man, wenn jeder für sich von ihnen erzählte, nicht vermutet hätte, dass es um dasselbe Elternpaar geht.

Ihre kindliche Gottesvorstellung fand Halima Krausen im Islam wieder. Er ist die jüngste der monotheistischen Religionen und bezieht sich auf die früheren Offenbarungserfahrungen der Menschheit. Der Islam bestätigt die biblischen Geschichten und erwähnt Jesus als Prophet. Halima Krausen sagt: «Das gab meine Überlegungen am besten wieder: Ein Gott und viele verschiedene Zugänge durch die verschiedenen prophetischen Persönlichkeiten.» Mit 13 Jahren wusste sie, dass sie Muslimin ist.

Wie ihre Eltern reagierten, darüber möchte sie nicht reden. Für ein katholisches Elternhaus der fünfziger Jahre muss die Hinwendung der Tochter zum Islam eine Ungeheuerlichkeit gewesen sein. Dabei lehnte sie den Glauben ihrer Familie ja gar nicht ab. Sie fühlte sich nur nicht in ihm aufgehoben. Bis heute, sagt sie, empfinde sie eine starke Verbundenheit zu ihrer katholischen Großmutter: «Gott offenbarte seine Barmherzigkeit in ihrer liebevollen, warmen Art.»

Nach ihrem Bekenntnis zum Islam begann für Halima Krausen ein Leben als Außenseiterin. Die Deutschen beäugten ihr Kopftuch mit Argwohn. Deutsche Muslime lernte sie erst Jahre später kennen. An der Technischen Hochschule Aachen gab es schon zu Beginn der sechziger Jahre eine muslimische Studentengemeinde; junge Männer und Frauen, die aus Ländern wie Iran, Pakistan, Afghanistan und der Türkei für ein Ingenieursstudium nach Deutschland gekommen waren. Auch sie wussten nicht, was sie von der Konvertitin halten sollen, akzeptierten sie schließlich. Das Studienfach der Islamischen Theologie existierte damals an deutschen Universitäten noch nicht – die erste Fakultät nahm 2010 ihre Arbeit auf. Also studierte Halima Krausen in Eigenregie. Erst in Bibliotheken, dann ging sie auf Wanderschaft, zu islamischen Gelehrten nach Paris und London, auch in Skandinavien lebte sie eine Zeitlang. Von dort aus reiste sie zu Lehrstätten in der islamischen Welt. Im Jahr 1982 kam sie schließlich nach Hamburg. Zur «Deutschen Islam Liga» bewahrte sie Distanz. Vor allem ältere Männer, die ihre religiösen Impulse noch vor dem Kriege erhalten hatten, bestimmten dort den Ton. Darüber, was sie während des Krieges gemacht hatten, wurde geschwiegen – Halima Krausen hielt sich deshalb lieber fern.

In der Imam-Ali-Moschee wurde sie Schülerin von Imam Mehdi Razvi und schon bald dessen rechte Hand. Bei ihm erwarb sie die islamische Lehrberechtigung, die *Idschasa*. «Das entspricht inhaltlich einer Habilitation», sagt sie. Als der Imam sich Mitte der neunziger Jahre aus Altersgründen zurückzog und sie die Leitung der deutschen Gemeinde übernahm, war das so unspektakulär wie ein Sitzplatzwechsel. Alles, was kompliziert war, landete auf ihrem Schreibtisch: religiöse Streitfälle zwischen den islamischen Richtungen, zwischen den Religionen, zwischen Ehepaaren. Da sind konservative Ehemänner, die nicht wollen, dass ihre Frauen eigene Wege gehen; idealistische Frauen, die nur aus Liebe zu ihrem Mann konvertieren wollen; Frauen, die nicht verstehen, warum ihr Mann seiner Herkunftsfamilie so viel Geld überweisen will; und Männer, die beanstanden, dass ihre Frauen die Großfamilie nicht wertschätzen.

Dann kommt der 11. September. Die Presse bestürmt Halima Krausen. Sie soll erklären, wieso sich ein freundlicher Hamburger Student in ein Flugzeug setzt und es in das World Trade Center steuert. Eigentlich hat die Imamin keine Zeit zum Beantworten solcher Fragen. Sie muss sich um die Seelen ihrer Gemeinde kümmern, viel intensiver als je zuvor. Einige der jungen Gemeindemitglieder hatten die beiden Attentäter aus der Uni gekannt. Sie werden von der Frage gequält, ob sie deren Radikalität hätten bemerken können. Als Muslime werden sie, die keiner Fliege etwas zuleide tun könnten, nun offen angefeindet. Im Bus rücken Menschen von ihnen ab, aus Angst, die jungen Leute versteckten unter ihrer Jacke einen Sprengstoffgürtel. Vertreter anderer Konfessionen, mit denen Halima Krausen gerade noch gemeinsame Seminare und Konferenzen organisiert hat, wenden sich von der Gemeinde ab – unter den gegebenen Umständen sei ein interreligiöser Dialog nicht mehr möglich. Mit einem Mal ist die Zugehörigkeit zum Islam nicht nur viel wichtiger als der gesamte Rest der Identität, sondern schlimmer noch: Eine bestimmte Vorstellung davon, was es bedeutet, Muslim zu sein, wird den Menschen übergestülpt. Muslime, so die einhellige öffentliche Meinung nach dem 11. September, sind potenzielle Attentäter.

Halima Krausen ist von dem Generalverdacht nicht ausgenommen. Auch sie wird angefeindet, und daran hat sich seit dem 11. September nichts geändert. Vor allem, wenn der internationale islamistische Terrorismus wieder zugeschlagen hat, wird ihr Kopftuch zum Ziel. Die 66-Jährige sagt: «Wenn ich gut drauf bin, kann ich damit umgehen. Aber wenn ich aus irgendeinem Grund traurig oder in schlechter Stimmung bin, dann tut es sehr weh.» Einmal stand sie im Hamburger Hauptbahnhof in einem Laden für Reisebedarf, als eine Frau hinter ihr in der Schlange sagte: Ausländer raus. Es war ein Tag, an dem Halima Krausen sich gut fühlte. Sie drehte sich um und sagte: «Ich kann jetzt noch nicht raus, ich muss erst noch mein Mineralwasser bezahlen.»

Irgendwann habe sie gemerkt, dass es ihr nicht guttut, immer nur der Kummerkasten für andere Menschen zu sein. Sie fand, in der Moschee sollten jetzt mal andere übernehmen. Sie wollte wieder Zeit und Raum für Eigenes. Zum Lesen, zum Forschen. Das Leben in der Gemeinde hatte sich auch stark gewandelt. Die Gemeinde war einmal die einzige Anlaufstelle für deutschsprachige Muslime weit und breit. Mittlerweile haben viele Moscheen ein deutschsprachiges Angebot. Verändert hatte sich auch die schiitische Gemeinde der Imam-Ali-Moschee. In den letzten Jahren, in denen Halima Krausen dort tätig war, hatte sich diese wieder verstärkt der iranischen Staatsdoktrin zugewandt. Gut möglich, dass Letzteres für die Imamin ebenfalls ein Beweggrund zum Weiterziehen war. Auf eine theologische Richtung lässt sie sich nur ungern festlegen. Seit Jahren setzt sie sich dafür ein, dass in Deutschlands Moscheen eine moderne, bodenständige Interpretation des Korans gepredigt wird. Wortwörtliche Auslegungen des Islams sind dieser klugen Frau zuwider.

Es sei eine gute Zeit gewesen, sagt sie. Aber zwanzig Jahre sind lang. Als sie wieder an der Universität anfing, kam sie sich vor wie eine Frau, die fünf Kinder großgezogen hat und jetzt wieder in den Beruf einsteigt. Vieles, worum sie in ihren Lehrjahren noch gekämpft hat, ist mittlerweile selbstverständlich geworden. Weibliche islamische Gelehrte beispielsweise. Auch im interreligiösen Dialog war Halima Krausen eine Pionierin. Das Diskutieren über Fragen wie etwa jene, ob nicht nur Muslime, sondern auch Angehörige anderer Religionen ins Paradies kommen, galt bis vor wenigen Jahren unter vielen Gläubigen noch als Blasphemie. Mittlerweile werden Konferenzen nur zu diesem Thema abgehalten. Auch die Lehrstühle für islamische Theologie, die es heute an mehreren deutschen Universitätsstandorten gibt, waren vor dreißig Jahren undenkbar.

Halima Krausen hätte den Posten einer Professorin hervorragend ausgefüllt. Ihr Spezialgebiet: der Koran und dessen Auslegungen, von der klassischen Zeit bis heute. Die Debatte über den Islam fordert oftmals eine Neuauslegung der Schrift. Vergessen wird die riesige Bandbreite an Auslegungen, die bereits existiert – von wortwörtlichen, puritanischen bis hin zu esoterischen. Halima Krausen möchte sie systematisieren: Welcher islamische Gelehrte hat was gesagt? Welches war seine

Methode? Wie wurde er von Zeitgenossen und späteren Generationen kritisiert? «Um verkrustete Sichtweisen an der Basis aufzubrechen, ist das Wissen über die verschiedenen Koranauslegungen unabdingbar», sagt sie.

Warum konvertieren ihrer Ansicht nach junge Muslime zum radikalen Islam? Der Verfassungsschutz geht von 43 890 Menschen mit islamistischer Ideologie in Deutschland aus (Stand 2014). Unter ihnen gibt es einen gewaltbereiten Anteil, etwa 1000 Personen wird ein islamistisch-terroristisches Potenzial zugeschrieben. Hat das etwas mit den verkrusteten Sichtweisen an der Basis zu tun? Halima Krausen seufzt. «Leute, die sich dem radikalen Islam anschließen, haben in der Regel kaum Kenntnis vom Islam.»

Sie erzählt von einem wütenden jungen Mann, der kurz nach dem 11. September bei ihr in der Moschee auftauchte. Er wollte zum Islam konvertieren. Die Anti-Islam-Stimmung in der Gesellschaft hatte ihn zum Kochen gebracht. Es sei höchste Zeit, der Welt mal Kante zu zeigen, sagte er. Halima Krausen schmiss ihn aus ihrem Büro: Er solle eine Runde an der Alster drehen und sein Gehirn auslüften. «Er hatte höchstens den Koran für Dummies gelesen», sagt sie. «Er war nicht vom Islam überzeugt.» Muslim zu sein, sei eine Mode geworden, der Islam eine Religion für Rebellen. Bedingt durch die antiislamische Stimmungsmache fühlten sich viele junge Leute zu ihm hingezogen. «Sie romantisieren den radikalen Islam als eingeschworene Gemeinschaft, als Zusammenschluss von Verstoßenen. Gehört man dazu, wischt man den Eltern, der Schule, der Politik eins aus – also allen, die glauben zu wissen, was für einen jungen Menschen das Richtige ist.»

Bei vielen jungen Muslimen spiele auch ein gewisses Verlorenheitsgefühl eine Rolle. Sie fühlten sich weder in der christlich-abendländischen Kultur Deutschlands verankert noch in der islamischen Kultur ihrer migrantischen Eltern. Werde die eigene Identität herausgefordert, gerieten sie leicht aus dem Gleichgewicht. Ist Radikalisierung also auch eine Frage der religiös-kulturellen Bildung? «Sie spielt auf jeden Fall eine Rolle. Bildung wird in Deutschland oft verwechselt mit Informationsaneignung. Bildung aber ist Reflexion und Erfahrung.» Was den Muslimen in Deutschland nach Ansicht von Halima Krausen fehlt, ist eine gemeinsame deutsch-muslimische Identität. In der muslimischen Community in England, die sie gut kennt, gibt es das. Die Muslime stammten aus allen möglichen Ecken der Erde, teilen aber das Selbstverständnis, «British Muslims» zu sein. Deutsche Muslime beharrten hingegen auf den jeweiligen Herkunftstraditionen. Ein starkes identitäres Fundament, das einem Halt gibt, wenn der Islam oder auch nur das eigene Aussehen als gefährlich und fremd verteufelt wird, könne sich so nicht ausbilden. Halima Krausen sagt: «Ich setze große Hoffnung in die Muslime, die hier als Deutschtürken groß geworden sind. Unter ihnen gibt es einige, die das Potenzial haben, den Blick zu weiten und sich im positiven Sinn an Muslimen anderer Herkunft zu reiben. Das Ergebnis könnte eine gemeinsame deutsch-muslimische Identität sein.»

Sollte das Kopftuch Teil dieser Identität sein? Sofort bereue ich die Frage. Halima Krausen schaut mich an, schnauft, verdreht die Augen: «Das Kopftuch-Thema hängt mir so zum Hals raus, dass es von hier bis zum Keller reicht, und wir sitzen hier im sechsten Stock!»

—

Das Kopftuch. Die leidige K-Frage. In jeder Religion der Welt ist der Glaube mit spezifischen Formen des Handelns verbunden, die ihm Ausdruck verleihen. Im Islam ist eine dieser Ausdrucksformen das fünfmalige Gebet, bei muslimischen Frauen kann es außerdem das Tragen eines Kopftuchs sein. Beides hat eine internalisierte, persönliche Seite genauso wie eine öffentliche. Das Gebet verrichten deutsche Muslime in der Regel in der Moschee, zu Hause oder in speziell dafür ausgewiesenen Räumlichkeiten – in einigen Universitäten finden sich mittlerweile Gebetsräume, auch manche Arbeitgeber haben sich mit einem solchen Raum auf die religiösen Bedürfnisse ihrer muslimischen Mitarbeiter eingestellt. Anders als in islamischen Ländern, wo man Gläubige bisweilen in Parks oder an anderen öffentlichen Orten beten sieht, wird man in Deutschland selten Zeuge eines islamischen Gebets. Ganz anders verhält es sich mit dem Kopftuch. Frauen mit Kopftuch begegnet man fast überall: auf der Straße, beim Einkaufen, in Hörsälen, in Arztpraxen, im Fitnessstudio. Das Kopftuch macht den Islam sichtbar, es ist in Deutschland der augenscheinlichste Ausdruck der Religion. Auch deshalb hat die Debatte über den Islam sich immer wieder an den Köpfen muslimischer Frauen entfacht. Anstatt sie zu fragen, was darin vor sich geht, wurde meistens nur das Stück Stoff diskutiert, das ihn verhüllt. Es wurde auf diese Weise so akzentuiert, als sei es der Dreh- und Angelpunkt islamischen Glaubens. Das ist jedoch falsch.

Es sind die fünf Säulen des Islams: das Glaubensbekenntnis, das Gebet, die Almosensteuer, das Fasten im Monat Ramadan und die Wallfahrt nach Mekka. Aus der Koransure 24, Vers 30–31 und 33, Vers 59 lesen viele Muslime das Gebot ab, dass Frauen ihr Haar bedecken sollen. Diese Interpretation wird jedoch nicht von allen Muslimen geteilt. Laut einer Studie der Deutschen Islamkonferenz von 2008 tragen 28 Prozent der hier lebenden Musliminnen ein Kopftuch, 72 Prozent tragen es nicht. Die Entscheidung für das Kopftuch hängt nicht nur davon ab, wie religiös eine Frau ist. Jede zweite Frau, die sagt, sie sei sehr religiös, trägt Kopftuch – und jede zweite nicht; gut die Hälfte der über 65-Jährigen, aber nur ein gutes Fünftel der 16- bis 25-Jährigen haben sich für das Tuch entschieden. Jede gläubige Muslimin kommt an den Punkt, an dem sie die K-Frage für sich klärt – und sich für oder gegen das Kopftuch entscheidet. Meistens sind es emotionale und spirituelle Motive, aus denen die Entscheidung für das Kopftuch fällt. Für diese Frauen ist das Tuch Ausdruck ihres Glaubens, das Tragen für sie religiöse Pflicht. Nicht immer ist es eine Entscheidung für die Ewigkeit. Religiosität ist keine Haltung, zu der man sich einmal entschließt und bei der man automatisch bis ans Lebensende dabei bleibt. Religiosität muss man täglich mit sich aushandeln. Nicht selten stellen Musliminnen ihren Schleier in Frage. Manche entscheiden sich neu dafür, andere legen ihn ab.

Auch politische Überzeugungen können eine Rolle spielen, denn der politisierte Islam hat das Kopftuch zu seinem Markenzeichen gemacht. Das bedeutet jedoch nicht, dass man in jeder kopftuchtragenden Frau eine Anhängerin des politischen Islams sehen muss. Auch Gruppendruck und familiäre Zwänge können ausschlaggebend sein – müssen es aber nicht: Nicht jede Frau, die ein Kopftuch trägt, ist unterdrückt und muss befreit werden.

Ein Teil der Gesellschaft glaubt, das Kopftuch gebe ihr grundsätzlich das Recht, in die Privatheit einer Frau einzudringen und ihre Entscheidung, die eine sehr persönliche ist, in Frage zu stellen. Auf diese Weise werden die Frauen in die Arena der öffentlichen Auseinandersetzung gezerrt und ihr Kopftuch politisiert. Es ist der Punkt, an dem viele Musliminnen – so wie Halima Krausen – emotional reagieren. Es ist anstrengend, immer wieder darauf angesprochen zu werden, sich ständig rechtfertigen zu müssen. Es höhlt die spirituelle Bedeutung des Kopftuchs aus. Warum sollten die Frauen es nicht einfach tragen können?

Eine Studie der Bertelsmann-Stiftung von 2015 hat gezeigt,

dass 90 Prozent der hier lebenden Muslime nicht etwa den Gottesstaat, sondern die Demokratie für «eine gute Regierungsform» halten; ebenso viele haben «regelmäßigen Freizeitkontakt» zu Nichtmuslimen. Und 60 Prozent bejahen nicht nur die Homosexualität, sondern sogar die Homoehe – was für Islamisten des Teufels ist. Aufgrund ihrer Haltung müssten die Muslime in Deutschland also integriert sein. Die nichtmuslimische Bevölkerung nimmt sie aber nicht als integriert wahr. Die Mehrheit der Bevölkerung, und auch das zeigt die Bertelsmann-Studie, lehnt Muslime und den Islam zunehmend ab: 57 Prozent der deutschen Befragten nehmen den Islam als Bedrohung wahr (im Vergleich zu 53 Prozent im Jahr 2012). Deutschlandweit stimmen 61 Prozent der Aussage zu, der Islam passe nicht zur westlichen Welt (2012 waren es noch 52 Prozent). Aus Sicht von knapp einem Viertel der Befragten sollte gar die Einwanderung von Muslimen vollständig untersagt werden, 40 Prozent fühlen sich durch Muslime wie Fremde im eigenen Land.

Ganz offensichtlich hat die Zunahme des internationalen islamistischen Terrors Spuren hinterlassen. Doch religiöse Gewalt kann nicht der einzige Grund für die zunehmende Ablehnung sein. Aus französischen Studien ist bekannt, dass schlicht die Sichtbarkeit religiöser Praxis die Menschen verstört. Mit ihrem durch das Kopftuch sichtbaren Bekenntnis zur Religion tun Musliminnen etwas, das die säkularisierte Mehrheitsgesellschaft hinter sich gelassen hat. Doch nun kehrt es im exotischen Gewand wieder und beansprucht einen Ort im öffentlichen Raum. Viele Leute können das nur schwer akzeptieren. In ihren Augen widerspricht es dem Bekenntnis zur Demokratie. Die Philosophin Hannah Arendt hat postuliert, dass Menschen erst dann Bürger sind, wenn sie mutig aus der Deckung der Masse hervor- und für ihre Einzigartigkeit im öffentlichen Raum eintreten. Dieser Gedanke lässt sich auch auf Muslime übertragen:

Indem sie offen den religiösen Vorschriften folgen, die sie von Nichtmuslimen abheben, erstreiten sie sich einen Platz als Bürger im öffentlichen Raum. In diesem Sinn ist das Kopftuch kein Ausdruck von Parallelgesellschaft. Im Gegenteil: Frauen, die für die gesellschaftliche Akzeptanz ihres Schleiers eintreten, sind sogar Verkörperungen der gelungenen Integration. Sie haben die Rechte der pluralen westlichen Gesellschaft verinnerlicht. Indem sie sich mit ihrem Kopftuch nicht zu Hause einschließen, sondern selbstbewusst damit auftreten, fordern sie die Gesellschaft heraus, es nicht bei Lippenbekenntnissen zu belassen.

—

Eine junge Muslimin, die das tut, ist die Hamburgerin Kübra Gümüşay. Sie ist Politikwissenschaftlerin, Journalistin, Bloggerin, Referentin, Netzaktivistin. Viele meiner Freunde kennen sie. Nicht persönlich, sondern als Autorin der taz, wo sie von 2010 bis 2013 eine Kolumne schrieb: «Das Tuch» schilderte ihre alltäglichen Erfahrungen in der deutschen Gesellschaft als kopftuchtragende Muslimin, erzählte von Freunden, Zufallsbegegnungen, von ihrer türkischen Großfamilie und von Rassismus. Die Kolumne zog mit Kübra Gümüşay von Hamburg nach London zum Studieren, begleitete sie nach Berlin, nach Kairo, Istanbul und schließlich nach Oxford. Meine Freunde reisen mit. Für die meisten von ihnen bedeutet die Lektüre den einzigen Kontakt, den sie jemals zu einer Muslimin hatten. Das bedeutet nicht, dass meine Freunde Rassisten wären. Sie sind klar denkende Menschen und weltoffen. Sie empfinden die deutschtürkische Kultur als Bereicherung, kaufen ständig beim marokkanischen Gemüsehändler ein, lieben die Kochkunst libanesischer Restaurants und gönnen sich von Zeit zu Zeit eine Massage in einem türkischen Bad. Aus eigentlich jedem Urlaub bringen sie nette

Geschichten von sympathischen Begegnungen mit. Zurück in Deutschland ist geheimnisvollerweise Schluss mit der Offenheit. In der deutschen Gesellschaft bleibt man unter sich, geht nicht aufeinander zu. Menschen, die vielleicht anders aussehen, eher Ayran trinken als Buttermilch und dem Islam angehören, beäugt man lieber aus der Distanz. Vielleicht ist es Bequemlichkeit. Vielleicht sind die Deutschen einfach auch unsicher und gestehen sich deshalb keine freundliche Neugier zu.

Eine weitere Barriere für die Offenheit ist, dass die öffentliche Debatte Muslime oftmals als homogenen Block antizipiert. Kreist ein Zeitungs- oder Fernsehbericht um einen Muslim, dann wird oftmals der Eindruck erweckt, er repräsentiere den Islam an sich. Muslime werden selten als Individuen gezeigt, als Einzelpersonen mit liebenswerten Seiten, Macken, Fehlern. Mit ihrer Kolumne setzte Kübra Gümüşay einen Kontrapunkt. Vor allem anfangs schrieb sie viel aus ihrem persönlichen Leben. Sie zwang ihre Leser dazu, in der Masse der Kopftücher in Gesichter zu schauen. Und so fanden meine Freunde es äußerst bedauerlich, als die einzige Muslimin, die sie jemals näher kennengelernt hatten, wieder aus ihrem Leben verschwand: Im Juni 2013 erklärte Kübra Gümüşay ihre Kolumne in der taz für beendet, legte den Stift beiseite und wandte sich Neuem zu: Einer Stelle als Social-Media-Beraterin an der Said Business School im englischen Oxford, wo ihr Mann Ali Gümüşay eine College-Dozentur innehat.

Nach drei Jahren hat das Paar offenbar seine Basis zurück nach Deutschland verlegt. In Kübra Gümüşays Blog «Ein Fremdwörterbuch» stand vor einigen Monaten, sie sei in Hamburg auf Wohnungssuche. Es war ein bitterer Eintrag. Der Wohnungsmarkt der Hansestadt ist äußerst angespannt. Wie Kübra Gümüşay feststellen musste, hat sie ein zusätzliches Handicap: ihr Kopftuch. Offenbar hat ihr Kopftuch dafür gesorgt, dass sie zahlreiche Absagen kassierte. Wo das Paar schließlich eine Wohnung fand, erfahre ich aus einer E-Mail. Kübra Gümüşay nennt mir eine Adresse in einem Bezirk im Norden der Stadt. Man steigt aus der S-Bahn und geht eine Weile eine stark befahrene Straße entlang, an der mehrstöckige Wohnkästen aus den siebziger, achtziger Jahren stehen. Auf dem Bürgersteig laufen Leute, die nicht gerade typisch hanseatisch aussehen. Irgendwann kommt ein Supermarkt, daneben eine Wäscherei. Dann eine Kita, in deren Garten an diesem Morgen schon eine Horde Kinder über Spielgerüste tobt. Auch hier überwiegt die Haarfarbe dunkel. An der Klingel unter der Hausnummer, die Kübra Gümüşay genannt hat, stehen türkische Namen, arabische Namen und kaum deutsche. Kübra Gümüşay öffnet die Tür, eine junge Frau mit offenem Lächeln, Schneewittchen-Teint und schmalgliedrigen Händen. Sie hat ihr sandfarbenes Kopftuch locker um den Hals geschlungen und ein weites blaues Baumwollkleid an. Wir setzen uns ins Wohnzimmer.

Kübra Gümüşay, Jahrgang 1988, ist Enkelin eines türkischen Gastarbeiters, der in Hamburg bei Blohm und Voss gearbeitet hat. Punkt. Mehr will sie nicht über ihre Familiengeschichte erzählen. Der Grund: «In Deutschland gibt es die Tendenz, Menschen mit Migrationshintergrund nur über ihre Biographie wahrzunehmen. Das macht einen zum Objekt seiner Lebensumstände. Man wird nicht mehr als denkendes Subjekt ernstgenommen. Das mag ich nicht.» Mit Kübra Gümüşay zu reden ist in etwa so, als gerate der Kopf in ein Gedankengewitter. Sie ist voller Energie. Als Kind kletterte sie wahrscheinlich auf jeden Baum. Als Erwachsene sieht sie die Gesellschaft als ihre Herausforderung. Sie arbeitet hart daran, eine bessere aus ihr zu machen. Im Jahr 2010 war sie Mitbegründerin des von der EU finanzierten Netzwerkes «Zahnräder», das engagierten Muslimen eine professionelle Plattform bietet, um sich kennenzulernen und zu unterstützen. 2013 initiierte sie zusammen mit anderen den Hashtag #SchauHin, unter dem mehrere Zehntausend Twitter-User über ihre alltäglichen Erfahrungen mit Rassismus berichteten. Kübra Gümüşay mischt sich ein, prangert Benachteiligungen von Frauen an – nicht nur von muslimischen: Sie scheut sich nicht, öffentlich zu sagen, dass sie diesbezüglich einige islamische Gesetze und Vorschriften kritisch sieht.

Die Wohnung, in der das Paar erst vor wenigen Wochen seine Umzugskartons ausgepackt hat, ist hübsch. An der Wand über dem Sofa hängt eine gerahmte Kalligraphie neben einem alten Stich der Oxford Christchurch. War die Wohnungssuche denn bis zum Ende schwierig? Sie nickt und setzt sich mit untergeschlagenen Beinen in einen Sessel. Über Berichte in den Medien und Gespräche mit deutschen Freunden hatten sie und ihr Mann von England aus Geburt und Aufstieg von Pegida mitverfolgt. Den starken gesellschaftlichen Gegenwind, den die sogenannten Montagsspaziergänge des islamfeindlichen Bündnisses bald hervorriefen, werteten sie als gutes Zeichen: Die deutsche Gesellschaft hat dazugelernt. Geradezu glücklich sei sie gewesen, sagt Kübra Gümüşay, wenn sie die Anti-Pegida-Demonstrationen im Fernsehen sah. Dann fielen die Schüsse von Paris: Am 7. Januar 2015 stürmten zwei maskierte Männer in die Redaktion der Satirezeitschrift «Charlie Hebdo» und ermordeten unter *Allahu-Akbar*-Rufen 12 Menschen. Am Tag darauf überfiel ein französischer Dschihadist einen jüdischen Supermarkt, nahm Geiseln, von denen er vier tötete. Verglichen mit dem Islamfeindlichkeits-Tsunami, der auf frühere islamistische Terrorakte gefolgt war, blieb die Ressentiment-Welle nach den Attentaten von Paris schwach. Es überwog die Solidarität; auf der ganzen Welt demonstrierten Menschen Seite an Seite mit Muslimen gegen Terrorismus und Gewalt – auch in Deutschland. Während ihr Mann noch in Oxford arbeitete, flog Kübra

Gümüşay nach Hamburg und begann mit der Wohnungssuche. Es war ein harter Einbruch in die Wirklichkeit.

Am Telefon und im Mailverkehr waren die Wohnungsbesitzer und Immobilienmakler überaus nett und zuvorkommend gewesen. Ganz anders zeigten sie sich, als Kübra Gümüşay erstmals vor ihnen stand: Die Makler und die Vermieter schielten auf ihr Kopftuch und sagten: «Ich möchte Ihnen die Wohnung doch nicht zeigen» oder komplimentierten sie schnell wieder aus der Wohnung hinaus.

Ressentiments sind für Kübra Gümüşay nichts Neues. Die Hasskommentare, die sie auf Kolumnen und Blogeinträge erhalten hat, füllen locker ein ganzes Buch. Die junge Frau stellte sich die Autoren als Verrückte und politisch Frustrierte vor. Mittlerweile ist sie sich da nicht mehr so sicher: Die Leute, die ihr die Tür vor der Nase zuschlugen, waren ganz normale Durchschnittsbürger. Sie sagt: «Es fällt mir nun leichter, mich in Menschen hineinzuversetzen, die schon ein Leben lang solche Erfahrungen machen. Ich verstehe nun besser, warum viele von ihnen resignieren.

In der Integrationsdebatte wird gerne der Eindruck erweckt, es gäbe eine Checkliste deutscher Eigenschaften. Wer überall ein Häkchen setzen kann, gehört dazu. Das aber ist Augenwischerei. Selbst größte Angepasstheit reicht nicht aus, um als Migrant wirklich angenommen zu werden. Das Problem ist, dass Deutschland selbst nicht klar definiert hat, was es eigentlich unter deutscher Identität versteht. Es fehlt ein Leitbild, das die Gesellschaft in die Zukunft tragen könnte. Eines, das Ziele und Handlungsmodalitäten schafft, die auf die Vielfalt der Gesellschaft reagieren. Bisher besteht die deutsche Identität vor allem darin, zu sagen, was man nicht ist: nicht muslimisch, nicht türkisch, nicht ausländisch. Was einen Deutschen aber ausmacht, kann man nirgendwo nachlesen. Diese Offenheit könnte eine wundervolle Basis für eine plurale Gesellschaft sein, würden Politik und Gesellschaft sich selbstbewusst dazu bekennen. Tun sie aber nicht. Stattdessen wird rumgedruckst, werden immer neue Bekenntnisse von Migranten gefordert. Doch am Ende ist es nie genug.

Was muss man tun, um akzeptiert zu werden? Diese Frage stellt sich nicht nur Kübra Gümüşay. Sie ist modern, emanzipiert und hat Karriere gemacht. Sie besitzt den deutschen Pass, ihr Deutsch ist makellos, und wenn sie den hanseatischen Dialekt imitiert und ihre Stimme ein paar Oktaven tiefer rutschen lässt, klingt sie wie Hans Albers. Sie weiß mehr über Goethe, Schiller und das Leben Jesu, als mein urdeutscher Nachbar jemals wissen wird. Es bedeutet keinen Widerspruch, dass sich ihre Art zu leben am islamischen Glauben orientiert.

Das fünfmalige Gebet und ihr Kopftuch sind für sie wichtige, aber nur äußere Komponenten ihrer Religion. Gläubiger Muslim ist man nicht nur im Moment des Gebets, und nicht jede gläubige Muslimin verhüllt ihr Haar. Der Islam ist weitaus mehr als das. Sein Kern ist ein Bündel ethischer Grundsätze, die der Gläubige im Idealfall verinnerlicht hat und auch lebt. Nicht als Automatismus, sondern in ständiger Reflexion und Selbstbeobachtung. Bei Kübra Gümüşay ist das der Fall, ihre Spiritualität ist Teil ihres Ichs. Sie strebt danach, den ethischen Grundsätzen des Islams gerecht zu werden. Das bedeutet, dass sie versucht, eigene Fehler und Macken zu korrigieren, bestimmte Dinge bewusst zu tun oder nicht zu tun – Lügen und schlechte Nachrede beispielsweise. Der Islam wertet beides als etwas, das Gott missfällt – das Christentum hat darauf keinesfalls einen Exklusivitätsanspruch. Auch das Engagement für die Gesellschaft ist etwas, das im Islam großgeschrieben wird. Gleichzeitig ist der Glaube ihr eine Stütze. Er habe ihr beispielsweise geholfen, mit den Enttäuschungen bei der Wohnungssuche umzugehen.

«Auch Nichtmuslime bemühen sich natürlich darum, gute Menschen zu sein», sagt Kübra Gümüşay. «Mir persönlich hat dieses Streben meine Religion beigebracht.» Ihre Eltern seien religiös sehr gebildet. Als Heranwachsende lernte sie dadurch verschiedene islamische Glaubensrichtungen kennen, bekam von allen Seiten Anregungen. Von jungen Muslimen erwartet die religiöse muslimische Community normalerweise, dass sie sich irgendwann für eine Gemeinde entscheiden. Kübra Gümüşay aber bewahrte sich ihre Unabhängigkeit, ohne sich dabei ganz vom Gemeindeleben zu distanzieren. Sie liest religiöse Schriften im Eigenstudium und verfolgt die Veröffentlichungen einer Reihe zeitgenössischer islamischer Gelehrter.

Das Kopftuch trägt sie seit ihrem zehnten Lebensjahr. Sie sagt, sie sei ein altkluges Kind gewesen, das immer so sein wollte wie die Erwachsenen. Ihre Mutter, ihre Tanten, sämtliche Frauen in ihrer Umgebung trugen das Tuch, also wollte das Mädchen ihr Haar ebenfalls verhüllen. Ihre Eltern sagten: Kübra, warte noch ein bisschen. Als klar war, dass sie nach den Sommerferien auf das Gymnasium wechseln würde, wollte sie jedoch unbedingt, dass ihre neuen Klassenkameraden sie mit Kopftuch kennenlernen. Sie fand schnell Freunde. Zwei Jahre später lenkten Attentäter ihre Flugzeuge in das World Trade Center. Eine neue Intoleranz machte sich breit. «Geh nach Hause!» und «Ausländer raus!» schleuderten Unbekannte ihr auf der Straße hinterher. Kübra Gümüşay wertete solche Zwischenfälle als Missverständnisse. Doch die harschen Reaktionen hielten an, verstärkten sich in den folgenden Jahren noch. So sehr, dass sie ihr Kopftuch mitunter als Bürde empfand. Später, während ihres Politikstudiums, saß sie mit Kommilitonen im Seminar, die ihr ganz klar sagten, eine Frau mit Tuch gehöre nicht zu Deutschland.

In England hat Kübra Gümüşay nie bewusst Diskriminierung erfahren. Sicherlich, im Vergleich zur deutschen Migrationsgeschichte ist die englische ein Dinosaurier – Menschen mit anderer Hautfarbe und Religion kennen Briten seit vielen Generationen. Ein weiterer Unterschied besteht darin, dass unter den ersten Einwanderern sehr viele sehr gut ausgebildete, wohlhabende und gesellschaftlich engagierte Muslime gewesen sind. Sie forderten von Anfang an gesellschaftliche Teilhabe, die ihnen auch gewährt wurde. Weite Teile der englischen Bevölkerung sehen Multikulturalität nicht als Bedrohung für ihre Identität, denn Multikulturalität ist ihre Identität. Die britische Judikative und Exekutive spiegeln das wider. Es gibt muslimische Richterinnen, die unter ihrer Perücke ein Kopftuch tragen. Es sieht lustig aus, aber keiner nimmt sie deswegen weniger ernst. Auch Polizistinnen dürfen unter ihrer Polizeimütze das Tuch tragen. Und wenn man in London-Heathrow in ein Flugzeug steigt, erlebt man nicht selten, wie der Koffer an der Sicherheitsschleuse von einem Muslim mit langem Fusselbart durchleuchtet wird, der mit seinem Aussehen in Deutschland schon beim Betreten des Flughafens misstrauisch beäugt werden würde.

Kübra Gümüşay erzählt von einem Vortrag, den sie in Oxford gehalten hat. Sie präsentierte internationalen Wirtschaftsgrößen eine neue Social-Media-Strategie. Bei Vorträgen in Deutschland hatte das Publikum sie hinterher jedes Mal auf ihr Kopftuch angesprochen – ganz egal, worüber die junge Frau referiert hatte. Warum sie es trägt, wieso eine wie sie nicht über den Islam rede, ob sie überhaupt die richtige Person für diesen Vortrag sei – solche und ähnliche Fragen, Kübra Gümüşay kennt sie alle. Das britische Publikum hingegen stellte ausschließlich Fachfragen. Niemand zweifelte an ihrer Kompetenz. Diese Erfahrung, sagt sie, sei so neu, so überraschend und befreiend für sie gewesen, dass sie sofort ihre Schwester in Deutschland anrief, um ihr davon zu erzählen.

Als Studentin wollte Kübra Gümüşay unbedingt, dass man

sie als Deutsche ansieht. Mittlerweile stört sie viel mehr, wenn ihr jemand den Intellekt abspricht. Es geschehe ständig. Eine Frau mit Kopftuch – was könnte die schon Interessantes zu sagen haben, was könnte die schon wollen? «Als Frau mit Kopftuch wird man oftmals behandelt wie eine, die ihre Rechte nicht kennt und die nicht einmal in der Lage ist, für sich selbst zu sprechen. Man wird behandelt wie eine Frau, die man getrost übersehen kann.»

Manche Feministinnen behaupten, Feminismus und Kopftuch passten nicht zueinander. Solche Feministinnen tendieren dazu, ein Frauenbild zu schaffen, das in Stein gemeißelt ist. Begreift man den Feminismus hingegen als Bewegung, die Frauen gleiche Möglichkeiten und gleiche Rechte geben will und die dafür kämpft, dass Frauen selbst ihre eigenen Entscheidungen treffen können, dann kann auch eine Frau mit Kopftuch eine Feministin sein. Kübra Gümüşay bezeichnet sich als Feministin. Sie gehört einer Bewegung muslimischer Feministinnen an, die sich dagegen wehren, dass der weibliche Körper zur politischen Kampfzone gemacht wird. Sie sagt: «Sicherlich, eine Frau kann durch gesellschaftlichen oder familiären Druck zum Tragen des Tuches gezwungen werden. Genauso kann gesellschaftlicher Druck dazu führen, dass sie einen Minirock trägt.» Für sie ist weder die eine noch die andere frei.

Das ändert nichts daran, dass das Kopftuch nicht akzeptabel ist, wo immer es zur Unterdrückung eingesetzt wird.

Abends bin ich bei Bekannten zum Fastenbrechen, dem *Iftar*-Essen eingeladen. Als ich bei den Özcans eintreffe, sitzt der 75-jährige Großvater schon ungeduldig am gedeckten Tisch. Er nickt freundlich, schaut dann aber sofort wieder auf die Uhr an der Küchenwand. Noch zwölf Minuten! Gegessen werden darf an diesem Abend erst, wenn der Zeiger der Uhr in Hamburg 21.35 anzeigt.

Die Uhrzeit, wann während des Ramadans das erste und das letzte Mal am Tag gegessen und getrunken werden darf, ist punktgenau festgelegt. Zwölf Minuten reichen Frau Özcan, um es mir rasch zu erklären. Sie sagt: «Die Uhrzeit richtet sich nach Sonnenaufgang und Sonnenuntergang; deshalb verschiebt sich das Fastenbrechen jeden Tag um einige Minuten.» Damit die Familie den richtigen Zeitpunkt nicht verpasst, hat sie einen speziell dafür entwickelten Kalender an die Kühlschranktür geklebt. Er zeigt: Um halb drei Uhr morgens haben sie, ihr Mann und der Großvater heute zum letzten Mal etwas zu sich genommen. Erst um Punkt 21.35 Uhr dürfen sie wieder essen und trinken. Über den Kochtöpfen auf dem Herd schweben verführerische Düfte, bei denen man auch mit halbvollem Magen schwach werden und gern naschen würde. Tochter Sedda, 15, deckt den Tisch, der kleine Ibrahim, 3, lärmt im Wohnzimmer mit seinem Vater. Sedda schmeckt die Speisen ab, denn nicht einmal das erlaubt Frau Özcan sich. Ihrer Tochter schon, denn sie fastet nicht, «es wäre körperlich zu anstrengend für sie». Der Koran nimmt Kinder deshalb von der Fastenpflicht aus, ebenso Reisende, Schwangere, stillende Mütter, Kranke und Alte. Laut muslimischer Überlieferung ist der Ramadan der Monat, in dem Allah dem Propheten Mohammed die ersten Verse des Korans offenbart hat. In Gedenken daran soll die Fastenzeit ein Monat der besonderen Spiritualität für Muslime sein: Das Fasten wirft den Menschen auf sich selbst zurück, woraus eine besondere Zweisamkeit mit Gott entstehen kann. Das Gefühl von Hunger und Durst soll die Gläubigen zudem daran erinnern, demütig zu sein. Bedürftige haben schließlich täglich Durst und Hunger.

Alle setzen sich jetzt an den Tisch. Auf weißem Tuch stehen vor uns *Biber dolması* – mit Hackfleisch gefüllte Paprika, *Cacık* – Joghurt mit Knoblauch und Gurke, *Karadeniz Pide* – mit Käse und Fleisch gefüllter Hefeteig, *Karnıyarık* – gefüllte Auberginen, *Mercimek çorbası* – Linsensuppe, *Pilav* – Reis, *Nohut* – Kichererbseneintopf, *Pancar* – Rote Rüben, und ein Fladenbrot, das es nur während der Fastenzeit in türkischen Bäckereien zu kaufen gibt. Der Auftakt des Essens soll jedoch gleich für jeden eine Dattel sein. Die Frucht ist keine Laune des Augenblicks, sondern gehört fest zur Ramadan-Zeremonie dazu.

Herr Özcan erklärt, warum: Den Überlieferungen nach soll der Prophet Mohammed das Fasten mit einer Dattel beendet haben. Je nachdem, wie arm oder wohlhabend man sei, könne man das Fasten aber auch mit Wasser oder einer Olive brechen. Die Wahl hänge davon ab, was man sich als Fastender leisten kann und was man in der Lage ist, zu geben. Denn während des Ramadans gehört Bedürftigen besonderes Augenmerk. Trinke man zum Fastenbrechen Wasser, dann spende man eher wenig; esse man eine Olive, dann eher mehr, und am meisten müsse man spenden, wenn man eine Dattel zu sich nehme. Der so am Ende der Fastenzeit zusammengekommene Betrag berechnet sich pro Kopf; bei den Özcans ist er ein dreistelliger. In diesem Jahr soll der Empfänger das Kinderhilfswerk von Unicef sein.

Es ist jetzt 21.35 Uhr. Die Özcans greifen zu den Datteln und beißen hinein. Sie tun das sehr langsam, genussvoll, schlucken mit Bedacht. Herr Özcan spricht einen Vers aus dem Koran, der Großvater fährt sich mit der Hand über das Gesicht – eine Geste, die man im Islam zum Ende eines Gebetes macht. Frau Özcan trinkt noch einen Schluck Wasser, dann werden ihre Köstlichkeiten auf den Tellern verteilt. Noch drei Tage wird die Familie fasten. Danach ist der Ramadan vorbei.

Wer ist der Islam und wenn ja, wie viele?
Identitätssuche in Köln

Mitte August geht es von Hamburg nach Köln. Für einen kurzen Augenblick sind vor dem Zugfenster die Elbe und der Hamburger Hafen mit seinen Kränen und endlosen Containerreihen zu sehen. Dann franst die Hansestadt aus, und Deutschland wird sehr flach und leer. Windräder wachen wie Riesen über der Landschaft und weisen den Weg nach Nordrhein-Westfalen. Als Norbert Röttgen dort vor ein paar Jahren den CDU-Chefsessel von Armin Laschet übernahm, der damalige Umweltminister sich gegen den damaligen Integrationsminister durchsetzte, machte ein Spruch die Runde, an den ich jetzt wieder denken muss: Windrad gewinnt gegen Minarett. Sie sind für die beiden Politikressorts bis heute tatsächlich die größten Unruhestifter: Deutschland kann sich wahnsinnig aufregen, wenn irgendwo ein Windpark eröffnet werden soll. Mindestens genauso hoch kochen die Emotionen beim Bau einer Moschee. Das Argument, mit dem Islamgegner und Windradbekämpfer einander begegnen, ist die Landschaftsverschandelung. Einen Clou in dieser Hinsicht haben Muslime in Hamburg-Norderstedt gelandet: Ihre Moschee, die gerade entsteht, wird nicht einfach nur zwei

Minarette haben. Es werden Minarette mit Windkraftanlagen sein. Theoretisch könnten Islamgegner und Windradbekämpfer also gemeinsam auf die Barrikaden gehen. Da soll noch einmal einer behaupten, der Islam sei keine integrative Kraft.

Es gab einmal eine Zeit in Deutschland, da waren Menschen, die aus der Türkei, aus dem Iran, aus Tunesien oder anderen islamischen Ländern stammen, Gastarbeiter. Sie wurden zu ausländischen Mitbürgern, zu Mitbürgern mit Migrationshintergrund. Mittlerweile sind sie Muslime. Diese religiöse Etikettierung ist erstaunlich, da die Religion für die Mehrheit der etwa 4 Millionen in Deutschland lebenden Muslime nur einen geringen Stellenwert besitzt. Lediglich 37 Prozent von ihnen gaben 2013 zufolge der Bundeszentrale für Politische Bildung an, «stark gläubig» zu sein. Wie kommt es, dass sich die Perspektive auf die Kinder und Enkel der Gastarbeiter so verschoben hat? Die Islamwissenschaftlerin Riem Spielhaus hat in ihrem Buch «Wer ist hier Muslim?» (2010) den Weg und dessen Folgen nachgezeichnet.

Die Perspektivverschiebung begann für sie mit dem 11. September. Das Attentat auf das World Trade Center rückte den Islam und Muslime auf die internationale politische, intellektuelle und mediale Agenda. Er offenbarte ein globales Bedrohungspotenzial, ohne das der Islam nicht mehr denkbar schien. Europa begann, sich auf seine christlichen Wurzeln zu besinnen und Begriffe wie Liberalismus, Säkularität und Demokratie in Abgrenzung zum Islam zu diskutieren. Auch die deutsche Politik behandelte innere Fragestellungen von nun an vermehrt unter diesen Vorzeichen: Soziale Konflikte wurden zunehmend als Glaubenskonflikte wahrgenommen und in religiösen Mustern gedeutet. Aus der Migration ist eine Religionsdebatte geworden, die Entwicklung von Parallelgesellschaften wird unter religiösen Vorzeichen diskutiert. Versucht man diese nur theologisch zu erklären, blendet man allerdings Faktoren aus, die für Phänomene wie Zwangsheirat, Ehrenmord und Fundamentalismus vielleicht viel wichtiger sind: Woher stammen die Menschen? Wo sind sie aufgewachsen? Wie wurden sie erzogen? Welchen Bildungsgrad haben sie?

Diskussionen über Wesen und Inhalt des Islams sowie darüber, welche Stellung er in der deutschen Gesellschaft haben sollte, besitzen enormes Erregungspotenzial. Allerdings bewegten erst die Ereignisse, die auf den 11. September folgten, viele Muslime dazu, sich überhaupt als Muslime zu positionieren: der deutsche Kopftuchstreit, die Anschläge in Madrid und London, die Ermordung des Filmemachers Theo van Gogh in Amsterdam, die Diskussionen um die Einführung eines Leitfadens für Einbürgerungsgespräche in Baden-Württemberg sowie die Moscheebaukonflikte in deutschen Städten. Anstatt sich wegzuducken und die eigenen Wurzeln zu ignorieren, ergriffen auch Muslime das Wort.

In dem Maße, in dem die Anfeindungen wachsen und Muslime sich gezwungen sehen, Stellung zu beziehen, wächst auch die Hinwendung zur Auseinandersetzung mit der Religion, so lautet die These von Riem Spielhaus: Muslime sind nicht einfach Muslime, sondern werden auch zu solchen gemacht.

Für ihre lesenswerte Untersuchung hat die Islamwissenschaftlerin auch den Kölner Navid Kermani befragt. Er ist Muslim und Deutschperser, genauso wie er habilitierter Orientalist, Fan des 1. FC Köln, Vater von zwei Töchtern, Regisseur und Schriftsteller ist. Er verfasst freizügige Bücher über die körperliche Liebe oder schreibt Bücher über den Islam. Er liebt die persische Sprache, verzichtet im Urlaub aber nur ungern auf deutsche Zeitungen. Auch Kermani fand sich irgendwann in der Position wieder, in den Augen vieler Menschen vor allem Muslim zu sein. Diese Reduzierung, die alles, was eine Person sonst noch ausmacht, hinter dem Begriff Muslim zurücktreten lässt, rief auch bei ihm ein Echo hervor, wie er gegenüber Spielhaus beschreibt: «Es ist in der Tat so, dass ich stärker als Teil dieses Kollektivs ‹Islam› agiere. Weil ich zum Teil dieses Kollektivs gemacht werde. Und zwar völlig unabhängig von spirituellen Gründen.»

Die Etikettierung von Mitbürgern als Muslime ist auch deshalb bizarr, weil es den Muslim an sich nicht gibt. Es gibt ihn genauso wenig wie den typischen Christen oder Deutschen. Jeder Muslim wird etwas an sich haben, das typisch muslimisch ist, gleichzeitig wird es Merkmale seiner Persönlichkeit geben, die dem zuwiderlaufen. Spielhaus kann die Frage ihres Titels, wer in Deutschland Muslim ist, deshalb auch nicht in einem abschließenden Sinn beantworten. Ein Gemeinschaftsbewusstsein, das die Muslime in Deutschland oder gar alle Menschen aus muslimischen Ländern prägt, sei nicht feststellbar. Was Muslimsein in Deutschland bedeutet, steht nicht im Koran und kann genauso wenig von islamischen Gelehrten und Organisationen beantwortet werden. Denn Muslime in Deutschland sind kein homogenes Gebilde, als das sie oft vorgestellt werden. Sie sind vergleichbar mit einem Mosaik, dessen Muster und Farben gerade ausgehandelt werden. Ausgehandelt durch die Muslime selbst, aber auch durch Nichtmuslime sowie durch Medien und Politik.

In diesem Sommer 2015, in dem ich meine Reise durch das islamische Deutschland begonnen habe, ist es bisher relativ ruhig in der Debatte um Muslime und den Islam. Antidiskriminierungsstellen melden, dass Fitnessstudios vermehrt Frauen mit Kopftuch einen Aufnahmevertrag verweigern. Gleichzeitig wird wieder ein Burka-Verbot diskutiert. In Frankreich, Belgien und in einem Teil der Schweiz ist die Vollverschleierung in der Öffentlichkeit schon verboten. Julia Klöckner, die Vize-Vorsitzende der CDU, möchte einen Burka-Bann auch in der Bundesrepublik. Denn die Verschleierung, so Klöckner, stehe für ein «abwertendes Frauenbild».

Verschiedene Zeitungen haben die Zahlen für das erste Halbjahr 2015 über Angriffe auf Moscheen und andere islamische Einrichtungen gemeldet. Es hat 23 gegeben. Im Gesamtjahr 2014 waren es 45. Sollte die Entwicklung anhalten, könnte die Zahl der Angriffe also noch jene des Vorjahres übersteigen. Der Verfassungsschutz rechnet mit einem Anstieg rechtsextremistisch und islamfeindlich motivierter Gewalttaten. Zudem beobachten die Sicherheitsbehörden eine Zunahme von Straftätern und Kundgebungen gegen eine «Islamisierung Deutschlands», die von Rechtsextremisten gesteuert werden.

Auch über den antijüdischen Al-Quds-Marsch in Berlin ist berichtet worden. Seit 1996 findet er dort jedes Jahr am sogenannten Al-Quds-Tag statt, dem letzten Freitag im Fastenmonat Ramadan. Wie immer marschierten auch diesmal vor allem Muslime mit. Von den erwarteten 2500 Teilnehmern kamen allerdings nur 650. Der Al-Quds-Tag wurde von Ajatollah Khomeini ins Leben gerufen. Er wollte die verfeindeten Schiiten und Sunniten miteinander versöhnen, indem der Hass auf die gemeinsamen Feinde Israel und Amerika gelenkt wird.

Was zunehmend in den Medien unter der Überschrift Islam diskutiert wird, sind die steigenden Flüchtlingszahlen. In diesem Sommer rechnet Berlin damit, dass bis Ende 2015 etwa 850 000 Flüchtlinge eintreffen. Man geht davon aus, dass etwa 80 Prozent von ihnen Muslime sein werden. Wie sollen wir mit ihnen umgehen?, werden Vertreter islamischer Verbände in Interviews gefragt. Es wird befürchtet, gerade jüngere Flüchtlinge seien anfällig für islamistische Agitation.

In Hannover steige ich um. In einen ICE, der so voll ist, dass die Koffer schon im Eingang stehen. Daneben hocken Leute auf dem Boden: Leidensmienen, Knopf im Ohr, verkörperte Anklagen an die Deutsche Bahn. Mitunter habe ich den Verdacht, einige Deutsche lieben diese Pose geradezu. Womöglich nehmen sie deshalb sogar den Zug. Wie auch jetzt ist die Leidensmiene oftmals nämlich gar nicht berechtigt, denn der Großraumwagen des ICE ist zwar recht voll, aber es gibt noch freie Sitze am Gang. Ich wähle jenen neben der Frau mit verhülltem Haar – keine Muslimin, sondern eine Nonne mit weißem Kopftuch, um den Hals trägt sie ein Kreuz aus Holz. Ihre weiße Kutte bedeckt die Arme und reicht bis auf die Fußknöchel. Eine Art brauner Überwurf vervollständigt die Tracht, zu der sie eine fein geschwungene Brille im Stil der sechziger Jahre trägt. Sie ist eine Erscheinung wie aus einer alten Fotografie.

Nach dem Treffen mit Kübra Gümüşay hatte ich mir vorgenommen, nie mehr eine Frau, die offensichtlich stark gläubig ist, mit Fragen nach den Gründen für ihr Tuch zu drangsalieren. Eine persönliche spirituelle Entscheidung ist eine persönliche spirituelle Entscheidung. Punkt. Wenn das muslimische Kopftuch auch deshalb auf so viel Widerstand stößt, weil die säkularisierte Gesellschaft Zeichen von Religiosität im öffentlichen Raum grundsätzlich nur noch schwer aushalten kann, dann müsste eigentlich auch diese Nonne Ausgrenzung erlebt haben. Ich kann der Gelegenheit nicht widerstehen, ich muss sie einfach fragen. Ihre Augen haben einen leichten Silberblick. Sie schaut mich überrascht an.

Sie sagt, sie werde eigentlich immer angestarrt. Nicht unbedingt unfreundlich, eher wie ein Verkehrsunfall. «Es traut sich aber kaum mal jemand, mich auf meine Tracht anzusprechen», sagt die Nonne und lächelt. Und was drückt ihr Kopftuch und die Tracht aus? Die Antwort der Nonne entspricht im Grunde genommen dem, was man auch von vielen gläubigen Musliminnen hört: Das Tuch ist ein religiöses Zeichen. Es zeigt an, dass man sich für ein Leben mit dem Glauben entschieden hat. Auch Stolz verbindet die Nonne damit. Der Habit verbirgt ihre weiblichen Reize. Er ist ein Zeichen, dass sie nicht bereit für intime Kontakte mit Männern ist.

Wir reden über dies und das. Ich erzähle ihr von meiner Reise, sie vom Leben in ihrer katholischen Glaubensgemeinschaft, der «Gemeinschaft der Seligpreisungen». Auch dass sie nie einen Muslim näher kennengelernt hat, erzählt die Nonne. Sie wurde 1975 geboren, wir sind derselbe Jahrgang. Die erste Generation muslimischer Gastarbeiter war da schon längst da, die meisten hatten ihre Familien nachgeholt oder Kinder bekommen. Wir stellen fest, weder sie noch ich hatten in unserer Kindheit mit ihnen gespielt. Sie wuchs in einem kleinen Ort nahe der niederländischen Grenze auf, ich in einem Dorf in Südbaden. Es ist nicht so, dass es dort keine Gastarbeiter gegeben hätte, doch die Einheimischen blieben gern unter sich. Erst auf dem Gymnasium in der Kreisstadt rückte ich an das, was ich als Kind als fremd empfand, näher heran. Es war besonders, ihm ausgerechnet dort zu begegnen. Gastarbeiterkinder landeten damals eigentlich immer auf der Hauptschule. Zwei Türkinnen hatten jedoch den Sprung aufs Gymnasium geschafft. Die eine, Arzu, war um einige Jahre älter, und weil sie sehr schön war, himmelten meine Freundinnen und ich sie an. Die andere, Ayşe, ging in meine Klasse. Sie war ein schüchternes Mädchen mit dunklem Pagenkopf, das selten sprach. Der Islam war damals noch kein Thema; dass Ayşe einer anderen Religion angehörte, dass sie Muslimin war, begriffen wir nur, weil sie während unseres Religionsunterrichts immer im Aufenthaltsraum saß. Wegen ihrer Zerbrechlichkeit und Stille, aber auch wegen ihrer kulturellen Andersartigkeit, die ihren Ausdruck vor allem in ihrer kopftuchtragenden Mutter fand, behandelten wir sie wie ein rohes Ei. Sie erweckte unsere Neugier, wir wussten aber nicht damit umzugehen. Sie gehörte nicht dazu. In Erinnerung geblieben ist mir der Lesewettbewerb in der sechsten Klasse. Wir sollten selbst in einer internen Vorrunde entscheiden, wer von uns die Ehre der Klasse in der Stufenrunde verteidigen sollte. Wir waren alle überrascht, dass Ayşe sich als Kandidatin stellte. Sie las vor und gewann. Auch ich hatte vorgelesen. Meinem Empfinden nach viel besser als sie. Ich muss gestehen, ich gönnte Ayşe den Sieg nicht. Ich hatte einen lustigen Text ausgewählt, um die Klasse für mich einzunehmen. Leider hatte ich mich von dem Gekicher anstecken lassen. Die Niederlage war also berechtigt; anstatt sie anzunehmen, lastete ich Ayşes Sieg jedoch dem Gutmenschentum meiner Klassenkameraden an: Die hatten der schüchternen Türkin doch nur ein Erfolgserlebnis bereiten wollen. Zu meinem Geburtstag einige Monate später lud ich Ayşe immerhin ein. Sie kam nicht. Nach den Sommerferien war sie ganz verschwunden. Wir dachten, ihre Eltern seien mit ihr in die Türkei zurückgekehrt. Das stimmte aber nicht, die Schule war vielmehr der Ansicht gewesen, dass das stille Mädchen auf der Realschule besser aufgehoben sei.

Mein erstes Minarett zeigten meine Eltern mir in Sarajevo. Noch mehr Minarette sah ich in der Türkei, wo mein Vater von 1989 an als Lehrer an einer deutsch-türkischen Schule arbeitete. Ich war 14 Jahre alt, als wir dorthin zogen. Der Islam spielte damals in der türkischen Öffentlichkeit keine Rolle, die Politik und Gesellschaft waren noch stark kemalistisch geprägt. Kopftücher sah man vor allem an alten anatolischen Mütterchen vom Land, deren Familien auf der Suche nach Arbeit in die Stadt gekommen waren. Den fünfmaligen Ruf des Muezzins zum Gebet liebte ich aber sofort. Auf der Deutschen Schule, auf die ich von nun an ging, waren fast nur Türken. Ihr Muslimsein und meine Zugehörigkeit zum Christentum waren eine Information, mehr nicht. Ausgrenzung gab es aus anderen Gründen; wegen der Sprache auf dem Schulhof, die ich kaum verstand, wegen des Verhältnisses türkische Mehrheit, deutsche Minderheit – ich musste oft an Ayşe denken, Deutschland war sehr weit weg.

Auch deshalb bekam ich von den rechtsradikalen Ausschreitungen gegen Ausländer in Hoyerswerda und Rostock 1991 und 1992, Zäsuren in der deutschen Migrationsgeschichte, kaum etwas mit. Im Mai 1993 waren in der Türkei gerade Schulferien und ich saß mit Freunden in einem türkischen Überlandbus. Der Busfahrer hatte das Radio sehr laut gestellt, als die Nachricht von dem Brandanschlag in Solingen kam. Fünf Menschen tot, darunter drei sehr kleine Kinder. Wir hatten die ganze Fahrt über Deutsch gesprochen. Nun drehten sich die anderen Reisenden zu uns um. Niemand sagte etwas. Überhaupt habe ich in diesen vier Jahren, die ich mit meinen Eltern in der Türkei lebte und in denen wir auf Reisen bis in den äußersten Winkel des Landes immer wieder von ehemaligen Gastarbeitern angesprochen wurden, nie etwas Negatives über Deutschland gehört. Sobald einer bemerkt hatte, dass ein Auto mit deutschem Kennzeichen Station im Ort macht, kamen sie, luden uns ein zum Tee, zum Essen, zum Übernachten in ihrem Haus. Sie zeigten uns den bescheidenen Wohlstand, zu dem sie es durch jahrelanges Schuften bei Ford, bei Siemens oder unter Tage gebracht hatten. Sie sagten, die Zeit in Deutschland sei sehr schön gewesen. Sie waren sehr höflich. Erst viel später erfuhr ich, wie schwierig das Leben der ersten Gastarbeiter tatsächlich gewesen war.

Die Nonne entdeckte kurz nach ihrem Abitur Jesus und schloss sich bald ihrem Orden an, erzählt sie. Ich verließ nach meinem Abitur die Türkei und entdeckte Deutschland neu. Kurz zuvor war in Istanbul Recep Tayyip Erdoğan als Kandidat der islamistischen *Refah*-Partei zum Oberbürgermeister gewählt worden. Die Veränderungen im Land, die Islamisierung der Gesellschaft bekam langsam Schwung. Einige meiner türkischen Freunde wählten einige Jahre später die AKP, die Partei, mit der Erdoğan 2002 türkischer Ministerpräsident wurde. Auch nach dem Anschlag auf das World Trade Center blieben sie jedoch einfach meine türkischen Freunde. Die Nonne gibt zu, sie habe nach dem 11. September Angst vor dem Islam bekommen. Wahrscheinlich seien es vor allem persönliche Kontakte, die einen davor bewahren, dass man in die Falle der Extremisten tritt und Muslime per se verteufelt, sagt sie.

Draußen vor dem Fenster fliegt der Bahnhof Köln-Deutz vorbei, danach geht es im verlangsamten Tempo auf die Hohenzollernbrücke. Im Zug in Köln einzufahren ist immer schön. Unter uns liegt breit der Rhein, vor uns die prächtige Dom-Silhouette und auf dem Fußgängerweg der Brücke sind Spaziergänger, Radfahrer, Verliebte unterwegs. Man spürt sofort, man ist in einer freundlichen Stadt angekommen.

―

Der Kölner Kabarettist Fatih Çevikkollu erzählt einen Witz: «Ein großer und ein kleiner Christ schleppen sich hungrig und durstig durch die Wüste. Vollkommen am Ende ihrer Kräfte erblicken sie hinter einer Düne Zelte. Sagt der Kleine: ‹Los, hin, die werden uns helfen!› Sagt der Große: ‹Bist du verrückt, das sind doch Muselmanen, die hauen uns sofort den Kopf ab, bist du etwa nicht informiert?! Die beiden überlegen. Der Große schlägt vor zu behaupten, ebenfalls Muslime zu sein. Entrüstet schüttelt der Kleine den Kopf: ‹Nee, ich bin Christ, was anderes sag ich nicht.› Sie marschieren los. Bei den Zelten tritt ein bärtiger Typ mit mächtigem Krummsäbel auf sie zu. Sagt der Große: ‹Hallo, guten Tag, ich bin der Hassan, und das da ist der Martin.› Der bärtige Typ: ‹Herzlich willkommen ihr zwei! Martin, du kannst gleich da rüber gehen, da stehen Essen und Trinken, nimm dir einfach so viel du willst. Hassan, du kannst mit mir mitkommen, wir fasten gerade.»

Fatih Çevikkollu, 43 Jahre alt, kurze Locken, dunkle Augen, lässige Körperhaltung, grinst. Er sitzt in seinem Kölner Stammcafé am Eigelstein, dem Viertel, in dem er auch wohnt. Vor ihm steht ein Glas Ingwer-Limonade. Der Witz ist Teil seines aktuellen Programms. Es heißt «Emfatih» und erzählt von Scheußlichkeiten wie Pegida, Hogesa, dem Attentat auf «Charlie Hebdo», von Muslimfeindlichkeit und davon, dass Mitgefühl immer mehr auf der Strecke bleibt – kein einfacher Stoff also fürs Kabarett. Çevikkollu ist jedoch ein Meister seines Fachs. Blödeleien, um die Spannung eines Themas aufzulösen, gibt es bei ihm nicht. Er setzt auf Geist. Der Witz über die beiden Christen ist ein schönes Beispiel dafür. Çevikkollu sagt: «Letztendlich ist die Botschaft sehr einfach, aber zutiefst human. Sie lautet: Bleib dir treu, auch wenn die Zeichen auf Schwierigkeiten stehen.» Es klingt ein wenig esoterisch. Vielleicht denke ich das aber auch nur, weil Çevikkollu ungemein aufgeräumt wirkt und vorhin erzählt hat, er mache täglich Yoga. Als Muslim und Sohn einer türkischen Familie weiß Çevikkollu jedoch, wovon er spricht. «Früher waren wir Kümmeltürken, seit dem 11. September sind wir Top-Terroristen», sagt er. «Religion ist ein Thema geworden, bei dem die Luft angehalten wird. Ich möchte, dass die Leute sich wieder entspannen.»

Kabarettisten mit muslimischem Hintergrund gibt es in Deutschland mittlerweile zu Dutzenden. Sie führen gängige Bilder von Türken und Arabern ad absurdum, in der Regel jedoch ohne direkten Verweis auf die Religion. Fatih Çevikkollu ist anders. Er geht ans Mikrophon und sagt: Guten Abend meine Damen und Herren, ich bin Muslim!

Man muss das einmal erlebt haben: Çevikkollu steht auf der Bühne, eine schlanke Erscheinung im dunklen Anzug, und lächelt diabolisch ins Publikum. Die Begrüßung wirkt, als habe ein Zwerg einem Riesen gerade den Handschuh hingeworfen: Er, der Muslim im Rampenlicht, die Mehrheitsgesellschaft im dunklen Zuschauerraum – Deutschtürken sind so gut wie nie im Publikum. Die Spannung hat sich mit einem Schlag verändert. Çevikkollu gibt den Leuten jetzt aber erst mal, was sie haben wollen: endlich mal laut und herzlich lachen über diesen verrückten Islam und dessen Anhänger. Er sagt: «Ich wundere mich, was so toll sein soll an den 72 Jungfrauen im Paradies, wenn man eher auf Profis im Bett steht.» Oder: «Da sitzt eine türkische Mutti auf dem Arbeitsamt, so wie man sie sich vorstellt, in Zeltkleid in lebensfrohem Grau und buntem Kopftuch, damit man weiß, wo oben ist. Sie sieht aus wie eine Hüpfburg.» Kurz darauf vergeht dem Publikum das Lachen allerdings. Çevikkollu lässt es fühlen, wie es ist, selbst Opfer von Stereotypen zu sein. Über den Deutschtürken Akif Pirinçci, der bei Pegida gegen Muslime hetzt, sagt er: «Ich nenne es das Akif-Pirinçci-Phänomen: Wenn die Integration abgeschlossen ist, ist man Nazi.» Empörte Oh, oh, oh-Rufe erntet er gleich darauf: «Die türkischen Gemüsehändler in Berlin können eigentlich alle einwandfreies Deutsch. Sie haben aber festgestellt, dass ihre Umsätze um 30 Prozent sinken, wenn sie ihre Kunden mit grammatikalisch korrekten Sätzen anreden. Sie reden lieber gebrochen Deutsch, weil die Deutschen sich dann fühlen wie Oskar Schindler.» Am Ende des Abends fragt er: «Schlucken wir die rote oder die blaue Pille? Sagen wir: Ich hasse Moslems, oder sagen wir: Ich hasse Terroristen? Die den Unterschied nicht kennen, die sind das Problem.»

Ist er denn selbst gläubiger Muslim? Fatih Çevikkollu kratzt sich am Kopf. «Ich bezeichne mich als U-Boot-Muslim. Ich bin da, tauche aber nur an islamischen Feiertagen auf.» Jedes Jahr im Dezember fliegt er mit seiner schwäbischen Frau und der gemeinsamen Tochter weit weg in die Sonne. An Heiligabend bauen sie am Meer einen Weihnachtsbaum aus Strandgut. Seine Mutter, erzählt er, zeigte ihm als Kind, wie man betet, und erklärte ihm die fünf Säulen des Islams. Die meisten muslimischen Kinder in Köln-Nippes, wo der Kabarettist aufwuchs, besuchten eine Koranschule. Fatih Çevikkollu nicht. Damals trieb dort der berüchtigte islamische Fundamentalist Metin Kaplan, besser bekannt als «Kalif von Köln», sein Unwesen. Die Mutter verbot ihren Söhnen, auch nur einen Fuß in dessen Nähe zu setzen: Was er predige, habe nichts mit Religion zu tun. Sie vertrat die Ansicht, Religion sei Privatsache. Nicht so Çevikkollus Umfeld: «Unser Schulpförtner hat mich mal gefragt, ob ich an Gott oder an Allah glaube. Ich wusste gar nicht, was ich sagen soll. Ich wollte Fußball spielen, ein Mädchen küssen, cool sein. Und der fragt mich so was. Heute weiß ich, dass Unwissenheit in solchen Fragen steckt. Aber es löst Unsicherheit in dem aus, der damit konfrontiert wird.»

Nach dem Abitur ging Fatih Çevikkollu nach Berlin, wo er an der Ernst-Busch-Schule Schauspieler wurde. Es folgte ein Engagement am Schauspielhaus Düsseldorf. Der Durchbruch aber gelang 1999, mit einer Rolle in der Comedy-Serie «Alles Atze». Sie kreist um einen Kiosk in Essen. Çevikkollu spielte Murat, den türkischen Kioskverkäufer. Die Drehbuchautoren hatten sich einen Murat vorgestellt, der Deutsch nur radebricht. Çevikkollu setzte eine feinere Idee durch. Während seine Kiosk-Kollegen pöttelten, was das Zeug hält, war Murat die einzige Figur, die grammatikalisch und phonetisch einwandfreies Hochdeutsch spricht – Verständigungsprobleme eingeschlossen. Es war eine humoristische Volte, die in gewisser Weise vorwegnahm, was Çevikkollu nun tagtäglich auf der Kabarettbühne vollführt: ein Spiel damit, unterschätzt und falsch gesehen zu werden. In Deutschland gehört das für Menschen mit Migrationshintergrund zum Alltag. Er sagt: «Für die Rolle des Murat habe ich meine Schauspielausbildung, ehrlich gesagt, nicht gebraucht. Da reichte Herkunft.»

Seine Eltern stammen aus dem türkischen Adana. Sie kamen Anfang der sechziger Jahre nach Köln. Die Mutter ist von Beruf Grundschullehrerin, arbeitete in Deutschland aber nie als solche. Çevikkollus Vater wurde Werkzeugmacher bei Ford. Die Eltern wollten, dass ihre Kinder es einmal besser haben, taten aber nichts dafür. Das Deutschland, das sie Çevikkollu und seinen beiden Geschwistern boten, war 50 qm groß, größer brauchte die Wohnung in Nippes nicht sein, denn bald, so das elterliche Mantra, würde die Familie ja ohnehin in die Türkei zurückkehren. Wozu also das schöne Geld für eine größere Wohnung ausgeben? Die Eltern investierten lieber in ein Grundstück in der Türkei. Wenn der Vater Feierabend hatte, setzte er sich aufs Sofa und schaute türkische Videofilme. Mal kam Besuch, mal nicht, das Ziel gemeinsamer Familienausflüge waren meistens türkische Hochzeiten. Es war ein Leben im Stand-by-Modus, vorbei an deutschen Möglichkeiten. Der Gedanke an die Rückkehr war so stark, dass Çevikkollus Mutter Dinge, die sie gerade aus dem Kaufhaus nach Hause gebracht hatte, sofort wieder verpackte: Gläser, Waffeleisen, Teller, Entsafter, alles wanderte zurück in seine Kartons. Sie stapelte sie im Wohnzimmer. Am Tag der Abreise sollte alles griffbereit sein. Es kam immer etwas dazwischen. Wir kehren heim, wenn die Kinder in die Schule kommen, sagten die Eltern. Wir kehren heim, wenn sie mit der Schule fertig sind. Wenn sie ihre Ausbildung beendet haben. Wenn sie heiraten. Wenn die Enkel geboren werden.

Çevikkollu besuchte die Grundschule, dann das Gymnasium. Deutsch und Kölsch lernte er vor allem bei einer achtzig Jahre alten Nachbarin, die sich genauso einsam fühlte wie er. Er spielte Fußball und fand deutsche Freunde. Während zu Hause die Kartons im Wohnzimmer bis unter die Decke wuchsen, entfernte er sich immer mehr von der Türkei-Fixierung seines Elternhauses. Als Kind hatte er die Kartonwand einfach als Ausdruck des elterlichen Rückkehrwunsches hingenommen. Er und seine beiden Brüder störten sich eher aus praktischen denn aus grundsätzlichen Überlegungen an ihr. Als Heranwachsender wurde sie für Çevikkollu jedoch immer mehr zu einem Symbol des Scheiterns: Seine Eltern hatten sich weder ein wirkliches Leben in Deutschland eingerichtet, noch waren sie in die Türkei zurückgekehrt.

Çevikkollu hat der Kartonwand in seinem ersten Kabarettprogramm eine Nummer gewidmet. Bio-Deutsche schmunzeln, wenn er sie zum Besten gibt, Deutschtürken lachen Tränen: Die Kartonwand, das Mantra der Rückkehr und die damit verbundene Zerrissenheit sind Erfahrungen, die so gut wie jeder Deutschtürke kennt. In manchen Familien erklingt das Mantra bis heute. Je nach familiärer und nationaler Stimmungslage mal leise, mal laut. Nur jene, die sich irgendwann ganz bewusst und mit allen Konsequenzen für Deutschland entschieden haben, konnten sich davon befreien.

―

Der Entschluss zu bleiben findet für viele Deutschtürken seinen Ausdruck in der Kölner Merkez-Moschee. Unverrückbar und in Beton gegossen steht der Kuppelbau mit zwei Minaretten weithin sichtbar im Stadtteil Ehrenfeld. Ganz fertig ist Deutschlands größte Moschee zwar noch nicht, trotzdem ist sie längst über die Grenzen hinaus bekannt: Als die «Türkisch-Islamische Union der Anstalt für Religion», kurz DITIB, 2009 mit ihrem Bau begann, schlugen die Wellen der Erregung so hoch, als sei der Untergang des Abendlands schon eine abgemachte Sache. Das Gezerre und die Streitereien waren unschön, doch ohne sie hätten es nachfolgende Moscheebauprojekte sicherlich schwerer gehabt. Ganz gleich, wo gerade in Deutschland über eine Moschee diskutiert wird, drei Fragen beschäftigen die Gemüter sofort – auch damals in Köln. Sie lauten: Werden angesichts von Moscheebesuchern die Anwohnerparkplätze noch ausreichen? Wird der Muezzin fünfmal am Tag rufen? Werden die Minarette höher sein als der nächstgelegene Kirchturm? In Köln lauteten die Antworten: Ja, für genügend Parkplätze wird gesorgt; nein, der Muezzin wird überhaupt nicht rufen, da der Ehrenfelder Stadtverkehr die für den Gebetsruf gesetzlich erlaubten 60 Dezibel ohnehin übertönen würde, und ja, der nächstgelegene Kirchturm ist höher als die Minarette: «Sie sind 55 Meter hoch, der Kirchturm misst 61 Meter», brüllt Ayşe Aydin. Gegen die Maschine, die neben uns gerade die Stufen zum Moscheevorplatz bearbeitet, kommt die Pressesprecherin der DITIB trotzdem kaum an. Lächelnd beäugt sie meine offenen Sommerschuhe. «Hübsch», ruft sie, «in solchen Schuhen haben Sie aber eigentlich nichts auf der Baustelle verloren. Sie müssen mir versprechen, vorsichtig zu sein.» Freundlich reicht sie mir einen Blauhelm und bedeutet mir, ihr zu folgen, einer resoluten Frau von Anfang vierzig mit kinnlangem, braunem Haar, die ein überaus herzliches Lachen hat. Die Eröffnung der Moschee war eigentlich für 2012 geplant. Wegen Planungsmängeln und Fehlern am Bau musste der große Tag jedoch verschoben werden. Der Streit, der deswegen zwischen dem Bauherrn DITIB und dem Architekten Paul Böhm ausbrach, wurde öffentlich zelebriert. Hässliche Schuldzuweisungen flogen hin und her wie Bälle bei einem spannenden Tennismatch. Die Baukosten schossen in die Höhe und noch ist offen, wer sie übernehmen muss. Ein neues Datum für die Fertigstellung der Moschee gibt es noch nicht.

Die Büros der DITIB sind schon in den Komplex eingezogen. Auch ein temporärer Gebetssaal wird benutzt. Im Hauptraum unter der zentralen Kuppel, in den Ayşe Aydin mich nun führt und der einmal Platz für 1200 Gläubige bieten soll, steht noch ein riesiges Baugerüst. Ayşe Aydin erklärt: Da kommt die Gebetsnische für den Vorbeter hin, dort oben der Frauenbereich, an diese Wand wahrscheinlich eine Kalligraphie. Riesige Fenster ziehen sich vom Boden bis hinauf in die 35 Meter hohe Kuppel. Wenn alles fertig ist, wird diese Moschee lichtdurchflutet sein. Die Architekten Paul Böhm und dessen Vater Gottfried, eigentlich ein Spezialist für christliche Sakralbauten, hatten 2006 den von der DITIB ausgeschriebenen Moschee-Wettbewerb gewonnen. Mit einem Kuppel-Minarett-Entwurf, angelehnt an die Tradition byzantinisch-osmanischer Baukunst. Eine Kuppel! Eine Kuppel sei ein Zeichen muslimischen Machtanspruchs, entsetzten sich Kritiker. Böhm widersprach: Die Kuppel drücke lediglich den Stolz der Menschen aus, die dieses Haus bauen – den Stolz, es in Deutschland zu etwas gebracht zu haben und mit ihrer Religion in der Gesellschaft angekommen zu sein. Er öffnete die Kuppel und machte ein florales Thema aus ihr. Von der Straße aus gesehen wirkt sie jetzt wie eine sich entfaltende Knospe. Die angedeutete Bewegung sei ein Symbol für den offenen Islam, der in der Moschee gelebt werde, hat Böhm einmal in einem Interview gesagt.

Ob das tatsächlich so sein wird, bleibt abzuwarten. Der Islam der DITIB gilt zwar als liberal, aber der Verband ist ein verlängerter Arm der türkischen Religionsbehörde *Diyanet*. Diese untersteht direkt der türkischen Regierung, und Ankara wacht sehr genau darüber, welche religiösen Weisungen die *Diyanet* der DITIB erteilt. Womit Böhm aber zu hundert Prozent richtig liegt, ist der Stolz der Gemeinde auf ihre neue Moschee. Seit gut zwanzig Minuten schon redet Ayşe Aydin voller Leidenschaft über das neue Gotteshaus. Sicherlich, als Pressesprecherin gehört Lob zu ihren Aufgaben. Ayşe Aydin spricht aber auch als ein Kind der Gemeinde. Ihre Arbeit bei der DITIB ist für sie weitaus mehr als nur ein Job. Wenn sie sagt, «ich liebe diese Moschee schon jetzt», dann kommt das aus tiefstem Herzen. Ein neuer Ort fürs Gebet sei ja schön und gut, sagt sie, viel wichtiger findet sie es jedoch, die Religiosität von Menschen, die über Jahrzehnte nur versteckt in Hinterhöfen gebetet haben, in die Mitte der Gesellschaft zu holen. In diesem Sinn drückt die Moschee ein neues muslimisches Selbstbewusstsein aus. Sie kündigt von einer Zeitenwende. Ayşe Aydin erzählt von ihrer kleinen Nichte. Das Mädchen nennt die Moschee «die Tante Ayşe-Moschee». Wenn die Tante ihr die Baustelle zeigt, platze sie fast vor Stolz. «Diese Moschee», sagt Ayşe Aydin, «wird der jungen Generation vieles einfacher machen. Sie wird nicht mehr unter dem Gefühl der religiösen Zweitklassigkeit leiden, mit dem ich und meine Eltern noch zu kämpfen hatten.»

Sie führt oft Besucher über die Baustelle. An den Führungen der DITIB haben schon mehr als 20 000 Menschen teilgenommen – unter ihnen Muslime genauso wie Nichtmuslime. Von nichtmuslimischen Schülern will Ayşe Aydin zu Beginn erst mal wissen, wer schon einmal eine Moschee besucht hat. Jedes Mal heben einige die Hände. Dann fragt die Pressesprecherin, ob denn auch eine Moschee in Deutschland darunter gewesen sei. Sie hat noch nie ein «Ja» als Antwort erlebt. Muslimische Schüler fragt sie hingegen, ob einer von ihnen schon einmal einen Freund oder Nachbarn mit in eine Moschee genommen habe. Selten hört sie ein «Ja». Ihre Moscheen seien nicht vorzeigbar, erklären die Schüler. Wer würde ihnen widersprechen wollen? Muslimische Gebetsorte findet man in Deutschland in der Regel in stillgelegten Hinterhofbetrieben oder alten Lagerhallen. Eingerichtet in den siebziger Jahren, spiegeln sie das mangelnde Selbstbewusstsein der Migranten wider, das durchaus gepaart war mit dem Wunsch, ein Leben abseits der deutschen Wertvorstellungen zu führen. Die Moschee in Dormagen aus Ayşe Aydins Kindheit beispielsweise lag in einer heruntergekommenen Fabrik: Von außen fühlte man sich ausgeschlossen, von innen eingeschlossen. «Die Merkez-Moschee wird man vorzeigen können», sagt die Pressesprecherin mit fester Stimme. «Ich hoffe, dass der Besuch für Nichtmuslime irgendwann so selbstverständlich sein wird wie die Besichtigung des Kölner Doms.»

Die Idee für eine repräsentative, zentral gelegene Moschee entstand schon Ende der neunziger Jahre. Die Muslime sollten raus aus ihren Hinterhöfen. Der Kölner Stadtrat schlug vor, die muslimischen Gemeinden sollten gemeinsam eine Moschee für alle bauen. Das war naiv, die islamische Vielfalt in Deutschland lässt so etwas nicht zu. Einige Jahre später griff die DITIB die Idee einer repräsentativen, wenn auch nicht für alle gedachten Moschee auf. Das größte Moscheebauprojekt, das die Bunderepublik jemals erlebt hatte, begann. Schon bald entflammte eine hochemotionalisierte Debatte, in der nicht das Bauvorhaben im Mittelpunkt stand, sondern Ehrenmord, Zwangsheirat, Terrorismus und der Islam an sich. Sie wurde zum gesamtdeutschen Ventil für gesellschaftliche Vorbehalte und Ängste – als platze ein Pickel auf, der die ganze Zeit still vor sich hin gereift war. Während in den Feuilletons selbsternannte Islamkenner eindringlich vor dem Projekt warnten, lief die Diskussion in Köln selbst weitaus gelassener ab. Von Anfang an gab es eine breite Basis an Befürwortern, die sich auch nicht von der rechtsextremistischen Partei Pro Köln einschüchtern ließen. Bei der zentralen Bürgerversammlung in einer Schulaula in Ehrenfeld buhten gut achthundert Bürger Pro Köln aus. Jubel brach los, als Paul Böhm den Entwurf der Moschee auf die Leinwand projizierte. Es zeichnete sich darin ein Gefühl ab, das sich seitdem immer mehr verfestigt hat: Die Merkez-Moschee ist für viele Kölner nicht die DITIB-Moschee – sie ist die «Kölnische Moschee», «unsere Moschee».

Gut möglich, dass sich diese starke Identifikation ohne die von Pro Köln angezettelte Schlammschlacht nicht entwickelt hätte. Gut möglich auch, dass die Entscheidung über einen Moscheebau in Städten wie München, Stuttgart oder Berlin zum damaligen Zeitpunkt anders ausgegangen wäre. Köln ist äußerst tolerant und weltoffen. Das Kölner Grundgesetz ‹Jeder Jeck ist anders› ist nicht nur Gerede. Kölner haben immer Verständnis, auch dort, wo man andernorts denkt, es reicht. Die Stadt liebt ihre Lesben- und Schwulenszene genauso wie den Dom. Als größte katholische Diözese Deutschlands ist das religiöse Selbstbewusstsein Kölns so stark, dass Vielfalt als bereichernd und nicht als bedrohlich empfunden wird. Seit den siebziger Jahren malochen die Bewohner dieser Stadt bei Ford am Band oder bei Bayer in der Fabrik Seite an Seite mit Türken. Hans ist dort wie Hassan, und auch der Hassan soll doch nach Schicht irgendwo beten können! «Köln geht liebevoll mit seinen Migranten um. Schon nach einer Woche darf man sagen, ich bin Kölner. In anderen Städten heißt es hingegen: Du bist doch erst eine Woche da», sagt Ayşe Aydin.

Die meisten Gespräche, die sie in der heißen Phase der Debatte als Pressesprecherin führen musste, seien alles andere als nett gewesen. Einige Journalisten machten keinen Hehl daraus, dass sie selbstbewusste Muslimas wie sie nicht in Deutschland haben wollen. Ayşe Aydin hat die Sprachlosigkeit überwunden, die noch typisch für die Gastarbeitergeneration ihrer Eltern war: Diese wurde nicht nur aus vielem rausgehalten, sie hielt sich auch raus. Als Kind musste die Deutschtürkin für ihre Eltern übersetzen, nicht nur die deutsche Sprache ins Türkische, sondern auch kulturell. Daraus erwuchs ein Verantwortungsgefühl für Menschen, die es nicht wagen, laut zu sein, sagt sie.

Die Aydins kamen nach Deutschland, als die Tochter drei

Jahre alt war. Der Vater wurde Arbeiter bei Bayer, Ayşe sollte studieren. Ein studierter Mensch kann als Putzkraft arbeiten, sagte er, aber eine Putzkraft kann niemals die Arbeit machen, zu der ein studierter Mensch in der Lage ist. Ayşe Aydin studierte in Leipzig, Deutschland war da gerade wiedervereinigt worden. Ihre Kommilitonen beäugten damals Westdeutsche misstrauischer als Ausländer. Für die meisten war die junge Frau die erste Türkin, der sie begegneten. Sie fragten sie, wie sie einzuordnen sei. Ayşe Aydin sagte: «Ich bin ein rheinisches Mädel.»

Muss man religiös sein, um für die DITIB zu arbeiten? Ayşe Aydin lächelt: «Ich sage mal so: Dass ich meiner Religion mit meiner Arbeit helfe, ist für mich ein sehr erfreulicher Nebeneffekt.» Ihre fromme Mutter hingegen sieht die Tätigkeit der Tochter als gottgefälligen Dienst. Einmal war sie zu Gast bei einer ihrer Moderationen. Ayşe Aydin begrüßte sie durchs Mikrophon. Die Mutter gab später zu, sie habe Angst gehabt, Ayşe könnte sich für sie schämen: Frau Aydin trägt ein Kopftuch, ist eine einfache Frau.

Gastarbeiter wie ihre Eltern, sagt Ayşe Aydin, erleichterten sich den Alltag, indem sie sich nach ihrer Ankunft in Deutschland eine Waschmaschine oder ein Auto anschafften. Jene, die merkten, dass es mit der Rückkehr wohl doch nichts wird, kauften, um sich mehr zu Hause fühlen, eine Wohnung. «Die Religion ist das Letzte, was die Menschen aus ihrer Heimat nachholen. Mit dem Bau einer repräsentativen Moschee geben sie ihrem Glauben in ihrem Leben in Deutschland einen angemessenen Platz» sagt die Pressesprecherin.

Damit hat sie allerdings nicht ganz recht. Religion hat an Bedeutung gewonnen, die Menschen hatten sie aber schon immer dabei.

Grundsätzlich gilt: «Den Islam» gibt es in Deutschland genauso wenig wie die «typische muslimische Lebensweise». Es gibt in Deutschland etwa vier Millionen Muslime, deren Glauben ganz unterschiedliche Wurzeln hat. Entsprechend vielfältig sind die Glaubensvorstellungen, die freitags in Moscheen gepredigt werden. Etwa 3000 existieren in Deutschland. In ihnen wird Deutsch, Serbokroatisch, Pakistanisch, Arabisch, Farsi und Dari gesprochen. Vor allem aber Türkisch, denn die Gastarbeiter, die den Islam als Massenphänomen nach Deutschland brachten, kamen vor allem aus der Türkei. Eine bedeutende Anzahl ihrer Moscheevereine haben sich mittlerweile unter dem Dach von großen islamischen Verbänden organisiert. Ausgestattet mit guten finanziellen Mitteln, ausreichender Manpower und guten Kontakten zu Medien und Politik, prägen mittlerweile vor allem sie das Bild des Islams.

Die drei größten sind neben der DITIB der «Verband der Islamischen Kulturzentren e.V.» (VIKZ) und die «Islamische Gemeinschaft Milli Görüş e.V.» (IGMG). Alle drei Organisationen vertreten einen sunnitischen Islam, allerdings von unterschiedlicher Ausprägung. Die DITIB, der als größtem Verband etwa 900 Moscheevereine angehören, steht für einen sunnitischen Islam hanafitischer Prägung. Sie gilt als liberal, ist bis heute aber ideologisch wie organisatorisch eng mit dem türkischen Staat verknüpft. Die IGMG unterhält etwa 300 Moscheegemeinden in Deutschland. Der Verband steht für einen wertkonservativen Islam, den er im deutschen Alltag durchsetzen will. Es ist ihm beispielsweise gelungen, das Fernbleiben muslimischer Kinder vom Sexual- und Schwimmunterricht mancherorts per Gericht zu erstreiten. Anfangs verstand sich seine Lesart des Islams vor allem als Opposition zum Laizismus in der Türkei. Mit dem Generationswechsel im Verband hat die Türkeifixierung aber an Bedeutung verloren. Dem VIKZ gehören etwa 300 selbständige Moschee- und Bildungsvereine an. Er zieht einen islamischen Weg mit mythischen Tendenzen vor, orientiert am Mystizismus des türkischen *Naqshbandi*-Ordens. Ein Arbeitsschwerpunkt ist die Institutionalisierung von Koran- und Arabischkursen. Auch Hausaufgabenhilfe für jugendliche Gemeindemitglieder bietet der VIKZ an.

Die Mitgliedschaft in einem Verband ist für Moscheegemeinden attraktiv. Sie bedeutet eine enorme finanzielle und organisatorische Erleichterung. Moscheegemeinden sind als Vereine konzipiert. Sämtliche Aufgaben müssen ehrenamtlich bewältigt werden. Wie schwierig das ist, weiß jeder, der sich schon einmal im Vorstand eines Vereins engagiert hat. In einem Tennisclub mag die Arbeit ja noch überschaubar sein, der Vorstand eines Moscheevereins aber ist mit einer ganzen Palette von Aufgaben konfrontiert: Er muss einen Raum für das Gebet zur Verfügung stellen und instand halten; er muss einen passenden Imam finden und entlohnen, und er leistet Öffentlichkeitsarbeit – seit dem 11. September werden von muslimischen Gemeinden Tage der offenen Moschee und des Dialogs erwartet und kompetente Ansprechpartner zum Thema Islam und Gewalt. Insofern war die Gründung der islamischen Verbände für viele Gemeinden von Vorteil.

Sie bedeutete jedoch auch – und das ist die andere Seite der Medaille –, dass in Deutschland ganz bestimmte islamische Glaubensrichtungen institutionalisiert worden sind. Zum Erliegen kam damit ein Gemeindeleben, dessen Merkmale Freiheit, Unabhängigkeit und eine große Offenheit gegenüber islamischer Vielfalt gewesen war.

Es waren vor allem junge türkische Bauern, Landarbeiter, Arbeiter, Arbeitslose und Abenteurer, die sich Anfang der sechziger Jahre auf den Weg nach *Almanya,* nach Deutschland, machten. Die meisten hatten einen religiös-konservativen

Hintergrund. Türkische Familien scheuten sich nicht, für den Broterwerb auch ledige Töchter allein nach Deutschland zu schicken. Mädchen, die gerade mal 16, 17 Jahre alt waren, wurde einfach ein neuer Ausweis besorgt, der sie um drei, vier Jahre älter machte. Fernab der Heimat kosteten die jungen Leute nie gekannte Freiheiten und führten ein Junggesellenleben, wie es in der damaligen Türkei unvorstellbar war.

Um eine Ahnung von dieser Stimmung zu bekommen, lohnt es sich, das Album «Songs of Gastarbeiter Vol. I» anzuhören. Es vereint sechzehn auf Deutsch und auf Türkisch gesungene Lieder, komponiert und eingesungen von Türken der ersten Gastarbeitergeneration. Der Berliner Schriftsteller Imran Ayata und der Künstler Bülent Kullukcu haben die Originalaufnahmen zusammengetragen und 2013 veröffentlicht.

Sie sind ein Schatz, vielleicht der größte, der jemals zur deutschen Einwanderungsgeschichte gehoben wurde. Die Türken, die einem in den Songs begegnen, sind nämlich beileibe nicht so wie auf den Fotos, die man etwa in Ausstellungen zur türkischen Einwanderungsgeschichte gemeinhin sieht: Traurige Männer, die Günter Wallraff auf dem Cover seiner Enthüllungsstory «Ganz unten» verblüffend ähnlich sehen und rauchend und in schlecht sitzenden Anzügen vor Reisebüros und auf deutschen Bahnhöfen herumlungern. Was man hört, sind vielmehr gutgelaunte Überlebenskünstler, ironische Zuschauer ihrer selbst, hervorragende Beobachter der deutschen Gesellschaft.

Die Stücke erzählen von lustigen Missverständnissen und Begegnungen mit deutschen Kollegen und pedantischen deutschen Chefs. «Guten Morgen Mayistero» schmettert etwa Aşik Metin Türkoz gutgelaunt seinem strengen Meister entgegen, und weiter geht's in einem wilden Sprachmischmasch, angesichts dessen der «Mayistero» sicherlich schnell kapituliert: «Heute ich bin sehr müde, morgen vielleicht nicht mehr so. Heute ist für mich schöner Tag, morgen meine Geburtstag». Deutsche Korrektheit trifft auf anatolisches Laissez-faire, untermalt von der mitreißenden Instrumentalmusik türkischer *Meyhane* – das sind Kneipen, in denen in der Türkei bis zum Morgengrauen Raki getrunken wird.

Die jungen Gastarbeiter sehnten sich so sehr nach Musik, in der es um ihr Leben geht, dass sie anfingen, einige Platten aus den eigenen bescheidenen Mitteln zu produzierten. Mit Freunden, die sie in der Fremde gewonnen hatten, wurde in den Wohnheimen mit Gesang und Instrumenten experimentiert, neue Musikstile wie anatolischer Disko-Folk oder deutsch-türkischer Rap geschaffen, die erst viel später und mit ganz anderen Künstlern ihren großen Durchbruch feierten. Aşik Metin Türkoz, der Mann mit dem «Mayistero»-Lied, war eigentlich gelernter Schlosser. Er kam 1962 nach Köln, um bei Ford zu arbeiten – im Gepäck seine *Saz*, ein traditionelles türkisches Saiteninstrument. Mit elektronischer Verstärkung und Stücken wie «Schuld war der Dolmetscher» oder «Simba im Karneval» wurde er unter Gastarbeitern berühmt. Er kündigte bei Ford und machte nur noch Musik.

Die Deutschen bekamen von all dem nichts mit. Sie reisten nach Italien und freundeten sich mit Schlagern an, die wie «Zwei kleine Italiener» zaghaft mit der Fremde koloriert waren. Sänger wie Herbert Grönemeyer und Udo Lindenberg feierten Erfolge mit Gutmenschensongs über Türken. Was für Musik die Gastarbeiter selbst zu bieten hatten, interessierte dagegen nicht. In den siebziger Jahren gab es ein grundsätzliches Desinteresse an der Migrantenkultur. Kein deutscher Kulturjournalist wäre auf die Idee gekommen, etwas über deren Musik zu schreiben.

In den Memoiren von Gastarbeitern der ersten Generation, von denen es bedauerlicherweise nicht viele gibt, finden sich kaum Hinweise auf gemeinsame Gebete. Genauso selten wird beklagt, die Religion komme in der Fremde zu kurz. Unter den angeworbenen Arbeitern waren Absolventen sogenannter *Imam-Hatip*-Schulen – sie bilden in der Türkei auch Imame aus. Wie der Religionswissenschaftler Raulf Ceylan für seine umfassende Studie «Die Prediger des Islam» (2010) recherchiert hat, richteten einige von ihnen Gebetsräume in den Arbeiterunterkünften ein. Nach einem anstrengenden Tag in der Fabrik leisteten sie seelsorgerische Arbeit und versammelten Freunde und Kollegen zum gemeinsamen Gebet. Mehr gelebten Glauben ließen die Lebensumstände kaum zu. Die Schichtarbeit in der Fabrik machte das fünfmalige Gebet nahezu unmöglich, die schwere körperliche Arbeit das Fasten während des Ramadans. Es existierten keine Strukturen, die es für die Erfüllung religiöser Pflichten braucht – weder die Türkei noch Deutschland hatten sich über die religiösen Bedürfnisse der Gastarbeiter Gedanken gemacht.

Es kann nur gemutmaßt werden, ob die Vernachlässigung der religiösen Pflichten die ersten Gastarbeiter quälte. Der Koran nimmt Muslime auf Reisen von der Pflicht des Fastens aus (Sure 2, Vers 183–187). Die Gastarbeiter, die ja in ihre Heimat zurückkehren wollten, verstanden sich als Reisende. Die Menschen in der ländlichen Türkei sagen außerdem, religiöse Schulden könnten im Alter abgetragen werden. So erklärt sich auch, warum viele Türken erst im Alter regelmäßig beten – sie holen nach, was sie in ihrer Jugend versäumt haben.

Die meisten Männer ließen ihre Ehefrauen und Kinder in den siebziger Jahren nachkommen. Mit dem freizügigen Leben war es damit vorbei. Muslimische Familien sehen es als ihre Pflicht, der nachfolgenden Generation den Glauben nahezubringen. Aus der Migrationsforschung ist überdies bekannt, dass Menschen, die dauerhaft in der Fremde leben, die Pflege ihrer eigenen Kultur sehr wichtig ist. Das Gebot der religiösen

Erziehung wog deshalb auf einmal viel schwerer als noch in der Türkei. Doch wie soll man Kindern den Glauben vorleben, wenn es nicht einmal eine Moschee für die Freitagspredigt gibt?

Die türkischen Gastarbeiter zeigten Eigeninitiative. Sie gründeten Moscheevereine, mieteten kleine Wohnungen, Kellerräume und Ladenlokale an und machten Gebetsräume daraus. Wann immer die Leute Sehnsucht nach der Heimat hatten, trafen sie sich von nun an dort. Vorwiegend die Männer freilich, denn nicht anders ist es in islamischen Ländern üblich. Es war die Geburtsstunde der sogenannten Hinterhofmoscheen.

—

Rund um die Keupstraße in Köln-Mülheim soll es ein gutes Dutzend von ihnen geben. Ab den sechziger Jahren siedelten sich dort besonders viele Gastarbeiter an. Die Mieten in den heruntergekommenen Häusern waren günstig, und zur Arbeit gelangte man bequem zu Fuß: Die benachbarten Kabelwerke Felten & Guilleaume waren einer der Industriebetriebe, die türkische Arbeitskräfte nach Köln geholt hatten.

Vor dem Café am Eingang der Straße stehen schon Tische auf dem Bürgersteig. Ältere türkische Männer trinken ihren Morgenkaffee, blinzeln in die Sonne, lesen türkische Zeitungen, plaudern. Die Keupstraße ist wie eine Straße in einer türkischen Kleinstadt. Sie scheint völlig losgelöst vom übrigen Köln zu existieren. Sie ist fest in türkischer Hand, die Kölner nennen sie deshalb liebevoll «Klein-Istanbul». Nur noch zwei der hier ansässigen 118 Betriebe haben deutschstämmige Inhaber. Einer ist die Druckerei Schallenberg, der andere der Kfz-Zulassungsdienst von Wolfgang Cziborra. Herr Cziborra hat einmal gesagt, er habe keine Ahnung, woher sein Familienname stamme, seine Zuwanderungsgeschichte sei schon lange vergessen.

Der Duft von frischgebackenem Brot weht aus dem Eingang einer türkischen Bäckerei, aus einem CD-Laden erklingt die Melodie einer *Saz*. Vor einem Geschäft für Hochzeitsacessoires begutachten drei junge Frauen hingebungsvoll die Auswahl kleiner Präsente, die ein türkisches Brautpaar den Gästen traditionellerweise als Erinnerung überreicht: Winzige Figürchen aus Porzellan, kleine Beutel aus durchsichtigem Stoff mit Muscheln, Perlen und andere Kostbarkeiten. Die Keupstraße ist ein beliebtes Ziel für türkische Brautpaare. Sie finden dort alles, was eine gelungene türkische Hochzeitsfeier braucht. Auch den passenden Fotografen, einer hat gleich nebenan sein Atelier. Hochzeitsporträts erzählen viel darüber, welche eheliche Rollenverteilung ein Paar für gesellschaftlich angemessen hält. Immerhin sind die Fotos Inszenierungen, bestimmt für Eltern, Freunde und Verwandte – und für die Vitrine des eigenen Wohnzimmerschranks. Es ist das Schaufenster, durch das Gäste wie zufällig einen Einblick ins Private erhaschen sollen. In traditionellen türkischen Kreisen hat der Ehemann der Fels in der Brandung zu sein und ist der Verteidiger der Familienehre. Die Ehefrau hingegen ist zuständig für Liebe und das Stiften von familiärer Geborgenheit. Es ist wichtig, dass die Braut den Hafen der Ehe rein und unschuldig betritt. Nichts anderes erzählen die beiden weichgezeichneten Hochzeitsporträts im Schaufenster des Fotoateliers: Sie, gekleidet in einen weißen Traum aus Tüll und Spitze, schaut wie ein scheues Reh, das vor dem zarten Kuss, den ihr Bräutigam ihr gerade auf die nackte Schulter haucht, zu erschrecken scheint. Auf dem nächsten Foto steht er männlich aufrecht hinter ihr, eine Hand ruht auf ihrer Schulter und sie hat einen Gesichtsausdruck, als könne das bis an ihr Lebensende gern so weitergehen.

Auch die Juweliere in der Keupstraße haben sich auf die Hochzeitsklientel eingestellt. Sie stellen vor allem Eheringe aus.

Früher steckten sich türkische Brautleute vor allem Gold an den Finger. Mittlerweile ist Silber en vogue. Es ist ein Symptom für den Bedeutungszuwachs der Religion: Der Prophet mochte kein Gold, heißt es im Islam. Abgesehen davon ist Silber natürlich kostengünstiger. Da bei einer ordentlichen türkischen Hochzeitsfeier mindestens 300 Gäste zu bewirten sind, man also tief in die Tasche greifen muss, begrüßen auch weniger fromme Brautleute den neuen Trend. Augenzwinkernd vertraute mir einmal ein türkischer Goldschmied an, dass es zum Glück noch immer genügend Kunden gebe, denen der religiöse Schein wichtiger ist als das religiöse Gebot: Sie kaufen einen goldenen Ehering und lassen ihn versilbern – das anerkennende Nicken frommer Gäste ist ihnen gewiss, obwohl die Braut in Wirklichkeit das kostbarere Metall am Finger trägt.

Im Friseursalon «Kuaför Özcan» in der Keupstraße Nr. 29 sitzt ein kleiner Junge auf dem Frisierstuhl und bekommt gerade von einem Mann, dessen Gesicht ich von Fotos aus der Zeitung kenne, einen neuen Haarschnitt verpasst. Der Mann ist Özcan Yildirim, vor dessen Schaufenster Uwe Böhnhardt am 9. Juni 2004 das Fahrrad abstellte, auf dem der NSU einen Sprengsatz gefüllt mit 5,5 Kilogramm Schwarzpulver und 700 Zimmermannsnägeln montiert hatte. Er explodierte um kurz vor 16 Uhr. Zu einer Stunde, in der viele Eltern ihre Kinder aus dem nahegelegenen Kindergarten abholen. Die Fensterscheiben des Haarstudios zerbarsten, Nägel schossen durch die Luft, sie trafen Özcan Yildirims Bruder Hasan überall. Er überlebte, weil er zufällig gerade in den hinteren Teil des Geschäfts gegangen war. Außer ihm wurden noch 22 weitere Menschen verletzt, vier davon schwer, nicht mitgerechnet die seelischen Traumata, die das Attentat und alles, was darauf folgte, bei den Menschen in der Straße auslösten. Schon am Tag danach behauptete der damalige Bundesinnenminister Otto Schily im

Brustton der Überzeugung, es handle sich keinesfalls um einen Terrorakt. Von einem Racheakt unter den ansässigen Geschäftsleuten war die Rede, von Schutzgelderpressung, von Streit im Drogenmilieu. Die Menschen in der Keupstraße ahnten hingegen sofort, was sich 2011 beweisen sollte: dass es Neonazis waren. Die Polizei tat ihre Vermutungen als aufgeregte Spekulationen ab. Jahrelang wurden die Opfer selbst als Täter verdächtigt und schikaniert. In dem Wohnhaus in Zwickau, in dem Beate Zschäpe, Uwe Böhnhardt und Uwe Mundlos sich eingerichtet hatten, fand man eine DVD, in der sich der NSU zu dem Attentat bekannte.

Özcan Yildirim hat Journalisten schon sehr oft erzählen müssen, wie das alles für ihn und seinen Bruder war. Der Schmerz, das Blut, die Schreie der Verletzten, die Verzweiflung, selbst unter Verdacht zu stehen. In einem Radiobericht habe ich einmal gehört, er wolle endlich in Ruhe gelassen werden. Er möchte mit der Vergangenheit abschließen. Die Menschen in der Keupstraße unterstützen ihn dabei. Es sagt viel über ihren Zusammenhalt aus, dass ich, als ich nun in einigen der Geschäfte nach Özcan Yildirim frage, den ich gerade durch das Schaufenster seines Friseursalons gesehen habe, nur eine Antwort bekomme: «Er und sein Bruder sind nach Dubai ausgewandert.» Auch in dem Import-Export-Laden «Sağdiç» gegenüber dem Friseursalon wird mir das gesagt. Der Sohn des Besitzers und sein Onkel stehen zwischen Kronleuchtern, Mokkatassen, elektrischen Teekochern und Töpfen. Der Onkel ist ein schmaler Mann, der Deutsch versteht, es aber nicht spricht. Seit dem Attentat geht es nicht mehr. Alles ist noch lebendig in seinem Kopf. Die Wucht der Explosion warf ihn zu Boden. Die Polizisten, die in seinen Laden und zu ihm nach Hause kamen, wirkten bedrohlich auf ihn. Vor einigen Monaten hat er in München vor Gericht als Zeuge gegen Beate Zschäpe ausgesagt. «Da habe ich diese Frau gesehen», sagt er. «Sie wirkte vollkommen unbeteiligt. Sie hat mir nicht ins Gesicht geblickt.»

Die Straße brauchte lange, um zum Alltag zurückzufinden. Viele Bewohner suchten Trost in der Religion, erzählt der Neffe. Er auch? «Bei mir zu Hause übernimmt eher meine Frau das Beten», sagt er und grinst. Er beschreibt, wo die Moschee in der Keupstraße zu finden ist. Dann markiert er mit einem Kugelschreiber auf meinem Stadtplan, zu welchen Gebetsorten die Leute des Viertels außerdem gehen. Er macht fünf Kreuzchen innerhalb eines Radius, den man bequem in 15 bis 20 Minuten durchwandern kann. Sämtliche dieser Hinterhofmoscheen sind türkischen Ursprungs. Die meisten tragen deshalb das türkische Wort für Moschee, *Cami* im Namen. Abgesehen davon haben die meisten nicht viel miteinander gemeinsam. In ihrer Lesart des Islams unterscheiden sie sich wie Tag und Nacht.

Die «Ömer-Ül-Faruk-Camii» liegt im Hinterhof der Keupstraße 123. Man muss die Adresse kennen, von der Straße aus ist das schmale Gebäude nicht zu sehen. Sicherlich beherbergte es in einem früheren Leben mal eine Werkstatt. Welcher Geist jetzt darin regiert, erzählt der grüne Schriftzug an einer der Hauswände: *Iman Varsa, Imkanda vardir*. Übersetzt bedeutet es: «Wo Glaube ist, ist auch die Möglichkeit dazu.» Es ist ein Zitat des Islamisten Necmettin Erbakan, des geistigen Vaters der *Milli Görüş*-Bewegung. Der Eingang für Frauen – *Milli Görüş* legen großen Wert auf Geschlechtertrennung – steht offen. Der Raum ist ausgelegt mit rotem Teppich. Nur die Gebetsnische für den Vorbeter verrät dessen Nutzung als Moschee. Unter der Decke hängt ein Ventilator, unter den Fenstern stehen Heizkörper. Man kann sich gut vorstellen, dass der Raum im Sommer schnell zu heiß und im Winter sehr schnell kalt werden kann. Zum Beten wurde er nicht gebaut.

Der winzige Supermarkt schräg hinter dem Gebäude sichert

den Unterhalt der Moschee. Das machen viele Gemeinden so, es entspricht einer jahrhundertealten Tradition. Im Osmanischen Reich wurden bei der Errichtung eines neuen Gotteshauses zuerst Ladenzeilen auf benachbarte Grundstücke gebaut. Deren Einnahmen finanzierten die neue Moschee dann mit. Der freundliche Verkäufer erklärt, die Ömer-Ül-Faruk-Gemeinde sei Mitte der achtziger Jahre gegründet worden und «ja, sie gehört *Milli Görüş* an».

Keinem Dachverband zugeordnet ist die seit 1979 existierende «Sultan Ahmet Camii» ein paar hundert Meter entfernt in der Montanusstraße. Am Tor zum Hinterhof, der sie beherbergt, hängt eine gelbes ‹Parken Verboten›-Schild, daneben ein Messingbriefkasten mit Posthorn. Es wirkt sehr deutsch und spießig. Ebenfalls zu Fuß erreichbar ist die 1979 eröffnete «Medrese-i Nuriye» in der Neustraße. Sie ist keine Moschee im klassischen Sinn, sondern ein Lehrhaus der «Jama't un-Nur» und gehört dem VIKZ an. Hinter der «Yunus Emre Camii» am Clevischen Ring wiederum steht eine Organisation, die sich «Föderation der Türkisch-Demokratischen Idealistenvereine» nennt. Sie ist ein Sammelbecken für extreme Nationalisten und begreift Türken als das von Allah auserwählte Volk. Bekannt sind ihre Mitglieder auch unter der Bezeichnung «Graue Wölfe». Als Mutterorganisation der «Föderation» wird die rechtsextreme türkische Partei der Nationalistischen Bewegung (MHP) angesehen. Würde man nun ins Auto oder in die Straßenbahn steigen, erreichte man innerhalb von wenigen Minuten noch eine DITIB-Moschee und eine weitere Moschee der VIKZ.

Eine solche religiöse Vielfalt auf so engem Raum wäre in der Türkei unvorstellbar. Das mag absurd klingen, da die islamischen Glaubensrichtungen, die rund um die Keupstraße gelebt werden, ja von dort kommen. Doch in der Türkei sind sie politisch so stark aufgeladen, dass einigen keine Moschee zugestanden wird. Um zu verstehen, warum hier geht, was dort nicht möglich ist, lohnt ein Blick zurück. Das Verhältnis der jungen Türkei zur Religion hatte extreme Folgen für die deutsche Migrationsgeschichte und war ausschlaggebend für eine Entwicklung, an deren Ende heute die großen islamischen Verbände in Deutschland stehen.

Als Mustafa Kemal Atatürk auf einem Teilstück des zerfallenen Osmanischen Reiches im Jahr 1923 die türkische Republik ausrief, hatte er einen Traum. Er wollte eine Nation, die Religion nur im Privaten lebt und sich den Prinzipien des Laizismus mit ganzem Herzen verschreibt. Anstatt die Menschen mit sanften Reformen dorthin zu führen, ging Atatürk den radikalen Weg: Er hob 1923 das Kalifat und Sultanat auf und schaffte die *Medresen*, die religiösen Schulen, ab. Er löste die religiösen Bruderschaften und Sufi-Orden auf, beseitigte die religiöse Gesetzgebung und schloss die *Scharia*-Gerichte. Der *Fes* wich Hüten europäischer Mode, und das Kopftuch galt von nun an als unschicklich für die moderne Frau. Ein Kulturbruch von ungeheurer Tiefe war die Umstellung der arabischen Schrift auf das lateinische Alphabet, denn der Gesellschaft galt die arabische Schrift, in der der Koran verfasst ist, als heilig. Doch für Atatürk war alles, was mit Religion zu tun hat, rückständig. Um den islamischen Klerus zu kontrollieren, hob er 1924 die *Diyanet*, das «Amt für religiöse Angelegenheiten» aus der Taufe. Getreu dem Nationalstaatsideal – ein Volk, eine Sprache, eine Religion – hatte die Behörde fortan darüber zu wachen, dass nur noch der sunnitische Islam hanafitischer Prägung in den Moscheen gelehrt wird.

Wie sich schon bald zeigte, war die Auflösung der religiösen Bruderschaften und Sufi-Orden nur oberflächlich gelungen. Ankara reagierte hart: Zahlreiche Derwische und ihre geistigen Führer wurden verbannt, andere für Jahre ins Gefängnis gesteckt, einige hingerichtet. Von der Verfolgung besonders betroffen war der *Naqshbandi*-Orden, der starke Kritik am laizistischen Staat geübt hatte.

Viele der religiösen Oppositionsbewegungen formierten sich in den vierziger Jahren unter dem Mantel politischer Parteien neu. Die türkische Politik wurde nicht säkularer, vielmehr entdeckten umgekehrt religiöse Gruppierungen die Politik. Der Kemalismus war noch nicht tiefgreifend in der breiten Bevölkerung verankert, und so fanden die Parteien rasch Anhänger, vor allem ab den siebziger Jahren. Die gesellschaftlichen Visionen des Islamismus werteten die Menschen als rettendes Gegengewicht zur kommunistischen Gefahr. Große Beachtung fanden die Überlegungen des Maschinenbauprofessors Necmettin Erbakan, der Schüler eines *Naqshbandi*-Scheichs gewesen war. Erbakan sprach fließend Deutsch, er hatte unter anderem in Aachen studiert. Im Jahr 1970 gründete er seine erste islamistische Partei. Sie wurde nach einem Jahr verboten, unter wechselnden Namen aber immer wieder neu gegründet. Im Jahr 1973 schrieb Erbakan seine politische Vision als Buch mit dem Titel «Milli Görüş» (deutsch: «Nationale Sicht») nieder: Eine islamisch geprägte, proletarische Gesellschaft, jenseits von Kapitalismus und Sozialismus, in der religiöse und politische Pluralität nicht vorgesehen sind. Unter dem Namen *Milli Görüş* und der Führung Erbakans schlossen sich gleichgesinnte Parteien und andere Organisationen bald darauf als islamistische Bewegung zusammen und drangen auf politische Macht. Das türkische Militär, das sich seit jeher als Hüter der laizistischen Ordnung versteht, bereitete dem mit dem Putsch vom 12. September 1980 ein Ende. Die Bewegung war damit aber keinesfalls zerstört. Erbakan gründete einige Jahre später abermals eine Partei, die *Refah Partisi*, mit der Recep Tayyip Erdoğan 1994 die Istanbuler Bürgermeisterwahl gewann. Im Jahr darauf wurde Erbakan türkischer Ministerpräsident. Das Militär drängte ihn bald wieder aus dem Amt. Grabenkämpfe innerhalb seiner Partei führten zur Abspaltung eines liberalen Flügels, aus dem die *Adelet ve Kalkinma Partisi*, die AKP, hervorging. Mit ihr wurde Erdoğan 2002 Ministerpräsident.

Anhänger von *Milli Görüş* und anderen Gruppierungen machen seitdem Karriere in Wirtschaft und Politik, ganz anders als noch in den siebziger und achtziger Jahren, als sie nur zur religiösen Opposition gezählt wurden. Dem staatlichen Druck wichen damals viele Anhänger als Gastarbeiter nach Deutschland aus. Unter ihnen zahlreiche Prediger.

In Deutschland schrieb niemand den Muslimen vor, wie sie ihren Glauben leben sollten. Islamische Dachorganisationen gab es noch nicht. Die ersten Moscheevereine waren zunächst unabhängige Gemeinden. Sie funktionierten wie Bürgerinitiativen, mit denen die Menschen sich religiös von der Heimat emanzipierten. In Briefen, am Telefon und während ihrer Urlaube zu Hause erzählten die Gastarbeiter ihren Familien und Freunden davon. Die islamischen Oppositionsbewegungen in der Türkei erkannten das als Chance. Neben Anhängern von *Milli Görüş* fanden sich bald auch – um nur einige zu nennen – Mitglieder der *Süleymancilar*-Gemeinschaft sowie der *Nurculuk*-Bewegung in Deutschland ein. Wie *Milli Görüş* wurzeln die *Süleymancilar* im *Naqshbandi*-Orden. Sie folgen jedoch nicht den Ideen Erbakans, sondern orientieren sich an Süleyman Hilmi Tunahan (1888–1959). Der Religionsgelehrte wertete die Säkularisierung des türkischen Bildungswesens als Anfang vom Ende des Islams. Die religiöse Unterweisung seiner Schüler wurde sein persönliches Anliegen. Es war ein Affront für die *Diyanet*, der das Monopol der religiösen Erziehung per Staatsdekret erteilt worden war. Turhan und seine Anhänger mussten abtauchen.

Das musste auch die *Nurculuk*-Bewegung, die auf den islamischen Gelehrten Said Nursi (1876–1960) zurückgeht. Als

Reaktion auf Atatürks Reformpolitik wollte Nursi den Glauben mit den Bedingungen der modernen Welt versöhnen. Der türkische Staat misstraute seinen Vorschlägen und stellte Nursi unter Hausarrest. Einer seiner Schüler war ein Mann namens Fethullah Gülen, der ab den späten Sechzigern in der Türkei als Prediger auftrat. Er wurde äußerst erfolgreich, vermied es jedoch, mit der *Nurculuk*-Bewegung in Verbindung gebracht zu werden.

Sobald die Prediger und Anhänger dieser Oppositionsbewegungen in Deutschland angekommen waren, begannen sie mit der religiösen Rekrutierung von Gastarbeitern. Ein erbitterter Wettstreit um Anhänger brach aus. Richtungskämpfe zwischen und innerhalb der Gemeinden waren die Folge, zahlreiche spalteten sich oder verloren Mitglieder. Die einen stellten die Religiosität der anderen in Frage.

Milli Görüş ordneten sich die ersten Moscheegemeinden in Deutschland 1972 zu. Im Frühling 1985 wurde die «Organisation der Milli Görüş in Europa e.V.» in Kerpen bei Köln aus der Taufe gehoben. Im September 1973 gründeten Schüler von Süleyman Hilmi Tunahan in Köln das «Islamische Kulturzentrum e.V.», aus dem später der VIKZ hervorging. Ebenfalls in Köln institutionalisierte sich 1979 die *Nurculuk*-Bewegung als «Jama'at un-Nur e.V.». Man betrachtete einander mit Argwohn. Ein gemeinsamer Feind war bald gefunden, nämlich die 1984 in Köln gegründete DITIB. Der türkische Staat wollte Deutschland nicht den islamischen Oppositionsbewegungen überlassen. Die DITIB sollte alle türkischen Gemeinden unter ihrem Dach vereinen und sie auf den Staatsislam der *Diyanet* einschwören. Dafür war es natürlich reichlich spät, trotzdem verzeichnete die DITIB großen Zulauf. Ausgestattet mit staatlichen Mitteln machte sie den Moscheegemeinden konkurrenzlose Angebote. Viele Gastarbeiter hatten das ideologische Gezerre aber auch satt und wendeten sich deshalb dem Verband zu. Die Prediger der übrigen islamischen Organisationen warnten ihre Schäfchen, auch nur einen Fuß in eine DITIB-Moschee zu setzen. Ein Gebet, das ein DITIB-Imam anleite, werde nicht angenommen von Gott.

Bis Ende der achtziger Jahre hatten sich die großen türkisch-islamischen Bewegungen weitgehend mit eigenen Gemeinden etabliert. Die Zugehörigkeiten waren geklärt, die Moscheelandschaft geordnet. Die Bewältigung von Alltagsproblemen rückte in den Vordergrund. Die Verbände veränderten sich und mit ihnen die Gründe, warum sich ein Muslim der einen oder anderen Moschee verbunden fühlt. Religiös-ideologische Motive spielen nur noch für einen Teil eine Rolle. Wichtiger ist oftmals, in welche Moschee die Eltern gegangen sind und ob man diese gut erreichen kann.

Obwohl die DITIB die Bühne als Letztes betreten hat, ist sie mittlerweile die größte türkisch-islamische Dachorganisation. Die einen sagen, sie habe sich von der *Diyanet* emanzipiert. Andere sind überzeugt, sie werde weiterhin stark von der Religionsbehörde in Ankara gelenkt. Erdoğans AKP hat die türkische Gesellschaft reislamisiert, warum sollte die *Diyanet* nicht Gleiches für die türkische Community in Deutschland wollen? Sämtliche Imame der DITIB-Moscheen haben ihre Ausbildung in der Türkei erhalten und werden von Ankara besoldet. Sie sind türkische Staatsbeamte mit allen Rechten und Pflichten, die das mit sich bringt. Vor Urnengängen rufen sie in der Regel dazu auf, für die AKP zu stimmen. Als 2015 in der Türkei das Parlament neu gewählt wurde, chauffierte die DITIB ihre Mitglieder zur Stimmabgabe in den Konsulaten.

Milli Görüş ist mittlerweile nicht nur in Deutschland, sondern auch in zahlreichen anderen europäischen Ländern aktiv. Wegen enger Verbindungen zur türkischen *Milli Görüş*-Bewegung begann der Verfassungsschutz 1993 die IMGM zu beobachten. Da sie sich wandelt, haben mittlerweile (Stand 2015) fünf Bundesländer die Beobachtung eingestellt. Die Imame des Verbands kommen überwiegend aus der Türkei. Sie absolvieren einen sogenannten Integrationskurs, der sie mit deutschen Lebensweisen vertraut machen soll. Die Kurse organisiert die IGMG allerdings selbst.

Kritiker des VIKZ behaupten, die Gemeindemitglieder schrieben dem Gründer Süleyman Hilmi Tunahan gottähnliche Fähigkeiten zu. Der Verband selbst verneint dies, Tunahan werde lediglich als Lehrer verehrt. Während der VIKZ zunächst vor allem Imame aus der Türkei anstellte, arbeiten heute vorwiegend deutschtürkische Gelehrte für den Verband, die ihre religiöse Ausbildung in Deutschland erhalten haben.

Was die Verbände eint, sind ihre überwiegend männlichen Führungsriegen. Alle machen immer wieder deutlich, dass sie sich von der deutschen Öffentlichkeit wenig beachtet und oft missverstanden fühlen. Lange verweigerten sie die Zusammenarbeit mit deutschen Sicherheitsbehörden gegen den islamischen Extremismus. Der Grund: Zwischen Islam und islamistischem Terror bestehe kein Zusammenhang, schon ein Dialog über die Problematik bestätige das Gegenteil.

Alle Verbände möchten als Körperschaft des öffentlichen Rechts anerkannt werden. Nur dann kann man Kirchensteuern einziehen und an Gremien wie etwa jenen der öffentlich-rechtlichen Rundfunkanstalten beteiligt werden. Da jedoch keiner die Vielfältigkeit der muslimischen Bevölkerung so abbildet, dass von einer gesamtdeutschen Vertretung des Islams gesprochen werden könnte, wurden sämtliche Anträge abgelehnt. Die Verbände stehen deshalb unter Koalitionsdruck. 1986 gründete sich der «Islamrat für die Bundesrepublik Deutschland», in dem *Milli Görüş* und ihr nahestehende Organisationen dominieren. Auch die Gründung des «Zentralrats der Muslime in Deutschland» (ZMD) erfolgte 1994 vor diesem Hintergrund. Der Name des Dachverbands erinnert bewusst an den «Zentralrat der Juden», der alle jüdischen Gemeinden Deutschlands politisch vertritt. Dem ZMD gehören jedoch nur 300 Moscheegemeinden mit ca. 20 000 Mitgliedern und damit 0,5 Prozent der Muslime Deutschlands an. Ein weiterer Versuch erfolgte 2007 mit dem Zusammenschluss von DITIB, ZMD, VIKZ und Islamrat zum «Koordinationsrat der Muslime in Deutschland». Auch er wurde nicht als Körperschaft des öffentlichen Rechts anerkannt. Dennoch erwecken die Verbände gern den Anschein, für alle Muslime in Deutschland zu sprechen. Wie eine Studie des Bundesamts für Migration und Flüchtlinge 2009 gezeigt hat, fühlen sich jedoch weniger als 25 Prozent von ihnen einem der großen Verbände nah.

Die 2006 vom damaligen Innenminister Wolfgang Schäuble initiierte Deutsche Islam Konferenz (DIK) war ein Versuch, dennoch miteinander ins Gespräch zu kommen. Schäuble lud den Generalsekretär der Alevitischen Gemeinde Deutschlands sowie Vertreter der großen Verbände ein. Mit am Tisch der DIK saßen außerdem «muslimische Einzelpersönlichkeiten». Die Frage, wer für die Muslime in Deutschland sprechen darf, war damit freilich nicht geklärt, das war aber nicht das einzige Problem. Die Mehrheit der Verbandsfunktionäre reagierte nämlich äußerst gereizt darauf, mit Glaubensbrüdern reden zu müssen, die offensiv ein liberaleres Islamverständnis einforderten als jenes, das sie selbst vertreten. In den gemeinsamen Sitzungen flogen die Fetzen. Um abermalige Konflikte zu vermeiden, durften Einzelpersonen bei der dritten Islamkonferenz 2014 nur noch als Experten an Arbeitsgruppen teilnehmen. Es war eine Kapitulation der deutschen Politik, die den Verbandsislam enorm stärkte.

Mittlerweile steht vor allem ein Verband im Rampenlicht:

der ZMD, also der kleinste Dachverband, mit dessen eloquentem Vorsitzenden Aiman Mazyek. In ihm haben Politik und Medien einen Mann gefunden, der die Rolle des Ansprechpartners dankbar angenommen hat. Es wird geflissentlich darüber hinweggesehen, dass die Verschiedenheit der Muslime und deren vielfältige Organisationsformen die Existenz einer solchen Figur de facto gar nicht zulassen. Mazyek, ein gebürtiger Aachener mit syrischem Vater, vertritt vermittelnde Positionen, zeigt sich immer diskussionsbereit. Vielen gilt sein Religionsverständnis als modern. Doch was bedeutet das schon? Er sagt Sätze wie: «Das Grundgesetz ist mit der *Scharia* vereinbar.» Aber er sagt auch: «Das Tragen des Kopftuchs ist ein muslimisches Gebot.» Solchen und anderen Äußerungen stehen auch liberale Muslime kritisch gegenüber. Für viele ist Mazyek ein typischer Funktionär, der Einfluss nehmen möchte. Dagegen wäre an sich nichts einzuwenden, gäbe es nicht gewisse Fragezeichen wegen seiner Motivation. Das Islamische Zentrum Aachen, die geistliche Heimat von Mazyek, soll eine ideologische und historische Verbindung zur Muslimbrüderschaft aufweisen. Die in Ägypten entstandene und mittlerweile weltweit agierende islamistische Bewegung möchte ihre Vorstellungen von einem islamkonformen gesellschaftlichen und individuellen Leben auf legalem Wege durchsetzen. Die Methode: Ihre Anhänger integrieren sich in die Institutionen und stoßen Veränderungen von innen an.

Die Ketzer von Köln
*Über Apostasie und einen Mann,
der gegen Wunderheiler kämpft*

Am nächsten Nachmittag hängt eine Hitze über Köln, als läge die Stadt am Meer. Die Menschen haben die Fenster aufgerissen, sitzen in Shorts und kurzen Röcken an langen Tischen auf den Bürgersteigen herum, essen, trinken, reden und wirken so entspannt und zufrieden, als klebe vom Strandausflug noch Sand zwischen den nackten Zehen. Auch am Eigelsteintor sind die Cafés vollbesetzt. «Am Eigelstein es Musik», heißt es in einem kölschen Lied der Kölner Band «De Räuber», und tatsächlich weht auch jetzt Musik über den Platz. Allerdings sind es französische Chansons. Sie vermischen sich mit Gesprächsfetzen, mit Lachen und dem Klappern von Tellern zu einer warmen Sommersinfonie. Sie klingt nach Côte d'Azur. Oder ist es doch der Bosporus? An einem Tisch spricht eine Frau sehr laut auf Türkisch. Sie ist blond und mollig und zündet sich eine Zigarette nach der anderen an. Ihr Reden ist ein bitterer Monolog, dem ihr männliches Gegenüber nichts entgegensetzt. Sein Gesicht hängt tief über dem Teller. Ungerührt schaufelt er sein Essen in sich hinein. Er ist ein Zuhälter und sie ist seine Prostituierte, so viel ist klar. Sie sagt: «Ich arbeite 24 Stunden für dich, das weißt du doch. Es ist gutes Geld, aber manches ist schon unmenschlich. Es ist schwierig, wenn man diese Hurerei den ganzen Tag machen muss.» Das Eigelstein-Viertel war lange bekannt für seine Brauhäuser. Genauso bekannt war es für käuflichen Sex. Beides gibt es noch immer. Irgendwann siedelten sich türkische und arabische Geschäfte zwischen den Häusern an und schufen einen Mix aus allem. Das multikulturelle Miteinander funktioniert hervorragend. Damen mit Kopftuch sind hier genauso gern gesehen wie Damen in schwarzen Netzstrumpfhosen; Fenster mit rot blinkenden Herzen so selbstverständlich wie Vitrinen mit süßem *Baklava*.

Nicht nur der Kabarettist Fatih Çevikkollu hat das beliebte Viertel zu seiner Heimat gemacht, auch die Iranerin Mina Ahadi. Sie tritt an den Tisch, eine kleine Frau mit schulterlangen braunen Haaren und dicker Brille. «Die Kölner Vielfalt ist manchmal wirklich bestechend», sagt die Fünfzigjährige, lächelt verschmitzt zum Nebentisch hinüber und setzt sich. Es gibt Frauen, die mit ihrer Anwesenheit sofort einen Raum dominieren. Mina Ahadi gehört nicht dazu. Ihre Entschlossenheit äußert sich nicht in großen Gesten, sondern in der Konzentriertheit ihres Vortrags, dem ihr persischer Akzent charmante Schwingungen verleiht. Sie sagt: «Der deutsche Wirtschaftsminister ist gerade von seiner Reise in den Iran zurückgekehrt. Es ging um das Atomprogramm, um wirtschaftliche Zusammenarbeit. Sigmar Gabriel hat gute Sätze zur Menschenrechtssituation gesagt und im Basar von Isfahan in Anwesenheit der Presse eine schöne Tasche gekauft. Einen Tag nachdem er wieder in Deutschland war, wurden in einem iranischen Gefängnis zwanzig Menschen erhängt.» Die unbeschwerte Stimmung ist mit einem Schlag verflogen.

Mina Ahadi ist davon überzeugt, die Hinrichtungen seien eine Reaktion auf Gabriels Besuch gewesen: «Das Regime glaubt, einen Zustand des ständigen Schreckens aufrechterhalten zu müssen. Die Hinrichtungen drücken aus: Auch wenn wir uns gegenüber Deutschland und dem Satan Amerika gerade weich zeigen, haben wir trotzdem nichts von unserer Härte verloren.» Frau Ahadi will dazu ein Statement verfassen. Später kommt eine Journalistin, die ein Interview mit ihr machen will. Sie hat nicht viel Zeit.

Mina Ahadi kennt man aus dem Fernsehen und Radio, wo sie auf schwere Menschenrechtsverletzungen im Iran hinweist. Sie ist auch eine gefragte Islamkritikerin. Im Jahr 2007 hat sie zusammen mit der Deutschtürkin Arzu Toker den «Zentralrat der Ex-Muslime» ins Leben gerufen. Es war ein Aufschrei, ausgelöst durch die erste Islamkonferenz, und er wirkte wie Dynamit. Kaum jemand hatte bis dahin geahnt, dass es Menschen von einer nennenswerten Zahl in Deutschland gibt, die sich ganz bewusst vom Islam abgewendet haben. Wie auch? Der Abfall vom Glauben kommt in bestimmten muslimischen Kreisen einem Todesurteil gleich. Aus diesem Grund hatten sich weder Ahadi noch ihre Mitstreiter jemals öffentlich als Ex-Muslime bekannt. Nun aber, da der Innenminister die islamischen Verbände zur Islamkonferenz eingeladen hatte und sie dadurch hoffähig machte, war die Zeit reif: Vergesst nicht, wie menschenverachtend der Islam sein kann! Begeht nicht den Fehler, dem Islam zu viele Freiräume zuzugestehen! Drängt den politischen Islam zurück!, lautet die Botschaft der Ex-Muslime. Die meisten von ihnen sind aus dem Iran, aus Algerien oder Bangladesch nach Deutschland geflohen. Sie haben am eigenen Leib erfahren, wohin Islamismus führen kann. Und deshalb kämpfen sie gegen das Kopftuch von Lehrerinnen und gegen den geschlechtergetrennten Schwimmunterricht. Sie warnen vor Islamisierung, vor falscher Toleranz.

Mina Ahadi hat versucht, mit den islamischen Verbänden ins

Gespräch zu kommen. Die lehnten ab, mit Ungläubigen wie den Ex-Muslimen könne man nicht über Muslime diskutieren. Die Iranerin schnaubt verächtlich: «Natürlich kann man das! Wer könnte besser dafür geeignet sein als wir?»

Der Islam, sagt sie, habe ein starkes Potenzial für Gewalt. Es gebe nun einmal Suren, die Gewalt legitimieren. Ihre Anwendung ist zwar an bestimmte Bedingungen geknüpft, doch wer hält sich schon daran? «Der Islam ist wie eine Waffe», sagt sie. «Die einen nutzen sie, andere nicht. Anhänger des politischen Islams nutzen sie.»

Leute, die in Multikulti nur Gutes sehen, können mit den Appellen der Ex-Muslime nichts anfangen. Kritiker behaupten, Ahadi liefere dem rechten Lager Zündstoff. Tatsächlich ist der Verein schon mehrfach von Pegida zu Veranstaltungen eingeladen worden. Ahadi würde sich jedoch niemals vor deren fremdenfeindlichen Karren spannen lassen: «Es gibt Millionen von Muslimen, die niemandem weh tun wollen. Der Islam ist eine Religion und keine Ideologie.»

In Deutschland hat Pegida das Thema Islam-Kritik besetzt. Das macht es Organisationen wie dem «Zentralrat der Ex-Muslime» schwer, gehört zu werden. Für differenzierte Sichtweisen ist kein Platz.

Die Iranerin strahlt eine Liebenswürdigkeit aus, die nicht zu ihrer harten Lebensgeschichte passt. Auch sie kam aus politischen Gründen nach Köln. Es war allerdings nicht Ajatollah Khomeini, der sie zur Atheistin werden ließ. Zweifel am Glauben hegte sie schon als Kind.

Sie wuchs auf in einem iranischen Dorf. Der Vater starb, als sie vier Jahre alt war. Weil sie als Mädchen geboren wurde, durfte sie nicht draußen spielen, nicht allein auf die Straße gehen. Von ihrem neunten Lebensjahr an musste sie den Tschador tragen. Das Gewand umfasst den ganzen Körper, lässt nur die Augen frei.

Es schließt Frauen von allem aus, was um sie herum geschieht. Ahadi taufte ihren Tschador «meine Einzelzelle». Fragte sie ihre Mutter, warum sie sich in allem einschränken müsse, hieß es nur: Weil du Muslimin bist. In den Sommermonaten, wenn keine Vorlesungen waren, kamen die Studenten aus der Stadt zurück ins Dorf. Mina Ahadi saß in ihrem Tschador dabei, wenn die jungen Leute mit ihren Freunden, Nachbarn und Verwandten diskutierten. Es ging um Fragen wie: Hat Darwin recht oder der Prophet Mohammed? Die Evolutionstheorie klang für Mina Ahadi schlüssiger. Ihre Mutter aber sagte nur: «Schon wieder diese Diskussionen!»

Das Mädchen verstand, nur der Koran könne ihr Erklärungen für die religiösen Vorstellungen geben, die ihr Leben und das Denken der Mutter so einschränkten. Aber wie sollte sie, die damals nur Farsi sprach, ihn lesen? Im Haus ihrer Mutter gab es nur einen arabischen. In dieser Sprache wurde der Koran niedergeschrieben. Ihn zu übersetzen war lange ein Sakrileg. Auch Mina Ahadi verband mit der arabischen Sprachmelodie ein spirituelles Gefühl. Genauso assoziierte sie Angst und Dunkelheit damit. Die Stimme des Mullahs aus dem Radio, dessen Singsang sie während des Fastenmonats Ramadan in den kalten, dunklen Stunden vor Sonnenaufgang immer lauschen musste, erdrückte sie.

Mit 14 Jahren hielt sie endlich einen Koran auf Persisch in den Händen. Das Gefühl von Heiligkeit war sofort weg. Die Worte wirkten auf sie profan. Manche Stellen kamen ihr geradezu lächerlich vor. Die Angst einflößenden Schilderungen von der Hölle stießen sie ab. Mina Ahadi hörte mit jeder Seite mehr auf, Muslimin zu sein.

Ängstlich testete sie, was passiert, wenn sie das fünfmalige Gebet unterließ. Die Strafe Gottes blieb aus. Zwei Monate hielt sie ihr heimliches Experiment aufrecht. Sprach sie ein Gebet auf Persisch, musste sie lachen, da sie die Worte unheilig und lächerlich fand. «Das war ein wichtiger Prozess für mich», sagt sie, «meine Furcht baute sich schrittweise ab.» Irgendwann gestand Mina Ahadi ihrer Mutter: «Ich habe kein Gefühl mehr für Allah.»

Als Ahadi aus dem Bus stieg, der sie Ende der siebziger Jahre zum Medizinstudium in die Stadt Täbris brachte, legte sie als Erstes ihren Tschador ab. Damals trugen islamische Studentinnen noch Minirock. Über Persien herrschte der Schah. Mit der Revolution der Mullahs wurde der Tschador zur Pflicht erhoben. Ahadi widersetzte sich und ging gegen die religiöse Bevormundung auf die Straße. Sie wurde sofort exmatrikuliert. «Alles, was wir wollten, war, das Leben genießen, frei sein, der Zukunft eine bestimmte Richtung geben», sagt sie. «Doch die Religion stellte sich uns in den Weg.» Fünf von Ahadis Mitstreiterinnen wurden hingerichtet, Ahadi entging ihrer Verhaftung durch Flucht. Sie lebte zwei Jahre lang in einem Zeltlager kurdischer Partisanen. Einen Giftgasangriff Saddam Husseins überlebte sie nur, weil sie mit einem Freund auf einen Hügel rannte. Als sie wieder hinunterstieg, waren alle anderen im Lager tot. Über Wien gelangte sie schließlich nach Köln.

Mina Ahadi schweigt und starrt auf den Tisch. Sie wirkt jetzt wie eine Frau, die ihre Augen gern schließen und mit der Gewissheit wieder öffnen würde, dass ihre Lebensgeschichte nur ein böser Traum gewesen ist. «In der Kölner Innenstadt sehe ich manchmal Leute, die den Koran verteilen», sagt sie schließlich. «Ich würde ihnen das Buch am liebsten wegnehmen und es in tausend Stücke reißen. Ich würde rufen: Obwohl ich vom 14. Lebensjahr an nicht mehr an dieses Buch geglaubt habe, hat es mein Leben zerstört.»

Sie ist überzeugt, die religiösen Verbote hätten Tausende von psychisch kranken Frauen hervorgebracht. Der Körper einer

Frau gelte von frühester Kindheit an als unrein. Er werde wie ein gesellschaftlicher Fremdkörper behandelt, den man verstecken und einsperren muss. Wie eine Ware, die Gott nur schuf, damit Männer sich daran befriedigen. Mina Ahadi berichtet von reichen Teheranern, die sich von Zeit zu Zeit eine sogenannte Zeitehe gönnen: Der Koran verbietet Sex außerhalb der Ehe, von islamischen Geistlichen kann man aber eine Art ehelichen Kurzzeitvertrag bekommen. Damit ausgestattet schlafen reiche Teheraner ganz legal mit jungen Frauen, die vielleicht Studentinnen sind und dringend Geld benötigen. Die Zeitehe ist ein anderes Wort für Prostitution.

Dann muss Mina Ahadi gehen. Sie wird zu Hause die Stellungnahme zu den Hinrichtungen der iranischen Häftlinge schreiben. Es ist ihr Versuch, Menschen davor zu bewahren, ähnliches erleiden zu müssen wie sie.

—

Zu Fuß gehe ich in Richtung Dom. Die Gedanken brauchen Bewegung, die Begegnung mit Mina Ahadi hat Spuren hinterlassen. Ihre Lebensgeschichte verleiht ihrem Glaubensverlust Rechtfertigung. Doch ist das Wort Verlust überhaupt angebracht? Bedeutete die Distanzierung von Allah in ihrem Fall nicht eher Bereicherung, Freiheit? Meine deutschtürkischen Freunde kommen mir in den Sinn. Religion ist selten ein Thema zwischen uns. Was ihnen ihre Religion bedeutet, darüber machte ich mir eigentlich erst Gedanken, als die Idee für dieses Buch Gestalt annahm. Etwas provokant fragte ich einige von ihnen: Bist du Muslim? Bist du gläubiger Muslim?

Meistens kam als Antwort ein schnelles Ja. Auf das nach einer kurzen Pause Relativierung folgte. In dem Sinne, wie man sie auch oft von Christen hört: Ich glaube an Gott, an eine höhere Macht; ich glaube, dass es da etwas zwischen Himmel und Erde gibt, das wir nicht begreifen können; ich glaube nicht, dass der Tod das Ende von allem ist – aber ich kann mich nicht mit den religiösen Vorschriften des Islams identifizieren. Einige schlugen vor, ich solle sie nicht als Muslim, sondern als «Kulturmuslim» bezeichnen, nicht als religiös, sondern als spirituell.

Drei Freunde waren in ihren Antworten geradezu radikal: Bezeichne mich ja nicht als Muslim! Nur weil ich als solcher geboren wurde, muss ich nicht dazugehören! Ich bin Atheist! Sie wollen nichts mehr mit dem Islam zu tun haben, da in seinem Namen unterdrückt und getötet wird. Ezme, die schon im Rentenalter ist und erst als Teenager aus der Türkei nach Deutschland kam, berichtete von Kindheitserlebnissen, die sie vor der Religion zurückschrecken ließen: Prügel von den Eltern wegen der Missachtung eines religiösen Verbots; die bitterlichen Tränen der Cousine, die als Teenager mit der Begründung verheiratet wurde, Aischa, die Frau des Propheten, sei bei ihrer Heirat ja auch noch ein Kind gewesen; die Nachbarin, die man mit blutender Kehle auf dem Feld fand, nachdem es im Dorf geheißen hatte, sie träfe heimlich den Lehrer. Es ist bekannt, dass archaische Traditionen wie Kinderhochzeit und Ehrenmord auch unter Christen des Nahen Ostens zu finden sind. Meine Freundin Ezme wies diesen Einwand zurück. Genauso wenig beindruckt sie, dass Muslime mehrheitlich friedliebende Menschen sind. Allein durch ihr Bekenntnis zum Islam unterstützten sie eine Religion, die das Potenzial hat, Gewalt und Unterdrückung zu legitimieren. Bei einem anderen Freund führte die Tatsache, dass ich dieses Buch nicht als Abrechnung mit dem Islam anlegen wollte, sogar zum Bruch. Er, ein gebürtiger Muslim, fand mein Vorhaben verantwortungslos. Dem Dritten musste ich versprechen, seinen Namen unerwähnt zu lassen. Er hat Angst, seiner Familie könne etwas zustoßen, sollte sich in der muslimischen Community herumsprechen, er bezeichne sich als Atheist. Mit einem Imam darüber gesprochen hatte er nie.

Das Christentum bemüht sich um Suchende, Gleiches tut der Islam. Beide reagieren auf Zweifler unentspannt. Im Unterschied zum heutigen Christentum ist im Islam die Tradition der buchstäblichen Auslegung der Heiligen Schrift aber noch so stark, dass eine Kultur des Fragens, des Hinterfragens, des Diskutierens in den Gemeinden überhaupt nicht oder nur schwach ausgebildet ist. Für einen Muslim ist es ungleich schwieriger als für einen Christen, Zweifel am Glauben zu artikulieren.

Noch extremer sind die Unterschiede bei Apostasie. Aus der Kirche kann man – heute – leicht austreten. Es ist eine Sache von Minuten: Man geht ins Standesamt oder Amtsgericht, unterschreibt eine Austrittserklärung, fertig. Im Islam ist Austritt hingegen nicht vorgesehen. Wer vom Glauben abfällt, ist ein *Mürted* und in den Augen radikaler Religionsgelehrter vogelfrei. Ein Apostat, so ihre Lehre, darf getötet werden.

Es ist ein Handeln gegen den Koran. Er beschreibt Apostasie als Absturz und moralisches Elend, macht jedoch deutlich, dass dies einzig und allein eine Angelegenheit zwischen Gott und seinem Diener ist. Den *Mürted* erwartet die Hölle: «Wer sich aber von euch von seinem Glauben abtrünnig machen lässt und als Ungläubiger stirbt, dessen Werke sind vergeblich im Diesseits und im Jenseits, und sie sind Bewohner des Feuers und verweilen ewig darin» (Sure 2, Vers 217). Eine Strafe auf Erden, ausgeführt von Menschenhand, ist nicht vorgesehen.

Der türkische Theologe Yaşar Nuri Öztürk skizziert in «Der verfälschte Islam» (2014), wie sich die Todesstrafe für Apostaten dennoch durchsetzte. Ab dem siebten Jahrhundert, so Öztürk, begründeten politische Machthaber blutige Niederschlagungen von Revolten vermehrt damit, die Aufständischen seien Apostaten. Anstatt diese Etikettierung als Missbrauch von Religion anzuprangern, rückten islamische Rechtsgelehrte daraufhin den Tatbestand des «schweren Vergehens» bei Glaubensabfall in den Vordergrund. Die Todesstrafe wurde so nach und nach zum religiösen Dogma. Einen Apostaten zu töten, wo immer man ihn ausfindig macht, wurde legitim. Yaşar Nuri Öztürk schreibt: «Leider ist diese mit dem Koran unvereinbare Rechtsprechung von allen islamischen Glaubensgemeinschaften akzeptiert worden.»

Meine drei Freunde wendeten sich genauso still und leise vom Glauben ab wie Mina Ahadi. Die Iranerin tat es aber Jahre später mit Gepolter und Getöse kund. Es dauerte nicht lange, und sie erhielt Morddrohungen. Monatelang stand sie unter Polizeischutz. Bis heute verrät kein Name am Klingelschild, wo sie wohnt. Ganz bewusst hatte sie sich zum Lockvogel gemacht. Sie wollte den Menschen zeigen, was mit Apostaten geschehen kann. Ihre Botschaft, die sie damit verband, war: Erst wenn die islamischen Verbände sich dafür einsetzen, dass sich ein Muslim ohne Risiko vom Glauben abwenden kann, erst dann sollte die deutsche Politik mit ihnen verhandeln. Ein entsprechendes Machtwort der Verbände in ihren Gemeinden wäre ein Signal, dass es ihnen tatsächlich ernst ist mit dem deutschen Grundgesetz. Es wurde bisher nicht gesprochen.

Auf der Domplatte drängen sich Menschen. Vor allem im Sommer kommen Touristen aus aller Welt, um den prachtvollen Bau zu besichtigen. In der Traube am Eingang entdecke ich eine schwarz verschleierte Frau mit Mann und kleinem Sohn. Ich folge ihnen in die Kirche. Die Frau schlendert, den Sohn fest an der Hand, durchs Seitenschiff und macht alle paar Meter Fotos mit dem Handy. Vielleicht sind es Besucher aus den Golfstaaten, vielleicht ist es auch nur eine Familie aus Duisburg, die sich mal den Kölner Dom anschauen will. Vor dem vergoldeten Dreikönigsschrein am Ende des Chors bleiben sie stehen und betrachten ihn. In dem Sarkophag sollen die Gebeine der Heiligen Drei Könige liegen. Andersgläubige Herrscher, die ihr Land verlassen hatten, um vor dem Jesuskind niederzuknien – so wird die Dreikönigsgeschichte bis heute von vielen Christen gesehen. Drei Könige machen sich auf einen langen und beschwerlichen Weg, um Gott zu suchen. Sie müssen sich irgendwo getroffen haben, besprochen haben, wohin die Reise geht, warum sie unternommen wird und natürlich auch, wer was schenkt. Sie müssen also einen Dialog miteinander geführt haben. Vielleicht lautet die Botschaft der Dreikönigsgeschichte ja auch nur: Man findet Gott nur miteinander.

Ich rutsche in eine Bank, auf der schon eine vierköpfige Familie sitzt. Der Vater erklärt, mit in den Nacken gelegtem Kopf und auf dem Schoß die staunende Tochter, die Geschichte der Heiligen auf den bunten Domfenstern. Ich bin versucht, an sie heranzurücken, um zuzuhören. Viele der Heiligengeschichten sind mir fremd. Einigermaßen bibelfest bin ich nur, weil meine Mutter mir als Kind Geschichten aus der Kinderbibel vorgelesen hat. Auch in der Kindheit meiner muslimischen Freunde saß abends ein Elternteil am Bett und las Geschichten vor, Prophetengeschichten für Kinder.

Arzu Toker, die Frau, mit der zusammen Mina Ahadi den «Zentralrat der Ex-Muslime» gegründet hatte, zog sich nach acht Monaten aus dem Verein zurück. Mit dem deutschlandweiten Aufsehen, das die Gründung erregt hatte, war das Ziel für sie erreicht. Sie fand, es gebe schon genügend andere atheistische Organisationen, in denen man sich engagieren kann.

Arzu Tokers Geschichte interessiert mich. Was hat die Deutschtürkin dazu bewogen, sich vom Islam abzuwenden?

Am Telefon nennt sie mir ihre Adresse. Das Haus liegt in einer ruhigen Wohnsiedlung am Rande der Stadt. Die Tür öffnet sich, und vor mir steht eine attraktive Frau mit wallenden, dunklen Locken, weitausgeschnittenem T-Shirt und langem Hippie-Rock. Sie ist barfuß, jeder Zehennagel in einer anderen Farbe lackiert. «Kommen Sie», sagt Arzu Toker, dreht sich um, und ich folge ihr durch Flur und Wohnzimmer in eine kleine Küche. Dort drückt sie mir eine Salatschüssel in die Hand und deutet zur geöffneten Terrassentür: «Wir essen draußen.» Auf dem Tisch steht eine Karaffe Eiswasser, außerdem Schüsseln mit Kichererbsenmus und Brot. Der Garten grenzt direkt an die S-Bahn-Trasse. Auf Holzpodesten stehen Skulpturen aus Ton und Glas. «Rotwein oder Weißwein?», fragt Arzu Toker und tritt mit zwei Flaschen an den Tisch. Wir trinken Rotwein.

Sie stellt viele Fragen, möchte viel wissen. Als ich ihr vom Besuch der Moschee-Baustelle erzähle, werden ihre Augen schmal. «Was soll diese Moschee? Wie kann nur zugelassen werden, dass mitten in der Stadt ein solches Monstrum gebaut wird? Diese Moschee ist doch nur eine Machtdemonstration. Die Verbände haben ihre Gemeinden jahrelang in miesen Räumen beten lassen, obwohl sie genügend Geld für etwas Besseres gehabt hätten. Und jetzt machen sie auf Mitleid.» Arzu Toker hält inne, eine S-Bahn nähert sich. Ihre Worte würden in dem Lärm untergehen. Als die S-Bahn vorbeigerauscht ist, sagt sie: «Wenn diese Leute wirklich hier angekommen wären, hätten sie eine moderne Architektur für diese Moschee gewählt und nicht diesen orientalischen Quatsch.»

Arzu Toker kam 1974 aus Istanbul nach Deutschland. Sie ist Übersetzerin, Journalistin und Buchautorin. Sie hat mehrere Kinderläden gegründet, zahlreiche Frauen- und Bildungsprojekte initiiert und arbeitete als Sozialarbeiterin. Als solche erlebte sie türkische Männer, die ihre Frauen schlagen. In einer

Familie war es besonders schlimm. Eines Tages kam sie dazu, als die Frau gerade wieder verprügelt worden war. Die Frau weinte, ihr Gesicht war von den Schlägen angeschwollen. Wütend schleuderte Arzu Toker dem Mann einen Satz aus dem Koran entgegen, den sie in ihrer Kindheit aufgeschnappt hatte: «Das Paradies ist unter den Füßen der Mütter!» Der Mann lachte und erwiderte: «‹Und wenn ihr fürchtet, dass Frauen sich auflehnen, dann ermahnt sie, meidet sie im Ehebett und schlagt sie› – auch das steht im Koran.»

Arzu Toker hatte sich nie für Religion interessiert, schon gar nicht hatte sie den Koran gelesen. Jetzt holte sie das nach. Lag der Schlüssel zur häuslichen Gewalt, der sie tagtäglich in ihrer Arbeit begegnete, in der Religion? Die Lektüre war nicht einfach, die Widersprüche irritierten sie. «Ich dachte: Ist Gott unfähig? Ein deutscher Lektor hätte dieses Buch niemals angenommen.» Den Koranvers, den der Mann zitiert hatte, fand sie in Sure 4, 43. Sie verschlang nun sämtliche Literatur, die sie über das Zusammenleben von Mann und Frau im Islam finden konnte. Eines der Bücher hatte der 2010 verstorbene türkische Autor Ilhan Arsel verfasst. Der Verfassungsrechtler hat in mehreren Werken analysiert, wie religiöse Gesetze, die bis heute Grundlage des islamischen Wertesystems sind, vom überlieferten Handeln des Propheten abgeleitet wurden. In «Frauen sind eure Äcker» konzentrierte Arsel sich auf Verbote und Gebote für das Verhältnis von Mann und Frau. Sein Befund: Die islamische Rechtsprechung reduziert es auf den Geschlechtstrieb. Das führe zur weiblichen Unterdrückung, und zwar in einem solchen Ausmaß, dass die Liebe zwischen Mann und Frau unmöglich wird. «Nachdem ich das Buch gelesen hatte, war ich vom Islam geheilt», sagt Arzu Toker. Sie übersetzte es ins Deutsche, sodass es mittlerweile auch hier erhältlich ist. Fünf Jahre arbeitete sie daran. Die Gründung des «Zentralrats der Ex-Muslime» fiel in diese Zeit.

Über das Risiko, das sie mit dem öffentlichen Austritt aus dem Islam eingegangen ist, möchte sie nicht reden. Die möglichen Konsequenzen waren ihr bewusst. Sie sagt: «Ich bin jetzt 63 Jahre alt. Ich habe alles, was ich im Leben machen wollte, gemacht. Ich könnte natürlich noch mehr machen, aber es muss nicht sein.»

Hat sie denn jemals an Gott geglaubt? Arzu Toker stützt das Gesicht in die Hände und überlegt. «Ich würde mich gar nicht als Atheistin bezeichnen. Ich bin eine Frau und ich bin gerne eine Frau. Und ich bin eine Wissende.» Dann sagt sie: «Neil Armstrong landete 1969 auf dem Mond. Als das bekannt wurde, fuhren in unserem Istanbuler Viertel Religiöse mit einem Megaphon durch die Straßen. Sie behaupteten, die Mondlandung sei eine amerikanische Lüge. Man könne gar nicht auf dem Mond landen, da er wie ein Lampion am Himmel hänge. Als ich das hörte, hatte ich die Nase voll.»

Im Jahr 2014 erschien von ihr «Kein Schritt zurück». Das Buch vereint zwei Texte: «Die Balkonmädchen» beschreibt den Konflikt zwischen dem Drängen junger Migrantinnen in Deutschland, frei zu leben, und den traditionellen Anforderungen ihrer Herkunftsfamilien. Der Prosatext «Verschenkte Freiheit» nimmt sich die Bewegung des islamistischen Predigers Fethullah Gülen vor. Es ist ein heißes Eisen.

Gülen verließ 1998 die Türkei, da ihm dort die Verhaftung drohte. Er ließ sich in Amerika nieder, im Bundesstaat Pennsylvania. Seine Bewegung ist weltweit aktiv, in Deutschland, wie zuvor schon erwähnt, seit Ende der siebziger Jahre. Die Bewegung finanziert auf deutschem Boden etwa fünfzig Privatschulen und betreibt etwa 300 sogenannte «Lichthäuser». Das sind Wohngemeinschaften für muslimische Studierende. Hinzu kommen etwa fünfzehn Stiftungen. Nach eigener Aussage beabsichtigt Gülen die Schaffung eines speziell türkischen

Islams zeitgenössischer Art. Was aber ist damit gemeint? Gülen gibt sich freiheitlich und demokratisch, als Vermittler zwischen den Kulturen. «Baut Schulen statt Moscheen!», ist sein Appell. Es ist kein Wunder, dass wohlwollende deutsche Beobachter in ihm deshalb einen Integrator sehen. Für seine zehn Millionen Anhänger ist Gülen ein Heilsbringer, ein «Gandhi des Islams». Tatsächlich predigt er Toleranz und Nächstenliebe. Beschäftigt man sich allerdings genauer mit einigen seiner Aussagen, wird einem angst und bange: Da wird zur Geduld gemahnt beim Einreißen der alten Ordnung und aufgerufen, Gegner zu täuschen, um ans Ziel zu gelangen.

Fördervereine der Bewegung, wie beispielsweise der Dialog-Verein in Köln, werben damit, sich ganz normal für Bildung einzusetzen – mit Kindertagesstätten, Nachhilfezentren und Schulen. Vor allem türkische Mittelstandsfamilien nutzen das Angebot. An staatlichen Schulen fürchten sie Benachteiligung. Unterrichtssprache ist Deutsch, die erste Fremdsprache meistens Englisch, zudem stehen Türkisch und Französisch zur Wahl. Die Schulen gelten als religionsfreie Zonen, es gibt nur Ethikunterricht. Unterrichtet wird nach dem deutschen Curriculum. Die Gülen-Bewegung hat sich zum Ziel gesetzt, «einen sittlichen, religiös gebundenen und gleichzeitig nach modernen Standards gebildeten Menschen zu schaffen». In den Lichthäusern, schreibt Gülen, sollen «die leeren Köpfe» einer «nach inhaltslosen Schablonen lebenden Generation» mit der Wahrheit des Glaubens gefüllt werden. Ist das einmal vollbracht, gehören sie zu den Auserwählten, die dem «goldenen Zeitalter» Gestalt geben sollen: einer streng konservativen Gesellschaft, in der es keinen Platz für individuelle Lebensentwürfe gibt.

In Arzu Tokers Text steht eine verzweifelte Mutter wochenlang vor dem «Lichthaus», in dem sich ihre Tochter befindet. Vergeblich versucht sie, Kontakt zu ihr aufzunehmen. In den

Wohngemeinschaften herrscht ein strenges Regiment. In den Frauenunterkünften wacht eine «abla», eine «große Schwester» darüber, mit wem die Studentinnen verkehren. Der Tagesablauf ist eng getaktet und besteht aus Beten, Lernen und der Lektüre von Koran und Gülens Schriften. Persönlicher Besitz ist verpönt, Männerbesuch, Alkohol und Zigaretten sind verboten. Um 19 Uhr haben alle Frauen im «Lichthaus» zu sein.

In Deutschland wird bisher nur wenig Kritik an den Aktivitäten der Gülen-Gemeinde geübt. Sie unterhält gute Kontakte zu Kirchen, Wissenschaftlern und Politikern. Gülens Namen ist vielen Deutschen ohnehin erst seit 2013 ein Begriff. Korruptionsvorwürfe erschütterten damals die türkische Regierung. Der damalige Ministerpräsident Erdoğan, der lange gut befreundet war mit Gülen, behauptete, der Prediger habe den Korruptionsskandal inszeniert, um die Regierung zu stürzen. Die beiden sind seitdem erbitterte Feinde. Ankara hat die Gülen-Bewegung als Terrororganisation eingestuft.

«Auch ich halte diese Leute für extrem gefährlich, wenn auch aus ganz anderen Gründen als Erdoğan», sagt Arzu Toker. «Was die Gülen-Gemeinde nach außen darstellt, ist anders als das, was in ihrem inneren Kreis geschieht.»

Arzu Toker musste schon als Kind immer mit dem Kopf durch die Wand. Danach musste sie ihre Wunden verarzten. Oder gucken, was hinter dem Loch in der Wand ist. Zeit für den Glauben blieb da nicht. Vielleicht, sagt sie, war ihr Elternhaus auch nicht liebevoll genug, um jenes Vertrauen erlernen zu können, das sie gebraucht hätte, um eine unsichtbare Kraft wie Gott lieben zu können. Sie lacht: «Aber das ist Küchenpsychologie.» Ihr Vater war Lehrer und Kemalist, Religion sah er als Privatsache an. Als Arzu Toker geboren wurde, lebte die Familie in einem ostanatolischen Dorf, das noch nicht einmal an das Stromnetz angeschlossen war. Ein paar Jahre später ging der

Vater als Gastarbeiter nach München, 1964 holte er die Familie nach. Sie blieben knapp drei Jahre, dann wollte der Vater in den türkischen Schuldienst zurück. Aus ihrer Münchner Zeit blieb Arzu Toker Frau Emmerling in Erinnerung. Die Nachbarin mit der karierten Kittelschürze wurde geschlagen, nicht nur von ihrem Gatten, sondern auch den Söhnen. Draußen im Garten, jeder bekam es mit. Auch an Antonia, eine Ärztin und die Geliebte ihres Vaters, erinnert sie sich noch. Antonia hatte Arzu Tokers Mutter 10 000 DM geboten, damit sie in eine Scheidung einwilligt. Als sie bei einem Besuch realisierte, wie klein die Kinder des Geliebten noch waren, zog sie ihr Angebot zurück und verließ Arzu Tokers Vater. «Meine Mutter hat immer sehr anerkennend von Antonia gesprochen. Letztendlich hat sie sich sehr verantwortungsvoll gezeigt.» Was Arzu Toker außerdem von ihrer Zeit in Deutschland behielt, waren Grundkenntnisse der deutschen Sprache.

Zurück in der Türkei ließ die Familie sich in Istanbul nieder. Arzu Toker schloss die Schule ab und arbeitete als Näherin. Es war die Zeit der Blumenkinder. Sie kamen aus der ganzen Welt und machten Station in Istanbul, um von dort aus nach Afghanistan und Indien weiterzureisen. Ihr Treffpunkt war vor der Blauen Moschee. In ihren Mittagspausen lief Arzu Toker dorthin. Sie liebte es, den Blumenkindern zuzusehen. Sie sagt: «Sie saßen da, spielten Gitarre und knutschten. Und ich dachte: Verdammt noch mal, das will ich auch!» Sie kaufte sich deutsche Tageszeitungen, schnitt Wörter und ganze Sätze aus und klebte diese auf Zettel. Wann immer sich die Gelegenheit bot, zog sie die Zettel aus der Tasche und studierte sie. Längst vergessene Wörter kehrten so zurück, Neues wurde gelernt. Es dauerte nicht lange, und Arzu Toker zerschnitt die deutschen Zeitungen nicht mehr, sie las sie einfach: Berichte über die sexuelle Revolution und über Studentenproteste, die ihre Sehnsucht nach einem anderen Leben noch befeuerten. Im Jahr 1971 putschte das türkische Militär, im Juli 1974 führte es Krieg in Zypern. Da setzte Arzu Toker sich hin und schrieb Briefe an alle ihre Freunde und Bekannten in Europa. Sie schwor sich, in das Land zu ziehen, aus dem die erste Antwort käme. Sie kam aus Essen, von einer Studentin. Die Entscheidung für Deutschland war damit gefallen.

Eine junge Frau, die sich so entschlossen den eigenen Versprechen hingibt, trifft man selten: «Sie waren ganz schön mutig», sage ich. Arzu Toker schüttelt den Kopf. Es zeige nur ihre damalige Rückständigkeit. Schließlich überließ sie ihre Zukunft dem Zufall, anstatt eine Entscheidung zu treffen. «Der zweite Brief kam aus Frankreich», sagt sie gequält. «Hätte ich mich für Frankreich entschieden, wären meiner Tochter und meinem Sohn das Gefühl des Ausländerseins erspart geblieben. Sie wären von Geburt an Franzosen gewesen. So aber wurden sie in Deutschland als Türken geboren.»

Als sie für den Sohn den ersten Pass auf dem türkischen Konsulat beantragte, verlangte Arzu Toker, dass das Feld für die Religionszugehörigkeit frei bleibt – ihr Sohn sollte einmal selbst entscheiden können, welcher Religion er angehört. Der Konsulatsbeamte ließ nicht mit sich reden. Der Vater sei Türke, der Sohn also Muslim. Basta. Im Islam wird die Religion vom Vater auf die Kinder vererbt. Man kann sich nicht aussuchen, ob man Muslim sein will oder nicht. Einen Initiationsritus, vergleichbar mit der christlichen Taufe, gibt es nicht. Haben die Jungen ein gewisses Alter erreicht, wird die Zugehörigkeit zum Islam durch die Beschneidung in ihre Körper eingeschrieben. Arzu Toker ließ das nicht zu.

Eigene Wege sollten ihre Kinder jedoch nicht nur in religiöser Hinsicht gehen. Die Mutter zwang sie, Deutschland als Heimat zu begreifen. Sie selbst marschierte, wann immer gegen die Verhältnisse in der Türkei protestiert wurde, auf der Straße mit. Ihre Kinder durften sie kein einziges Mal begleiten. «Ich sagte zu ihnen: ‹Das geht euch nichts an, ihr habt nie in der Türkei gelebt. Geht demonstrieren, wenn gegen Atomkraftwerke demonstriert wird.›»

Wieder fährt eine S-Bahn vorbei. Im Garten standen einmal 21 Tannen, Arzu Toker hat sie alle gefällt, da sie dem Haus das Licht nahmen. Man kann es sich gut vorstellen, wie sie da mit hochgekrempelten Ärmeln stand und entschlossen und voller Kraft die Axt geschwungen hat.

—

Arzu Toker wusste von Anfang an, dass sie in Deutschland bleiben würde. Die meisten Türken, etwa Fatih Çevikkollus Eltern, wälzten jahrzehntelang das Für und Wider einer Rückkehr hin und her. Was das für seelische Folgen haben kann, erlebt täglich Ali Kemal Gün, der in Köln in der LVR-Klinik für Psychiatrie und Psychotherapie arbeitet. Sonnengebräunt und sichtlich entspannt sitzt der Psychologische Psychotherapeut in seinem Büro, ein Mann von etwa fünfzig Jahren mit dunklem Haarschopf, Brille und einem so breiten Lächeln, dass ich sofort an eine freundliche Gestalt aus einem Kinderbuch denken muss. Er ist gerade von einem mehrwöchigen Urlaub in der Türkei zurückgekehrt – 5000 Kilometer in drei Wochen: Besuche von Verwandten, Freunden, ein bisschen Strand. «Ich habe im Urlaub wieder gemerkt, wie deutsch ich bin!», ruft er begeistert. «Diese Unpünktlichkeit der Türken! Ihr Missachten von Straßenverkehrsregeln! Am Ende wollte ein türkischer Beamter noch Bakschisch von mir, also da bin ich wirklich schrecklich wütend geworden!» Er lacht herzlich, sein ganzer Körper bebt.

Ali Kemal Gün hat die Opfer des Brandanschlags von Solingen betreut und Bewohner der Keupstraße nach dem Nagelbombenattentat des NSU. Unter seinen Patienten sind auch Urdeutsche, doch als Mann, der Ende der siebziger Jahre für ein Psychologiestudium aus der Türkei nach Deutschland kam, kümmert er sich vor allem um Migranten. «Mein Vorteil ist: Ich bin nicht an erster Stelle Türke, Muslim oder Deutscher, sondern ich bin an erster Stelle Mensch. Dann kommen ganz viele andere Identitäten. Ich bin Psychotherapeut, Ehemann, Familienvater, Freund, Integrationsterminator.» Er zeigt auf das einzige Bild an der Wand seines Büros: Es ist Monets japanische Brücke über den Seerosenteich. «Dieses Bild drückt sehr schön aus, wie ich mich sehe: Als Brücke zwischen zwei Kulturen und Ländern.»

Köln zählt 1,024 Millionen Einwohner, 360 000 davon haben einen Migrationshintergrund. Dieser Anteil spiegelt sich auch mit 39 Prozent in der Psychiatrie wider. «Für mich sind Migranten genauso verrückt wie Deutsche», sagt Ali Kemal Gün vergnügt. Auffällig hoch ist ihre Anzahl allerdings in der Forensik, die ebenfalls zu Ali Kemal Güns Wirkungsfeldern gehört. Menschen mit Migrationshintergrund machen dort, auf das Jahr bezogen, durchschnittlich ganze 48 Prozent der Patienten aus. Die meisten sind Muslime. Sie wurden im Ausland geboren oder in Deutschland; sie haben Eltern oder Großeltern, die als Gastarbeiter, Einwanderer oder Flüchtlinge nach Köln gekommen sind. Ihre Identität, so Gün, kreise meistens um den Islam und ihre Herkunftsländer.

Er selbst empfinde es als Privileg, zwei Länder und Kulturen in sich vereinen zu können. Genau das gelinge diesen Patienten nicht.

Sie können sich nicht von dem Gedanken an eine mögliche Rückkehr beispielsweise in die Türkei verabschieden. Obwohl ihre Kinder und Enkel hier leben, obwohl sie froh sind, nach einem Türkeiurlaub wieder deutschen Boden zu betreten –

obwohl ihnen angesichts all dessen eigentlich klar ist, dass sie hier bleiben werden, weigert sich ihr Unterbewusstsein, diese Tatsache zu akzeptieren. Sie sind zerrissen. Auf die Dauer kann das psychisch krank machen. Sogar junge Männer und Frauen der dritten Generation quälten sich damit. Sie haben, sagt der Psychologe, «den Vorsatz der Rückkehr ihrer Eltern und Großeltern psychisch internalisiert. Sie denken, sie seien nur vorübergehend hier.»

Aus der Traumaforschung ist bekannt, dass Erlebtes intergenerational weitergegeben wird. Das gilt natürlich auch für Deutsche. Die Bundesrepublik der sechziger und siebziger Jahre war davon überzeugt, die Türken kehrten bald wieder zurück in ihre Heimat. Es war ein beiderseitiges Einverständnis über ein Missverständnis. Es wurde an die nächste Generation vererbt. Auch deshalb sehen junge Deutsche in Leuten, die Murat oder Ayşe heißen, per se Ausländer. Dass sie in Köln, Berlin oder Wanne-Eickel geboren wurden, einen deutschen Pass besitzen und Deutsch sprechen, wird ausgeblendet. Murat und Ayşe gehören nicht dazu.

Den Wenigsten gelinge es, die Ablehnung an sich abperlen zu lassen, sagt Ali Kemal Gün: «Sie haben vielmehr das Gefühl, der Boden unter unseren Füßen ist fragil. Das verstärkt wiederum die gedankliche Hinwendung zur Türkei. Es ist ein Teufelskreis.»

Daraus auszubrechen ist sehr schwierig. Auch deshalb, weil die türkische Regierung ihre Kinder im Ausland nicht loslassen will. Bei seiner berühmt-berüchtigten Rede in der Köln Arena 2008 sagte Erdoğan vor 20 000 Deutschtürken: Assimilation ist ein Verbrechen, vergesst nicht, dass ihr Türken seid! Er brachte damit eine Politik auf den Punkt, die seit den achtziger Jahren bestimmend ist für Ankaras Umgang mit Auslandstürken. Institutionell findet sie ihren Ausdruck beispielsweise in der DITIB, die Deutschtürken in religiöser Hinsicht an das Land ihrer Väter und Großväter binden soll. Ereignisse wie der Brandanschlag von Solingen wurden und werden dazu benutzt, um das Narrativ zu füttern, Deutschland wolle den Türken grundsätzlich Böses. Es sickert aus den Mikrophonen türkischer Politiker wie Gift in die Gesellschaft, wird dort verbreitet und ausgewalzt – besonders von den türkischen Medien. Es richtet großes Unheil an. Ali Kemal Gün nennt ein Beispiel: Eine seiner Patientinnen wurde von ihrem Mann jahrelang schwer misshandelt. Er wuchs in Deutschland auf, sie in der Türkei. Die Ehe war arrangiert. Als er für die Verlobung in die Türkei reiste, zeigte er sich von seiner besten Seite. Ein paar Wochen später folgte ihm die junge Frau nach Deutschland. Der Mann holte sie vom Flughafen ab. Er schlug sie schon im Auto. Der Grund: Sie hatte Lippenstift aufgelegt, sie wollte hübsch für ihn sein. Er aber sagte: Du siehst aus wie eine Nutte.

Ali Kemal Gün konnte nicht verstehen, dass sie trotzdem mehrere Kinder mit ihm bekam. Wie sich nach einigen Sitzungen herausstellte, hatte die Frau einen Artikel in einer türkischen Zeitung gelesen. Darin stand, deutsche Ärzte sterilisieren einfach türkische Frauen. Die Frau traute sich daraufhin nicht mehr, bei ihrem Frauenarzt das Thema Verhütung anzusprechen. Sie hatte Angst, er würde sie dann sterilisieren.

Die türkische Regierung hat eine 24-Stunden-Hotline eingerichtet, die Auslandstürken anrufen können, wenn sie sich von deutschen Behörden schlecht behandelt fühlen. Die Anrufer sind oftmals Familien, deren Kinder das deutsche Jugendamt in Obhut nehmen will. Dem Jugendamt wird unterstellt, es wolle türkische Kinder verdeutschen und christianisieren. Erreicht die Hotline so ein Anruf, verständigt Ankara sofort das zuständige Konsulat. Dieses setzt dann alles in Bewegung, damit der Familie zu ihrem Recht verholfen wird – was immer sie auch darunter versteht. Meistens werden die Fälle gewissen deutschtürkischen Vereinen anvertraut. Sie verfügen über großzügige Ressourcen und Anwälte, die so bissig sind, dass die Behörde es sich beim nächsten Mal zweimal überlegt, ob sie abermals in eine türkische Familie eingreift.

Die Fürsorge des türkischen Staates ist nur eine scheinbare. Die Deutschtürken sind wichtig, weil sie Wählerstimmen und Euros bringen. Schon 1963 reiste die Wissenschaftlerin Nermin Abadan-Unat im Auftrag Ankaras durch Deutschland und untersuchte, welche Bedürfnisse und Schwierigkeiten diese haben und wie man, davon ausgehend, die Auslandstürken an ihre Heimat binden könnte. Ihre Empfehlungen führten 1965 zu der Gründung von *Köln Radyosu*, dem heutigen «Funkhaus Europa». Zudem suchte die türkische Regierung von nun an nach Wegen, um die hart erarbeiteten Devisen der Gastarbeiter in die Türkei zu transferieren. Es gab verschiedene Ansätze. Zuletzt zockten islamische Holdings und türkische Wohltätigkeitsorganisationen, die allesamt Verbindungen zur derzeitigen Regierung aufweisen, die Deutschtürken ab: systematisch und im Namen Allahs – und niemand wurde in der Türkei dafür bestraft. Der Verein «Deniz Feneri», «Leuchtturm», und die Yimpaş Holding trieben es besonders bunt.

Die Yimpaş Holding ist ein Handelskonzern mit Sitz im türkischen Konya. In den neunziger Jahren gründete sie in Deutschland eine Tochtergesellschaft. Die Holding bot Deutschtürken die Möglichkeit, ihr Geld in Anlagenkäufen zinsfrei und mit abenteuerlichen Renditen von bis zu 40 Prozent anzulegen. Der Koran verbietet Zinsgeschäfte, und so hatten viele Deutschtürken ihr Erspartes unter dem Kopfkissen gehortet, anstatt es in die Geschäfte einer deutschen Bank zu investieren – Schätzungen sprechen von 240 Millionen Dollar, die deshalb jahrzehntelang brachlagen. An diesen Schatz wollte Yimpaş ran. Die

Holding schaltete Werbespots, die Deutschland als das Land des Brandanschlags von Solingen zeigten. Anstatt den miesen Deutschen ihr Geld zu geben, sollten sie lieber in eine Zukunft in der Türkei investieren. Die Holding mietete in mehreren deutschen Städten leerstehende Gebäude an und eröffnete dort türkische Kaufhäuser. Bei den pompösen Eröffnungsfeiern waren stets hochrangige Gäste aus der Türkei zugegen, an deren Frömmigkeit niemand hätte zweifeln wollen, etwa Necmettin Erbakan. Moscheevereine wurden zum Umschlagplatz für Anteilsscheine: gottgefällige Investments, ohne Zins. Am Ende zählte Yimpaş allein in Deutschland 21000 Teilhaber. Zunächst zahlte die Holding noch Gewinne aus. Dann machten die Kaufhäuser und die deutsche Yimpaş-Geschäftsstelle dicht. Keiner der Anleger sah sein Geld wieder. Die Stiftung für Türkeistudien und Integrationsforschung in Essen schätzt den entstandenen Schaden auf 5 Milliarden Euro. Sie sollen unter anderem in den türkischen Wahlkampf der AKP geflossen sein.

Auch der Verein «Deniz Feneri», Ableger einer gleichnamigen Organisation in der Türkei, nutzte die religiösen Gefühle der Menschen aus. Von 1999 an sammelte er unter Deutschtürken Spenden für Bedürftige. Wieder wurden die Moscheevereine zum Ort der Abzocke. Mitglieder des Vereins traten dort als fromme Gläubige auf, appellierten an Herz und islamische Nächstenliebe und präsentierten Fotos, die sie an der Seite von Erbakan und von Erdoğan zeigten. Insgesamt 21000 Spenden gingen ein, zusammen 41 Millionen Euro. Nicht ein Cent kam bei Bedürftigen an. Das Geld floss in Schwarzlohnzahlungen und abermals in die Wahlkampfkasse der AKP. Im Jahr 2008 verurteilte das Landgericht Frankfurt drei Mitarbeiter des Vereins zu mehrjährigen Haftstrafen. Die Verantwortlichen in der Türkei sind bis heute auf freiem Fuß.

Tausende von Deutschtürken haben ihr Erspartes an islamische Organisationen verloren. Dutzende nahmen sich aus Verzweiflung das Leben. Unter Güns Patienten sind zahlreiche, bei denen der Betrug eine tiefe Depression auslöste. Sie fielen ins Nichts. In Deutschland fühlen sie sich nicht angenommen, von der Türkei wurden sie verraten und verkauft.

«Wissen Sie», sagt Ali Kemal Gün, und Empörung flammt in seinen Augen auf, «das sind Menschen, die sich extra einen Ford Transit oder ein anderes großes Auto gekauft hatten, um ihren Verwandten und Freunden jeden Sommer viele schöne Geschenke machen zu können. Und warum? Weil sie natürlich auf das hofften, was sie hier nicht bekamen: Liebe und Anerkennung!» Die Ansprüche wuchsen mit jedem Jahr. Die Lieben in der Türkei wollten keine Aufmerksamkeiten mehr, sondern hatten extravagante Wünsche. Noch heute werden Hochzeiten bevorzugt auf die Sommermonate gelegt, da dann Besuch aus Deutschland zu erwarten ist – nicht etwa, weil man die deutschtürkische Verwandtschaft unbedingt dabeihaben möchte. Man möchte ihre großzügigen Geschenke.

Einen von Güns Patienten, der an dieser Stelle Ömer heißen soll, stürzte das Anspruchsdenken in eine Depression. Wie sollte er als einfacher Ford-Arbeiter den Erwartungen der Verwandtschaft gerecht werden? Tat er es nicht, hieß es, aha, seht her, er ist geizig geworden, er wird immer deutscher. Bald wird er ein richtiger *Almanci*, ein «Deutschländer» sein. Für die ist in unseren Herzen aber kein Platz. Ömer verschuldete sich. An den Wochenenden kloppte er Überstunden, anstatt sie mit seinen Kindern zu verbringen. Zeit und Energie, um Deutsch zu lernen, blieb ebenfalls nicht. Nach 39 Jahren in Deutschland steht er jetzt finanziell schlechter da als seine Familie in der Türkei – ein Deutschländer ist er trotzdem für sie.

Ali Kemal Gün hat Ömer dringend davon abgeraten, als Rentner in die Türkei zurückzukehren. Seiner Erfahrung nach geht so etwas nur dann glücklich aus, wenn befreundete Deutschtürken sich zusammentun, irgendwo am Meer ein paar Häuschen kaufen und dort gemeinsam leben. Über die Jahre sind sie nämlich deutscher geworden, als sie denken.

Welche Bedeutung hat die Religion bei seinen muslimischen Patienten? Seufzend lehnt Ali Kemal Güm sich in seinem Drehstuhl zurück: «Die Religion ist wie ein Skalpell. Man kann damit Leben retten und man kann damit töten. Glaube kann den Menschen sehr viel Kraft geben, um gesund zu werden. Der Islam beschreibe Krankheit als eine Prüfung Gottes, die es mit Geduld zu ertragen gilt. Ich habe schon oft erlebt, dass das fünfmalige Beten am Tag reinigend auf Patienten wirkt.» Zum Problem werde die Religion jedoch, wenn die Menschen einer islamischen Richtung folgen, die psychische Erkrankungen als Dämonenwerk ansieht: «Leider erlebe ich das sehr oft.» In der Forensik sind die meisten seiner muslimischen Patienten hochpsychotisch, wenn sie eingeliefert werden. Sie haben andere Menschen verletzt oder getötet. Sie sagen: Die Stimmen im Kopf haben es mir befohlen. Es sind Leute, die oft schon seit Jahren eine Psychose haben. Hätten sie sich professionell behandeln lassen, wäre es nicht so weit gekommen. Stattdessen hatten sie sich in die Hände eines islamischen Heilers begeben. Die Psychose konnte so immer weiter voranschreiten.

Traditionelle muslimische Milieus, erklärt Ali Kemal Güm, werten Wahrnehmungsauffälligkeiten und unerklärbare emotionale Ausnahmezustände nämlich nicht als mögliche Hinweise auf eine psychische Erkrankung. «Stattdessen heißt es: Ein Dschinn, ein Dämon hat von dir Besitz ergriffen.»

In der ländlichen Türkei, aus der die erste Gastarbeitergeneration vor allem stammt, hat jedes Dorf wundersame Geschichten über Auferstehungen, Dschinne und andere phantastische Wesen zu erzählen. Mit ihnen wuchsen die Menschen auf und gaben sie in Deutschland an ihre Kinder weiter. Dschinne und Menschen, so der Glaube, leben normalerweise in friedlicher Koexistenz. Ärgert sich der Dschinn aber, weil man zum Beispiel mit dem linken statt mit dem rechten Fuß zuerst die Türschwelle übertreten hat, befällt er den Unruhestifter. Stimmen im Kopf und unkontrollierte Gefühlsausbrüche sind die Folge. Der Einzige, der in so einem Fall noch helfen kann, ist ein islamischer Heiler.

Aus der Türkei war mir dieses Phänomen bekannt. Dort gibt es viele *Hodcas,* also Imame, die sich als Heiler verstehen. Sie betreiben Okkultismus und Exorzismus. Sie sind davon überzeugt, die Ursache vieler Krankheiten seien dunkle Mächte und Kräfte, welche die moderne Medizin nicht kontrollieren kann. Die Religion hat für sie eine therapeutische Funktion. In Deutschland hatte ich sie allerdings nicht erwartet. «Aber selbstverständlich gibt es diese *Hodcas* auch hier!», ruft Ali Kemal Gün. «Wenn Sie bei einem der islamischen Verbände anrufen und danach fragen, wird man das natürlich verneinen. Die Heiler stehen auch nicht im Telefonbuch, ihre Namen sind aber in der türkischen Community bekannt. An der Al-Azhar-Universität von Kairo gibt es für die Heilertätigkeit einen Studiengang. Ich habe von einem Berliner Gemüsehändler gehört, der dort war. Jetzt macht er im Hinterzimmer seines Ladens Dämonenaustreibungen.» Eine Untersuchung hat gezeigt, dass fünfzig Prozent der Türkischstämmigen, die in der Psychiatrie oder in Familienberatungsstellen vorstellig werden, vor oder während der Betreuungsphase eine religiös-magische Behandlung in Anspruch genommen haben. «Bei meinen Patienten sind es sogar neunzig Prozent», sagt Ali Kemal Gün. Er sieht darin einen wichtigen Grund, warum die Anzahl von muslimischen Migranten in der Forensik so überproportional hoch ist: «Diese Muslime gingen zu Heilern und drehten durch. Bei aufgeklärten

Menschen besteht eher die Chance, dass sie einen Psychologen zu Gesicht bekommen, der das verhindert», sagt er.

Ist der Glaube an *Dschinne* Aberglaube oder Religion? «Es ist miteinander vermischt», antwortet der Psychologe. «Bei der Ausbreitung des Islams wurden in vielen Ländern traditionelle Glaubenspraktiken nicht aufgegeben. Sie gingen eine Symbiose mit der neuen Religion ein. Der Koran verbietet sehr deutlich jeglichen Umgang mit Dämonen. Bei Zuwiderhandlung droht er mit der Höllenstrafe. Doch Überlieferungen erzählen, der Prophet habe erkrankte Menschen geheilt. Darauf berufen sich die *Hodcas*. Manche psychiatrische Kliniken überlegen, islamische Seelsorger zu beschäftigen. Ali Kemal Gün ist dagegen. Denn sie könnten ein Verständnis von Krankheit und Gesundheit haben, das nicht den Erkenntnissen der modernen Wissenschaft entspricht. Es könnte sein, dass sie psychische Erkrankungen als Dämonenwerk ansehen.

Die Behandlung durch einen Heiler kann sehr teuer sein. Für eine Sitzung ist man schnell bis zu 700 Euro los. Der *Hodca* murmelt Zauberformeln, kritzelt magische Zahlen auf ein Blatt Papier, liest in Anwesenheit des Kranken Gebete und behängt ihn mit Amuletten. Manche *Hodcas* pusten auch einfach in ein Glas Wasser. Der Kranke muss das dann austrinken. Nach der ersten Sitzung nehmen die Krankheitssymptome oft ab – der Placebo-Effekt lässt grüßen. Ali Kemal Gün hat jedoch noch nie erlebt, dass ein Kranker durch einen Heiler gesund geworden ist. Im Gegenteil. Er erzählt von einem langjährigen Patienten, bei dem er eine Psychose diagnostizierte, nachdem der Mann schon seit Jahren in Behandlung eines Heilers gewesen war. Auf die Behandlung von Ali Kemal Gün sprach er an. Ein paar Monate nach seiner Entlassung aus der Klinik setzte der Mann seine Medikamente eigenmächtig ab. Die Psychose kehrte zurück und der Mann zum *Hodca*. Unter großem Hokuspokus behauptete dieser, derjenige, der ihm als Nächstes nachts im Traum erscheine, habe ihn mit einem Schadenszauber belegt. Ali Kemal Güns Patient träumte von einem Verwandten aus Köln. Er stach ihn mit einem Messer nieder.

Auf das Thema aufmerksam wurde Ali Kemal Gün Anfang der neunziger Jahre. Kurz nachdem er in der LVR-Klinik als Psychotherapeut angefangen hatte, nahm sich eine seiner Patientinnen das Leben. Sie litt unter einer Psychose. Sie hörte Stimmen, oftmals jene ihrer verstorbenen Großmutter. In der Klinik ging es ihr schon bald besser. In Gesprächen mit den Eltern hörte Gün zwischen den Zeilen heraus, dass diese trotzdem einen traditionellen Heiler konsultieren wollten. Der Psychologe sprach sie offen darauf an. Er sagte, er respektiere ihren Glauben, aber ihre Tochter müsse unbedingt weiter ihre Medikamente nehmen, sonst könne Schlimmes passieren. Eines Freitagnachmittags holten die Eltern ihre Tochter für einen Wochenendurlaub in der Klinik ab. Anders als vereinbart brachten sie die junge Frau am Montag nicht wieder zurück. Es stellte sich heraus, sie waren mit ihr in die Türkei gereist. Zwei Wochen später erhielt Ali Kemal Gün die Nachricht, die 19-Jährige habe sich dort vom 6. Stock eines Hauses gestürzt.

Der Psychologe war wütend und traurig zugleich. Hatte er die Gefahr, die von den islamischen Heilern ausgeht, unterschätzt? Er begann über deren Praktiken zu recherchieren, ein Kapitel seiner Doktorarbeit entstand daraus. Als er den hohen Stellenwert von Heilern in der türkischen Community realisierte, sprach er bei der Religionsbehörde *Diyanet* in Ankara vor. Fünfzehn hochrangige Theologen hörten seinen Schilderungen zu. Sie zeigten sich entsetzt. Ali Kemal Gün bat sie, eine *Fatwa*, eine religiöse Empfehlung, zu erlassen, dass jede Form der psychischen Erkrankung psychiatrisch-psychotherapeutisch behandelt werden muss. Die Theologen schüttelten den Kopf.

Ali Kemal Gün bat darum, ein Ergebnisprotokoll der Sitzung zu bekommen. Auch das lehnten sie ab. Schicken Sie einen Brief an die DITIB, dass sie eine entsprechende Erklärung in ihren Gemeinden abgibt!, flehte der Psychologe. Abermals sagten die Theologen nein. Am Ende nahm einer von ihnen den Mann aus Deutschland beiseite und sagte: Lieber Herr Gün, wir wissen nicht, wie stark Ihr Glaube an den Islam ist. Für uns jedenfalls ist es sehr erfreulich zu hören, dass die Türken in Deutschland mit ihren Problemen zu einem *Hodca* gehen. Der Umgang mit Dämonen mag im Koran verboten sein. Wir sehen es aber positiv, dass die Beziehung zwischen den Menschen und den *Hodcas* dadurch aufrechterhalten wird.

Der Psychologe lässt nicht locker. Vor einiger Zeit hat er sich in Köln direkt an einen hohen Funktionär eines islamischen Verbandes gewandt und diesen gebeten, die Imame zu einer Freitagspredigt anzuregen, in der sie die Konsultation islamischer Heiler verurteilen. Der Funktionär wies entrüstet von sich, dass es solche Quacksalber in der türkischen Community gebe. Die fände man doch höchstens unter Imamen aus dem Balkan. Er versprach allerdings, der Sache nachzugehen. Ali Kemal Gün hat nie mehr etwas von ihm gehört. Durch ihre Schweigehaltung machen sich die Verbände mitschuldig, wenn psychisch Kranke Gewalttaten begehen, weil sie nicht professionell behandelt worden sind.

Ali Kemal Gün hat um 15 Uhr noch ein Erstgespräch mit einer deutschtürkischen Patientin. Die Frau hatte ihm geschrieben, während er im Urlaub war. Er hat sie heute früh sofort angerufen. Die Symptome, die sie am Telefon schilderte, klingen nach Psychose. Sie sagte: ‹Vielleicht spielen diese drei Buchstaben eine Rolle› – gemeint war *Cin*, das türkische Wort für «Dämon», das man aber nicht aussprechen darf. ‹Was hat der *Hodca* gesagt?›, fragte Ali Kemal Gün die Frau. Er habe dies und jenes gesagt, antwortete sie. Was er gesagt hat, ist dem Psychologen völlig egal. Ihm genügt zu wissen, die Frau war bei einem Heiler. Damit ist wieder höchste Eile bei der Behandlung angesagt.

Was wird in den Moscheen gepredigt?
Der Sufi von Wiesbaden und die Suche nach dem Weg

Eine echte Mobilisierung von Muslimen funktioniert am besten über das Freitagsgebet in der Moschee. Aus diesem Grund hatte Ali Kemal Gün die DITIB gedrängt, in den Freitagspredigten vor islamischen Heilern zu warnen. Ein Imam ist eine Autoritätsperson. In muslimischen Ländern bringen die Menschen ihm oftmals mehr Vertrauen entgegen als staatlichen Institutionen. In Deutschland ist das vielerorts kaum anders.

Genaue Zahlen, wie viele Imame es auf deutschem Boden gibt, existieren nicht. Deutschland zählt etwa 2500 Moscheen, die Anzahl der Imame liegt mindestens genauso hoch. Sie sind die wichtigsten Multiplikatoren in der muslimischen Community. In ihren Predigten nehmen sie Bezug auf Alltagsherausforderungen und auf gesellschaftliche und politische Entwicklungen. Tausende muslimische Jugendliche lernen sie als Koranlehrer kennen, als Seelsorger beraten und trösten sie Gemeindemitglieder in privaten Notlagen. Bedauerlicherweise ist der Beruf des Imams bis heute nicht in Deutschland geschützt – theoretisch kann ihn jeder, der eine schöne Stimme hat und gut vorbeten kann, ergreifen. Es ist nicht selten, dass sich ein Imam sein religiöses Wissen nicht an einer Universität, sondern durch Selbststudium und Fernsehen angeeignet hat. Seit einigen Jahren bieten zwar mehrere deutsche Hochschulen Studiengänge an, die zur Tätigkeit des Imams befähigen. Doch noch ist die Absolventenzahl gering. Entscheidend ist für die meisten Gemeinden ohnehin, dass der Imam ihre Sprache spricht – gefragt sind vor allem Türkisch, Arabisch, Persisch, Pakistanisch, Dari und Serbokroatisch.

In den Gemeinden der türkischen Verbände predigen fast ausschließlich Imame, die dafür aus der Türkei importiert worden sind. Da das Land nicht zur EU gehört, reisen sie mit einem Touristenvisum ein und müssen nach einer Weile wieder zurück. Ein Aufenthaltsrecht über mehrere Jahre genießen lediglich die DITIB-Imame, die als türkische Beamte und Angestellte der Konsulate geführt werden und in der Regel bis zu fünf Jahre in Deutschland bleiben – insgesamt 970 Imame aus der Türkei sollen für die DITIB in Deutschland tätig sein.

In den vergangenen Jahrzehnten sind auf diese Weise Hunderte islamischer Prediger aus dem Ausland nach Deutschland ein- und wieder ausgereist. Sie alle hatten unterschiedliche Voraussetzungen, politische Richtungen und Auslegungen des Islams im Gepäck. An Nachschub aus der Türkei mangelt es nicht, denn der ungleich besseren Verdienstmöglichkeiten wegen gilt die Arbeit in Deutschland als äußerst attraktiv. Aber mit der deutschen Wirklichkeit sind nicht wenige Imame dann hoffnungslos überfordert. Deutschland ist oftmals ihr erster Auslandsaufenthalt.

Ich erinnere mich an die Begegnung mit einem solchen Imam. Er arbeitete für eine DITIB-Gemeinde im Ruhrgebiet: Ein freundlicher Herr von Anfang fünfzig, Deutsch sprach er nur gebrochen. Von dem Land, in dem er nun schon zwei Jahre lang lebte, hatte er bisher kaum etwas gesehen. Er hatte Köln besucht – Anlass war ein Gespräch mit der DITIB gewesen; dann den Tegernsee für ein Urlaubswochenende mit seiner Frau, und die Reichstagskuppel in Berlin hatte er auch besichtigt. Für weitere Erkundungen hatte der gute Mann einfach noch keine Zeit gehabt. Imam ist ein 24-Stunden-Job, das tägliche fünfmalige Anleiten des Gebets lässt wenig zeitlichen Spielraum.

Ich traf den Imam im Frühling. Sein Arbeitstag fing da immer schon gegen vier Uhr morgens an – die Gebetszeit verschiebt sich im Laufe des Jahres, da sie sich nach dem Stand der Sonne richtet. Nach dem Frühgebet um kurz vor fünf frühstückte der Imam eine Kleinigkeit und bereitete den Koranunterricht vor. Gegen zehn Uhr ging er in die Teestube seiner Moschee, da die älteren Gemeindemitglieder dann gerne mit ihm plauderten. Mit ihnen nahm er dann um kurz nach 12 das Mittagsgebet vor. Um 13 Uhr trafen die Kinder für den Koranunterricht ein, der bis um 14.30 Uhr dauerte. Um halb vier leitete der Imam das Nachmittagsgebet. Danach führte er meistens weitere Gespräche mit Gemeindemitgliedern, sodass für Hausbesuche, für das Ausarbeiten der nächsten Predigt und Vorbereitungen für Totenfeiern und Beschneidungen oftmals nur die Zeit nach dem Abendgebet blieb. War das Nachtgebet um 20 Uhr vorüber, schaute er mit seiner Frau noch ein wenig türkisches Fernsehen und fiel dann todmüde ins Bett.

Besonders wohl in Deutschland fühlte er sich nicht. Der Imam hatte sich falsche Vorstellungen gemacht. Die religiösen Führungsaufgaben seien nicht das Problem, sagte er, die beherrscht er ja perfekt aus der Türkei. Überfordert fühlte er sich von dem, was die deutsche Gemeinde darüber hinaus von ihm verlangte. Er müsse Gemeindemitglieder im Krankenhaus und Gefängnis besuchen, Vorträge halten, Seminare leiten, den Kontakt zu anderen Konfessionen pflegen und mit den jungen

Gemeindemitgliedern grillen und am besten noch Fußball spielen. Überhaupt die jungen Gemeindemitglieder – anfangs hätten die türkischen Jugendlichen ihn ja kaum verstanden. Ihre Türkischkenntnisse seien zu schlecht. Mittlerweile predige er nur noch in einer Art Kindergartensprache, und trotzdem kämen seine Worte nicht bei ihnen an. Letztendlich wisse er ja auch gar nicht, was sie beschäftige. Sie seien so ganz anders als die jungen Leute in der Türkei, nämlich respektlos und aufmüpfig, sagte der Imam.

Auf der Suche nach Gründen hatte er sich eine gewagte These zurechtgelegt: Die Eltern und Großeltern dieser Kinder hätten, als sie nach Deutschland kamen, kein frommes Leben geführt. Gottes Rache für diese Sünde sei der schlechte Charakter der folgenden Generation.

Wahrscheinlich ist dieser Imam mittlerweile in die Türkei zurückgekehrt.

Nicht nur wegen des zeitlich begrenzten Charakters ihres Aufenthalts ist die Fluktuation der Imame hoch. Legt ein Imam den Koran nicht so aus, wie die Gemeinde sich das vorstellt, oder vertritt er zu moderne Ansichten, riskiert er seinen Job. Er ist schließlich nur ein Angestellter und als solcher jederzeit kündbar. Die Vorstände der Moscheegemeinden und Dachverbände machen nicht selten von diesem Recht Gebrauch. Letztendlich bestimmen dadurch sie, welcher Islam in Deutschland gepredigt wird. Doch welcher Islam ist das?

Der Religionspädagoge Raulf Ceylan hat bei seinen deutschlandweiten Untersuchungen in türkischen Moscheegemeinden mehrere Typen von Imamen festgestellt. Die größte Gruppe sind die «traditionell-konservativen Imame». Ceylan zufolge machen sie etwa 75 Prozent aller Imame aus. Entscheidend für ihre Lehre sind Gehorsam, Gottesfurcht und türkischer Patriotismus. Sie pflegen Wertvorstellungen, die von Millionen gläubiger Türken gelebt werden – seien diese auch noch so unzeitgemäß. Die «traditionell-defensiven Imame» verbreiten in ihren Predigten dagegen ein Weltbild, das im Glauben an Geheimlehren, böse Mächte und im türkischen Nationalismus fußt. Das Ende der Welt ist für sie schon nah, Anzeichen sind beispielsweise die wachsende Respektlosigkeit der jungen Generation und die Emanzipation der Frau. Sie sind überzeugt, die Türken in Deutschland würden immer mehr zu Deutschen. Dahinter vermuten sie eine systematische staatliche Germanisierungspolitik – der Imam aus dem Ruhrgebiet wäre wohl zu dieser Kategorie zu zählen.

Ceylan hat außerdem herausgefunden, dass in den meisten Moscheen türkischer Prägung viel Volksglaube gelehrt wird – die Patienten von Ali Kemal Gün, die einen Heiler aufsuchen, hängen dem Volksglauben an. Gemeint ist ein Islam, der im Gegensatz zur klassischen Religion auch Aberglaube und Heiligenverehrung umfasst. Es sind Überreste von althergebrachten Traditionen, Mythen und heidnischen Riten, mit denen der Islam auf seinem Eroberungsfeldzug eine Symbiose einging. Manche islamische Theologen sagen: Nicht der Islam an sich sei eine Herausforderung für säkulare westliche Gesellschaften, sondern die patriarchalen Strukturen, die der Volksislam transportiert.

Imame, die ihm anhängen, würden niemals alte Lehren und religiöse Interpretationen in Zweifel ziehen. Mit dieser Haltung folgen sie Gelehrten, die um 1300 behaupteten, die Theologie habe nun alles Notwendige zum Islam gesagt: Das Tor zum *Idschtihad* – der selbständigen Rechtsfindung – wurde für geschlossen erklärt. Von nun an zeichnete sich die islamische Tradition durch blinde Nachahmung (*Taqlid*) und Autoritätsgläubigkeit aus. Dass die vorangegangenen Gelehrten auch nur Kinder ihrer Zeit gewesen sind und den Koran gemäß ihrem eigenen sozialen, kulturellen und politischen Kontext interpretierten, wird bis heute von den meisten Imamen ignoriert.

Imame, die bereit sind, die Verse des Korans aus ihrer historischen Schale zu lösen und kontextuell zu interpretieren, sind in Deutschland noch in der Minderheit. Sie setzen sich kaum an der Basis durch. In den Moscheegemeinden hat oftmals noch eine Migrantengeneration das Sagen, die in den gesellschaftlichen und religiösen Werten und Normen der achtziger Jahre der Türkei verhaftet ist. Charismatische Persönlichkeiten sind selten, offensive Debatten über den Islam finden nicht statt. Die Religion kommt laizistisch glattgebügelt, funktionärstreu und spirituell-ausgehöhlt daher, oder wertkonservativ und politisch aufgeladen. Themen, die junge Menschen interessieren könnten, bleiben außen vor. Auch intellektuell besteht Nachholbedarf: Die Gastarbeiter der ersten Stunde waren Arbeiter, und auch in der dritten Generation ist der Anteil von Akademikern gering. Es gibt zwar immer mehr junge Muslime, die sich einen zeitgemäßen Zugang zu ihrer Religion wünschen. Doch selbst wenn ihnen ein intellektuell aufgeschlossener Imam zur Seite steht, haben ihre Worte in der Gemeinde kein Gewicht. Gerade gut ausgebildete Muslime wenden sich deshalb von ihren Gemeinden ab und der Religion im Privaten zu. Für die Gemeinden ist ein solcher Verlust bedauerlich. Eine weitaus größere Tragweite entfaltet die Betreuungslücke jedoch, wenn eine Gemeinde junge Mitglieder an den Salafismus verliert.

Schätzungen des Verfassungsschutzes sprechen von 7500 Salafisten (Stand Juni 2015), die es in Deutschland geben soll. Verglichen mit der Gesamtzahl der Muslime ist das nicht viel. Das Problem ist jedoch, dass die Bewegung die am schnellsten wachsende islamistische Bewegung in Deutschland ist. Sie kann, muss aber nicht, der Einstieg sein für junge Menschen in den sogenannten «Islamischen Staat».

Die Weltsicht von Salafisten ist rückwärtsgewandt, streng und wenig kompromissbereit. Salafisten legen den Koran wortwörtlich aus. Sie sind davon überzeugt, ganz allein im Besitz der Wahrheit zu sein. Annehmlichkeiten der Moderne wie Computer, Kühlschränke oder Handys benutzen sie gern, missbilligen aber neues Wissen über das menschliche Denken in der Morallehre, der Genderfrage, den Naturwissenschaften. Als Quelle der Erkenntnis werden nur religiöse Schriften akzeptiert.

Die Bewegung der *Salafiyya*, der Vorläufer für das, was heute gemeinhin unter Salafismus verstanden wird, entstand Ende des 19. Jahrhunderts im geographischen Raum des zerfallenden Osmanischen Reiches. Die militärische und wirtschaftliche Überlegenheit der europäischen Mächte sowie die folgende Kolonialisierung waren für die Menschen in der arabischen Welt ein tiefgreifender Schock. Schüler des ägyptischen Theoretikers Dschamal ad-Din al-Afghani (1838–1897) gaben dem schleichenden Abfall von den wahren Inhalten der Religion die Schuld. Um zu retten, was noch zu retten ist, verlangten sie, ihre Glaubensbrüder und -schwestern müssten zum Urislam zurückfinden, wie er von den ersten drei Generationen des Islams, den *salaf*, praktiziert worden war. Sie nannten sich und ihre Anhänger *salafiyya*.

Ihre Ideen wurden zum geistigen Ursprung für verschiedene Erneuerungsbewegungen, die sich Mitte des 20. Jahrhunderts als Salafismus formierten. Sein politisches Ziel besteht darin, den Staat und die Gesellschaft nach eigenen Vorstellungen umzugestalten. Gewalt gilt als legitimes Mittel, allerdings ist die Bewegung von einem starken Pragmatismus geprägt: Salafisten sind bereit, Ideen zurückzustellen, bis der richtige Zeitpunkt für sie gekommen ist. Zu ihrem Glaubensverständnis gehört die Pflicht des Missionierens, die sogenannte *Da'wa*, «der Ruf zum Islam». Er richtet sich sowohl an Nichtmuslime als auch an

Muslime. Jeder Muslim, der nicht dem Salafismus folgt, gilt als Krankheit im Körper der Religion.

Nicht ohne Grund werden Salafisten und Wahhabiten oftmals in einem Atemzug genannt. Die Anhänger der beiden Richtungen sind Brüder im Geiste und machen gern gemeinsame Sache. Die Bewegung der *Wahhabiya* ist älter, sie entstand schon im 18. Jahrhundert im Südosten der Arabischen Halbinsel. Ihr Begründer, Ibn Abd al-Wahhab (1703–1792), wandte sich mit seinen Ideen gegen die verbreitete Volksfrömmigkeit. Ähnlich wie später die *salafiyya* forderte Al-Wahhab, zur «reinen Lehre» des Propheten zurückzukehren – wer dies nicht freiwillig tue, solle mit Gewalt dazu gezwungen werden. Der Stammesführer Muhammad Ibn Sa'ud fand an den Ideen des Gelehrten Gefallen. Er nutzte sie als Argument für blutige Expansionszüge – ganz ähnlich wie heute der «Islamische Staat». Sein stillschweigender Schulterschluss mit Al-Wahhab hat bis heute Bestand: Die Nachfahren von Ibn Sa'ud sorgen als saudisches Königshaus für den politischen Rahmen, in dem die *Wahhabiya* ihre Ideen und Ideale entfalten können. Im Gegenzug geben die *Wahhabiya* dem Handeln der Herrscherdynastie eine religiöse Legitimation.

Auch die *Salafiyya* profitierten von Aufstieg der Sa'ud zur Königsfamilie. Nach der Staatsgründung Saudi-Arabiens 1932 fehlte es an Personal für das neue Bildungs- und Justizsystem. Das Königshaus engagierte Gelehrte aus Ägypten, Syrien oder dem Irak, die vom Gedankengut der *Salafiyya* geprägt waren. In den *Wahhabiyya* fanden die Salafisten Gleichgesinnte. Diese wiederum schätzten die religiös-politischen Ideen der Gäste; fruchtbarer Austausch war die Folge.

Anders als die Salafisten, die ihre Bewegung international verstehen, fühlen sich die Wahhabiten dem Königshaus Saud verpflichtet. Mit deren Geld kauften sie sich in Universitäten und

Lehrstätten des klassischen Islams ein und veränderten die Lehre von innen heraus. Mit der Folge, dass die Wissenschaft – auch Teile der deutschen – den Wahhabismus über viele Jahre als den wahren Islam missverstand. Im Sinne der salafistischen Freunde entsenden die Wahhabiten Prediger in alle Welt, bauen überall fleißig Moscheen und vergeben Stipendien, die jungen Muslimen ein Studium an einer ihrer Lehrstätten ermöglichen.

Ein solches Stipendium erhielt 2004 Pierre Vogel. Der 1978 geborene Boxer und ehemalige Lehramtsstudent aus dem nordrhein-westfälischen Frechen war 2001 vom evangelischen Glauben zum Islam konvertiert. Mit dem Stipendium aus Saudi-Arabien studierte er drei Semester am Arabischen Institut für Ausländer an der Umm-Al-Quara-Universität in Mekka. Seit seiner Rückkehr 2006 tourt er als islamistischer Prediger durch Deutschland. Mit seinem kumpelhaften, jovialen Ton und rheinischem Zungenschlag ist er äußerst erfolgreich – auch im Internet. Die *Da'wa*, das Missionieren von Nichtmuslimen und nicht praktizierenden Muslimen, ist seine Spezialität.

Vogel präsentierte sich lange als moderner Gegenpol zum gewaltaffinen Salafismus. Mittlerweile ist sein Verhältnis zu Gewalt allerdings eher ambivalent. Er ruft nicht direkt dazu auf, zeigt aber durchaus Verständnis, dass Muslime auf «Angriffe gegen den Islam» gewaltvoll reagieren.

Bei den Neuanwerbungen handelt es sich – nicht immer, aber oftmals – um junge Muslime, die sich nicht als Deutsche angenommen fühlen. Vielleicht haben sie erlebt, wie ihr Vater auf dem Arbeitsamt als Hartz IV-Empfänger gedemütigt wurde. Sie waren dabei, weil der Vater kaum Deutsch spricht und sie für ihn übersetzen mussten. Vielleicht haben Mitschüler gesagt: ‹Ihr Muslime seid doch alle Terroristen.› Die Sprache ihrer Eltern und Großeltern beherrschen sie nur rudimentär und kommen auch nicht mit den elterlichen Wertvorstellungen zurecht, die sich noch stark an deren Herkunftsland orientieren. Die jungen Menschen spüren, dass sie nicht so afghanisch, bosnisch oder türkisch wie ihre Eltern sind, aber ihre Umwelt signalisiert gleichzeitig: Richtig deutsch seid ihr auch nicht. Um sich nicht ganz zu verlieren, entscheiden sie sich für den Islam. Er funktioniert transnational und heißt jeden willkommen. Hinzu kommt das salafistische Selbstverständnis als islamische Elite. Auf bestimmte junge Leute wirkt das anziehend. Indem sie sich den Salafisten anschließen, gelangen sie in ihrer Wahrnehmung sofort von der untersten Stufe der Gesellschaft zur obersten.

Lange hatten die türkischen Moscheegemeinden kein Problem mit Extremismus. Die Salafisten erkannten jedoch, dass einige der jungen Gemeindemitglieder sich nicht in ihnen aufgehoben fühlen, und stießen in diese Bresche vor. Sie begannen, Konferenzen und Vorträge in den Moscheen zu halten. Die Vorstände merkten nicht, um was für Glaubensbrüder es sich handelte. Sie waren froh, dass ihnen Jugendarbeit abgenommen wurde, nicht ahnend, dass jede genehmigte Aktivität das Risiko in sich birgt, Jugendliche über kurz oder lang an den Salafismus zu verlieren.

Mittlerweile ist es üblich, dass kleinere Gruppen von Salafisten von Moschee zu Moschee gehen und gezielt Gläubige ansprechen, die nicht richtig in das Gemeindeleben integriert scheinen. Sie laden zu einem gemeinsamen Picknick oder einem Barbecue ein. Geht der Angesprochene darauf ein, folgen weitere gemeinsame Unternehmungen. Gespräche über den Glauben werden zunächst wie nebenbei geführt. Fast unmerklich legen die neuen Freunde dem Jugendlichen dar, wie der Islam in Wirklichkeit zu leben sei. Geht er darauf ein, feiern sie den neuen Glaubensbruder in ihrer Mitte wie einen Helden: Du bist wichtig! Du bist auserwählt! Du bist für Höheres bestimmt! Mit der ursprünglichen Gemeinde und Familie des neu angewobenen Salafisten kommt es nun meistens zum Bruch: Sie werden von ihm als *Kafir*, als Ungläubige beschimpft. Denn in seiner Selbstwahrnehmung ist er vom «falschen Islam» zum «Islam des rechten Weges» konvertiert. Er kennt jetzt den wahren Islam, seine Familie nicht.

―

Einer, der schon sehr vielen jungen Salafisten begegnet ist, ist Husamuddin Meyer. Er arbeitet als muslimischer Gefängnisseelsorger in der Jugendvollzugsanstalt Wiesbaden. Die Direktorin suchte einen Seelsorger, der den muslimischen Häftlingen ein religiöses Angebot auf Deutsch machen kann. Seelsorger im Strafvollzug sind für sich genommen nichts Ungewöhnliches. In jeder deutschen Haftanstalt gibt es mindestens einen evangelischen oder katholischen. Muslimische Seelsorger aber findet man selten. Zwar sind gerade in vielen Jugendvollzugsanstalten sehr viele der Häftlinge Muslime – in Wiesbaden beträgt ihr Anteil vierzig Prozent –, dennoch hat der deutsche Strafvollzug sie über Jahrzehnte nicht seelsorgerisch betreut. Studien haben gezeigt, dass die Gefahr der religiösen Radikalisierung während der Haft besonders hoch ist. In der staatlichen Präventionsarbeit gegen Extremismus ging man jedoch lange davon aus, die Stärkung von Jugendzentren und Demokratiebewegungen seien effektiver. «Das ist alles wichtig», sagt Husamuddin Meyer. «Was jedoch meistens dabei fehlt, ist der islamische Andockpunkt. Junge Muslime aus prekären Verhältnissen identifizieren sich meistens so stark mit dem Islam, dass Demokratie für sie nur interessant ist, wenn man ihnen das Islamische daran erklärt.» Was ist denn an der Demokratie islamisch? «Die Scharia verlangt den Schutz des Menschenlebens, der Glaubensfreiheit und des Besitzes. In Demokratien ist das verwirklicht, in Ländern wie Saudi-Arabien oder Jemen nicht. Nimmt man die Grundprinzipien der Scharia als Maßstab, dann sind diese Staaten nicht islamisch. Es sind Unrechtsstaaten.»

Husamuddin Meyer sitzt mir in einer Eisdiele in Wiesbaden gegenüber: helles Mobiliar, pastellfarbige Bezüge mit eckigem Muster, Stechpalmen. An der Wand hängt ein Fernseher, auf dessen Flachbildschirm ein leicht bekleidetes Popsternchen lautlos um ein Mikrophon tanzt. Vor dem Gefängnisseelsorger steht ein Traum von einem Eiskaffee mit Tüttelschmuck und Strohhalm. Meyer sieht aus, als sei er gerade einem orientalischen Märchenbuch entstiegen: Auf dem Kopf sitzt ein schneeweißer Turban, um den Mund wächst ein langer, grauer Bart. Dazu trägt er eine weite Hose und ein helles kragenloses Hemd mit türkisfarbener Weste. Einzig die schmale eckige Brille, hinter der Husamuddin Meyer mit verschmitzten braunen Augen in die Welt hinaus blickt, verankern sein Bild im Hier und Jetzt. Er ist ein Sufi, ein Angehöriger jener islamischen Glaubensgemeinschaft, von der die berühmte Islamwissenschaftlerin Annemarie Schimmel einmal behauptet hat, sie sei eine Randerscheinung. Meyer grinst, als ich das sage: «Frau Schimmel ist wirklich eine Koryphäe. Aber in diesem Punkt hat sie sich geirrt. Der Sufismus ist immer ein wichtiger Teil des Islams gewesen.»

Seine Stimme ist dunkel, hat einen hessischen Goldrand und klingt nach gemütlichem Beisammensitzen. Der 47-Jährige strahlt eine Gelassenheit aus, die er für seine Arbeit auch braucht. Als er vor sieben Jahren in der JVA anfing, kursierten noch Schriften des international bekannten Salafisten Bilal Philips unter den Häftlingen. Keiner der Aufseher hatte erkannt, was für Schriften die Gefangenen da lasen. Nach Meyers Ankunft war es mit der entspannten Lektüre vorbei. Er kämpft dafür, die Häftlinge zurück auf den rechten religiösen Pfad zu führen. Salafisten legitimieren ihr Handeln mit Mohammeds Lebensweg, den sie in ihrem Sinne interpretieren. Meyer säuberte die Gefängnisbibliothek und sorgte dafür, dass in den Regalen vernünftige Biographien über den Propheten stehen.

Die Häftlinge sind Männer, die wegen Diebstahl, Raubüberfall, Vergewaltigung, Mord oder Totschlag einsitzen. Keiner von ihnen ist älter als 25 Jahre. Nur wenige von ihnen fielen vor Antritt der Haft durch religiös-extremistische Tendenzen auf. Die meisten hatten jedoch Kontakt zu Salafisten.

Denn auch im kriminellen Milieu missionieren diese seit einigen Jahren gezielt. Wissend, dass sie dort auf Menschen treffen, die ein schlechtes Gewissen plagt. Allah vergibt dir sämtliche Sünden, wenn du dich dem «wahren Islam» zuwendest, behaupten sie. Eine bevorstehende längere Gefängnisstrafe mindert den salafistischen Missionierungsversuch keinesfalls. Im Gegenteil, im Gefängnis hat die Person ja viel Zeit zum Nachdenken. Sehr wahrscheinlich wird sie dort auf Mitgefangene treffen, die auch schon Kontakt zu Salafisten hatten. Gemeinsam werden sie Pläne schmieden, wie es nach der Entlassung weitergeht. Achtzig Prozent der Insassen, mit denen Meyer zu tun hat, besitzen keinen Schulabschluss. Die Zukunft nach der Haft dennoch in geordnete Bahnen zu lenken, ist deshalb schwierig. Die Salafisten wissen Rat. Sie sagen: Setz dein Leben für eine gute Sache ein. Werde Glaubenskrieger und geh nach Syrien.

Viele der Wiesbadener Häftlinge hegten Sympathien für den «Islamischen Staat».

«Es ist eigentlich skandalös, diese Bewegung als ‹Islamischen Staat› zu bezeichnen», sagt Meyer und schiebt sich einen Löffel Vanilleeis in den Mund. «Es ist eher ein antiislamischer Staat. Ein Idiotenstaat. Auf keinen Fall ist es ein islamischer.» Die Häftlinge sind aber davon überzeugt, die Regeln Gottes fänden in ihm Anwendung. Fragt der Gefängnisseelsorger nach, worin denn diese Regeln bestehen, stocken die Männer beim Antworten. «Sie haben erschreckend wenige Kenntnisse über den Islam. Meistens haben sie nur ein paar YouTube-Videos mit Auftritten von Pierre Vogel und anderen salafistischen Predigern geguckt», sagt Meyer. Anschläge in Europa halten die Häftlinge für legitim, da die Menschen sich in ihren Augen schuldig gemacht haben. Schuldig, weil die von ihnen gewählten Regierungen Kriege in islamischen Ländern führen, an der Seite Israels stehen und dem Leiden der Menschen in Syrien lange nur zuschauten.

Nach dem Ausbruch des syrischen Bürgerkriegs tauchten im Internet Videos und Fotos von Folteropfern und von ermordeten Kindern und Frauen auf. Die Gräueltaten wurden allesamt dem syrischen Diktator angelastet. Die gesamte westliche Welt erklärte Assad zur Persona non grata. Nichts schien falsch daran zu sein, nach Syrien auszureisen, um mit dem Gewehr in der Hand am Sturz des Tyrannen mitzuwirken. Ein wahhabitischer Gelehrter aus Ägypten erließ eine *Fatwa* in diesem Sinn, seitdem ist die Angelegenheit für bestimmte Muslime klar: Sie fühlen sich aus religiösen Gründen verpflichtet, die syrischen Glaubensbrüder vom Joch Assads zu befreien. Salafisten behaupten, Assads Anhänger huldigten dem Diktator wie einem Gott. In ihrer Weltsicht ist das ein Frevel ohnegleichen – ein Mensch, der sich über Gott erhebt, darf getötet werden, genauso wie seine Götzendiener.

Einer der Häftlinge, die Husamuddin Meyer betreut, ist ein Syrien-Rückkehrer. Missioniert von Salafisten und durchtränkt von Internet-Propaganda hatte er sich nach der Verbüßung einer längeren Haftstrafe ein Flugticket in die Türkei gekauft und sich in Syrien dem IS angeschlossen. Erst dort begriff er, mit wem er es wirklich zu tun hatte. Das liegt daran, dass Salafisten alle Berichte über das unmenschliche Wüten des IS und die drakonischen Strafen, mit denen er auch das eigene Fußvolk belegt, als Gegenpropaganda zurückweisen. Der junge Mann flüchtete und wurde bei seiner Einreise nach Deutschland verhaftet. In den Gesprächen mit Meyer gab er zu, der Gedanke, seinen dem IS geleisteten Treueschwur gebrochen zu haben, quäle ihn. Er glaubte, vor Gott sei er ein Deserteur. Husamuddin Meyer seufzt: «Es hat fast ein Jahr gedauert, bis er verstand, dass dem nicht so ist. Die Gehirnwäsche des IS ist sehr erfolgreich. Hätten diese Leute ihn bei seiner Flucht aufgegriffen, hätten sie ihn geköpft.»

Meyer hat schon viele Häftlinge zurück auf den richtigen Weg geführt. Einer kam als 19-Jähriger ins Gefängnis. Ein Heimkind, das sich ungeliebt fühlte und systematisch Überfälle begangen hatte. Bei Pierre Vogel war der junge Mann zum Islam konvertiert. Vor dem nächsten Raub murmelte er immer ein Gebet. Meyer traf sich einmal die Woche mit ihm. Er lehrte ihn, dass der Islam die innere Reinigung von schlechten Eigenschaften und Charakterproblemen wolle. Vor allem aber begegnete er dem jungen Mann mit Empathie. Er sagt: «Ein Seelsorger muss die Menschen lieben, das ist seine wichtigste Eigenschaft. Wenn sich eine Person geliebt fühlt, beginnt ein Transformationsprozess, an dessen Ende diese Person auch andere Menschen lieben kann. Menschen, die Allahs Liebe nicht fühlen können, muss man selbst Liebe entgegenbringen, damit sie Gottes Liebe spüren.» Der Häftling hat seine Strafe mittlerweile abgesessen und lebt ein normales Leben. Gut möglich, dass er ohne die Begegnung mit Husamuddin Meyer ein Glaubenskrieger geworden wäre.

Bevor er in der JVA anfing, arbeitete Meyer als Imam. Er sei zunächst unsicher gewesen, ob die muslimischen Häftlinge ihn akzeptieren würden, erzählt er. Immerhin ist er ein Konvertit, spricht kein Kiez-Deutsch und kannte die Hochhausszene nicht, in der die Häftlinge aufwuchsen. Doch sie nehmen sein religiöses Angebot begierig an.

Er betet mit ihnen und bietet Einzel- und Gruppengespräche an. Sie vertrauen ihm, vielleicht gerade weil sein Leben so ganz anders als das ihre verlief: Meyer stammt aus einem christlichen Lehrerhaushalt im Odenwald. In dem Dorf, in dem er seine Kindheit und Jugend verbrachte, machen die Kinder üblicherweise Abitur, studieren danach sofort und werden Lehrer, Arzt oder Maschinenbauingenieur. Meyer fuhr nach seinem Zivildienst erst mal mit dem Motorrad durch ganz Afrika. In Tunesien, Marokko, Algerien kam er in Kontakt mit dem Islam. Zurück in Deutschland studierte er in Freiburg Ethnologie, Geographie und Islamwissenschaften. Ein Studienjahr im Senegal gab ihm, wie er sagt, «in religiöser Hinsicht den Rest». Er konvertierte zum Islam. Auch in der Liebe fand er im Senegal sein Glück: Er traf dort seine Frau, die eigentlich aus Burkina Faso stammt. Glücklicherweise besuchte sie damals gerade ihre senegalesische Tante.

Der Sufi-Orden, dem Meyer angehört, folgt der *Naqshbandi*-Tradition. Deren Glaubenslehre gilt als nüchtern, unpolitisch und stark an der Tradition des klassischen Islams orientiert. Schätzungen zufolge gehören ihm in Deutschland 5000 Muslime an. Weltweit soll er mehrere hunderttausend Anhänger haben. Die Initialzündung für Meyer war eine Begegnung mit dem langjährigen Ordensführer Nazım Kıbrısi bei einem Auftritt in Freiburg. Als richtige intellektuelle Richtung hatte Meyer den Islam da schon lange für sich erkannt. Er sagt, er habe Gott gebeten, ihm einen Lehrer zu schicken, der auch seinem Herzen den Weg zu ihm zeige.

Fast zwanzig Jahre lang reiste Meyer immer wieder nach Zypern, wo Kıbrısi eine Gemeinde mit Menschen aus aller Welt um sich geschart hatte. Er zieht ein Gebetbüchlein aus der Tasche. Zwischen den zerlesenen Seiten steckt ein Foto des Sufi-Lehrers: ein älterer Mann mit langem Bart und weißem Turban.

Er starb 2014 im Alter von 92 Jahren. «Durch Kıbrısi habe ich die Religion erst richtig kennengelernt. Er lebte Liebe und Barmherzigkeit in einem so hohen Maße, wie ich es seitdem nie mehr erlebt habe.»

Mit dem Islam, sagt Meyer, sei es wie beim Autokauf: «Schafft man sich einen Mercedes an, weiß man, was man hat. Viele andere Autos bekommt man zwar günstiger, aber man erkennt erst, dass es Schrott ist, wenn der Motor ausfällt. Mein Sufi-Orden ist für mich der Mercedes im Islam.»

Für ihn haben die Salafisten den Kern der Religion durch Überbetonung religiöser Gebote und Verbote verloren. Genauso der IS, der von sich behauptet, ein Staat nach der Scharia zu sein. «Es geht ihm nur um die Umsetzung falsch verstandener Gesetze.» Der Gott im Koran sei kein Gott der Rache, sondern einer der Vergebung und Barmherzigkeit: «Bismi llahi r-rahmani r-rahim – Im Namen Gottes des Allerbarmers, des Allbarmherzigen. So beginnt die Heilige Schrift, es ist sozusagen ihre Überschrift», sagt er. Wie passt das aber damit zusammen, dass der Koran Gewalt legitimiert? Meyer sagt: «Der Islam ist keine pazifistische Religion. Er erachtet Gewalt unter bestimmten Umständen als legitim. Sie ist erlaubt, um Frieden aufrechtzuerhalten und Menschen zu schützen.»

In den Nachrichten ist in diesen Tagen von massenhaften Tötungen irakischer Yeziden durch den IS berichtet worden. Der Gefängnisseelsorger bezieht sich darauf, als er sagt: «Als gläubiger Muslim sage ich, es wäre unsere Pflicht gewesen, die Yeziden zu beschützen, und sei es mit Gewalt.» Ein solches Eingreifen sei früher muslimische Tradition gewesen. «Nehmen Sie das Beispiel des algerischen Freiheitskämpfers und Gelehrten Abd el-Kader», sagt Meyer. «Er rettete Ende des neunzehnten Jahrhunderts mehrere tausend Christen vor einem Massaker, obwohl er Jahrzehnte zuvor selbst gegen die christlichen Invasoren in Algerien gekämpft hatte und viele seiner muslimischen Landsleute hatte sterben sehen.» Und was ist mit den vielfach zitierten Gewaltversen im Koran, beispielsweise jener in Sure 2, Vers 190: ‹Tötet sie, wo ihr sie trefft›?

«Man muss den Kontext berücksichtigen», erklärt Meyer: Die Muslime wollten von Medina nach Mekka pilgern. Die Mekkaner verwehrten ihnen jedoch den Zutritt zu ihrer Stadt. Sie sollten im darauffolgenden Jahr wiederkommen, dürften aber keine Waffen bei sich tragen. Zuvor hatten die Mekkaner Medina mehrfach angegriffen. Verständlicherweise fragten die Muslime sich, ob das Ablegen der Waffen unter diesen Umständen eine gute Idee wäre. Meyer sagt: «Die Frage war: Dürfen wir uns wehren, sollten die Mekkaner uns angreifen? Es hieß: Wenn das passiert, dann bekämpft sie, wo immer ihr sie findet, aber wenn sie aufhören, dann hört auch auf. Der erste und letzte Teil des Verses wird in der Regel unterschlagen.»

Mit solcherlei Methoden arbeiteten nicht nur Islamkritiker, sondern auch Salafisten. Im Brustton der Überzeugung nennen sie den Schwertvers als Legitimation für Gewalt.

Die Tradition der Sufis will, dass sie sich aus der Politik heraushalten. Meyer scheute sich deshalb lange, öffentlich vor Salafisten zu warnen. Er erkannte aber, dass es falsch ist, die Bühne einzig und allein ihnen zu überlassen. Salafisten sind für ihn irregeleitete Muslime. Das deutlich zu machen, empfindet er als Pflicht. Ihnen sollen nicht noch mehr Menschen in die Fänge gehen, die dann dem Ansehen des Islams schaden. «Der Salafismus ist wie eine Krankheit. Wer infiziert ist, steckt andere an», sagt er.

Von solchen Äußerungen fühlen sich Salafisten natürlich angegriffen. Sie haben Meyer gewarnt, er solle den Mund halten. «Natürlich könnten sie einen Verrückten auf mich ansetzen», sagt er. «Ich hoffe auf göttlichen Schutz.» Bis vor wenigen Jahren wurden noch salafistische Seelsorger aus Unwissenheit in Gefängnisse gelassen. Mittlerweile steht die Bewegung unter konstanter Beobachtung des Verfassungschutzes. Meyer glaubt nicht, dass sie sich leicht zu einer gewalttätigen Aktion hinreißen lassen würden. «Ein großer Teil der Salafisten arbeitete wahrscheinlich ohnehin für den Verfassungsschutz», sagt er und lacht.

Woran erkennt man denn einen echten Salafisten? Meyer lächelt: «An seinem unmöglichen Benehmen. An seiner Hochnäsigkeit. Wenn in der Moschee gefragt wird, wer den Vorbeter machen will, dann würde ein Sufi der Letzte sein, der sich meldet. Ein Salafist aber geht sofort mit stolzgeschwellter Brust nach vorn», erklärt er. «Die alten Gelehrten haben gesagt: Lerne erst Benehmen und dann Wissen. Salafisten lernen ein bisschen Wissen und haben kein Benehmen. Und das bisschen Wissen, das sie haben, wenden sie gegen andere an.» Auch der Bart ist ein salafistisches Markenzeichen. Kein Vollbart allerdings, so wie Meyer einen trägt. Salafisten lassen ihn nur an Kinn und Backen wachsen und rasieren die Partie zwischen Mund und Nase. Als Kopfbedeckung tragen sie gern ein gehäkeltes Käppi. Sehr wichtig seien außerdem Hosen, die über den Knöcheln enden. Salafisten leiten dieses Beinkleid aus einer Aussage des Propheten ab. Zu dessen Lebzeiten war Stoff äußerst kostbar. Lange Gewänder leisteten sich nur Wohlhabende. Der Prophet, dem das Zuschaustellen von Reichtum zuwider war, soll sinngemäß gesagt haben: Macht eure Kleider nicht so lang, wenn es nur dazu dient, euren Stolz zu zeigen.

Islamische Pfadfinder am Rhein
Wo geht's zur islamischen Bedrohung?

Rhens ist ein mittelalterliches Städtchen nahe Koblenz am Westufer des Rheins, beliebt bei Wanderern und Radfahrern. Auf einem Zeltplatz in der Nähe findet in diesen Tagen ein Pfadfindercamp statt. Es ist ein Begegnungscamp, 100 Kinder und Jugendliche der katholischen Pfadfinderschaft St. Georg treffen auf 40 Muslime vom Bund Moslemischer Pfadfinder und Pfadfinderinnen Deutschlands. Zum ersten Mal werden christliche und muslimische Pfadfinder gemeinsam auf deutschem Boden zelten – eine Woche unter freiem Himmel, mit Lagerfeuer und Abenteuern in der Natur.

Wie sich herausstellt, hatte ich mir die Karte zu Hause zu flüchtig angesehen. Der Zeltplatz ist viel weiter von Rhens entfernt als angenommen. Eine Fahrt mit dem Bus scheidet aus, es ist Sonntag, da verkehrt er nur zweimal am Tag. Ein Taxi müsste extra aus Koblenz kommen. Ich frage den Wirt des Gasthofs, in dem ich genächtigt habe, wie man zu Fuß zum Zeltplatz gelangen kann. Nach einem Blick auf meinen Rollkoffer rät er mir dringend davon ab.

Seine Tochter könne mich fahren. Sie will ohnehin gleich los, nach Koblenz, in die Kirche zum Gottesdienst: «Ein Abstecher zum Zeltplatz wäre kein Problem», sagt er und verschwindet, die Tochter fragen. Sie ist eine Frau mit grauem Kurzhaarschnitt in Trekkingschuhen, Trekkinghose und rosa Funktionsjacke. Sie ist schroff, aber nicht unfreundlich. «Der Hund fährt mit, ich hoffe, das stört Sie nicht», sagt sie. Finn, ein kleiner Rüde mit schwarzem Fell, nimmt auf dem Rücksitz Platz. Die Nachbarn wollten ihn loswerden, erzählt meine Fahrerin, während sie das Auto durch die engen Gassen des Städtchens lenkt. «Sie haben ihn immer an der Leine laufen lassen, es ging ihm nicht gut.» Die Wirtstochter adoptierte ihn. Trotz Pferd, trotz Vollzeitstelle als Sozialpädagogin an einer Schule. Hinter den letzten Häusern des Orts geht es auf einen steil ansteigenden Wirtschaftsweg. Wir fahren durch Wiesen, Wald und Felder, auf denen gelb der Weizen steht. Ein Hund ist ein gutes Gesprächsthema, wenn man sich gerade erst begegnet ist: Hundeallergie, Fressgewohnheiten, der Hund der Schwester, der Dackel, der mich einmal gebissen hat. Es gäbe genügend Stoff, um damit die ganze Fahrt zu bestreiten. Zumal die Wirtstochter nun kurz anhält, die Tür öffnet und Finn aus dem Auto lässt. In nur leicht verlangsamtem Tempo fährt sie weiter, während Finn begeistert über die Wiesen tobt. Er hält sich stets parallel zur Straße. Gerät er doch einmal aus dem Blick, weil irgendetwas weiter weg seine Aufmerksamkeit verlangt, hupt die Wirtstochter, und sofort ist Finn wieder da. Man könnte das stundenlang kommentieren. Aber die Wirtstochter hat ein Anliegen. Gerade hat sie noch von Finns Leidenschaft für Maulwürfe erzählt, da unterbricht sie sich: «Sie besuchen da also Muslime, hat mein Vater gesagt. Muslime, die mit christlichen Kindern zelten. Ich habe Ihnen da mal was rausgesucht.» Sie reicht mir einen handgeschriebenen Zettel. «Dieser Mann kennt die Wahrheit. Er hat gemerkt, dass es im Islam keine

Wahrheit gibt», sagt sie. «Lesen Sie mal, was er geschrieben hat.» Die meisten Muslime seien ja liberal, viele andere aber brandgefährlich. Sie wollten missionieren. «Wer kann Ihnen garantieren, dass es diesen Muslimen nicht auch ums Missionieren geht?», sagt sie. «Die Landeskirchen bemühen sich zu wenig um ihre Gemeinden, denen laufen die Leute davon. Die Freikirchen sind da ganz anders.»

Die Wirtstochter gehört einer Freikirche an. Sie sagt: «Mit 19 Jahren habe ich Jesus gefunden.» Sie erzählt von einem syrischen Christen, einem Flüchtling, der zu Gast in ihrer Gemeinde war. In Deutschland sei ihm der liebevolle Umgang älterer Paare aufgefallen. Das kenne er aus seiner Heimat ganz anders. Die Wirtstochter blickt mich von der Seite an: «Denn dort sind alle Ehen arrangiert.» An einer Wiese direkt am Wald, auf der vielleicht 15 große Zelte stehen, setzt sie mich ab. Finn springt zurück ins Auto, dann wendet sie. Den Zettel stecke ich in meine Tasche.

Das Camp ist gerade aufgewacht. Noch in Schlaf- und Jogginganzügen stehen kleine Mädchen und Jungen wie Pilze zwischen den Zelten. Die Mädchen giggeln, fast alle in rosa Pyjamas mit Einhörnern und Prinzessinnen drauf. An den Zelten surren Reißverschlüsse in die Höhe, Pfadfinder in Badelatschen stapfen zur Waschanlage. Taoufik Hartit, der Gründungspräsident der Moslemischen Pfadfinder und Pfadfinderinnen Deutschlands (BMPPD), kommt gerade von dort zurück. Im Jogginganzug, mit Handtuch um den Nacken, unter dem Arm seinen Kulturbeutel. Er ist ein Mann von 32 Jahren mit sanften braunen Augen, graumeliertem Haar und Drei-Tage-Bart. «Guten Morgen! Ich bin gleich bei dir», ruft er und verschwindet in einem

Zelt – unter Pfadfindern duzt man sich. Einen Augenblick später steht er strahlend vor mir, jetzt in Pfadfinderuniform: khakifarbene Hose, dunkelgrünes Hemd mit Abzeichen, Pfadfinder-Halstuch. Der Deutschmarokkaner ist Wirtschaftsinformatiker. Schwer vorstellbar, dass er in diesem anderen Leben Anzüge trägt.

Freundlich erkundigt er sich, wie ich hergefunden habe. Ich erzähle ihm von der misstrauischen Wirtstochter. Er schüttelt den Kopf. «Wie schade», sagt er und ist persönlich getroffen. «Aber ehrlich gesagt, überrascht mich das nicht. Wir werden immer wieder mit Vorurteilen konfrontiert.»

Deutschland muss sich noch an muslimische Pfadfinder gewöhnen. Die Bewegung gilt gemeinhin als evangelisch, evangelikal oder katholisch geprägt. Weniger bekannt ist, dass das Pfadfindertum in der islamischen Welt mittlerweile fast ebenso verbreitet ist wie in Europa oder den Vereinigten Staaten. Von den 40 Millionen Pfadfindern, die es weltweit gibt, sind ein Drittel Muslime. In Ländern wie Algerien, Tunesien, Ägypten, Türkei und Indonesien existieren seit den fünfziger Jahren muslimische Pfadfinderorganisationen. Mit den «Scouts Muselmans de France» wurde 1991 die erste auf europäischem Boden gegründet. Schon bei den folgenden Treffen waren Taoufik Hartit und seine beiden Brüder, die in Rüsselsheim geboren wurden und dort noch immer zu Hause sind, dabei. Im Jahr 2010 setzten sie sich zusammen und sagten: So etwas wollen wir auch in Deutschland haben. Ein Jahr später gründeten sie den BMPPD. Er zählt mittlerweile 150 Mitglieder. Sein erklärtes Ziel: muslimischen Kindern und Jugendlichen Deutschland als Heimat näher bringen. Unter Berücksichtigung der Pfadfinderprinzipien natürlich, also Lernen aus eigenen Erfahrungen, durch gemeinsames Entdecken und Erleben in der Natur und indem Kindern und Jugendlichen Verantwortung gegeben wird.

«Ein Pfadfinder lebt nicht am Rande der Gesellschaft, sondern mittendrin und engagiert sich für sie», sagt Hartit. «Für mich ist das ein gottgefälliger Dienst. Der Prophet soll gesagt haben: ‹Die Schöpfung ist eine Familie Gottes. Der Beste aber ist derjenige, der sich für das Wohl der Familie einsetzt.›»

Es waren nicht nur die schönen Erinnerungen an Lagerfeuer, Nachtwanderungen und an eine Gemeinschaft, in der man sich nicht für seinen Glauben rechtfertigen muss, die sie zu der Gründung bewegten. Die Brüder sind überzeugt: In Deutschland muss in der muslimischen Jugendarbeit viel mehr getan werden, will man radikalen religiösen Kräften etwas entgegensetzen. Islamische Verbände wie beispielsweise die DITIB betonten in ihrer Jugendarbeit stark das türkische Nationalgefühl. Das steigere bei den Jugendlichen eher die Zerrissenheit und mache sie nur noch anfälliger für radikale Ideen. «Mein Wunsch ist, dass die Kinder und Enkel von Migranten nicht vor allem die Herkunftsländer ihrer Eltern und Großeltern und ihren Kiez in Köln-Mülheim, Berlin-Neukölln oder Frankfurt-Rödelheim als Heimat empfinden», sagt Taoufik Hartit, «sondern auch das Deutsche Eck und den deutschen Wald.»

Christliche Pfadfinderorganisationen hätten sich in der Vergangenheit zwar durchaus offen für Muslime gezeigt. Muslimische Familien scheuten sich aber, ihnen ihre Kinder anzuvertrauen: In den Camps werden sonntags Messen gehalten und bei Tisch christliche Gebete gesprochen. Nachdem sich alle bekreuzigt haben, landen auf den Tellern oftmals Würstchen vom Schwein. Die Eltern wollen nicht, dass ihre Kinder ihren Glauben verleugnen müssen oder wieder zum Außenseiter werden, weil sie eben anders beten, anders essen. Sie sollen ja Spaß haben, sich wohl fühlen.

Im Begegnungscamp ist beides der Fall. Man merkt das sofort, wenn man in der Schlange zum Frühstück steht. Da sind nur erwartungsfrohe Gesichter, und obwohl die muslimischen und christlichen Pfadfinder sich noch keine zwei Tage kennen, flachsen sie schon miteinander herum: «Ey, ich war mir gar nicht sicher, ob ihr alle aus Deutschland kommt», sagt ein Junge zu dem muslimischen Mädchen mit Kopftuch vor ihm in der Reihe. «Was dachtest du denn, aus Muslimistan?», kontert sie, und alle lachen. Die Pfadfinder haben jetzt ihre Pfadfinderuniform an: Die kleinen Wölflinge, die Jungpfadfinder, zu denen man ab dem elften Lebensjahr gehört, und die großen, selbstbewussten Rover, also Pfadfinder im Alter von 18 bis 21 Jahren. Die Hemden der katholischen sind beige, jene der muslimischen aus dunkelgrünem Stoff. Ansonsten gibt es eigentlich keinen Unterschied, bis eben auf die Tatsache, dass aus den dunkelgrünen Hemden vor allem Köpfe mit schwarzen und braunen Haaren hervorschauen und ab und zu ein Kopftuch. Am Frühstücksbuffet müssen die muslimischen Kinder und Jugendlichen nicht umständlich fragen, ob irgendwo Schweinefleisch oder Gelatine drin sei. Auf einem Tisch liegen Geflügelsalami, Käse, Nutella und Obst, alles ist *halal*, islamkonform. Taoufik Hartit nimmt ein Brötchen. Auf die eine Hälfte legt er Käse, auf die andere schmiert er Nutella. Dazu trinkt er heißen Kakao.

Das Muslimische an den muslimischen Pfadfindern erschöpft sich nicht im speziellen Essen und darin, dass es keinen Alkohol gibt. Sie beten mehrmals am Tag. Nicht fünfmal, das würde die Aktivitäten zu stark stören. Der Islam erlaubt, Gebete zusammenzulegen, also beten die Pfadfinder morgens, mittags und am Abend gegen 21 Uhr. «Die Wölflinge sind dann meistens schon todmüde und müssen dringend ins Bett», sagt Taoufik Hartit und beißt krachend in sein Brötchen. Nach jedem Gebet ermutigt er die Kinder, Fragen zu stellen. Kritisch sollen sie auch in religiöser Hinsicht sein. Wie bei den christlichen Pfadfindern auch schlafen die muslimischen Mädchen und Jungen getrennt, machen aber alle Unternehmungen gemeinsam. Natürlich werde auch geflirtet, unter den Pfadfindern seien ja etliche Teenager. «Wir verstehen uns nicht als Sittenpolizei, achten aber schon darauf, dass gewisse Grenzen gewahrt werden», sagt Hartit. «Ein traditionell-konservativer Muslim wäre bei uns aber fehl am Platz.»

Vertritt der BMPPD eine bestimmte religiöse Richtung? Taoufik Hartit nickt: «Es braucht einen roten Faden, alles andere wäre zu risikoreich. Wir wollen keinen Jugendleiter, der eigentlich lieber in einem Camp des IS in Syrien wäre.» Der Verband hat einen Bundesimam. Er heißt Kaddour El Karrouch und gibt die spirituelle Richtung vor. El Karrouch gehört dem Sufiorden der *Allawiyya* an. Die im Maghreb und Frankreich beheimatete Gemeinschaft vertritt einen Islam, in dessen Zentrum Frieden und Barmherzigkeit stehen und der die Notwendigkeit des Dialogs von Menschen verschiedener Religionen und Weltanschauungen betont. Es ist ein zeitgemäßer Islam. Am Freitag, wenn die gemeinsame Woche zu Ende geht, wird El Karrouch ins Camp kommen und auf Deutsch die Predigt halten – er kam vor vielen Jahrzehnten als marokkanischer Gastarbeiter nach Deutschland.

Ein vielleicht achtjähriger blonder Junge mit Kakaobart baut sich vor Taoufik Hartit auf, in der Hand hält er sein zerknülltes Pfadfinderhalstuch. «Kannst du mir zeigen, wie man es richtig rollt?», fragt er und deutet auf Hartits straff gerolltes Tuch. Taoufik Hartit geht vor dem Jungen in die Knie: «Du musst eine Ecke in den Mund nehmen und die anderen Seiten an deinen ausgestreckten Händen halten, sodass das Tuch gespannt ist. Dann rollen.» Der Junge versucht's, vor Anstrengung kneift er die Augen zusammen. Das Tuch wird unförmig wie eine Weißwurst. Taoufik Hartit bleibt geduldig. Beim dritten Anlauf klappt es. «Danke!», ruft der Junge und läuft davon. «Halt!», brüllt

Taoufik Hartit. Er zieht ein Taschentuch hervor und rubbelt dem Jungen den Kakaobart weg.

Nach dem Frühstück geben die katholischen Pfadfinder einen sogenannten spirituellen Impuls. Die Jugendleiter und zwei Rover stehen auf der Wiese, die langsam ins Licht der höher steigenden Sonne taucht, in einem Halbkreis vor ihnen die Pfadfinder. «Ich bin der Teig», sagt einer der Jugendleiter und bläst die Backen auf, «und ich werde immer größer.» Der Nächste ist der Backofen, der Dritte das Salz. Der Backofen ist schon ganz heiß auf das Brot, das Salz spricht mit piepsiger Stimme und erinnert daran, dass es zwar ganz anders als Mehl und Hefe sei, aber unverzichtbar. Die Kinder und Jugendlichen sollen mitmachen. Jeder soll sich eine Rolle ausdenken, die irgendwie mit Brot zu tun hat. Die Kinder finden das lustig, verstehen aber nicht so ganz, was das soll. Egal. Sie machen mit, auch einige muslimische. Irgendwann fallen die Worte ‹teilen›, ‹Brotbrechen›, ‹Jesus›. Die Sache läuft also in die richtige Richtung. Taoufik Hartit schaut lächelnd zu.

Sein Glaube, sagt er, gebe ihm Kraft und Energie. Er ist sein innerer Kompass. Der Deutschmarokkaner führt fort, was seine Eltern ihm vorlebten. Auch seine Offenheit für andere Religionen prägten sie. Schon Ende der siebziger Jahre engagierten sie sich im interreligiösen Dialog. Hartit erzählt von einem Foto, das damals bei den Dialogtagen an der Universität Frankfurt entstand: Sein Vater, ein einfacher marokkanischer Arbeiter, sitzt auf einem Podium und diskutiert mit Professoren über Christentum und Islam. Im Alter von zwanzig Jahren ist er nach Rüsselsheim gekommen. Er arbeitete zunächst bei Opel, dann als Handwerker. Beim Montieren von Fenstern und Türen lernte er Deutsch und Hessisch. Es war ihm wichtig, dass seine Söhne Abitur machen und studieren. Taoufik Hartit sagt: «Das Schöne an Deutschland ist, dass hier jeder, der sich Mühe gibt, eine gute Zukunft haben kann. Viele Migranten erkennen das nicht. Es ärgert mich, wenn sie ihr Scheitern immer mit Ausgrenzung begründen. Man kann es hier zu etwas bringen, und ich glaube, wir zeigen das den Jugendlichen durch unsere Arbeit.»

Als es Mittag wird, trommelt ein Junge für die muslimischen Kinder und Jugendlichen ein Zeichen. Sie kommen ins Gemeinschaftszelt und rollen ihre Gebetsteppiche aus. Auch die Mädchen, die sonst kein Kopftuch tragen, binden jetzt eins um. Einige katholische Pfadfinder nehmen still auf den Bierbänken in der Ecke Platz. Sie wollen zuschauen. Taoufik Hartit stellt die Kinder auf: Nicht die Mädchen hinter den Jungen, wie es in Moscheen in Deutschland üblich ist, sofern kein separater Raum für Frauen existiert, sondern die einen links, die anderen rechts. «Wer möchte der Vorbeter sein?» Ein schlaksiger Junge mit Brille und Flaum über den Lippen meldet sich. Er rezitiert die Eröffnungssure des Korans. Er hat die Augen geschlossen, scheint der Welt entrückt. Seine Stimme ist schön, auch als das Gebet beendet und sie längst verklungen ist, schwebt sie noch einen Augenblick lang durch das Zelt.

Die katholischen Pfadfinder sind sichtlich beeindruckt. Wer möchte, kann jetzt eine Frage stellen. «Warum habt ihr die Hände gehoben?» – «Das ist eine gute Frage», sagt Taoufik Hartit und wendet sich an die muslimischen Kinder: «Soll da was runterregnen? Wer kann die Frage beantworten?» – «Es ist eine Geste der Bitte», sagt der Junge, der gerade vorgebetet hat.

«Warum habt ihr euch niedergeworfen?», will nun jemand wissen. Ein Mädchen meldet sich: «Das versinnbildlicht die Hingabe an Gott. Das soll zeigen: Gott, ich bin bereit, ich lasse jetzt mal alles, was um mich herum geschieht, beiseite und konzentriere mich auf dich.»

«Wird zu jeder Tageszeit ein anderes Gebet gesprochen?» – «Es gibt Unterschiede in der Länge», antwortet eines der muslimischen Kinder, und Hartit ergänzt: «Die Gebete, die im Dunkeln vollzogen werden, rezitiert man laut, jene am Tag leise. Wenn es hell ist, fühlt man sich selbstsicher, da gibt es keinen Zweifel. Nachts ist das anders, das kennt ihr bestimmt. Wenn es dunkel ist, muss man sich oft selbst Mut machen, laut zu Gott sagen: Du bist da.» Hartit strahlt die Autorität eines freundlichen Lehrers aus. Er spricht ruhig. Er hat ein Anliegen, ist aber kein Missionar. Die muslimischen Kinder sind es gewöhnt, dass andere ihre Religion merkwürdig finden. Auf echtes Interesse treffen sie selten. Nun sind sie mächtig stolz, Fragen zu ihrer Religion beantworten zu können. Ein Wölfling rutscht auf der Bank hin und her und fragt: «Müsst ihr denn immer beten?» Die Mädchen auf dem Teppich kichern. «Natürlich nicht!», ruft eine. «Aber das Beten ist eine der fünf Säulen des Islams.» – «Niemand wird einen bestrafen, wenn man nicht betet», sagt Taoufik Hartit. «Aber es heißt, Gott möchte das. Das Beten strukturiert den Tag. Es ist ein Innehalten im Alltagstrott, um sich an Gott und den Sinn menschlichen Daseins zu erinnern.» – «Ihr habt am Ende des Gebets über eure rechte und linke Schulter geblickt. Warum?» – «Während man betet, ist man ganz nah bei Gott. Geht das Gebet zu Ende, kehrt man wieder in die Welt zurück und begrüßt durch den Blick über die rechte und linke Schulter symbolisch Menschen, Tiere, Pflanzen und Engel. Denn man möchte den Frieden, den man durch das Gebet bekommen hat, mit ihnen teilen.»

Der Bezirksvorsitzende der Deutschen Pfadfinderschaft St. Georg erscheint im Zelteingang. Er will mit Taoufik Hartit ein Spiel vorbereiten, bei dem die Kinder und Jugendlichen die Weltreligionen kennenlernen sollen. Die beiden Männer haben sich bei einem Lehrgang für Pfadfinder angefreundet. So wurde die Idee eines gemeinsamen Lagers geboren. Die Botschaft des Weltreligionenspiels wird lauten: Jede Religion hat ihre

Daseinsberechtigung, in allen Religionen sind Menschlichkeit und Barmherzigkeit der Kern. Viele Muslime verstünden unter dem Begriff *Umma* nur noch die islamische Gemeinschaft, sagt Hartit. Die erste *Umma*, die es jemals gab, war diejenige von Medina und vereinte Christen, Juden, Muslime. Zwar existierten historisch gewachsene Hierarchien, aber alle waren Bürger einer Stadt. Sie konnten ihren Glauben frei leben. Die gegenseitige Akzeptanz, die damals für einen kurzen Moment in der Geschichte existierte, sollen die Pfadfinder verinnerlichen, sie in die Gegenwart und Zukunft tragen. «Sie sollen verstehen, dass es falsch ist, in Fußgängerzonen den Koran zu verteilen, weil man glaubt, der Islam sei die einzig wahre Religion», sagt er. «Sie werden das nur begreifen, wenn wir Möglichkeiten schaffen, dass sie, sooft es geht, über den eigenen Tellerrand schauen.»

Ich folge dem Rhein entgegen seiner Fließrichtung. Ich will nach Basel, von dort ins badische Rheinfelden. Eine Wanderausstellung macht dort gerade Station. Sie heißt «Was glaubst du denn?! Muslime in Deutschland» und wurde im Auftrag des Bundesinnenministeriums von der Bundeszentrale für politische Bildung erstellt. Sie will Nichtmuslime anregen, über den Tellerrand zu schauen. Meistens wird das nur von Muslimen verlangt, Integration kann aber nur als beidseitiger Prozess erfolgreich sein.

Im Zug hole ich den Zettel der Wirtstochter hervor: Mark A. Gabriel, Professor für islamische Geschichte der Al-Azhar-Universität wird Christ, steht darauf. Die Fahrt von Koblenz nach Rheinfelden dauert gut vier Stunden. Zeit genug, um sich im Internet über Mark A. Gabriel zu informieren. Die Trefferliste ist gigantisch: Mark A. Gabriel, geboren 1957, ist

Ägypter und lebt in den Vereinigten Staaten, wo er religiöses Asyl erhalten hat. In Kairo machte er seinen Doktor in islamischer Kultur und Geschichte, dann arbeitete er als Dozent und Imam. Weil er mit akademischen Kollegen über Widersprüche im Koran zu diskutieren versuchte, habe er Folter und Gefängnis erlebt. 1994 wurde er Christ, verließ seine Heimat, schreibt seitdem Bücher und warnt in Vorträgen, die er schon in allen möglichen Ländern gehalten hat, vor dem Islam als Gefahr. Gabriel plädiert dafür, zwischen den Muslimen als Menschen und dem Islam als Ideologie zu unterscheiden – wie das gehen könnte, verrät er nicht. Für Mark A. Gabriel existiert nur der radikale Islam, kein liberaler, und Muslime sind nur dann freundliche Menschen, wenn sie säkularisiert worden sind.

In einigen Onlineforen wird ausgiebig über seine Bücher und Vorträge diskutiert. Man müsse Gabriel in allem, was er sagt und schreibt, sehr ernst nehmen, lautet der Tenor. Aufgrund seiner Herkunft und persönlichen Erfahrungen kenne er die Religion. Zahlreiche Beiträge nennen ihn einen «mutigen Mann».

Mutig ist ein Wort, das einem in der Islamdebatte seit einigen Jahren ständig begegnet. Mutig werden die Kronzeugen der Anklage genannt. Wie Mark A. Gabriel sind sie in der Regel Menschen muslimischer Herkunft, die Schreckliches erfahren haben. Nun reden und schreiben sie darüber, wie menschenverachtend der Islam ist. Sie sind Bestsellerautoren der islamischen Populärliteratur. Es geht um Ehrenmorde, Zwangsheirat, Gewalt in muslimischen Familien und um die Unterdrückung von anderen Religionen und Meinungen.

Ihre Erfahrungsberichte sind wichtig, sie machen auf Missstände in bestimmten Teilen der muslimischen Community aufmerksam und weiten den Blick für Menschenrechtsverletzungen in islamischen Ländern. Werden die geschilderten Phänomene jedoch in Bezug zu allen Muslimen gesetzt, was oftmals der Fall ist, wird es problematisch. Persönlich erfahrene Unterdrückung und Gewalt erscheinen als Regel, zivilisierte Muslime als Ausnahme; persönliche Schicksale werden zu argumentativen Waffen gegen «den Islam» und gegen «Muslime an sich». Man muss sich einmal fragen, ob man aus den Berichten über die Angriffe gegen Flüchtlinge in Freital und Heidenau den Schluss ziehen würde, alle Deutschen seien fremdenfeindlich und gewaltbereit. Wohl eher nicht.

Auch Wut über den Islam wird als mutig bezeichnet: Endlich spricht mal jemand laut aus, was andere im Stillen denken! Im Jahr 2010 hörte man dergleichen oft. Es war eine Reaktion auf Thilo Sarrazins Buch «Deutschland schafft sich ab». Seine Thesen hatte Sarrazin schon ein Jahr zuvor in der Zeitschrift «Lettre International» geäußert. Sie waren nicht bloß unbewusste rassistische Ressentiments, sondern eine Mobilisierung von Vorurteilen – inszeniert als Tabubruch und verknüpft mit Handlungsvorschlägen an die Politik, wie sie sonst nur antidemokratische Parteien fordern. Die durch das Buch ausgelöste Debatte brachte nichts Neues. Trotzdem hieß es am Ende, dass sie gut, wichtig und «mutig» gewesen sei. Letztendlich hat sie die Atmosphäre allerdings nur nachhaltig vergiftet.

Die Berichterstattung über den Islam ist in den vergangenen Jahren immer wichtiger geworden, aber auch immer negativer. Terroristen und militante Gruppen, die sich im Nahen Osten und in Europa auf den Islam beziehen, bestimmen die Agenda. Wissenschaftliche Analysen haben gezeigt, wie das bei einzelnen Medien zu einem wahren Kampagnenjournalismus geführt hat. Sie zeichnen eine Realität, die nur zwei Pole kennt: Auf der einen Seite die deutsche, christlich-abendländische Kultur mit all ihren demokratischen Errungenschaften und Freiheiten, auf der anderen Seite der Islam mit Unterdrückung, Terrorismus und gescheiterter Integration. Grautöne gibt es kaum, genauso wenig ist Platz für Interpretation, mit der die Debatte entpolarisiert werden könnte.

Oftmals scheint die Journalisten die Realität gar nicht zu interessieren. Sie wollen Öl ins Feuer gießen, wo es kein Feuer gibt. Ein Beispiel: Am 3. November 2014 zeigt das Titelblatt des «Focus» eine Frau, deren Gesicht bis auf die dunklen Augen ein schwarzer *Niqab* verhüllt. Die Überschrift: «Die dunkle Seite des Islam – Acht unbequeme Wahrheiten über die muslimische Religion». Der dazugehörige Artikel ist ein Pamphlet. Beispielsweise heißt es darin: «Wiederholt haben islamische Gelehrte darauf hingewiesen, dass westliche Frauen mit ihrer Kleidung zur Vergewaltigung geradezu einlüden. 2007 erklärte der australische Imam Sheik Faiz Mohammed, dass westliche Mädchen ‹Huren und Schlampen› seien» – leider verschwieg der «Focus», dass es sich bei dem als «Gelehrten» betitelten Faiz Mohammed um einen nicht ernst zu nehmenden Dschihadisten handelt. Das ist, als würde man einen pädophilen Priester zitieren, um Pädophilie in der katholischen Kirche anzuprangern. Die Klage gegen den Comedian Dieter Nuhr, der in den Augen eines Osnabrücker Muslims den Islam beleidigt hatte, veranlasste das Magazin zu suggerieren, der Islam bedrohe die deutsche Meinungsfreiheit – illustriert wurde die Episode mit Szenen im Comic-Style: Nuhr mit Heftpflaster vor dem Mund und eine Demonstration von wütenden Salafisten. In Wirklichkeit hatte es in Osnabrück nur eine friedliche Kundgebung gegeben, an der nach einem Bericht der «Neuen Osnabrücker Zeitung» etwa 30 Menschen teilnahmen – unter ihnen ein paar Salafisten. Geradezu absurd wird der «Focus»-Artikel, wenn er schreibt: «Grüne und Sozialdemokraten finden es schlimm, dass Rechte oder Rechtsextreme gegen den militanten Islamismus mobil machen, aber sie blieben stumm, als die deutsche Salafistenszene demonstrierte, rekrutierte und randalierte – in solchen Kreisen gilt man schnell als ‹islamophob›.» Ein kurzer Abgleich mit der Realität: Cem Özdemir (Bündnis 90/Die Grünen) bezeichnete 2011 die salafistische Koran-Verteilaktion in Fußgängerzonen als «Werbestrategie», mit der sich Radikale als Sprachrohr der Muslime darstellen wollten; Andreas Breitner (SPD) sah 2014 im Salafismus «eine große Gefahr für die innere Sicherheit», da er «Radikalisierungsprozesse bis hin zum islamistischen Terrorismus befördern kann»; Ralf Jäger (SPD) sagte 2014: «Salafistische Prediger verherrlichen den gewaltsamen Kampf für ihre Ideologie.»

Der Islam brauche einen Luther, schreibt der «Focus» als Fazit. Vielleicht braucht der «Focus» gut recherchierte Artikel?

Auch die Fotos, mit denen die typischen Artikel bebildert sind, erzählen viel: Man sieht die immer gleichen Gruppen von Frauen mit Kopftuch und bodenlangen Mänteln, natürlich von hinten fotografiert; vollgestopfte Moscheen, in denen Betende gerade mit der Stirn den Boden berühren; Männer, die in einem Teehaus versteckt hinter Milchglasscheiben hocken; Kopftuch-Muttis mit Kinderschar und schweren Einkaufstüten auf ihrem Weg durch Berlin-Neukölln. Die Bilder erwecken ein Gefühl von Fremdheit, die in Ablehnung und Angst münden kann. Sie verstärken den Anschein von der kulturellen Unvereinbarkeit von Abendland und Islam und setzen sie in ein solches Spannungsverhältnis zueinander, dass der Betrachter gar nicht anders kann, als sich den Zusammenprall dieser Welten als furchtbaren Unfall vorzustellen. Warum werden Artikel zum Islam nicht öfter mit der erfolgreichen türkischen Ärztin oder der iranischen Pilotin illustriert? Es ist schon eine Weile her, da entdeckte ich beim Durchblättern der «Gala» einen Unfall der positiven Art: Es war ein Foto von einer Filmpremiere in Berlin mit dem amerikanischen Serienstar Patrick Dempsey. Ein weiblicher Fan hatte sich am roten Teppich in seine Nähe gekämpft. Sie hält ihre Kamera in die Höhe und küsst den Star auf die Wange. Das ist an sich nichts Ungewöhnliches. Das Tolle an dem Foto aber war: Die junge Frau trug ein Kopftuch.

Auf Gedankenlahmheit trifft man auch in Sendungen und Berichten, in denen die islamische Bedrohung als naturgegeben dargestellt wird. Es sind immer die gleichen Ereignisse der islamischen Eroberungsgeschichte, durch die die Autoren galoppieren; es sind die immer gleichen Koranverse, die ihre These belegen sollen. Ohne Berücksichtigung des historischen und textuellen Kontextes sind diese Verse aber genauso unverständlich wie eine Twitter-Nachricht, deren Urheber für den Empfänger im Dunkeln liegt – man kann ihre Bedeutung weder einordnen noch verstehen. Und ja, natürlich hat der Islam eine Geschichte, in der es zahlreiche schreckliche Massaker und Diskriminierung gegeben hat. Aber die gab es in der Geschichte des Christentums eben auch.

Talk-Runden zum Islam tragen Titel wie «Auf Streife für Allah – vor welchem Islam müssen wir Angst haben?», «Der Hass und die Folgen – spaltet der Terror das Abendland?» oder «Vorurteilsfalle – gute Muslime, böser Islam?». Meistens erwecken diese Sendungen den Anschein, dass ein gebürtiger Muslim nur Islamist oder Islamgegner sein kann. Die Muslime, die in diese Debatten eingeladen werden, stützen diese These. Sie sind Experten der Angst: Da ist der arabische Intellektuelle, der in seiner Heimat gegen den Islamismus kämpft; da ist die muslimische Feministin, die Opfer des Gotteswahns geworden ist, und oftmals ist da auch die junge Muslimin, die den familiären Zwängen ihres Clans unter Lebensgefahr entkommen konnte und nun der Integrationsfähigkeit von Muslimen eine grundsätzliche Absage erteilt. Ihre Zeugnisse sind wichtig, keine Frage – aber bilden sie die ganze Wirklichkeit ab? Auch ein salafistischer Prediger findet sich bisweilen unter den Gästen. Ausgerechnet jemand wie er, der nun wirklich für eine kleine, zudem äußerst dubiose muslimische Minderheit spricht, bekommt die Rolle des Relativierers und Islam-Verteidigers zugeteilt. Kann nicht jemand anderes der Kronzeuge der Verteidigung sein? Könnte da nicht ein Islamwissenschaftler sitzen, der nicht nur glaubwürdig ist, sondern auch wissenschaftlich fundiert argumentiert?

Die Identität der integrierten Muslime, die wie die Mehrheit der Migranten in Deutschland einfach ihr Leben leben, lässt sich kaum auf das Streitbare reduzieren. Ihre Stimmen, ihre Präsenz, ihre Sichtweisen bleiben in den Talk-Runden ungehört. Verstärkt wird dieser Mechanismus durch die Gewalt, die im Namen des Islams begangen wird. Die Stimme der normalen Muslime wird nicht nur durch die Medien konfisziert, sondern auch durch Terroristen, die Bilder schaffen, in deren Schrei die anderen Stimmen untergehen. Und wenn dann doch einmal ein ganz normaler Muslim im Fernsehen ist, dann muss er Fragen beantworten wie: Wie glauben «die Muslime»? Was denken «die Muslime» vom Islamismus? Was der eingeladenen Person ihre Religion persönlich bedeutet, fragen die Moderatoren nie.

Hinter dem Badischen Bahnhof Basel hält der Zug an jeder Milchkanne. Die Menschen auf den winzigen Bahnhöfen sehen alle sehr frisch und sauber aus, genauso die Gärten ihrer Häuser: Das Holz ist sauber gestapelt, die Wege sind unkrautfrei. Dann ein Riss im Bild: In einem der Gärten klettert eine Ziege auf einem Kinderklettergerüst herum. Der Rhein taucht zwischen den Bäumen auf. Er ist hier ganz anders als bei Koblenz, träge, breit, jadegrün. Dann entfernt sich die Bahnstrecke wieder vom

Fluss, der hier unten die Grenze zur Schweiz bildet, dem Land des Minarettverbots. Eines seiner Bücher hat Mark A. Gabriel dem Islam in der Schweiz gewidmet. Keine Ahnung, wie der in den Vereinigten Staaten lebende Ägypter darauf kommt. Die meisten Islamkritiker sind Global Player. Das Werk heißt «Swislam: Wie viel erträgt das Land?». Das Buchcover nimmt Mark A. Gabriels Antwort vorweg. Es zeigt das Matterhorn und eine rot-weiße Flagge, die auf den ersten Blick wie die Schweizerfahne wirkt. In der Mitte, wo sich normalerweise das weiße griechische Kreuz befindet, prangt ein weißer Halbmond. Das griechische Kreuz ist bloß eine Miniatur am Rand.

Rheinfelden gibt es auf beiden Seiten der Grenze, administrativ haben die beiden Städte aber nichts miteinander zu tun. Doch man beobachtet einander und reagiert aufeinander. Das deutsche Rheinfelden zählt vier Moscheen, eine davon hatte sich nach jahrelangem Streit ein Minarett erkämpft. Entgegen der Vereinbarung erklang der Gebetsruf eines Tages plötzlich durch drei Lautsprecher. Ein Rheinfelder Bürger hörte die Stimme des Muezzins im gegenüberliegenden Getränkehandel, bei geschlossener Tür. Der Skandal schlug hohe Wellen und wurde auch in Schweizer Zeitungen so breit getreten, als hätten die Eidgenossen den Gebetsruf bis auf ihre Seite des Rheins gehört. Es war ein gefundenes Fressen für die Schweizer Minarettgegner. Bei der Abstimmung über das Minarettverbot gingen sie kurz darauf als Sieger hervor. Gut möglich, dass die damalige Enttäuschung über den Vertrauensbruch ein Grund dafür ist, warum die Rheinfelder sich nun kaum für die Ausstellung im Foyer ihres Rathauses interessieren. So jedenfalls bilanziert die «Badische Zeitung» die Besucherzahlen.

Auch jetzt ist im Rathaus nicht viel los. Ich bin an diesem Nachmittag die Einzige, die sich mit der Frage «Was glaubst Du denn?!» auseinandersetzen will.

Der Titel spielt mit Doppeldeutigkeit. Nicht nur der islamische Glaube wird dem Besucher nähergebracht, sondern die Ausstellung regt an zur Reflexion: Was machen wir uns für Vorstellungen von anderen Menschen? Woher kommen Zuschreibungen, was bedeutet Identität? Glauben wir, dass alle muslimischen Frauen Kopftuch tragen und muslimische Mädchen nicht Fußball spielen? Eine der Stellwände zeigt dreißig Porträts von Jugendlichen. Der Betrachter soll erraten, welche von ihnen keine Muslime sind. Bei dem jungen Mann mit den rotblonden langen Locken bin ich mir ziemlich sicher. Auch das Mädchen, das sein Tuch wie eine Hippie-Prinzessin um die Haare trägt, kommt mir ziemlich unislamisch vor. Ich klappe ihre Porträts um. Auf der Rückseite befindet sich ein biographischer Steckbrief der abgebildeten Person – beide sind Muslime.

Es gibt Infotafeln, Comics, Videoclips. An der Stellwand mit der Überschrift ‹Wissen – Allah, Koran, Mohammed, Islam, Muslim› steht ein Zitat von Fußballnationalspieler Mesut Özil: «Ich bete in der Kabine während der Hymne und bevor das Spiel losgeht. Ich bete Verse aus dem Koran in mich hinein. Das gibt mir Kraft und erleichtert mich.» Dreht man das Rädchen weiter, erscheint ein neues Zitat. Es stammt von dem in Münster lehrenden Islamwissenschaftler Mouhanad Khorchide: «Die Eigenschaft Gottes, mit der Gott sich selbst im Koran am häufigsten beschreibt, ist Barmherzigkeit.»

Auch Grundlegendes zum Thema Islam vermittelt die Ausstellung. Beispielsweise, dass in Deutschland 98 Prozent der Muslime in Westdeutschland und Berlin leben. Dass fünfzig Prozent von ihnen sich selbst «eher gläubig» und 37 Prozent als «stark gläubig» bezeichnen, aber nur die Hälfte der stark gläubigen Frauen ein Kopftuch tragen.

Egal, wie Muslime aussehen, sie sind ganz normale Leute,

lautet die Botschaft. Sie gehen arbeiten, zur Schule, sie engagieren sich sozial und politisch. Sie partizipieren am gesellschaftlichen Leben, sie sind ein Teil davon. Auch dem islamischen Extremismus ist ein Abschnitt gewidmet. Er macht klar, wie wichtig es ist zu unterscheiden zwischen Menschen, die ihren Glauben in Einklang mit den demokratischen Werten leben, und Gruppierungen, die sich allein im Besitz der Wahrheit sehen, diese anderen aufzwingen wollen, andere diskriminieren, sie bedrohen oder sogar angreifen. Die Ausstellung vermittelt ein differenziertes Bild, das im krassen Gegensatz zur medialen Darstellung von Muslimen steht. Die Rheinfelder haben etwas verpasst.

———

Zurück am Bahnhof komme ich am Bahnsteig ins Gespräch mit einem jungen Mann. Hakim ist Syrer, vielleicht dreißig Jahre alt. Er erzählt in einem deutsch-englischen Mischmasch, dass er über die Türkei, Bulgarien, Ungarn und Österreich nach Deutschland eingereist ist. Eine Odyssee, die fast zwölf Monate gedauert hat, liegt hinter ihm. Seit knapp vier Monaten lebt er nun in Rheinfelden. Er besucht dort einen Deutschkurs. An besonders heißen Tagen gingen er und die anderen Schüler im Rhein schwimmen, erzählt er. Er sei froh, endlich an einem Ort angekommen zu sein, an dem er sich eine Zukunft vorstellen kann. In Deutschland empfinde er Ruhe. Erst hier habe er sich überhaupt wieder daran erinnert, dass es so etwas wie innere Ruhe gibt. In Rheinfelden seien alle freundlich zu ihm. Niemand scheine sich an seinen dunklen Haaren und Augen zu stören. Nicht einmal die Tatsache, dass er Muslim ist, sei ein Problem. Manchmal betet Hakim in der Moschee mit dem Minarett. Aber nicht sehr oft. «Wissen Sie, in meiner Heimat Syrien wird inzwischen mit Religion Politik gemacht. Ich bin froh, in einem Land zu sein, wo Religion nicht so wichtig genommen wird.» Ich wage nicht, seinen Worten der Hoffnung zu widersprechen.

Der Mann, der in Witten die Kopftuchmädchen produziert
Wie schick kann eine moderne Muslimin sein?

Die Fotos, die Deutschland im Sommer 2015 von der Balkanroute erreichen, sehen aus wie die Bilder einer Völkerwanderung. Tausende Menschen aus den Krisenregionen des Nahen Ostens sind mittlerweile dort unterwegs. Allein im August sind 50 000 Flüchtlinge in Ungarn eingetroffen – mehr als 2000 pro Tag. Das Land beginnt sich abzuschotten, führt mutwillig Chaos herbei. Die Flüchtlinge werden am Bahnhof von Budapest nicht mehr in die Züge nach Wien gelassen. Tagelang harren sie ohne Versorgung aus, nächtigen auf nacktem Boden. Dann machen sie sich zu Fuß auf den Weg über die Autobahn. Es sind erschütternde Bilder, die Angela Merkel nicht länger aushalten kann. Am Abend des 4. September beschließt sie, Flüchtlinge aus Ungarn in Sonderzügen nach Deutschland zu holen. Es ist eine große Geste, Merkel sagt: «Wir schaffen das», und die Reaktion vieler Deutscher ist überwältigend: Die Menschen bringen Essen, Wasser, Kleidung und Kuscheltiere für die Kinder zum Münchner Hauptbahnhof, sie applaudieren, stehen den Ankommenden Spalier, die gar nicht begreifen können, wie ihnen geschieht. Es sind vor allem die physisch Starken, die die

Strapazen der Reise, die gefährliche Überfahrt über das Mittelmeer, die langen Fußmärsche überhaupt bewältigen können. Sie haben eine Vielfalt wie die erste Gastarbeitergeneration: Da sind einfache Menschen vom Land, die nicht lesen und schreiben können, und junge Männer und Frauen aus Städten wie Damaskus, die nicht anders sind als junge Leute in New York, Madrid oder Berlin. Aus den Zügen steigen Frauen in Pluderhosen und Kopftuch, aber eben auch Frauen, die statt des Kopftuchs Kopfhörer tragen. Viele der Helfer, die übersetzen und überall mit anpacken, wo es nötig ist, sind selbst Kinder und Enkelkinder von Migranten.

Anstatt sich über die spontane Hilfsbereitschaft zu freuen, wird schon bald gemeckert und diese als wohlmeinende Naivität abgetan: Hilfe! Die Geflüchteten seien vor allem Muslime und deshalb völlig ahnungslos, was Freiheit und Recht angeht, die Grundpfeiler der deutschen Gesellschaft! Das mag ja stimmen, aber muss man aufgrund dessen die Geflüchteten auf eher robuste Art begrüßen? Etwas nicht zu kennen bedeutet ja nicht, dass man es nicht gutheißen wird, wenn man es dann kennenlernt. Schon gehen Ängste um, schwirren Gerüchte umher: Wie werden die Muslime den Islam verändern? An einigen Flüchtlingsunterkünften versuchen Salafisten Kontakt zu den Geflüchteten aufzunehmen. Sämtliche großen Zeitungen und Fernsehsender berichten, die Saudis wollten in Deutschland 200 Moscheen für die Neuankömmlinge bauen – als ich bei der Bundespressekonferenz nachfrage, ob ein solches Angebot jemals offiziell von den Saudis gemacht worden ist, wird mir das verneint.

Im Interview mit der Zeitschrift «Lettre» sagte Thilo Sarrazin 2009, damals noch SPD-Mitglied und im Vorstand der Deutschen Bundesbank: «Ich muss niemanden anerkennen, der vom Staat lebt, diesen Staat ablehnt, für die Ausbildung seiner Kinder nicht vernünftig sorgt und ständig neue kleine Kopftuchmädchen produziert.»

Ich bin auf dem Weg zu einem Mann, der kleine Kopftuchmädchen zu Hunderten produziert. Er heißt Melih Kesmen, wohnt im Ruhrgebiet und ist der Gründer und kreative Kopf der Modefirma «StyleIslam». Seine Kopftuchmädchen sind Schlüsselanhänger. Die Miniatur-Muslimas im Stil von Manga-Figuren gibt es in zwei Varianten: Modell Amina trägt ein Kopftuch in Weiß, hält eine *Misbaha*, eine islamische Gebetskette, zwischen den Fingern und macht ein so beseeltes Gesichtchen, als habe der Himmel gerade seine weichen Hände nach ihr ausgestreckt. Modell Kalila mit braunem Kopftuch wirkt hingegen sehr diesseitig, abenteuerlustig und beweglich. Man kann die beiden Mädchen nur zusammen kaufen. Auf feine Weise führt Kesmen ad absurdum, dass das stereotypisierte Kopftuchmädchen überhaupt existiert.

Muslime in einen Topf stereotyper Äußerlichkeiten zu werfen, wie es in der Islamdebatte verbreitet ist, führt vollkommen an der ungemeinen Vielfalt islamischen Auftretens vorbei. Früher mag der Typ der sehr verhüllten und farblich zurückhaltenden Muslima in der Öffentlichkeit ja noch überwogen haben. Mittlerweile ist er nur noch einer von unzähligen. Die muslimische Frau, vor allem die junge, setzt vermehrt auf knallige Kontraste, kombiniert das Tuch zu Mini-Röckchen über Röhrenjeans und zeigt bei der Verhüllung ihres Haares eine verblüffende Phantasie: Sie bindet es eng oder weich fallend, als orientalischer oder afrikanischer Turban, und Sportliche kombinieren es mit einer Basecap. Deutsche Universitäten bringen muslimische Modedesigner hervor, in deren Kollektionen die Grenze zwischen westlicher und islamischer Mode verschwimmt, und der muslimische Modeblog «Makzey» aus Hamburg macht vor, wie man Klamotten von Modeketten wie Zara, H&M oder Massimo Dutti zu einem Stil kombiniert, der gerne als «Mipster» – abgeleitet von Muslimische Hipster – bezeichnet wird.

Die islamische Bekleidung ist für deutsche Muslime Teil eines Selbstverständnisses geworden, das einen modischen Lifestyle nicht nur mit religiöser Überzeugung verbindet, sondern auch selbstbewusst nach außen trägt.

Glauben und gut aussehen, kann man das? Ja, man kann.

Melih Kesmen hat großen Anteil daran, dass es so gekommen ist. Er ist, wenn man so will, der Godfather der muslimischen deutschen Modeindustrie. Er entwirft Accessoires und modernes Streetwear mit islamkonformen Schnitten – also nicht zu enganliegend für die Frau –, das lässig, cool und stylish ist. Bedruckt sind die Kleidungsstücke mit Slogans, die nur so strotzen vor muslimischem Selbstbewusstsein. «Muslim By Nature» steht auf einem Shirt, und auf einem Kapuzenpulli «Hijab – My Right, My Choice, My Life» (Das Kopftuch – mein Recht, meine Entscheidung, mein Leben), «I love my Prophet» (Ich liebe meinen Propheten), «Du'a – The Weapon Of The Believer» (Bittgebete – die Waffen eines Gläubigen), «Jesus & Muhammad. Brothers in Faith» (Jesus und Mohammed. Brüder im Glauben) und «Terrorism Is No Religion» (Terrorismus ist keine Religion). Im Jahr 2008 hat Melih Kesmen «StyleIslam» zusammen mit seiner Frau Yaliz in ihrer Heimatstadt Witten gegründet. Ihr Ziel: Jungen Muslimen Mut machen, sich selbstbewusst zu einem Islam zu bekennen, dessen Wert und Normen fest im 21. Jahrhundert verankert sind. Nehmen Sie am Bahnhof am besten ein Taxi, hatte Melih Kesmen gesagt.

Der Fahrer ist jung, Mitte zwanzig vielleicht, fitnessgestählter Körper, markantes Gesicht. Entschuldigend schaltet er das Navi ein. Taxi fahre er erst seit kurzem, die Adresse, die ich ihm genannt habe, kennt er nicht. Auf dem Handschuhfach klebt eine Visitenkarte: «Taxiunternehmen Mantarcı». *Mantarcı* ist türkisch und bedeutet ‹Pilzverkäufer›. Ich muss lachen. Und nebenher verkaufen Sie Pilze? Er schaut irritiert und grinst. «So, so, sie sprechen Türkisch. Dann wird Ihnen der Nachname meines besten Freundes gefallen: *Soğancı* – Zwiebelverkäufer. Wir sagen immer: Sollten alle Stricke reißen, nehmen wir unsere Namen beim Wort und machen einen Stand auf dem Wochenmarkt auf.»

Von StyleIslam hat Erdal Mantarcı noch nie gehört.

Das Fernsehen hat über StyleIslam berichtet, ebenso zahlreiche Zeitungen. Sogar ein Reporter der «New York Times» ist extra nach Witten gekommen. «Die machen stylische Mode mit islamkonformen Schnitten.» – «Aha.» – «Sind Sie Muslim?» – «Ja.» – «Und, ist Ihnen Ihre Religion wichtig?» – «Na ja, schon.» Er räuspert sich: «Ich rauche, trinke, und wohne unverheiratet mit meiner Freundin zusammen. Sie ist Christin. Aber ich gehe jeden Freitag in die Moschee. Meine Freunde behaupten, ich könne mir das sparen, mein Leben sei viel zu sündig für einen Muslim.» Er zuckt mit den Schultern. «Kann sein, dass Gott mich eines Tages für meinen Lebenswandel bestrafen wird. Das Freitagsgebet ist mir dennoch wichtig.»

Ohne dass wir uns kennen, hat er mir gerade die wahrscheinlich maßgeblichen Konfliktlinien seines Lebens skizziert.

Wie steht er zu den Vorbehalten gegen Muslime, die wegen der Flüchtlingsdebatte gerade wieder an Fahrt aufnehmen? Statt zu antworten, verlangsamt er das Taxi. Wir sind da. Die Adresse gehört einem Wohnhaus. Kein großes Schild, kein großer Firmensitz. Erdal Mantarcı steigt mit aus, er will sich vergewissern, ob ich tatsächlich richtig bin. Gemeinsam umrunden wir das Haus. Das Einzige, das auf StyleIslam hinweist, ist der Name «Kesmen» auf dem Klingelschild. «Sie machen Ihren Termin, ich denke indessen über Ihre Frage nach und hole Sie in anderthalb Stunden wieder ab, okay?»

Melih Kesmen ist deutsch, modern und lässig, er selbst bezeichnet sich als muslimisch-konservativ. Wie geht das zusammen? Für Letzteres muss man etwas weiter ausholen. Fangen wir also bei Äußerlichkeiten an, immerhin sind Klamotten Melih Kesmens Geschäft: Er ist mittelgroß, trägt einen Kinnbart, eine schwarze Designer-Brille, locker sitzende Hose und ein Kapuzenshirt. Als er mir an der Tür im ersten Stock gegenübersteht, wirkt er, als habe er gerade eine Runde mit dem Skateboard gedreht. Er lächelt freundlich, bittet einzutreten. Kesmen hat früher Graffitis gemacht und war als Hip-Hopper bei EMI Electrola unter Vertrag. Er studierte Design in Dortmund, arbeitete für Firmen wie Ikea, Warner Bros., Aral und Coca-Cola. Bevor er mit StyleIslam in diese Räumlichkeiten zog, befand sich dort eine Zahnarztpraxis. In Zimmern, in denen einmal Zähne repariert und Abdrücke für Zahnersatz gemacht wurden, entwerfen er und sein Team neue Kollektionen und betreuen den Online-Shop, der die Produkte von StyleIslam weltweit vertreibt.

Seine Kunden sind vor allem Muslime, die es cool finden, ihre religiösen Werte jugendlich und zeitgemäß transportieren zu können. Aber auch Nichtmuslime mögen die Shirts, T-Shirts und Hoodys – StyleIslam ist kein Parallelgesellschaftsprojekt.

Manche Kunden schreiben Begeisterungsmails. Manche erklären, sie seien Atheisten. Auch Mormonen haben schon bei StyleIslam eingekauft, oder das Jüdische Museum Berlin. Die Bestellungen kommen aus ganz Europa, aus Japan, Brasilien, Kasachstan. In Südafrika gibt es einen Franchise-Laden von StyleIslam, in Saudi-Arabien drei, einer davon ist in der Stadt des Propheten, in Medina: Der saudische Fußball-Nationaltorwart Mohammed Khojah begeisterte sich so sehr für Kesmens

Mode, dass er den Laden aufbaute. Sein Enthusiasmus wurde allerdings nicht von allen Saudis geteilt.

Es dauerte nämlich nicht lange, und Beamte des saudischen Königshauses konfiszierten einen Teil der Kollektion. Shirts mit dem Aufdruck «Make Cay not war» (Mach Tee, keinen Krieg) hatten ihr Missfallen erregt. Richtig verärgert aber hatte sie der Slogan «Jesus & Mohammed, Brothers in Faith». In Saudi-Arabien hat der Wahhabismus das religiöse Sagen, der religiöse Intoleranz predigt. Die Botschaft des Aufdrucks empfanden die Behörden als Frevel, ja sogar als mögliche Keimzelle für religiöse Rebellion. «Tatsächlich werden unsere Klamotten in Saudi-Arabien vor allem von Leuten gekauft, die genug haben von dem wahhabitischen Diktat», erzählt Kesmen. Einen Moment lang wurde er verdächtigt, ein christlicher Missionar zu sein. Dann fragten die Saudis, ob man das Wort «Jesus» nicht wenigstens durch «Isaa» ersetzen könne – unter diesem Namen wird Jesus im Koran als Prophet geführt.

Intolerant zeigten sich auch Menschen aus Bayern. Von dort bekam Kesmen wegen des Jesus-Slogans Dutzende Anrufe.

«Ansonsten sind die Reaktionen auf StyleIslam zu 98 Prozent positiv», sagt er. «Die übrigen 2 Prozent sind strenggläubige Muslime. Für die erinnern die Schnitte zu wenig an die Kleidung, die der Prophet getragen haben soll.»

Wir setzen uns an den Tisch im Besprechungszimmer. Kesmens Mitarbeiterin, eine junge Mediengestalterin mit grünem Kopftuch, bringt Kaffee. «Ich glaube, dass unsere Mode so ist, wie sich Hunderttausende Muslime in Deutschland, mich eingeschlossen, fühlen. Das, was im Allgemeinen über mein Leben als Muslim geredet wird, das, was über unsere muslimische Lebensrealität geschrieben wird, hat nichts mit mir zu tun. Gar nichts!», sagt er.

Der Beginn von StyleIslam war ein Ohnmachtsgfeühl, das

mit 9/11 begann. Als das Attentat auf das World Trade Center verübt wurde, verbrachten die Kesmens gerade ihre Flitterwochen in Asien. Zurück in Deutschland wurden sie schief angesehen. Sogar Bekannte, die noch ein paar Wochen zuvor von der Hochzeitstorte des Paars gekostet hatten, wahrten auf einmal Distanz. «Sie behandelten uns, als könnten auch wir Schläfer sein. Sie wussten einfach zu wenig über Muslime und den Islam.» Ständig musste Kesmen sich von nun an für seine Religion rechtfertigen. Gebetsmühlenartig wiederholte er, dass der Terrorismus allen Grundsätzen des Islams widerspricht. Noch einmal mehr, als mit dem Al-Quaida-Attentat auf vier Madrider Vorstadtzüge 2004 der islamistische Terror in Europa ankam. Ein Jahr später sprengten sich Selbstmordattentäter im Londoner Berufsverkehr in die Luft. Melih Kesmen und seine Frau, die ebenfalls Graphik-Designerin ist, leiteten da gerade in London den Designbereich einer Werbeagentur. Stiegen sie auf dem Weg zur Arbeit in einen Bus, reagierten die Fahrgäste immer wieder nervös.

Dann entbrannte der Streit über die dänischen Mohammed-Karikaturen. Für Melih Kesmen zogen die Zeichnungen das Vermächtnis des Propheten in den Schmutz. Genauso entsetzte ihn aber die Aggressivität und Gewalt, mit der ein Großteil der islamischen Welt auf die Provokation reagierte. «Wieder fühlte ich mich wahnsinnig ohnmächtig. Diesmal aber empfand ich einen sehr starken Drang, mich daraus zu befreien und eine Aktion zu machen, die zum Nachdenken anregt», sagt er.

Er bedruckte ein Shirt mit Worten, die er aus tiefstem Herzen fühlt: «I love my prophet». Am nächsten Tag ging er in dem Shirt zur Arbeit. Wildfremde Leute sprachen ihn an; in der Londoner U-Bahn, auf der Straße, im Büro.

Melih Kesmen wirkt wie verzaubert, wenn er von diesen Begegnungen erzählt: Die Menschen reagierten offen, freundlich, interessiert. Er sagte ihnen, die Liebe sei sein Zugang zum Islam, und dass er dies mit Hunderttausenden Muslimen teile. Er erklärte, der Islam des Boulevards sei ganz anders als der Islam, den er kenne und lebe. Der Koran gebe ihm Frieden, mache ihn zu einem besseren Europäer.

Auch bei Muslimen traf Kesmen mit seinem offenen, in der Form aber unaufgeregten Bekenntnis zur Religion einen Nerv. Die Auseinandersetzung um die Karikaturen erweckte bei vielen den Eindruck, der Witz als Speerspitze der freien Meinungsäußerung werde missbraucht, um sie weiter zu marginalisieren. Gleichzeitig schämten sie sich für den muslimischen Mob, der Botschaften stürmte und mit Mord drohte. Das «I love my prophet»-Shirt von Kesmen aber hatte nichts Destruktives. Es war ein friedliches und äußerst feines, dem Zeitgeist vieler junger europäischer Muslime angemessenes Mittel, die eigene Position angesichts der Ereignisse zu vertreten. Manche Muslime, denen er an diesem Tag in London begegnete, fielen ihm vor Begeisterung fast um den Hals. Die Idee für StyleIslam war damit geboren.

Für die Gründung der Firma kehrten die Kesmens nach Witten zurück. Mit ihrem deutschtürkischen Hintergrund sehen sie sich nicht als Fremde, sondern der deutschen Gesellschaft zugehörig. Sie wollen ihren Beitrag leisten, wirtschaftlich, aber auch durch Aufklärung. «Wir möchten, dass die Menschen nicht nur durch die Lektüre der Bild-Zeitung etwas über den Islam erfahren, sondern hoffen, dass sie über unsere Klamotten mit Muslimen ins Gespräch kommen, so wie die Londoner mit mir.» Kesmen hat zwei Söhne. Mit seiner Arbeit denkt er auch an sie: «Ich will nicht, dass sie einmal gegen die gleichen Vorbehalte ankämpfen müssen wie meine Generation: dass wir Frauen unterdrücken, Terroristen sind, dass der Koran Gewalt legitimiert. Ich wünsche mir einfach, dass die Dinge sich ändern.»

Nachdenklich rührt er in seinem Kaffee. Kürzlich sei ihm eine Broschüre des Bundesverfassungsschutzes in die Hände gefallen. Sie informierte über ein Programm zur De-Radikalisierung muslimischer Extremisten. Eines der abgedruckten Fotos zeigte einen Salafisten, der in einer Fußgängerzone Korane verteilt. Er hatte ausgerechnet das «I love my Prophet»-Shirt von StyleIslam an. Auch bei salafistischen Demonstrationen sind schon Kleidungstücke des Labels aufgetaucht. Dass ausgerechnet Menschen, die sich dem IS nahe fühlen, seine Klamotten tragen, ist schrecklich für Kesmen: «Leider kann ich das nicht kontrollieren. Aber es ist beschissen, ich habe das Gefühl, uns wird da etwas aus der Hand genommen.»

Sein Glaube, sagt er, sei immer vielen Einflüssen ausgesetzt gewesen. Er musste ihn immer wieder neu definieren. Kesmen begreift nur noch den Koran als religiöse Quelle. Hadithen, die islamischen Überlieferungen, beruhen auf Beobachtungen und Interpretationen von Menschen – der IS legitimiert viele seiner Grausamkeiten mit dem Überlieferungsislam. Was Gott will, steht für Kesmen einzig und allein im Koran.

Er interpretiert dessen Botschaft im Kontext des 21. Jahrhunderts. «Ich muss gar nicht erst darüber nachdenken, ob mein Glaube kontrovers zur Verfassung steht. Die ethischen Werte des deutschen Grundgesetzes und jene des Korans sind miteinander kompatibel. Verse wie: ‹Gott hat die Menschen vielfältig erschaffen, damit sie sich gegenseitig kennenlernen› schreien meines Erachtens nach Dialog und Verständnis. Oder: ‹Wenn du einen Menschen tötest, dann ist es, als hättest du die ganze Menschheit getötet.› Das spricht doch Bände! Zupft man mit der Pinzette eine Textstelle aus dem Koran, kann es sicherlich passieren, dass man etwas findet, das auf den ersten Blick nicht ins 21. Jahrhundert passt. Ein solches Vorgehen ist aber nicht fair. Der Koran ist ein Text, mit dem man sich auseinandersetzen, den man kontextualisieren muss.» Kesmen ist überzeugt, Gott wolle, dass der Mensch die Aussagen des Korans hinterfragt. Alles andere wäre beleidigend für ihn: «Er möchte unsere Eigenleistung sehen», sagt er.

Melih Kesmen betet fünfmal am Tag. Manchmal im Büro, manchmal zu Hause: «Geht man mit dem richtigen Spirit ran, ist das Gebet unheimlich bereichernd. Es erdet mich. Es tut mir gut, Gott Dinge sagen zu können, die ich gerade niemandem anderen anvertrauen kann.» Ist StyleIslam für ihn ein gottgefälliger Dienst? Kesmen schweigt einen Moment. Dann schüttelt er den Kopf: «So würde ich das nicht ausdrücken. Sicherlich, StyleIslam hat eine Botschaft, die dem Ansehensverlust des Islams entgegenwirken soll. Uns war aber von Anfang an klar, wir müssen wirtschaftlich denken, wenn wir sie verbreiten wollen. Religion und Kommerz miteinander zu vermischen und dann zu sagen, es sei gottgefällig, widerstrebt mir.»

Er und seine Frau haben gerade entschieden, ihre Firma zu einer Charity-Organisation umzuwandeln. Ihr Label ist dann nicht mehr nur Mode mit Message, sondern die Kesmens erfüllen auch die muslimische Pflicht der Wohltätigkeit. Der jährliche Gewinn soll wechselnden gemeinnützigen Projekten zugute kommen. Wirtschaftlich ermöglicht wird die Entkommerzialisierung durch Kesmens zweite Firma SchenkYou, die er vor anderthalb Jahren gegründet hat. Sie verkauft übers Internet Lederwickelarmbänder, die in Witten nach Wunsch der Kunden graviert werden. Nichts daran ist religiös. Allerdings gehe es in den Gravuren meistens um Liebe und andere emotionale Geständnisse. Kesmen lächelt: «Das war absehbar. Ich bin nun einmal ein sehr emotionaler Mensch.»

Mit der Umwandlung von StyleIslam in eine Wohltätigkeitsorganisation erfüllt er sich einen Traum. Das erste Projekt, das sie unterstützen wird, wurde von dem deutschen Menschenrechtsaktivisten Rüdiger Nehberg ins Leben gerufen. «Target» kämpft gegen die Beschneidung von Mädchen und Frauen, die vor allem in Gesellschaften Nordafrikas weit verbreitet ist – gleichermaßen in muslimischen wie in nichtmuslimischen. Kesmen erfuhr davon, als er in einem Vortrag von Nehberg saß. Es hatte schon länger in Kesmen gebrodelt, doch nun wusste er auf einmal, wohin die Reise von StyleIslam geht. In einem persönlichen Gespräch schilderte ihm Nehberg, wie schwer es sei, das Thema weibliche Beschneidung den Muslimen in Deutschland nahe zu bringen. Sobald es unter die Gürtellinie gehe, machten die Leute dicht. «Interessant war auch, was man Nehberg in Afrika bei seinen Recherchen erzählte», sagt Kesmen. «Fragte er Christen nach den Hintergründen für die Genitalverstümmelung, dann sagten sie: Das steht in der Bibel. Fragte er Muslime, dann sagten sie: Das steht im Koran. In Wirklichkeit steht es nirgendwo.»

—

Draußen an der Straße wartet das Taxi von Erdal Mantarcı. Er hat über meine Frage nachgedacht. «Ich bin mir sicher, dass unter den Flüchtlingen einige Typen sind, die in Deutschland Dummheiten anstellen werden», sagt er. «Die meisten Flüchtlinge sind Muslime. Es wird dann wieder heißen, alle Muslime seien so verbrecherisch wie die.» Jetzt hat er mir noch eine weitere Konfliktlinie seines Lebens skizziert.

Öko-Muslime, islamische Banker und ein Friedenspreis in Frankfurt
Die Unterwerfung findet nicht statt

Es ist ein nasskalter Nachmittag im Oktober, als ich Frankfurt erreiche. Dunkle Wolken und Nebel hängen über der Stadt und verschlucken die Spitzen ihrer Wolkenkratzer. In Frankfurt ist gerade die Buchmesse eröffnet worden. Der Schriftsteller Salman Rushdie, der 1989 mit einer *Fatwa* belegt worden ist und jahrelang im Untergrund leben musste, hat eine flammende Eröffnungsrede gehalten. Der Autor weiß, wovon er spricht, wenn er zu Meinungsfreiheit aufruft, die insbesondere durch religiöse Intoleranz bedroht werde. Für Gesprächsstoff sorgen auch Jürgen Todenhöfers Auftritte mit seinem Buch über seine Zehn-Tages-Reise zum «Islamischen Staat» im Irak und Syrien, es ist seit langem in den Bestsellerlisten. Der Besuch des französischen Bestseller-Autors Michel Houellebecq fällt hingegen aus. Bis zuletzt hatten einige auf eine Lesung aus dessen aktuellem Roman gehofft: «Unterwerfung» spielt in der Zukunft. Es beschreibt ein islamisiertes Frankreich im Jahr 2022: Nichtmuslime wandern aus, konvertieren zum Islam oder arrangieren sich mit den neuen Herren. In Indonesien, dem Ehrengastland der Buchmesse in diesem Jahr, ist die Islamisierung hingegen

Realität. Die Zeitungen waren in den vergangenen Wochen voll mit Berichten darüber.

Ohne die Buchmesse würde Frankfurt etwas fehlen, denn sie gehört genauso zur Stadt wie ihre Banken und Hochhaustürme. Die Messe ist jedoch nicht mein Ziel. Ich möchte zur KT-Bank, dem ersten Geldinstitut auf deutschem Boden, das nach dem islamischen Grundsatz des Zinsverbots arbeitet.

Zinsen zu erheben ist im Islam absolut verboten. Darüber sind sich sämtliche islamische Gelehrten einig. Insgesamt zwölf Verse weisen im Koran klar auf *Riba,* das Geldzinsverbot, hin. Die Sure *al-baqqara* droht beispielsweise in Vers 275: «Diejenigen, die Zinsen verschlingen, sollen nicht anders auferstehen als jemand, den Satan durch Berührung zum Wahnsinn getrieben hat. Dies weil sie sagen: Kauf ist dasselbe wie Zinsnehmen. Doch Allah hat Handeln erlaubt und das Zinsnehmen verboten.»

In islamischen Ländern hat sich das Bankwesen mit dem sogenannten Islamic Finance auf dieses Zinsverbot eingestellt. Muslimen in der übrigen Welt bereitet *Riba* Schwierigkeiten: In herkömmlichen Banken ist das Zinsgeschäft fester Bestandteil des Geschäftsalltags. In Deutschland horteten viele Gläubige deshalb ihr Vermögen unter dem Kopfkissen, gingen betrügerischen islamischen Holdings auf den Leim oder legten das Geld in den Ländern ihrer Eltern und Großeltern in Immobilien an. Mittlerweile möchten die meisten Muslime aber lieber in Deutschland investieren – der Gang zur Bank wird dadurch unvermeidbar. Lange blieb ihnen deshalb nur übrig, die religiösen Überzeugungen über Bord zu werfen oder sich bei einem Imam um ein theologisches Gutachten zu bemühen, das die Aufnahme eines Kredits ausnahmsweise erlaubt. Beides ist nicht mehr notwendig, seitdem die KT-Bank im Frühjahr 2015 ihre Vollbanklizenz erhalten hat.

Die Tochter der kuwaitisch-türkischen «Kuveyt Türk Bank»,

eines der führenden islamischen Finanzhäuser für zinsloses Bankwesen weltweit, hat ihren Sitz im Frankfurter Bahnhofsviertel, nur wenige Schritte vom Messegelände entfernt, in einem Hochhausturm.

Die Dame am Empfang trägt ein Kopftuch. Sie sitzt am Eingang zu einer Welt, die mich immer wieder an Houellebecqs «Unterwerfung» denken lassen wird. Ich bemerke es mit Staunen, ist der Roman doch ein Gedankenspiel, das die Gegenwart der französischen Gesellschaft im Modus der Zukunft analysiert und zu einem äußerst beunruhigenden Ergebnis kommt. Existierte «Unterwerfung» als Filmadaption, könnte das Szenario der Bank ihm entnommen sein: eine Arbeitswelt auf Top-Niveau, in der auf säkularem europäischem Boden alles nach islamischen Regeln läuft. Das ist neu für mich und verwirrend, wahrscheinlich greift mein Gehirn deshalb auf die Bilder und Deutungsmuster des Romans zurück. In der Selbstbeobachtung ist das durchaus interessant. Ganz gleich, wie freundlich man dem Islam gegenüber eingestellt ist: Hat man «Unterwerfung» einmal gelesen, hat man den Roman im Gepäck.

Ich habe einen Termin mit Katja Zimmer, der PR-Managerin der KT-Bank, und mit Ferhat Aslanoğlu, dem Chef der Marketingabteilung. Katja Zimmer ist eine Mittvierzigerin mit blonden Haaren, sehr hellem Teint und einem rot geschminkten Mund. Der Houellebecq in meinem Kopf flüstert mir zu, ihre Kleidung genauestens in Augenschein zu nehmen: Was trägt eine Nichtmuslimin, die für ein Unternehmen arbeitet, das sich strenge islamische Regeln auf die Fahnen geschrieben hat? Die PR-Managerin hat eine langärmlige schwarze Bluse und eine weite schwarze Hose an. Ferhat Aslanoğlu, ein Mann mit Halbglatze und blauen Augen, trägt Anzug, Hemd und Krawatte.

Sie führen mich durch die Banketage, die noch riecht wie ein neues Auto. Hinter großen Glasscheiben sitzen Männer und eher wenige Frauen. Katja Zimmer bestätigt, dass die meisten von ihnen Muslime sind. Aus Studien ist bekannt, dass Bewerber mit einem türkischen oder arabischen Namen geringere Chancen auf eine Stelle in Deutschland haben als Leute, die gewöhnliche deutsche Namen wie Sophie Meier oder Thomas Müller tragen. Für die KT-Bank gilt das offensichtlich nicht.

Manche Frauen tragen ein Kopftuch, andere ihr dunkles Haar offen. Eine islamische Kleiderordnung gebe es nicht, sagt Ferhat Aslanoğlu. Es gelte der für Banken übliche Kleiderknigge, also gedeckte Farben, Anzug mit Hemd und Krawatte und leger nur am sogenannten Casual Friday. Die nichtmuslimischen Mitarbeiterinnen der Bank verzichteten aus Rücksicht auf die religiösen Gefühle der Kollegen allerdings auf kurze Röcke und tiefe Ausschnitte.

Aha, sagt die Erzählerstimme des «Unterwerfung»-Films in meinem Kopf, die Frauen schränken also ihre persönliche Freiheit ein.

Da das Freitagsgebet für gläubige Muslime verpflichtend ist und in einer Gemeinde verrichtet werden soll, ist die Mittagspause am Freitag länger als an den übrigen Wochentagen, fährt Aslanoğlu fort: «So bleibt genügend Zeit, in eine der Moscheen im Bahnhofsviertel zur Predigt zu gehen.» An den wichtigsten islamischen Feiertagen bekommen die muslimischen Mitarbeiter einen halben Tag Urlaub geschenkt. Richtet die Bank eine Weihnachtsfeier für die Belegschaft aus? «Das wäre doch mal eine tolle Idee!», ruft Katja Zimmer. Aslanoğlu schüttelt den Kopf: «Wenn du mir wirklich erklären kannst, was an Weihnachten gefeiert wird», sagt er an seine Kollegin gewandt, «könnte man ja mal darüber nachdenken.»

Am Ende eines Gangs öffnet er mit feierlicher Miene eine Tür. «Das ist unser Gebetsraum», sagt er, «wir sind sehr stolz darauf.» Der Raum ist vielleicht 60 Quadratmeter groß und mit

Teppichen ausgelegt. Der Blick, der sich den Gläubigen von hier oben aus auf Frankfurt bietet, bevor sie sich zum rituellen Gebet in Richtung Osten neigen, ist so atemberaubend wie vieldeutig. Unter uns liegt das Frankfurter Bahnhofsviertel en miniature, mit seinen Wohnhäusern, engen Straßen und modernen Glasbauten. Links ist die putzig wirkende Kirche St. Antonius zu sehen, rechts leuchtet das goldene Kreuz der Matthäuskirche in den dunklen Oktoberhimmel.

Dieser Gebetsraum schwebt über zwei christlichen Kirchen, kommentiert mein «Unterwerfungs»-Film. Gut möglich, dass das gar keine Absicht ist, sagt der Rest meines Verstands. Vielleicht war ein Raum mit einer anderen Aussicht nicht verfügbar.

Es heißt, Banker seien anfällig für Allmachtsphantasien, Architekten greifen das gern durch bauliche Spielereien auf. In der 259 Meter hohen Frankfurter Filiale der Commerzbank beispielsweise gibt es ganz oben in der Vorstandsetage eine Toilette mit Pissoirs an den verglasten Außenwänden, sodass man, wenn man dort steht, in gewisser Weise auf die Stadt hinunterpinkelt.

Im Konferenzraum nehmen wir Platz. Auf dem Tisch liegen Tütchen mit Gummibären. Sie enthalten keine Gelatine vom Schwein, sind also islamkonform, *halal*, wie auch der gesamte Rest der Bank. Katja Zimmer klappt ein Laptop auf. Ferhat Aslanoğlu lehnt sich entspannt in seinem Drehstuhl zurück, schlägt die Beine übereinander. Der Mittvierziger ist Vater von fünf Kindern, Mitglied bei Greenpeace und Amnesty International, überzeugter Fahrradfahrer, Heidelberger türkischer Herkunft und gläubiger Muslim. Er sagt: «Für mich persönlich ist der Koran eine Art Handbuch fürs Leben. Er sagt mir nicht nur, wie ich mich Gott gegenüber verhalten soll, sondern auch wie meinen Mitmenschen und der gesamten Schöpfung gegenüber.

Alles ist gottgegeben.« Nachdem die KT-Bank den Vollbanklizenzantrag gestellt hatte, erweiterte sie ihren Mitarbeiterstab und warb den Betriebswirt von der Werbeagentur ab, für die er bis dahin tätig gewesen war.

Die Grundregeln von Islamic Finance lauten: Keine Zinsen, keine Finanzen mit vertraglicher Unsicherheit und Gewinnspielcharakter, keine hochspekulativen Risikogeschäfte und ein ethischer Rahmen, der finanziellen Tätigkeiten klare Grenzen setzt, erklärt Aslanoğlu. Islamic Finance investiert nur in die Realwirtschaft. In der Praxis bedeutet das: Möchte ein Bankkunde ein Haus kaufen, dann erwirbt es die KT-Bank und verkauft es dem Kunden mit einem Gewinnaufschlag weiter. Der Kunde muss keinen Kredit aufnehmen, kann das Objekt aber dennoch in Raten bei der Bank abzahlen. Ein weiterer Grundsatz lautet, es darf nicht in Branchen investiert werden, die dem Individuum oder der Allgemeinheit schaden – egal, wie attraktiv die Gewinnmöglichkeiten auch sind. Geschäfte mit Alkohol, Waffen, Tabak, Schweinefleisch sowie Glücksspiel, Pornographie und Prostitution scheiden aus.

Dass die Islamkonformität der Produkte und Prozesse bei der KT-Bank nicht nur auf dem Papier existiert, darüber wachen ein interner und ein externer Ethikrat. Ihm gehören Experten an, die ausgebildet sind in der islamischen Religionskunde, in der islamischen Rechtsprechung und im Wirtschaftsrecht.

In Umfragen hat die KT-Bank ermittelt, dass von den 4 Millionen Muslimen, die schätzungsweise in Deutschland leben, etwa 20 Prozent zu einer islamischen Bank wechseln würden, erzählt Aslanoğlu. Die Kundenzahl der KT-Bank bewegt sich bisher im vierstelligen Bereich, ihr Vorstand hat sich vorgenommen, dass sie bis 2017 auf 20000 anwachsen soll. Die Zeichen dafür stünden gut, es gebe Tausende Anfragen, sagt Aslanoğlu. Hunderte Muslime hätten der Bank per Mail für ihr islamkonformes Angebot gedankt. Es stößt aber auch auf Misstrauen. Besonders ältere Muslime fragten: Diese Bank ist doch keine islamische Holding, oder? Aslanoğlu hat selbst einen Freund, der in den neunziger Jahren 80 000 Mark an eine solche Holding verloren hat. «Die Gutgläubigkeit der Menschen wurde schamlos ausgenutzt», sagt er.

Als mögliche Kunden hat die KT-Bank allerdings nicht nur Muslime im Auge, sondern Leute, die ganz allgemein an einem nachhaltigen und in seinen Investmentgrundsätzen nachvollziehbaren Konzept interessiert sind. Ein System, das nach den Regeln des Islamic Finance agiert, hätte die Finanzkrise verhindern können, glauben Experten. «Die sogenannten ethischen Banken bieten ein solches alternatives Konzept schon seit einiger Zeit. Islamic Finance könnte eine weitere Alternative sein», hofft Aslanoğlu. Kürzlich habe ihm ein Tierarzt geschrieben, der sich als gläubiger und praktizierender Christ vorstellte. Als solcher, schrieb der Tierarzt, könne er das ethische Konzept der KT-Bank nur unterstützen.

«Die Religion spielt beim Islamic Finance und in dieser Bank gar nicht so eine große Rolle», sagt Katja Zimmer hinter ihrem Laptop hervor. «Ich bin ja nun blond und keine Muslimin. Trotzdem wird mir Offenheit und Vertrauen entgegengebracht. Der Islam ist tolerant.» Ferhat Aslanoğlu holt Luft: «Das Wort tolerant mag ich in diesem Zusammenhang überhaupt nicht. Es impliziert, etwas auszuhalten, das man eigentlich nicht mag. Das richtige Wort ist Akzeptanz. Im Islam gilt jeder Mensch als Geschöpf Gottes. Die Religionszugehörigkeit ist da zunächst einmal egal, sein Charakter ist viel wichtiger. Ich kenne Gläubige, die fünfmal am Tag beten und glauben, das mache sie zu einem guten Muslim. Aber das reicht nicht. Der Islam ist eine ganzheitliche Religion. Wer ein guter Muslim sein will, der muss bei sich selbst anfangen. Nicht umsonst heißt es im Islam:

‹Einem Menschen das Herz zu brechen, ist eine größere Sünde als die Kaaba siebzigmal zu zerstören›.»

Ferhat Aslanoğlu hat mit Leidenschaft gesprochen. Die Bilder meines Houellebecq-Films wackeln – der Islam in «Unterwerfung» ist einer der strengen Regeln und Verbote und will die Vormachtstellung gegenüber anderen Religionen. Wie hat Ferhat Aslanoğlu zu seinem Glauben gefunden? Als Kind und Heranwachsender, erzählt er, habe er die Gebete seiner Eltern einfach nachgeahmt, ohne ihren Sinn zu verstehen. Erst als er mit Anfang zwanzig Texte des persischen Dichters und Sufi-Mystikers Mevlana Celalettin Rumi las, habe er etwas gefühlt. Rumi wirkte im 13. Jahrhundert in Konya, einem Ort in Zentralanatolien, und gründete dort den *Mevlana*-Orden – er ist auf der ganzen Welt berühmt wegen seiner tanzenden Derwische. Ferhat Aslanoğlu las Rumis Verse auf Deutsch, da er sich in dieser Sprache zu Hause fühlt. Er entdeckte in ihnen eine Spiritualität, die ihm der Islam seiner Eltern nicht geben konnte. Sie habe alles, was er bisher war oder einmal sein wollte, in Frage gestellt, sagt er.

Der Islam Rumis ist eine Angelegenheit des Herzens. Die Liebe, nicht die Einhaltung des islamischen Regelwerks steht im Vordergrund. Sie gilt als Kraft, die alles im Universum miteinander in Beziehung setzt und im Erreichen einer inneren Beziehung zu Gott ihre Erfüllung findet. Im Idealfall kann sie bis zur Erfahrung der Einheit mit Gott gehen. Die dafür notwendige Selbsterkenntnis erlangt der Mensch durch Askese, Meditation und Hingabe. Schlechte Charaktereigenschaften sollen in gute umgewandelt werden, Neid, Stolz Habgier sollen Tugenden wie Demut, Barmherzigkeit, Mitgefühl weichen. Aslanoğlu sagt: «Im Islam heißt es: ‹Keiner von euch glaubt wirklich, bis er für seinen Bruder liebt, was er für sich selbst liebt.›»

Der Sufismus betont das Gemeinsame aller Religionen und

lehrt eine Religiosität, die von Respekt vor den Glaubensüberzeugungen anderer Religionen geprägt ist. «Diese Offenheit hat mich sehr bewegt», sagt Aslanoğlu. Für ihn symbolisiert auch die KT-Bank diese Offenheit. Eine muslimische Bank, bei der auch Nichtmuslime willkommen sind, gefällt ihm, sagt er – und der Houellebecq-Film in meinem Kopf reißt.

—

Der Islam betrachtet das Leben ganzheitlich. Für einen strenggläubigen Muslim ist die Religion nicht vom Finanzwesen, der Wirtschaft, Politik und dem Sozialen zu trennen. Seine Aktivitäten in diesen Bereichen folgen im Idealfall seinen religiösen Überzeugungen und werden von den damit verbundenen ethischen Werten bestimmt. Für immer mehr Muslime gilt das auch für die Umwelt.

In Deutschland werden diese Muslime «Öko-Muslime» genannt. Der Name ist etwas irreführend, da er nach Sekte klingt. Gemeint sind aber lediglich Muslime, die sich als Gläubige für den Umweltschutz engagieren. Der achtsame Umgang mit der Schöpfung ist für sie grundlegender Bestandteil der islamischen Botschaft. Als deren Verwalter darf der Mensch die Natur genießen, soll sie aber auch hegen und pflegen und keinesfalls ausbeuten. Die Öko-Muslime bemühen sich um einen sparsamen Umgang mit Wasser und anderen Ressourcen, setzen sich ein für Tierschutz, für den Bau von Öko-Moscheen und werben dafür, bei Pilgerfahrten nicht mit dem Flugzeug zu reisen oder zumindest die verbrauchten Karbon-Meilen durch eine Spende an ein Umweltprojekt wiedergutzumachen. Der «Green Guide to Hajj» ruft dazu auf, keine Plastikflaschen zu benutzen, in Mekka mit der Metro zu fahren und die Pilgerfahrt nicht zu wiederholen. Flyer mit Alltagstipps zum Energiesparen sind mit Koranzitaten versehen – die Öko-Muslime wollen den Gläubigen nahebringen, dass der Umweltschutz im Islam verankert ist und deshalb als religiöse Pflicht angesehen werden soll.

Im Koran erwähnen etwa 750 Verse die Natur und halten den Menschen dazu an, behutsam mit ihr umzugehen und über sie als Teil der Schöpfung zu reflektieren. ‹Seht ihr die Sonne›, ‹seht ihr den Mond›, ‹seht ihr das Wasser›, heißt es an zahlreichen Stellen. Die Sure *al-Anam* ruft in Vers 141 auf: «Esst von ihren Früchten, wenn sie Früchte tragen, und entrichtet am Tag ihrer Ernte ihre(n) Pflicht(anteil, der darauf steht), doch seid nicht maßlos! – Er liebt nicht die Maßlosen.» Auch zahlreiche Hadithe ermutigen dazu, umsichtig mit den Ressourcen umzugehen und Tiere gut zu versorgen. Die Öko-Muslime interpretieren diese Quellen nicht neu, sondern wollen deren Lehren auf aktuelle Probleme anwenden.

Als geistiger Vater der Bewegung gilt der 1939 geborene persische Philosoph und Theologe Seyyid Hussein Nasr. In seinem 1967 veröffentlichten Buch «Man and Nature: The Spiritual Crisis of Modern Man» stellt er die Frage des ökologischen Gleichgewichts in den Kontext der Religion, porträtiert die Umweltkrise als eine religiöse und erklärte den Umwelt- und Klimaschutz zu einer Angelegenheit von spirituellem Rang. In der Tradition der Sufis setzte Nasr am einzelnen Menschen an: Dieser müsse seine Spiritualität aktualisieren, was zu einer stärkere Beachtung und praktischen Anwendung der koranischen Kosmologie führe.

In islamisch geprägten Regionen steckt das Umweltbewusstsein noch in den Kinderschuhen. In Ländern hingegen, in denen Muslime in der Minderheit sind und es schon seit Jahrzehnten eine lebendige Umweltbewegung gibt, sind «Öko-Muslime» ernstzunehmende Akteure: In den Vereinigten Staaten beispielsweise, in Kanada, vor allem aber in Großbritannien. Es ist dort überhaupt nicht ungewöhnlich, wenn im Zusammenhang mit Umweltschutz und ökologischer Nachhaltigkeit auch vom Islam die Rede ist.

In Deutschland stehen die Öko-Muslime hingegen noch ganz am Anfang. Zwischen den religiösen Handlungsprinzipien und dem tatsächlichen Handeln der Muslime im Umweltbereich gibt es eine riesige Kluft – unter anderem auch deshalb, weil viele Muslime in Deutschland ihre Religion gar nicht so gut kennen, dass sie wüssten, wie grün der Islam eigentlich ist. Der 2010 gegründete Verein *Hima* bemüht sich mit Vorträgen, mit Infoständen und Fairtrade-Events um Sensibilisierung, und es gibt einige vielversprechende Projekte: Für die Minarette der Moschee von Hamburg-Norderstedt ist eine Windkraftanlage geplant, in Marburg wird eine Moschee mit Solaranlage gebaut, die Şehitlik-Moschee in Berlin veranstaltet regelmäßig gut besuchte Umwelttage, und der Planungs- und Beratungsverein *NourEnergy* in Darmstadt steht Moscheen und nichtmuslimischen Einrichtungen wie Kirchen, Kindergärten und Altenheimen ehrenamtlich beim Einstieg in erneuerbare Energien zur Seite.

Der Verein wurde 2010 von einer Gruppe muslimischer Ingenieure gegründet. Das Wort *Nour* ist arabisch und bedeutet Licht – im eigentlichen Sinn des Wortes, aber auch spirituell: *Nour* ist das Licht Gottes, das man durch gute Taten erzeugen kann. Für die türkische «Emir-Sultan-Moschee» in Darmstadt hat der Verein eine Photovoltaikanlage konzipiert und 2012 auf deren Dach mit aufgebaut. Die Solarpanele produzieren im Jahr 9000 Kilowattstunden Strom für den Eigenbedarf der Moschee – grünen Strom. Das 20 000 Euro teure Solardach wurde durch Spenden finanziert. Umweltschutz bedeutet gesellschaftliche Teilhabe, muslimischer Umweltschutz ist eine Art grüne Integration.

Von Frankfurt aus braucht man mit der S-Bahn eine halbe Stunde nach Darmstadt. Eine Verabredung habe ich nicht, aber ich möchte mir die grüne «Emir-Sultan-Moschee» zumindest einmal angesehen haben. Sie liegt etwas außerhalb, in einem Industriegebiet an einer stark befahrenen Straße. Gegenüber ist ein Badezimmereinrichtungshaus, daneben ein Hotel. Die Moschee, ein Bau mit kleiner Kuppel und zwei Minaretten, ist das ansehnlichste Gebäude am Ort. Von der Straße aus kann man das Solardach nicht sehen.

Im Teehaus der Moschee wäscht ein älterer Herr Teegläschen ab, sonst ist niemand da. Er könne mich herumführen, bietet er an, trocknet die Hände ab, und gemeinsam steigen wir die Stufen zum Hauptraum der Moschee empor. Er ist sehr schön, lichtdurchflutet und reich mit Ornamenten verziert. Die *Mimbar*, die Kanzel, sei aus einem Stein aus Anatolien gebaut worden, erzählt der Mann. Der mächtige Kronleuchter unterhalb der Kuppel ist deutsches Kunsthandwerk. Er wurde für eine Moschee in Saudi-Arabien angefertigt, aber dann sagte den Saudis dessen Größe nicht mehr zu. Ob sie ihnen zu groß oder zu klein war, weiß der Herr leider nicht mehr.

«Aus einer Moschee sind noch nie kluge Köpfe herausgekommen», sagt dagegen der Mann, der mir später am Bahnhof von Darmstadt an einem Stehtisch gegenübersteht. «Ich bin 1980, ein Jahr nach der Revolution der Mullahs, aus dem Iran nach Deutschland gekommen. Damals sah man hier so gut wie kein Kopftuch. Und heute? Heute sind überall Kopftücher zu sehen!» Der Mann ist Taxifahrer, er macht gerade Pause. Er ist um die fünfzig, dunkle Haare, gepflegter Oberlippenbart, randlose Brille. «Sehen Sie, so waren wir einmal», sagt er und hält mir sein Smartphone hin, um mir ein Foto zu zeigen. Das Bild ist eine Aufnahme aus Teheran in den Siebzigern, kurz bevor Ajatollah Khomeini die Macht in dem Land übernahm. Es zeigt drei junge Perserinnen. Sie tragen kurze Röcke, haben tolle Hochsteckfrisuren.

Gläubig sei er schon lange nicht mehr. Der Islam habe die persische Kultur zerstört, ihm die Heimat genommen. Der Prophet sei ein Krieger gewesen, ein Machtmensch. Es sei doch immer dasselbe mit Religion, es gehe immer nur um Macht, schimpft der Iraner. «Wer weiß, wenn Jesus nicht so jung gestorben wäre, hätte er womöglich auch die Süße der Macht entdeckt und Kriege angezettelt.» Der Islam brauche dringend einen Generationswechsel, dann werde er sich vielleicht noch modernisieren. «Aber das gilt nicht nur für den Iran. Die Sichtweisen der meisten Muslime in Deutschland sind ähnlich verkrustet.» Sein acht Jahre alter Sohn sei kürzlich weinend von der Schule nach Hause gekommen. Der Junge fragte: ‹Stimmt es, dass wir keine guten Menschen sind? Die anderen muslimischen Kinder sagen, wir seien keine guten Menschen, weil wir nicht in die Moschee gehen.› Einige Tage später weinte der Junge wieder. Diesmal hatten die Kinder behauptet, ein böser Geist würde ihn und seine Eltern holen, weil sie nicht beteten. «Die Kinder plappern nach, was ihre Eltern von irgendeinem ungebildeten Prediger hören», sagt der Iraner und nimmt einen großen Schluck von seinem Kaffee.

Ein deutscher Freund von ihm sei vor einigen Monaten mit seiner marokkanischen Freundin zusammengezogen. Bei einem Ausflug wollte der Mann ihr eine schöne Kirche zeigen. Die Marokkanerin weigerte sich, einen Fuß in sie zu setzen, das verbiete ihre Religion. Der Iraner schnaubt verächtlich: «Diese Frau wohnt unverheiratet mit einem Mann zusammen und genießt damit Freiheiten, die sie in einem muslimischen Land niemals hätte. Trotzdem ist sie nicht offen genug, sich eine Kirche anzuschauen.» Im Sommer war seine Mutter aus dem Iran zu Besuch in Deutschland. Der Sohn zeigte ihr die Frankfurter Paulskirche. Seine Mutter, eine einfache Frau von achtzig Jahren, die fünfmal am Tag betet und nur die Grundschule besucht hat, habe die Besichtigung des christlichen Gotteshauses sehr genossen: «Sie hat mehr verstanden von der Welt als diese junge Marokkanerin.»

«Wie heißen Sie eigentlich?», frage ich, bevor ich gehe. «Ich heiße Mohammed», sagt der Iraner traurig und schüttelt den Kopf. «So ein Name, da hätten meine Eltern mich auch gleich Hitler nennen können.»

—

Am nächsten Tag steht ein anderer Mann persischer Abstammung in der Frankfurter Paulskirche. Navid Kermani, aufgewachsen in Siegen und frommer Muslim, der den Sufis nahesteht und das Christentum versteht, wenn nicht sogar liebt, bekommt den Friedenspreis des Deutschen Buchhandels verliehen. In dunklem Jackett und grauer Krawatte tritt Kermani ans Rednerpult und verwandelt die Preisverleihung an diesem Ort, der wie kaum ein anderer in Deutschland für die säkulare Kultur der Vernunft und der Menschenrechte steht, in einen Trauergottesdienst. Kermanis Dankesrede ist fulminant, bewegend. Sie schildert das Schicksal der christlichen Gemeinde von Qaryatein, die vom IS entführt wurde.

Unterwegs für eine Reportage durch das kriegsgeschüttelte Syrien hatte Kermani sie und deren Vorsteher, Pater Jacques Mourad, kennengelernt: Eine christliche Gemeinschaft, die den Islam liebe und sich ihm so nahe fühle, dass sie sogar den Ramadan einhielt. Muslime besuchten den Gottesdienst des Klosters und verrichteten in einer bilderlosen Ecke ihr eigenes Gebet, denn die Mönche und Nonnen hätten einen Ort geschaffen, der für sie die endzeitliche Versöhnung nicht vorwegnahm, aber doch vorausfühlte, erzählt Kermani. Die Liebe der Muslime zu Pater Jacques ging so weit, dass sie unter Lebensgefahr zumindest ihn aus den Händen des IS befreiten.

Dann spricht Kermani vom weltweiten Niedergang der islamischen Kultur: Nicht die Tradition sei das Problem des Islams, sondern der schon fast vollständige Bruch mit dieser Tradition, wie etwa die Unterdrückung des Sufismus durch den rigiden Wahhabismus. Auch den Schwund der einst hochentwickelten Korandeutung prangert Kermani an. Nur dadurch sei es möglich geworden, den Koran als Rechtfertigung für Terror zu instrumentalisieren.

«Ein Friedenspreisträger soll nicht zum Krieg aufrufen, doch darf er zum Gebet aufrufen», sagt Kermani am Ende seiner Rede. Anstatt zu applaudieren, solle das Publikum beten: für die entführten Christen von Qaryatein, für Pater Jacques, der mit seiner Befreiung hadere, für die Freiheit von Syrien und Irak. Wer nicht religiös sei, sagt Kermani, könne ja Wünsche aussenden: «Was sind denn Gebete anderes als Wünsche, die an Gott gerichtet sind? Ohne Wünsche hätte die Menschheit keinen der Steine aufeinandergesetzt, die sie in Kriegen so leichtfertig zertrümmert.» Er bittet die Menschen, sich dafür zu erheben, «damit wird den Snuff-Videos der Terroristen ein Bild unserer Brüderlichkeit entgegenhalten». Die Menschen stehen auf, viele falten die Hände, Kermani führt seine vors Gesicht, wie es im Islam üblich ist beim Gebet. Ein Muslim und Friedenspreisträger, der in der Frankfurter Paulskirche die Routine des Beifalls durch eine stille Meditation unterbricht, in der die Stimme des Herzens sprechen soll, und die Christen, Muslime, Juden und Atheisten im Gebet für eine vom IS entführte christliche Gemeinde vereint: Deutschland wird sich noch lange an diesen Tag erinnern.

Unter den Flügeln des Heiligen Kranichs
Bei den Aleviten in Berlin

‹Was du suchst, findest du nur in dir selbst, nicht in Mekka, nicht in Jerusalem›, ‹Das Paradies liegt im Herzen der Menschen›, ‹Betet nicht mit den Knien, sondern mit den Herzen›, ‹Ehret die Frauen›. Das sind Worte, gesprochen vor über siebenhundert Jahren von dem Wanderprediger und Mystiker Hacı Bektaş, der seinen Weg im 13. Jahrhundert aus dem heutigen Iran nach Zentralanatolien fand und dort das anatolische Alevitentum begründete. Veli verband in seinen Lehren Traditionen aus vorislamischer Zeit mit islamischer Mystik und Gnosis. Der Bektaşi-Orden lehnte den sich herausbildenden strengen sunnitischen Islam im Osmanischen Reich ab. Er wurde deshalb geschlossen, die geistige Führung hingerichtet und die Aleviten fortan als Häretiker und Sektierer verfolgt. Ihre religiöse Gemeinschaft wurde zu einer heimlichen. Ihr Glaube konnte nur noch mündlich, im Verborgenen weitergegeben werden. In Form von religiösen Hymnen verbreitete sich die Religion von Dorf zu Dorf weiter: Gesang und die traditionelle türkische Laute *Saz* wurden ihren Predigern zu Stift und Papier. Das Alevitentum ist deshalb bis heute nicht denkbar ohne Musik.

Die meisten Aleviten leben noch immer in der Türkei. Genaue Zahlen existieren nicht, da der türkische Staat sie nicht als Religionsgemeinschaft anerkennt. Schätzungen zufolge sollen aber 15 bis 25 Prozent der türkischen Bevölkerung dem Alevitentum angehören. Trotz der geographischen Nähe sind sie nicht gleichzusetzen mit den arabischen Alawiten, zu denen sich die Assad-Familie zählt.

In Deutschland fühlen sich etwa 700 000 Menschen dem Alevitentum zugehörig. Wie die meisten Muslime kamen sie als Gastarbeiter hierher, treten mit ihrer Religion jedoch kaum in Erscheinung. Die Gebetsstätten der Aleviten sind keine Moscheen, sondern sogenannte *Cemevi*. Diese unterliegen keiner architektonischen Tradition und sind von außen nicht als Stätten der Religionsausübung erkennbar. Zudem ist das Kopftuch äußerst unüblich unter alevitischen Frauen.

Die Bundesrepublik Deutschland hat die Aleviten als Religionsgemeinschaft anerkannt. In Berlin, NRW, Hessen und Hamburg wird mittlerweile alevitischer Religionsunterricht angeboten, und seit Anfang 2015 gibt es an der Universität Hamburg den weltweit ersten Lehrstuhl für alevitische Theologie – die Professur ist von einer Frau besetzt. Die Zusammenarbeit zwischen der Alevitischen Gemeinde und der Bundesregierung klappt hervorragend. Unter Politikern gilt sie als das Lieblingskind der Integrationsdebatte. Hardliner unter den Islamskeptikern haben das Alevitentum sogar schon als letzte Hoffnung bezeichnet, dass der Islam noch demokratisch wird.

Unter den Gläubigen selbst gibt es eine Kontroverse, ob man sich im Islam verortet oder nicht. Manche Aleviten begreifen das Alevitentum eher als Kultur und Philosophie und nicht als Religion. Zumindest unterscheidet sich der alevitische Glaube stark von jenem, der gemeinhin unter islamisch verstanden wird: Aleviten fasten nicht im Ramadan und pilgern nicht nach

Mekka. Sie beten nicht fünfmal am Tag und leben nicht nach dem Koran und dessen Geboten und Vorschriften – Schweinefleisch ist nicht verboten, auch der Verzicht auf Alkohol ist für sie kein Muss. Außerdem legen sie großen Wert auf die Gleichberechtigung von Frau und Mann.

«Bei uns gibt es keine nach Geschlecht separierten Gebetsbereiche. Männer und Frauen beten Seite an Seite», sagt Fidan. Die Alevitin und ich stehen im *Cemevi* von Berlin. Wir sind spät dran, wegen eines Staatsbesuchs im Kanzleramt war der halbe Tiergarten abgesperrt, und nun finden wir wahrscheinlich keinen Sitzplatz mehr: In der ehemaligen Kirche in Kreuzberg, in der das alevitische Gebetshaus im Jahr 2000 eröffnet wurde, sitzen die Menschen schon dicht gedrängt.

Man merkt sofort, es ist hier ganz anders als in einer Moschee: Die Stimmung ist getragen, aber gelöst; Familien hocken im Schneidersitz auf den gemusterten Perserteppichen, Männer neben ihren Frauen. Kleine Kinder tollen auf Socken zwischen den Erwachsenen herum, Mütter versuchen vergeblich, sie zurückzurufen. Mädchen in Röhrenjeans und mit offenen Haaren beugen sich über ihre Smartphones oder tratschen mit der Sitznachbarin. Die gleichaltrigen Jungen machen Gesichter, als hätten die Eltern sie gezwungen, an diesem Abend doch bitte mal etwas Ordentliches anzuziehen. Die dunklen Hemden stehen ihnen gut.

Fidan ist eine Bekannte von mir. Die Mittdreißigerin arbeitet als Referentin im Büro eines Berliner Landtagsabgeordneten. Sie hatte mich eingeladen, sie an diesem Tag im Oktober zu der *Cem*-Zeremonie, dem rituellen Gebet ihrer Glaubensgemeinschaft, zu begleiten. Auf der ganzen Welt begehen Aleviten heute den Aşure-Günü, den Aşure-Tag, der das am Ende ihrer zwölftägigen Fastenzeit steht. Es ist der höchste alevitische Feiertag.

Er gedenkt des gewaltsamen Todes der zwölf Imame, die für Aleviten die einzig legitimen Nachfolger des Propheten sind – insbesondere aber der Ermordung von Imam Hussein um 680 n. Chr. Zusammen mit seinen Gefolgsleuten hatte sich der Enkel Mohammeds aufgemacht, um den ungerechten muslimischen Herrscher Yazid zur Rede zu stellen und auf den rechten Weg zu führen. In der Wüste von Kerbala stellten Yazids Soldaten ihnen eine Falle. Zwölf Tage lang belagerten sie die Reisenden. Weder Imam Hussein noch seine Gefolgsleute überlebten Kerbala. Mit ihrem Fasten erinnern die Aleviten an ihr Leid. Sie sehen in Imam Hussein ein Vorbild, da er sich für Gerechtigkeit einsetzte und dafür starb.

Auf den Stühlen an der Stirnseite des Raums nehmen jetzt die Sänger und die *Saz*-Spieler Platz. Ein Ruck geht durch die auf dem Boden sitzenden Gläubigen: Die Mütter sammeln energisch ihre Kinder ein, die jungen Mädchen legen ihre Handys weg – die *Cem*-Zeremonie wird in wenigen Minuten anfangen. Zeit genug für Fidan, mir noch rasch zu erklären, wer auf den riesigen Gemälden an der Wand zu sehen ist: Links, der Mann mit dem weißen Bart, ist Hacı Bektaş. An seine Brust schmiegen sich eine Gazelle und ein Löwe – Symbole für die Toleranz und den Humanismus im Zentrum von Bektaş' Philosophie. Rechts, der Mann mit dem ernsten, stolzen Blick, ist Ali (600–661 n. Chr.), der Schwiegersohn des Propheten. Er ging als vierter Kalif der Sunniten und starker Krieger in die islamische Geschichte ein. «Viele glauben an die Gerechtigkeit des historischen Ali. Er soll andere nicht angegriffen, sondern sich und die Seinen verteidigt haben», erklärt Fidan. In der Hand hält Ali sein Schwert, an seiner Seite wacht ein Löwe mit prächtigem Kopf. Von Ali leiten die Aleviten ihren Namen ab. Sie verehren ihn als den ersten der zwölf Imame. Sein Schwert der Gerechtigkeit machten sie zu ihrem Symbol.

Der erste Sänger zu Füßen der beiden Porträts ist fast noch ein Kind. Dieses Bürschchen soll in der Zeremonie musikalisch den Ton angeben? Er wartet, bis sich Stille über den Gläubigen ausgebreitet hat. Dann setzt er an, begleitet von einer *Saz*.

Es ist der Auftakt zu einem mythischen, hypnotischen Geschehen: Eine leidenschaftliche Melodie erfüllt den Raum, erst klagend, dann erregt. Der junge Sänger ist ein Wunder: Seine Stimme ist mal verschattet, mal kraftvoll strahlend, dann nimmt er sie auf eine reine, samtene Grundsubstanz zurück, die aus einer anderen, schöneren Welt zu kommen scheint. Sein Lied ist eine jener religiösen Hymnen, die ihren Weg aus der anatolischen Hochebene und einer alten Zeit bis in die Gegenwart, bis nach Berlin gefunden haben. Sie erzählt von Allah, von Ali und davon, dass, wer nicht vom rechten Weg abkommen will, an das Gute im Menschen glauben muss. Zwölf Männer und Frauen bilden vor den Musikern einen Kreis, um *Semah*, den rituellen Tanz der Aleviten, zu zelebrieren. Er beginnt mit langsamen Schritten, wird schneller und immer schneller, angetrieben von *Saz* und Gesang. Jetzt wirbeln die Tänzer auch noch um die eigene Achse – ihre Bewegung symbolisiert die Drehbewegungen der Planeten und die Einheit von Mensch, Gott und Natur. Der Rhythmus verlangsamt sich, nun deuten die Männer und Frauen mit ihren Armen den Flügelschlag eines Kranichs an. Der Vogel ist den Aleviten heilig. Sie sehen ihn als Mittler von Mensch zu Gott.

Insgesamt dreieinhalb Stunden dauert die Zeremonie. Die Männer, Frauen und Kinder verfolgen sie konzentriert, versinken darin. Einige Frauen schluchzen leise, als der *Dede*, der religiöse Leiter der Zeremonie, das Leid und den Tod Imam Husseins beklagt. Auf sein Signal stehen alle vom Boden auf, verharren im Gebet und werfen sich nieder, die Stirn auf den Boden gepresst.

Als der letzte Ton der *Saz* verklungen ist und der Sänger

schweigt, ist die Luft im *Cemevi* heiß und klebrig wie Honig. Am Ausgang bekommen die Gläubigen Schälchen mit *Aşure*-Suppe gereicht. Mit ihr wird das Fasten am 13. Tag traditionellerweise gebrochen. Auch mir drückt eine Frau einen Teller in die Hand. Die Suppe ist ein milchig weißer Sud. Sie schmeckt süß und köstlich. Die Tradition will, dass die Familie sie gemeinsam kocht und dann an Freunde und Nachbarn verteilt. In diesem Jahr fiel das *Aşure*-Tag, dessen Datum sich jedes Jahr um elf Tage verschiebt, auf einen Wochentag. Fidans Familie fand deshalb nicht die Zeit für ein Treffen. Sie lädt mich ein, das Kochen der *Aşure*-Suppe am kommenden Sonntagnachmittag mit ihr nachzuholen.

―

Der Sonntag ist der 1. November, Tag der Parlamentswahlen in der Türkei. Im Juni war dort schon einmal gewählt worden. Die Bildung einer neuen Regierung scheiterte jedoch, da die AKP sich nicht gewillt zeigte, mit anderen Parteien zu koalieren. Deshalb wird nun abermals abgestimmt. Die letzten Umfragen in der Türkei haben einen Vorsprung für die Oppositionsparteien ausgemacht – die Hoffnungen der liberalen Kräfte im Land sind deshalb groß, dass die AKP die absolute Mehrheit abermals verfehlen wird.

Ich fahre in den Berliner Stadtteil Reinickendorf, wo Fidan mit ihrer Familie lebt. Die Wahlbeteiligung sei gut, höre ich unterwegs im Radio, die Menschen stünden Schlange an den Wahllokalen. Für die Deutschtürken ist der Urnengang schon seit einigen Tagen abgeschlossen, sie haben in den türkischen Konsulaten gewählt. In Deutschland darf zwar nur an der Parlamentswahl teilnehmen, wer einen türkischen Pass besitzt. Doch auch so lässt die Abstimmung niemanden in der türkischen Community kalt: Es geht schließlich um nichts weniger als die Frage, ob die Türkei ihrer laizistischen Tradition treu bleibt oder sich von der Demokratie abwendet und dem Islamismus verschreiben wird.

Erdoğan und seine Partei, die AKP, haben in Deutschland extrem viele Anhänger. Fragt man Deutschtürken, warum sie den türkischen Staatspräsidenten verehren, hört man meistens: Erdoğan hat Straßen, Krankenhäuser und Schulen gebaut. Er ist ein Mann des Volkes, hat den gleichen Hintergrund wie die meisten der ersten Gastarbeiter. Zu seiner Beliebtheit trägt auch bei, dass er aus einer einfachen, frommen Familie stammt; aus einem Milieu, auf das die urbane türkische Elite jahrzehntelang herabgeschaut hat. Doch mit dem Regierungsantritt der AKP 2002 wurden die gesellschaftlichen Verhältnisse umgedreht: Angestoßen durch deren ethisch-religiöse Grundhaltung, dass vor allem Engagement in der Gemeinschaft gottgefällig sei, wurde zügig privatisiert und zahlreiche Unternehmen fleißigen und frommen Kleinbürgern anvertraut, die vorher im gesellschaftlichen Abseits gestanden hatten. Eine neue Mittelschicht entstand, deren Überzeugung sich am besten mit dem christlichen «Ora et Labora» vergleichen lässt, weshalb westliche Beobachter gern vom «anatolischen Calvinismus» sprechen. Es sind Muslime, die selbstbewusst ihren Glauben leben, denn die AKP gab der Religion, die vorangegangene Regierungen stark reglementiert hatten, wieder mehr Raum in der Öffentlichkeit. Gläubige Muslime bilden das Rückgrat von Erdoğans «neuer Türkei». Er ermöglichte ihnen, Karriere in Politik und Wirtschaft zu machen. Erstmals seit der Gründung der Republik dürfen junge Frauen mit Kopftuch an Universitäten studieren. Erdoğan gab den Menschen etwas, das ihnen jahrzehntelang nur bedingt vergönnt gewesen war: Selbstbewusstsein. Auch in Deutschland wird ihm an den Wahlurnen dafür gedankt. Den unter der AKP-Regierung begangenen Menschenrechtsverletzungen, der fehlenden Pressefreiheit und Erdoğans Verwicklung in Korruption messen sie keine Bedeutung bei. Da in der türkischen Community der Konsum türkischer Medien weit verbreitet ist und die türkischen Zeitungen und Fernsehsender mittlerweile fast alle auf Regierungskurs gebracht worden sind, bekommen viele Deutschtürken nicht einmal viel davon mit – und wenn doch, dann nur durch eine verzerrte Brille.

Fidans Familie wohnt in einem Wohnblock aus den sechziger Jahren. Auf der Rasenfläche vor dem Haus rosten Teppichklopfstangen vor sich hin; Relikte aus dem Hinterhof deutscher Weiblichkeit. Das Schild: «Spielen auf dem Rasen verboten!» ist dagegen nagelneu. Fidans Mutter öffnet die Tür, eine hübsche Frau mit kurzem Blondhaarschnitt. Auch Fidans ältere Schwester ist da, und natürlich Fidan selbst. Wieder einmal lässt eine Familie mich einfach in ihr Leben, ich muss nur die Schuhe an der Tür ausziehen. Auf dem Esstisch haben die drei Frauen die Zutaten für die *Aşure*-Suppe vorbereitet: Rosinen, Sultaninen, Mandeln, Nüsse, Aprikosen, Datteln, Feigen. Ihr Grundstock besteht aus Weizen, er muss bei geringer Hitze lange köcheln. Fidans Mutter hat den Topf schon aufgesetzt. «Wir wollen nachher nämlich noch die Hochrechnungen im Fernsehen schauen. Vielleicht wird die AKP ja abgewählt!», sagt Fidan und lacht. Die deutschtürkischen Aleviten fiebern bei der Parlamentswahl besonders mit. Über die Zukunft ihres Glaubens im religiösen Mutterland entscheidet schließlich Ankara.

Alevitische Kinder müssen in der Türkei den sunnitischen Religionsunterricht besuchen und die *Cemevis* privat betrieben werden. Sie haben lediglich den Status von Vereinshäusern. Selbst in mehrheitlich alevitischen Dörfern baut Ankara munter sunnitische Moscheen. Meistens ziehen die Imame jedoch bald wieder aus den Ortschaften ab, da niemand zu ihren Freitagspredigten erscheint.

Der türkische Staatspräsident selbst macht keinen Hehl aus seiner Geringschätzung für Aleviten. Es ist noch gar nicht lange her, da bestimmte er, dass die neue dritte Bosporusbrücke in Istanbul den Namen Yavuz Sultan Selim tragen wird. Der Sultan ist auch bekannt als «Yavuz der Grausame», denn vor 500 Jahren ließ er Tausende von Aleviten abschlachten. Die Aleviten waren entsetzt, als sie von Erdoğans Namenswahl erfuhren. Doch das kümmerte die Regierung nicht.

Wir setzen uns an den Tisch, die Mutter serviert heißen türkischen Tee. Jeder bekommt ein Brett und ein Messer, dann schnippeln wir los. Normalerweise wird in der Familie Türkisch und Deutsch gesprochen, dem Gast zuliebe heute aber nur Deutsch. Die Mandeln und Nüsse müsse man erst in heißes Wasser eintauchen, so löse sich ihre Schale, erklärt Fidans Mutter. «Meine Großmutter hat immer Gebete gemurmelt, während sie die Suppe zubereitet hat», erzählt Fidans Schwester, «sie sagte: Möge Gott euch beschützen, möge sein Segen über euch sein. Sie betete auf Türkisch und auf *Zazaki*, ihrer Muttersprache.»

Die Familie stammt aus dem Osten der Türkei, aus Erzincan. In jeder Generation habe eine Person die Tätigkeit des *Dede*, des alevitischen Geistlichen, ausgeübt, erfahre ich. Das Dorf, in dem Fidans Vater seine Kindheit und Jugend verbrachte, liegt inmitten von Bergen im Kurdengebiet. In seinen Gebeten wandte er sich als junger Mann an die Sonne, den Mond, die Berge, das Quellwasser – die Natur hat für Aleviten eine hohe spirituelle Bedeutung. Erst die Abwanderung in die Städte, ob in der Türkei oder nach Deutschland, führte zu einem Bruch mit dieser Tradition. Auch in Berlin, wo der Vater seit den späten siebziger Jahren als Gastarbeiter arbeitete, konnte sie nicht mehr gelebt werden. Damals war es sogar in Deutschland unüblich, sich überhaupt als Alevit zu bekennen. Erst vor etwa 25 Jahren gaben die hier lebenden Gläubigen ihre Tradition der Geheimhaltung auf und begannen sich zu organisieren. Es war ein schwieriger Prozess, und es war völlig neu für sie, keine Repressionen mehr zu erfahren. Die Aleviten mussten erst zu ihrem Selbstbewusstsein finden. «Sie sind Deutschland zutiefst dankbar, dass das Land ihnen das ermöglicht hat», sagt Fidan. «Sie fühlen sich der deutschen Gesellschaft zutiefst verbunden.»

Auch in ihrer Familie wurde der Glaube lange nicht aktiv gelebt. Erst in den neunziger Jahren fingen die beiden Töchter an, sich intensiver damit auseinanderzusetzen. «Mein Vater hat uns viel über Ali und Hussein erzählt. Er spielt *Saz* und sang uns die *deyiş*, die religiösen Hymnen vor», sagt Fedins Schwester und zerschneidet die letzte Aprikose. In der Schule verheimlichten die beiden den anderen türkischen Kindern, dass sie Aleviten sind. Sie wollten nicht anders sein.

Wie stehen die drei Frauen zum Islam, wie ihn der überwiegende Teil der türkischen Community lebt? Zunächst sagt keine von ihnen etwas. «Ich glaube, er ist grundsätzlich eine sehr schöne Religion», antwortet schließlich Fidan. Entscheidend sei jedoch, was der Einzelne aus ihr mache. Viele Muslime betonten zu sehr die Einhaltung religiöser Regeln. «Dabei sind doch die spirituellen Inhalte wichtig, es geht um Liebe, um Hingabe.» Was die Frauen außerdem stört, ist die Intoleranz gegenüber anderen Lebensweisen. «Vor zwei Jahren war ich einmal während des Ramadans in der Turmstraße, wo es sehr viele türkische und arabische Geschäfte gibt», erzählt Fidans Schwester. «Ich hatte einen Minirock an, es war ein richtiger Spießrutenlauf. Die Blicke mancher Frauen und Männer waren sehr störend. Wir leben in Deutschland, da sollte sich jeder so kleiden können, wie er will!»

Als alles klein geschnitten ist, tragen wir die Zutaten in die Küche. Nacheinander werden sie in den Sud aus Wasser und

Weizen eingerührt. Bei jeder einzelnen sagt die Mutter einen Segensspruch.

Nun muss alles noch eine Weile köcheln. Wir setzen uns derweil auf die Couch im Wohnzimmer, Fidan schaltet ein türkisches Fernsehprogramm ein: Eine sehr aufgetakelte Moderatorin mit viel Schminke, langen schwarzen Haaren und tiefem Dekolleté steht im Studio, neben ihr zwei türkische Zeitungsjournalisten. Der eine ist Ahmet Hakan, ein Kenner der Regierung Erdoğan. Er sieht blass aus. Kein Wunder angesichts der aktuellen Hochrechnung: Fast 50 Prozent der Stimmen für die AKP, knapp 25 Prozent für die Oppositionspartei CHP, 12 Prozent für die ultrarechte MHP und 10 Prozent für die kurdische HDP. Alle Hoffnungen auf einen Regierungswechsel sind zerstört: «Das kann nicht sein! Das ist eine Katastrophe! Die haben die absolute Mehrheit!», ruft Fidans Schwester. Fidan sitzt nur da und schüttelt wortlos den Kopf. «Erdoğan hat tatsächlich geschafft, was er wollte. Jetzt werden die Rechte der Aleviten bestimmt noch mehr eingeschränkt», sagt sie dann. «Sie werden die Rechte der Frauen und Minderheiten noch mehr einschränken!», ruft die Schwester.

Während Ahmet Hakan im Fernsehen um Erklärungen ringt, schöpft Fidans Mutter etwas *Aşure* in eine Tupperschüssel. Gleich gegenüber der Familie wohnen ebenfalls Deutschtürken. Sie sind glühende Anhänger der AKP. Fidans Mutter besinnt sich trotzdem darauf, was sich für eine gute Alevitin gehört. Mit der Tupperschüssel in der Hand verlässt sie die Wohnung. Hacı Bektaş hat gesagt: ‹Das Gewand des Anstands leg dein Leben lang nicht ab.›

Ein türkisches Dorf namens Goethestraße
Deutsch-türkische Gemeinschaft in München

Im Münchner Hauptbahnhof hängen Anfang November noch die Willkommensplakate für die Flüchtlinge. Ich stehe an den Gleisen, wo im September täglich Tausende von ihnen angekommen sind. Seitdem die Grenze zu Deutschland wieder kontrolliert wird, erreichen die Stadt jedoch nur noch wenige mit dem Zug. Die Leute, die jetzt aus dem Regionalexpress steigen, sind Schüler, Berufspendler, Ausflügler. Alles geht hier wieder seinen gewohnten Gang.

An genau derselben Stelle betraten schon einmal Tausende Menschen erstmals deutschen Boden. In den sechziger und siebziger Jahren kamen auf Gleis 11 die italienischen, jugoslawischen und türkischen Gastarbeiter an. Willkommensplakate gab es damals nicht. Dafür hatte die Arbeitsvermittlung in dem alten Bunker unter dem Gleis ihre Tische aufgebaut und machte Nägel mit Köpfen: Die Gastarbeiter kletterten mit einem Arbeitsvertrag zurück ans Tageslicht und marschierten in ihr neues Leben.

Zahlreiche von ihnen kehrten einige Jahre später in die Viertel rund um den Bahnhof zurück. Die Bomben der Alliierten hatten den Stadtteil stark zerstört, wiederaufgebaut worden war er in der billigen, ästhetisch wenig ansprechenden Wirtschaftswunderarchitektur. Die Deutschen hatten irgendwann keine Lust mehr auf die zugigen Wohnungen und zogen in andere Gegenden der Stadt. Das führte zu einem Mietverfall, den die Gastarbeiter dankbar nutzten.

In Gang gesetzt wurde eine Entwicklung, die aus dem südlichen Bahnhofsviertel einen der aufregendsten Orte Münchens gemacht hat: laut, bunt, halbseiden und multikulturell. Wenn München irgendwo Weltstadt ist, dann dort: Über 3000 Menschen aus 70 Nationen haben die Gegend zu ihrer Heimat gemacht, zudem ist sie mit über der Hälfte aller Münchner Hotelbetten die erste Adresse für Touristen aus aller Welt. Mehr als 30 000 Leute kommen täglich zum Arbeiten dorthin und verweilen auch sonst gerne dort. Jeder findet etwas nach seinem Geschmack: Es gibt türkische Gemüsehändler, Bäckereien und Lebensmittelläden, Moscheen und Kirchen, Sex-Shops, Spielotheken und arabische, indische, asiatische Restaurants. Hier sieht man Anzugträger, Rastafaris, grell geschminkte Frauen in Netzstrumpfhosen, hier steigen Golfaraber aus riesigen Limousinen, um mit ihren tiefverschleierten Frauen im Schlepptau *halal* einkaufen zu gehen.

Die kulturelle Vielfalt hat keineswegs zu Verwässerung geführt. Im Gegenteil, der Blick auf das Andere erhöht das Bewusstsein für die eigene kulturelle Identität. Jede Community hat eine Straße zu ihrem Lebensmittelpunkt gemacht.

Die Goethestraße interessiert mich besonders, denn sie ist fest in türkischer Hand. In urdeutschen Einkaufsstraßen verbindet die Ladenbesitzer, abgesehen von ihrer Nachbarschaft, in der Regel nichts miteinander. In der Goethestraße hingegen teilen sich eine Handvoll Familien die Geschäfte. Im traditionellen türkischen Milieu ist es selbstverständlich, dass einer, der es zu etwas gebracht hat, auch seinen Lieben einen Job besorgt. Den Onkel, Bruder oder Cousin einzubinden, das bedeutet eigenes Blut, Vertrauen, absolute Loyalität und klare Abgrenzung nach außen – vorausgesetzt natürlich, die Familienmitglieder haben sich noch nicht so weit an die deutschen Sitten gewöhnt, dass sie den Respekt vor der familiären Rangordnung vermissen lassen würden.

Die Familien kennen einander, teilweise seit Jahrzehnten schon. Sie unterstützen sich oder sind erbitterte Konkurrenten. Es ist eine über Jahrzehnte gewachsene Gemengelage, die typisch für türkische Geschäftsbiotope in Deutschland ist. Die Menschen kopieren, was sie aus der Türkei kennen. Und deshalb funktionieren diese Einkaufsstraßen, was ihre inneren Hierarchien und die soziale Enge angeht, letztendlich wie ein türkisches Dorf.

―

Hassan hat keine Familie in der Goethestraße. Ihm gehört nichts, aber er gehört fest dazu. Seit fast sechs Jahren arbeitet der 51-Jährige dort als Oberkellner im Antep Sofrası, dem besten türkischen Restaurant des Bahnhofsviertels, das von Kurden betrieben wird. Als solche hat man in der türkischen Community meistens keine guten Karten. «Als vor ein paar Jahren eine prokurdische Demonstration durch die Straße zog, bewarfen sie die Demonstranten kistenweise mit Tomaten», erzählt Hassan. Die Geschäftsleute der Goethestraße verzeihen den Besitzern des Antep Sofrası ihre kurdische Herkunft jedoch mehr oder weniger, da ihre hervorragende Küche zahlungskräftige Araber in die Straße lockt.

Hassan ist ein schlanker Mann mit graumeliertem Haar und eckiger, schwarzgerahmter Brille. Seine Stimme ist volltönend und klar, man kann sich ihn gut im Radio vorstellen. Acht Stunden täglich steht er hinter der Theke des Lokals, schenkt Tee aus und portioniert die Süßspeisen. Außerdem ist er für die Kasse verantwortlich, nimmt Reservierungen an und weist den Gästen in sonorem Arabisch, Kurdisch, Englisch, Türkisch oder Deutsch die Plätze zu. Viele begrüßt er namentlich: Hassan ist Teil des Inventars und sein Posten hinter der Theke wie eine Loge, von der aus er eigentlich alles mitbekommt – durch die großen Fenster das Geschehen auf der Straße, durch Gespräche am Tresen, was die Leute bewegt. Er hat, wenn man so will, das Dorf ständig im Auge. Manches, das er mitbekommt, ärgert ihn. Vieles amüsiert ihn. Gerade ist nicht viel los im Restaurant, Zeit genug deshalb für Hassan, sich mit zwei Gläschen Tee für einen Augenblick zu mir an den Tisch zu setzen.

Er verrät mir keine Geheimnisse. Dennoch böte das, was er in wenigen Sätzen schildert, genügend Stoff für eine Fernsehserie; für eine deutschtürkische Version der «Lindenstraße» vielleicht – nur etwas härter und politisch weniger korrekt. Es geht um Macht, Politik und Religion und – da unterscheidet sich die Goethestraße wahrscheinlich von türkischen Einkaufsstraßen andernorts – um sehr viel Geld. Die vergleichsweise günstigen Mieten im südlichen Münchner Bahnhofsviertel sind nämlich längst Geschichte. Touristen aus den Golfstaaten und die hohe Dichte an Hotels haben aus ihm eine Goldgrube gemacht. «Es werden riesige Ablösesummen für Ladenlokale gezahlt», sagt Hassan. «*Hava parasi*», «Luftgeld», heißt das in der Goethestraße, denn als Gegenwert erhält man lediglich das Versprechen, der nächste Mieter oder Besitzer eines Ladens zu sein. Auch mit teuren Untervermietungen fahren einige Familien riesige Gewinne ein. Und was die Politik angeht: Die Goethestraße bebt vor politischen Kämpfen.

Im Mittelpunkt stehen nicht etwa Seehofer, Merkel oder

Frauke Petry. Sondern Recep Tayyip Erdoğan und dessen muslimisch-konservative Partei, die AKP. Je nachdem, ob die Leute Erdoğan-Anhänger oder -Gegner sind, präsentierten sie sich als eifrige Muslime oder als säkular und der Moderne zugewandt. Vor allem in den vergangenen Wochen sind wegen der türkischen Parlamentswahlen die Emotionen hochgekocht. Ob man wahlberechtigt ist oder nicht, spielt dabei keine Rolle. Denn auch jene, die sich für die deutsche Staatsbürgerschaft entschieden haben, wollen meistens nicht die Augen davor verschließen, wohin die Reise im Land ihrer Väter und Urgroßväter geht. «Warum sollten sie das auch?», sagt Hassan. «Die Frage ist jedoch, wie weit man es dabei treibt.»

Hassan muss zurück hinter den Tresen, ich verlasse das Lokal. Vor mir auf der Straße begrüßen sich zwei junge Männer, wie man es oft hier sieht: Zielstrebig gehen sie aufeinander zu, heben dabei rechts und links die Arme an wie zwei Pfauen, die gleich ein Rad schlagen werden, ergreifen sich dann männlich fest bei der rechten Hand, knallen die Oberkörper aneinander und klopfen sich dann ebenso männlich-kraftvoll auf die Schulter. Eine in einen schwarzen Tschador gehüllte junge Frau mit auffällig geschminkten Augen plaudert angeregt mit ihrer Freundin, und vor dem Hotel Goethe kauert ein Bettler und streckt seine Hand nach den Passanten aus. Da zerreißt eine wütende Stimme die Szenerie: Es ist Mahir Zeytinoğlu, der Besitzer des Hotels. Bei ihm ist der Bettler offenbar an den Falschen geraten. Wütend herrscht Zeytinoğlu die Gestalt am Boden auf Türkisch an, sie solle sofort verschwinden. Der Bettler versteht kein Wort, wohl aber die Intention, denn er erhebt sich und humpelt davon. «Dein Gejammer kauft dir hier niemand ab!», ruft der Hotelier ihm hinterher und geht kopfschüttelnd in sein Hotel zurück.

Ich bezweifle, dass er recht damit hat. Es gibt auffällig viele Bettler in der Goethestraße. Sie wissen: Almosen geben ist für

Muslime eine Pflicht, Mildtätigkeit sogar eine der fünf Säulen des Islams, und die Touristen aus den Golfstaaten verfügen über dicke Portemonnaies. Die Bettler ziehen alle Register, um sie anzuzapfen: Einer murmelt ständig das islamische Glaubensbekenntnis vor sich her, jener vor dem Hotel Goethe hatte gut sichtbar einen Koran in seine Bettelschale gelegt.

Mahir Zeytinoğlu soll ein glühender AKP-Anhänger sein. Wann immer ein Politiker der Partei München besucht, kutschiert der Hotelier ihn herum – zuletzt den türkischen Europaminister Bağiş. Politisch setzt er damit auf eine Partei, die auch weniger gläubigen Muslimen eine islamische Lebensweise abverlangen will. Nichtdestotrotz hat Zeytinoğlu die Multikulturalität zu seinem geschäftlichen Aushängeschild gemacht. Im Namensschriftzug seines Hotels ist das «O» im Wort «Goethe» ein türkischer Halbmond, und über dem Eingang weht neben der deutschen und türkischen Flagge das europäische Sternenbanner.

Von den Leuten in der Straße wird Mahir Zeytinoğlu geliebt oder gehasst, je nachdem, welchem politischen Lager sie angehören. Das gilt letztendlich für alle, bei ihm aber scheiden sich die Geister besonders, da er ein Mann mit Einfluss ist. Manche sagen, er führe sein Hotel wie ein Patriarch seinen türkischen Tante-Emma-Laden. Die türkische Zeitung «Hürriyet» hat ihn den Bürgermeister der Goethestraße genannt, und wer das nicht selbst gelesen hat, dem wird es früher oder später von Zeytinoğlu selbst erzählt. Er liebt das Rampenlicht. Das merkt man, sobald man sein Hotel betritt.

Das Foyer ist eine holzvertäfelte Plüsch-Höhle mit schwarzen Ledersesseln, goldgerahmten Spiegeln, Kronleuchtern und schwerem Orientteppich. Hinter der Rezeption hängt ein Gemälde von Goethe, ihm gegenüber ein Porträt von Ludwig XIV. Auf dem Bild direkt neben der Tür hat Mahir Zeytinoğlu sich selbst in Öl verewigen lassen: Als osmanischer Würdenträger mit kostbarer Kopfbedeckung, pelzbesetztem Mantel, kühnem Blick.

Er sitzt im hinteren Teil des Foyers, vor sich ein Glas schwarzen Tee, und unterhält sich im Flüsterton mit einem Herrn im Kamelhaarmantel. Auf der anderen Seite des Raums ist eine Fotowand; Mahir Zeytinoğlu, der dem Ruhm und der Macht die Hand schüttelt: Otto Wiesheu, Edmund Stoiber, Christian Ude, Günter Beckstein, Peter Gauweiler, der ehemalige türkische Staatspräsident Abdullah Gül, der derzeitige türkische Staatspräsident Erdoğan.

An der Rezeption miete ich mir ein Zimmer. Es ist winzig und spärlich möbliert. Auf der anderen Seite der Wand brüllt jemand auf Arabisch in ein Telefon.

—

Mahir Zeytinoğlu kam 1973 aus der Osttürkei nach München. Er wollte bleiben, bis er das Geld für hundert Schafe und einen Ford Transit zusammenhat. Als es so weit war, wollte er nicht mehr fort. Er bepflanzte Blumenbeete für die Stadtgärtnerei, verkaufte Teppiche für einen Deutschen, dessen Laden er, als der Chef sich zur Ruhe setzte, übernahm. Ende der siebziger Jahre eröffnete er in der Goethestraße ein Lebensmittelgeschäft mit dem Namen «Baba», «Vater». Der Name wurde zu seinem Programm: Die meisten Ladenlokale standen damals leer, die Bürgersteige waren kaputt, und sobald es dunkel wurde, suchten die Leute das Weite, da es keine Straßenbeleuchtung gab. Auch tagsüber war kaum etwas los, am Tag der Eröffnung nahm Zeytinoğlu nur 60 Mark ein. Er ist niemand, der mit sehendem Auge in den Bankrott laufen würde. Dafür war sein Leben in der Türkei zu hart. Also begann er, die Goethestraße bei Freunden und Kollegen anzupreisen. In einer türkischen Zeitung schaltete er eine Anzeige, die auf die billigen Ladenmieten hinwies. Der Plan ging auf, die Straße erwachte zum Leben. Zeytinoğlu erreichte, dass die Stadt die Bürgersteige reparierte und eine Straßenbeleuchtung installierte. Im Jahr 2002 kaufte er den Altbau mit der Hausnummer 18 und eröffnete dort das Hotel Goethe. Zur Feier des Tages ließ Zeytinoğlu Gedichte aus Goethes «West-östlichem Divan» vorlesen.

Der 66-Jährige hat die Aura eines geschäftstüchtigen Patriarchen. Während er mit leiser Stimme erzählt, den Blick dabei meistens ins Leere gerichtet, spielen seine Hände mit zwei Visitenkarten. «In den ersten Jahren gab es auf beiden Seiten Vorbehalte. Die deutschen Nachbarn sagten uns nicht ‹Grüß Gott› und wir Türken ihnen auch nicht. Sie fanden uns komisch. Sie mussten ganz neu sehen lernen, und wir brauchten Zeit, um zu begreifen, wie man ihnen entgegenkommen kann.» Er organisierte ein Straßenfest. Zögernd nahmen die Deutschen an den Tischen Platz und kosteten vorsichtig Baklava und türkischen Tee. Und dann passierte etwas, das Zeytinoğlus Augen noch heute, fast vierzig Jahre später, vor Stolz aufleuchten lässt: Der Präsident des Gewerbeverbandes München lud ihn zu einer Sitzung ein. Zeytinoğlu nahm vorsichtshalber seinen Anwalt mit. Der Präsident wollte ihm aber nur vor den Verbandsmitgliedern danken. «Er sagte: Bevor Herr Zeytinoğlu in die Goethestraße kam, war sie tot und dunkel. Er hat sie wieder zum Leuchten gebracht», erzählt Zeytinoğlu stolz. Er wurde in den Gewerbeverband aufgenommen – als erster Türke in dessen Geschichte überhaupt. Der Präsident stellte ihn dem damaligen bayerischen Ministerpräsidenten Edmund Stoiber vor, dem Münchner Oberbürgermeister und anderen Politikern. Glückliche Zeiten brachen an für den Mann aus Kayseri, der noch ein paar Jahre zuvor mit bloßen Händen ein karges Stück türkische

Erde beackert und in einem Dorf gelebt hatte, in dem es weder Strom noch fließend Wasser gab. Die Treffen mit den Politikern waren der Auftakt der Fotoserie, die Zeytinoğlu stolz im Foyer präsentiert. Zum ersten Mal in seinem Leben bekam er etwas, das ihm bisher immer versagt worden war: Anerkennung.

Es mag albern erscheinen, dass ein Mann sein Selbstbewusstsein vor allem aus solchen Begegnungen zieht. Um es zu verstehen, muss man sich vor Augen halten, woher Mahir Zeytinoğlu stammt. Die Gesellschaft in der Türkei ist damals wie heute von enormen sozialen Ungleichheiten geprägt. Wie die meisten, die sich als Gastarbeiter auf den Weg nach Deutschland machten, wuchs Zeytinoğlu in äußerst ärmlichen Verhältnissen auf. Er und seine Familie gehörten in der Türkei zu einer Schicht, die von der türkischen Soziologin Nilüfer Göle als «schwarze Türken» beschrieben worden ist: muslimisch geprägte Menschen anatolischer Herkunft mit niedrigem Bildungsstand, die auf der Suche nach Arbeit aus ihren Dörfern in die türkischen Städte oder ins Ausland zogen. Ihren Gegenpol bilden die sogenannten «weißen Türken». So nennt Göle die gebildete, republikanische, urbane Elite, die in der Türkei jahrzehntelang die wichtigsten Posten in Politik, Wirtschaft und Militär unter sich aufgeteilt hat. Für die «schwarzen Türken» haben die meisten bis heute nur Geringschätzung übrig. Jemandem, der keine Universität besucht hat, aus einem Dorf stammt, kein Hochtürkisch spricht, der vielleicht kleingewachsen ist und dunkel und womöglich auch noch Kurde, dem trauen bis heute viele Menschen in der Türkei nicht viel zu.

In diesem Bewusstsein wuchs Mahir Zeytinoğlu auf. Mit dem geringen Selbstwertgefühl, das daraus resultierte, kam er nach Deutschland. Mit ihm kamen Tausende andere türkische Männer und Frauen, denen es in der Türkei genauso ergangen war. In Gesprächen mit Kindern der ersten und zweiten Gastarbeitergeneration wurde mir immer wieder berichtet, die Eltern hätten sie dazu angehalten, im Hintergrund zu bleiben und nicht aufzufallen – Resultat der elterlichen Sozialisationserfahrungen in der Türkei, Resultat der Ablehnung in Deutschland: Gastarbeiter, das waren immer auch Arbeiter zweiter Klasse. Also machten die meisten, was sie schon kannten: Sie hielten sich, verstärkt natürlich noch durch die Sprachbarriere, von bestimmten Bereichen des gesellschaftlichen Lebens fern. Umso bemerkenswerter ist, was Mahir Zeytinoğlu tat.

Zeytinoğlus Kaschmirschal ist mittlerweile etwas verrutscht und zeigt die winzige Brosche an seinem Revers: Eine goldene Glühbirne, das Parteiabzeichen der AKP. Über Zeytinoğlus Kopf hängt ein riesiges Atatürk-Gemälde. Der türkische Staatsgründer hatte die Religion aus dem öffentlichen Leben verbannt, Erdoğan hat sie wieder zurückgeholt. Bedeutet Zeytinoğlus Liebe zur AKP und die Verehrung Atatürks kein Konflikt? Zeytinoğlu hebt entrüstet die Hände: Ohne die AKP hätte es die Türkei niemals zu wirtschaftlicher Größe gebracht! Das sei im Sinne Atatürks! Erdoğan hat Straßen gebaut, Schulen, Krankenhäuser!, ruft er. Und was ist mit den Menschenrechtsverletzungen und der eingeschränkten Pressefreiheit? Das werde doch bloß von Neidern in die Welt gesetzt, sagt Zeytinoğlu.

Früher, sagt er, habe er viel Alkohol getrunken. Jetzt bete er, so oft es geht. Zweimal pro Woche gehe er außerdem in die Moschee. «Ein Mensch muss einen Glauben haben. Egal welchen, aber einer muss es sein.» Über Religion will er jetzt nicht weiter reden, es gibt Wichtigeres. Er steht auf, geht zur Rezeption und drängt sich, als stehe dieser gar nicht da, am Rezeptionisten vorbei hinter den Tresen, um in irgendwelchen Schubladen herumzurumoren. Mit einem dicken Ordner kehrt er zurück: Zeitungsartikel über ihn und sein Hotel, Einladungen, noch mehr Fotos. Mahir Zeytinoğlu gilt als Vorzeige-Unternehmer der Stadt – er ist nicht nur Hotelinhaber, er hat sich auch schon im Ausländerbeirat engagiert. Als München 2008 sein 850. Jubiläum feierte, spendierte Zeytinoğlu dem Oberbürgermeister eine Torte. Er sagt, er sehe sich mittlerweile als Deutscher. «Das ist mein Land, meine Stadt, die Goethestraße ist meine Heimat. Meinen türkischen Pass habe ich allerdings behalten, denn ich bin mit dem Kopf integriert.»

Dann sagt er: Sauberkeit, Ordnung, Sicherheit. Sauberkeit, Sicherheit, Ordnung – so eine Stadt wie München finde man sonst nicht. Nein, von hier gehe er nie wieder weg. Wenn da nur nicht die Bettler wären. Die Münchner Polizei beschütze die Ausländer. Nur bei diesen Bettlern, da müsse sie ihre Arbeit mal etwas besser machen. Er sagt: «Als die ganzen Syrer kamen, haben wir von der Goethestraße überlegt, was wir tun, wenn die kommen und hier betteln. Aber das haben sie nicht.»

―

Einer, der schon fast genauso lang in der Goethestraße ist wie Mahir Zeytinoğlu, ist Ruhi Çavuşoğlu. Für die einen ist Zeytinoğlu der bestimmende Mann des Viertels, für die anderen er. Der gelernte Schneider hat es ziemlich weit gebracht, nennt ein Lebensmittelladen-Imperium sein Eigen und vieles mehr. Die Supermärkte in der Goethestraße Nr. 15, 26 und 28 gehören dem Çavuşoğlu-Clan, außerdem das Hotel Andra, der Dönerladen an der Kreuzung zur Landwehrstraße und das Hotel Mirabel gleich um die Ecke. Zudem besitzt Ruhi Çavuşoğlu in der Türkei zwei Frachtschiffe.

Politisch segeln Çavuşoğlu und Zeytinoğlu auf einer Linie, der Schneider macht aber weniger Wind. Ruhi Çavuşoğlu tritt äußerst bescheiden auf. Er ist ein kleiner Mann mit mächtigem Bauch, grauem Schnurrbart und Halbglatze, der oft karierte

Hemden trägt. Im Sommer setzt er sich gern mit einem Campingstuhl auf den Bürgersteig, spannt zum Schutz gegen die Sonne einen Regenschirm auf und beobachtet das Treiben vor seinem Geschäft.

Der Supermarkt direkt gegenüber vom Hotel Goethe ist der Mittelpunkt des Çavuşoğlu-Imperiums. In der Auslage türmen sich Obst und Gemüse, drinnen gibt es alles, was ein kosmopolitisches muslimisches Publikum glücklich macht: keinen Alkohol, aber orientalische Lebensmittel und Spezialitäten aus Asien und Osteuropa, außerdem eine Frischetheke mit Brot, Käse, Fisch und *halal* geschlachtetem Fleisch.

Ruhi Çavuşoğlu ist nicht da, sein Enkel Fatih Birinci werde aber gleich kommen, sagt seine Mutter, Ayşe Birinci, die an der Kasse Rechnungen sortiert. Das Reden will sie lieber ihrem Sohn überlassen. Zur Sicherheit nennt sie mir seine Handynummer. Als ich nicht sofort einen Stift parat habe, fischt sie einen eleganten schwarzen Kugelschreiber aus ihrer Handtasche: «Den schenke ich dir. Wann immer du mit ihm schreibst, sollst du an Ayşe denken», sagt sie, in diesem Augenblick ganz die Tochter eines großen Geschäftsmannes.

Der 25-jährige Fatih Birinci trägt Jeans, Turnschuhe, Kapuzenpulli und ist ein Schrank von einem Mann. Wir setzen uns auf leere Getränkekisten neben der Frischetheke. Es riecht streng nach Fleisch. Fatih Birinci stört es nicht. Er hat das Gymnasium abgebrochen und arbeitet für seinen Opa als Metzger. Alles, was man dafür wissen muss, hätten seine Onkel ihm beigebracht. Vor ein paar Jahren seien die Geschäfte besser gelaufen, sagt er. Da hätten sie an einem Tag fünf Paletten Tomaten verkauft, mittlerweile wären die erst nach drei Tagen weg. Trotzdem mache der Laden noch einen monatlichen Umsatz von 300 000 Euro. «Meinem Opa wurden gerade drei Millionen Ablöse für den Supermarkt geboten. Aber er will nicht verkaufen.»

Fatih Birincis Oma bringt zwei Gläser Tee. «Wir sind gläubige Muslime», sagt er. «Meine Oma fastet gerade, sie holt es für die ganze Familie nach, denn während des diesjährigen Ramadans sind wir alle nicht so richtig dazu gekommen.» Das geht? Der junge Mann kratzt sich am Kinn. «Ja, klar», sagte er. Eine alte Frau, die das anstrengende Fasten auf sich nimmt, um das Seelenheil ihrer Lieben zu retten – auch so kann man Muslimsein definieren.

In Sachen Politik ist die Familie konsequenter: «Natürlich hat die ganze Familie die AKP gewählt» sagt Birinci. «Mir ist Politik eigentlich egal. Aber meine Verwandten in der Türkei haben viel durchgemacht.» In der Goethestraße hätten alle für die AKP gestimmt. Nur nicht die Leute vom Café «Retro», «die sind für die CHP», die kemalistische Oppositionspartei. Die Sevengüls, die Besitzer des Café «Retro», und Mahir Zeytinoğlu hätten sich deswegen richtig in die Wolle gekriegt. Jetzt redeten sie nicht mehr miteinander. Fatih Birinci seufzt: «Mich nerven eher die Kurden vom Antep Sofrası. Mein Schwager ist Kurde, der Kollege an der Fleischtheke ist Kurde. Das sind Kurden, die an Gott glauben. Aber die Typen vom Lokal, also, wenn Sie mich fragen, die sind PKK.»

—

Über so etwas kann Hassan nur lachen. Im Antep Sofrası herrscht mittlerweile Hochbetrieb, routiniert begrüßt er Gäste, ruft den Kellnern Anweisungen zu und lässt die Kasse auf- und wieder zuschnellen. «Für Fatih sind alle Kurden von der PKK», sagt er und erklärt das Thema mit einer wegwerfenden Handbewegung für beendet. Leise flucht er vor sich hin. Nicht wegen Birinci. Wegen der arabischen Gäste, die gerade das Lokal verlassen haben. In der Ecke, in der die Männer gegessen haben, sieht es aus, als hätte jemand eine Horde Dreijähriger an einen vollgedeckten Tisch gesetzt und dann allein gelassen: Der Boden ist ein Konfetti-Teppich aus Reiskörnern, zerknüllten Servietten und Salatblättern. Auf dem Tisch schwimmen Nudeln und Fleisch in einer dunklen Coca-Cola-Pfütze, die Teller sind halbleer gegessen oder kaum angerührt. Die meisten arabischen Touristen wohnen in einem Luxushotel in einem anderen Teil der Stadt, kommen aber zum Essen ins Antep Sofrası: Es schmeckt großartig, ist *halal* und es gibt keinen Alkohol. Deutsche wollten mittags meistens Reis und Gemüse, erzählt Hassan. Araber bevorzugten teure Fleischgerichte. Nur leider seien ihre Manieren bisweilen äußerst fragwürdig: siehe die Sauerei auf dem Tisch. Die meisten Araber hätten zu Hause eben Personal, das hinter ihnen herräume, erklärt Hassan den Hang zu Unordentlichkeit. Auch sei es in den Golfstaaten üblich, den Angestellten das zu geben, was bei Tisch übrig bleibt. Deshalb bestellten die Araber immer viel zu viel – «die Macht der Gewohnheit eben», sagt Hassan. Und die Araber trinken wirklich keinen Alkohol? Er schnalzt mit der Zunge. «Die meisten nicht. Aber einige, oh, là, là! Die hocken die ganze Nacht in der Spielothek am Bahnhof, zocken und saufen. Das ist halt so, das muss man respektieren.»

Respekt verlangt auch Zühre Sevengül. Respekt vor ihrer Art zu leben, Respekt davor, dass man auch in ihrem Lokal, dem «Café Retro», Bier trinken kann. Auf dem Auto von Mahir Zeytinoğlu klebt ein Aufkleber der AKP, das Auto von ihrem Mann Haluk, einem Aleviten, trägt das Kennzeichen M-KA 1881 – Mustafa Kemal Atatürk, geboren 1881. Sie sagt: «Ich habe nichts gegen die Kurden vom Sofrası, ihr Essen ist vorzüglich. Çavuşoğlu ist doch nur neidisch, weil das Restaurant so gut läuft.»

Die Fünfzigjährige hat einen eleganten Münchner Zungenschlag, trägt ihre langen Haare offen und ein weites Shirt zu enger Hose. Sie sieht viel jünger aus, als sie ist. In der Goethestraße gehe es ständig um Geld. «Wie viel man hat, wie viel *Hava parasi* einem geboten wurde, wie viel die anderen haben.» Auch ihnen wurde schon einmal ein Ablöseangebot fürs «Retro» gemacht. «Es lag bei 500 000 Euro. Der Friseur gegenüber will sein Geschäft verkaufen. Weil das jeder in der Straße weiß, sind ihm nur 250 000 Euro geboten worden.»

Das «Retro» haben sie und ihr Mann vor knapp drei Jahren eröffnet. Aus den Lautsprechern rieselt leiser Jazz, hinter dem Tresen stehen Rum, Schnaps, Whisky, Wodka und was man sonst noch braucht, um seinen Gästen vernünftige Cocktails zu servieren – das «Retro» ist das einzige Lokal in der Goethestraße, das Alkohol ausschenkt. Die Kellner sind jung und hip, der junge Mann mit schwarzer Pudelmütze hinter dem Tresen ist Zühre Sevengüls 27 Jahre alter Sohn Deniz. Rechts von uns sitzt eine junge Familie und unterhält sich in einem Mix aus Deutsch und Türkisch, linker Hand isst ein älteres deutsches Paar Spaghetti, und am Tisch daneben sitzen zwei Frauen mit Kopftuch. Die eine von beiden hat auch noch ihre Mund- und Nasenpartie mit einem Schleier verhüllt. Nähert sich ihr Löffel dem Gesicht, lüftet sie ihn für die Länge eines Wimpernschlags, um ihn zum Mund zu führen. Auch das «Retro» setzt auf Multikulti, allerdings ganz anders als Zeytinoğlu in seinem Hotel. Anstelle von Goethe, von Herrschern des Abend- und Morgenlandes oder Granden der AKP und CSU hängen dort eine Regenbogenflagge, Trikots von Bayern München und dem Istanbuler Fußballclub Beşiktaş sowie Fotos von Willy Brandt, Che Guevera und Mustafa Kemal Atatürk.

Er rief 1923 die Partei ins Leben, deren Anhängerin Zühre Sevengül ist: Die «Cumhuriyet Halk Partisi», kurz CHP genannt. Bis die AKP 2002 erstmals die Regierung stellte, tat dies jahrzehntelang die CHP. Mittlerweile ist sie die größte Oppositionspartei. Sie kämpft für alles, was die AKP in den vergangenen Jahren abgeschafft oder aufgeweicht hat – für die Trennung von Staat und Religion, für die Verbannung religiöser Symbole aus der Öffentlichkeit. Zühre Sevengüls Familie stammt aus Istanbul. Sie selber wurde im Jahr 1965 in Fürstenfeldbruck geboren. Die zunehmende Islamisierung der Türkei, sagt sie, hätten sie dazu bewogen, sich in Deutschland für die CHP zu engagieren. Das Zerwürfnis mit Zeytinoğlu, sagt sie, sei damit absehbar gewesen.

Es begann im August vor zwei Jahren, als Erdoğan sich zum Staatspräsidenten der Türkei küren ließ. Für die Sevengüls war das ein Tag der Trauer, für Zeytinoğlu Grund zum Feiern. Für seine Party wollte er das «Retro» mieten. Gut möglich, dass das nur als Provokation gedacht war, jedenfalls lehnten die Sevengüls aus nachvollziehbaren Gründen ab. Der Konflikt schaukelte sich weiter hoch, als die Sevengüls sich weigerten, Zeytinoğlus AKP-Wahlplakate aufzuhängen. Nach dem Ramadan war es dann endgültig mit der Freundschaft vorbei: Zusammen mit politisch gleichgesinnten Münchnern hatte Zühre Sevengül in der Goethestraße ein gemeinsames Fastenbrechen organisiert: Kein Essen für ein paar einflussreiche Auserwählte, wie es die AKP-Geschäftsleute aus der Straße oftmals während des Ramadans praktizieren, sondern Essen für alle, die nach Sonnenuntergang hungrig sind – das entspricht ihrer Vorstellung vom Glauben. Die riesige Tafel, aufgebaut unter freiem Himmel, war viele Meter lang. Zuvor hätte Zeytinoğlu nun seinerseits abgelehnt, dass an seinem Hotel Plakate mit dem Porträt Atatürks aufgehängt werden. Das brachte ihm einige spitze Bemerkungen von den CHP-Leuten ein – sie benutzten dafür ihr Mikrophon und den Lautsprecher. Leute, die dabei waren, sagen, Mahir Zeytinoğlu habe den ganzen Abend in seinem Hotel vor sich hin geschmollt. In der hintersten Ecke des Foyers, damit er möglichst wenig hört. Irgendwann kamen einige CHP-Leute ins Foyer und brachten ihm einen Teller Suppe.

Früher sei ihr Mann mit Zeytinoğlu und dem Çavuşoğlu-Clan um die Häuser gezogen, sagt Zühre Sevengül. «Doch seit dem Erfolg der AKP wollen die nur noch in die Moschee. Entweder man spielt mit, oder man ist draußen.»

Für Deutschtürken, die sich als AKP-Anhänger verstehen, ist der Gang in die Moschee weitaus mehr als nur ein spirituelles Ereignis: Er ist ein deutliches Ja zu Erdoğan und dessen Partei. In der türkischen Community wird liberal eingestellten Muslimen die Religiosität schnell abgesprochen. Auch das ist Import aus der Türkei. Alle Muslime sollen sein wie Erdoğan: sunnitisch, offensiv gläubig, abstinent und verheiratet mit einer kopftuchtragenden Frau. Und so ist das Kopftuch oder der Verzicht auf Alkohol für viele Türken nicht mehr nur eine Antwort darauf, wie sie den Koran auslegen, sondern ein Zeichen dafür, wo sie politisch stehen.

Auch in der Goethestraße ist Alkohol mittlerweile ein Politikum. Wegen des umfangreichen Angebots in ihrem Café sei anfangs mächtig Stimmung gegen sie gemacht worden, erzählt Zühre Sevengül. Mittlerweile tränken nicht wenige der Schreihälse im «Retro» heimlich ihr Feierabendbier – serviert ohne Schaum und im normalen Glas, sodass es wie eine Apfelschorle aussieht. Vor einigen Tagen war eine vollverschleierte Frau zu Gast im «Retro». Sie bat den Kellner, ihr ein Bier in einem Teekännchen zu bringen. Dann saß sie da, schaute aus dem Fenster und trank es in aller Ruhe aus der Tasse.

Deniz, der Sohn der Sevengüls, setzt sich zu uns an den Tisch. Die gesamte Familie arbeitet in der Gastronomie. Die Tochter ist Chefin vom «Beverly kills», einer Kneipe im Glockenbachviertel. Deniz geht, wenn man den Verkauf von Alkohol als unislamisch ansieht, sogar noch einen Schritt weiter. Direkt neben der Kneipe der Schwester verkauft er in seinem Imbiss «Bazi's Schlemmerkucherl» nicht nur Bier, sondern Schweinebraten mit Blaukraut und Knödeln in der China-Box. Ein Muslim, der mit Schweinebraten hantiert? Deniz Sevengül grinst: «Da stehe ich drüber. Ich bin am Marienplatz aufgewachsen, habe im Englischen Garten Fußball gespielt und im Ratskeller München gelernt. Muslimsein ist nur eine sehr kleine Facette meiner Persönlichkeit.»

Zühre Sevengül hat kein Problem damit. «Ich habe es als meine Pflicht angesehen, meinen Kindern zu erklären, warum Muslime kein Schweinefleisch essen», sagt sie. «Ob sie darauf verzichten oder nicht, ist ihre Sache. In der Türkei sagen die Menschen: ‹Jedes Schaf hängt an seinem eigenen Bein›. Das gilt auch für meine Kinder.» Sie ist gläubig, hat den Koran auf Deutsch gelesen. Der Tod bedeutet für sie nicht das Ende. Von der starken Betonung des islamischen Regelwerks hält sie nichts. «Ich glaube nicht, dass Fasten und fünfmaliges Beten mich zu einer guten Muslimin machen. Was nutzt das alles, wenn man anderen Menschen gegenüber voller Hass ist? Für mich geht es beim Glauben um Ethik. Ein guter Muslim ist ein guter Mensch. Das ist es, was der Koran möchte.»

―

Bevor ich München verlasse, will ich Hassans Geschichte hören. Wir treffen uns am nächsten Tag vor Beginn seiner Schicht im Antep Sofrası. «Guten Appetit, Ömer Bey,» ruft er dem Mann zu, der zwei Tische weiter seinen Kopf über den Teller beugt: «Ömer Bey hat gerade Krach mit seiner Frau.»

Hassan klingt, als habe er schon mit allem abgeschlossen, als er sagt: «Ich habe ein schönes Leben geführt, ein unstetes, aber sehr intensives Leben. Aber ich schäme mich nicht dafür. Ich bin mit mir zufrieden, wie ich bin. Ich versuche zu arbeiten und mit dem Geld, das ich verdiene, klarzukommen. Mehr will ich nicht. Ich habe als Heranwachsender nie die Möglichkeit gehabt, wählerisch zu sein.»

Hassans Leben, das sind drei Kinder von zwei Frauen, eine Scheidung und eine deutsche Freundin, die ihn verließ. «Meine Tochter Paula steht morgens auf und fragt: Was soll ich heute anziehen? Blau, rot, pink oder gelb? Als ich so alt war wie sie, besaß ich eine einzige Hose.»

Hassan stammt aus einem türkischen Dorf nahe der syrischen Grenze. Sein Vater war ein einfacher Bauer, seine Mutter starb kurz nach seiner Geburt im Wochenbett. Um das Baby versorgen zu können, heiratete sein Vater eine neue Frau, als Hassan 40 Tage alt war. Er zeugte noch vier weitere Kinder mit ihr. Ein paar Jahre später starb er zusammen mit einem seiner Söhne bei einem Autounfall. Hassans Stiefmutter beschloss, dem Bruder nachzufolgen, der als Gastarbeiter nach Schweden gegangen war. Hassan sollte mit. Aber es gab Probleme mit den Papieren, da er nicht den Nachnamen der Stiefmutter trägt. Also wurde Hassan zurückgelassen. «Das hat mir richtig, richtig weh getan», sagt er. Seine Mutter versuchte schon bald, ihn nachzuholen, aber Hassan wollte ihre Hilfe nicht mehr. Er schwor sich, es aus eigener Kraft nach Schweden zu schaffen.

Er lernte eine in Deutschland geborene Türkin kennen, die im Südosten der Türkei Urlaub machte: Sie suchte einen Mann und Hassan einen Weg nach Europa. Er sagt, er habe von Anfang an mit offenen Karten gespielt. Die beiden heirateten, und Hassan zog zu seiner Frau nach Deutschland. Er suchte seine Mutter in Schweden auf, danach wollte er eigentlich bald wieder in die Türkei. Doch seine Frau hatte sich die Sache mittlerweile anders überlegt. Sie bat ihn, zu bleiben. Er blieb.

Sein erster Job: Maschinenführer bei Coca-Cola in Fürstenfeldbruck. Dann Schichtleiter bei einer Reinigungsfirma in München. Es folgten Jobs als LKW-Fahrer, Fensterputzer, DHL-Paketzusteller und Kellner. In einem der Lokale, in denen er arbeitete, ermittelte die Staatsanwaltschaft wegen Schwarzgeld. Alle Mitarbeiter wurden unter die Lupe genommen. Im Abschlussbericht der Polizei stand, Hassan sei ein «harmloser Bürger». «Darauf», sagt er, «bin ich echt stolz».

Aus der Verbindung mit seiner türkischen Frau ging ein Sohn hervor. Ihre Ehe zerbrach trotzdem, und Hassan verliebte sich in eine deutsche Studentin, mit der er zwei Kinder bekam. Vor zwei Jahren trennten sie sich.

Seine aktuelle Freundin lernte Hassan im Antep Sofrası kennen. Sie macht die Frühschicht, er die Spätschicht. In ein paar Jahren wollen die beiden in die Türkei zurück: «Wir sind hier glücklich, aber die Türkei ist unsere Heimat. Wir glauben, dass wir dort noch glücklicher sein könnten.» Und was wird aus seinen Kindern, wenn er in die Türkei zurückkehrt? Hassan schluckt. «Ich schwöre, ich werde mein Bestes tun. Ich bin nicht so wie der Vater von Mehmet Scholl. Der ist einfach abgehauen und meldete sich erst wieder, als Mehmet berühmt geworden war. Mehmet hat es ganz richtig gemacht. Als sein Vater plötzlich vor ihm stand, sagt er: ‹Wer bist du denn, ich kenn dich nicht.›»

Bevor ich gehe, verrät Hassan mir doch noch ein Geheimnis: Er heiße gar nicht Hassan. Sein richtiger Name sei Nasen. «Ich stelle mich immer als Hassan vor, weil Nasen im Deutschen unmöglich ist. Sogar alle meine Freundinnen haben mich Hassan genannt.» Seine Mutter trug den Namen Nase, er ist ein persischer Mädchenname. Als sie starb, wollte sein Vater in seiner Trauer, dass ihr Sohn ihren Namen bekommt. Aber ein Junge kann nun einmal nicht wie ein Mädchen heißen. Und so fügte der türkische Standesbeamte beim Ausstellen der Geburtsurkunde einfach ein «N» an dessen Ende an. «Ich bin der einzige Mensch in der Türkei, der Nasen heißt!», sagt Hassan und lacht, ein wenig stolz und auch ein wenig besorgt.

Draußen auf der Goethestraße haben deutsche und türkische Geschäftsleute an diesem Morgen eine prächtige Tanne aufgestellt. In ein paar Tagen werden sie den Baum gemeinsam mit Kugeln, Kerzen und Lametta ausstaffieren. Als «multikultureller Weihnachtsbaum» soll er ein Sinnbild sein für das Miteinander der Kulturen im Bahnhofsviertel. Es ist ein schöner Gedanke, eine gute Geste, vielleicht sogar der Beginn eines neuen Kapitels der dortigen deutsch-türkischen Verständigung. Das spannungsreiche Miteinander in dem türkischen Dorf, in dessen Mitte der Weihnachtsbaum steht, wird dessen Symbolik kaum berühren. Sicherlich werden viele Araber kommen und ihn fotografieren. Für die türkischen Geschäftsleute ein Grund zur Freude.

In Rosenheim kommt ein anderer Islam an
Wie die Flüchtlinge nicht nur Deutschland, sondern auch den Islam verändern werden

Wenn man mit dem Zug von München aus in Richtung Österreich fährt, ist das Land vor dem Zugfenster sehr friedlich und grün. Kleine Dörfer mit Zwiebelkirchturmspitzen, schmucken Einfamilienhäusern und herrschaftlichen Bauernhöfen fliegen vorbei. Auf den Wiesen weiden Kühe, unter einem Baum am Waldrand wartet ein einsames Bänkchen. Es braucht keine Selfie-Fotos mit der Kanzlerin, damit Deutschland attraktiv erscheint. Die Flüchtlinge sind diese Strecke aus entgegengesetzter Richtung gefahren, als sie im Sommer Deutschland erreichten.

Mit den Österreichern wurde mittlerweile vereinbart, dass im österreichischen Grenzort Kufstein immer nur fünfzig Flüchtlinge in den Zug gelassen werden. Er fährt stündlich und zwanzigmal am Tag. In Rosenheim, das fünfzig Kilometer südöstlich von München liegt, müssen die Asylsuchenden aussteigen, werden registriert und dann in Erstaufnahmelager in ganz Deutschland verteilt. In diesen Tagen im November kommen in Rosenheim täglich 2000 Menschen an. Wer wird dort heute erstmals deutschen Boden betreten?

Am Bahnhof weisen nur ein großes weißes Zelt und umherlaufende Polizisten darauf hin, dass Rosenheim ein besonderer Ort ist. In dem Zelt werden die Geflüchteten registriert. Die Polizisten sind aus dem gesamten Bundesgebiet zusammengezogen worden, um dabei Dienst zu tun. Sie bleiben zwei Wochen, dann übernimmt eine andere Einsatztruppe. An diesem Tag ist eine Einheit der Bereitschaftspolizei Blumberg da, aus der Nähe von Berlin. Jeweils zwei Beamte fahren von Kufstein aus im Regionalexpress mit und sorgen dafür, dass die Geflüchteten in Rosenheim aussteigen. Jeweils fünf erwarten sie dort am Bahnsteig an Gleis 1.

Der nächste Zug fährt gerade ein. Seine Türen öffnen sich. Er spuckt lärmende Schüler und Berufspendler aus, zielstrebig laufen sie zur Treppe. Dann kommen die Flüchtlinge. Männer und Frauen, mit kleinen Rucksäcken oder überhaupt keinem Gepäck, die in diesem wichtigen Moment nur das Nötigste untereinander sprechen. Junge, Alte und Kinder, das Kleinste ist erst einige Wochen alt, es schläft eingepackt in einen rosa Kuschelanzug in den Armen des Vaters. Unvorstellbar, was diese Menschen alles durchgemacht haben. Eine ältere Frau humpelt, ein Mann trägt Flip-Flops an rot geschwollenen Füßen. Sie wirken erschöpft, ihre Gesichter sind gezeichnet. Unsicherheit steht in ihren Augen, aber sie suchen Blickkontakt. Schaut man sie aufmunternd an, hellen sich die Gesichter auf. Die Polizisten stellen die Geflüchteten in einer Zweierreihe auf. Die Menschen lassen es geschehen, ruhig und diszipliniert. Die Familien fassen einander bei den Händen, als hätten sie Angst, getrennt zu werden. «Ladies and Gentlemen, welcome to Germany! Please follow me!», ruft der Polizist, der an der Spitze des Zuges steht.

Der Tross setzt sich in Bewegung, die Treppe runter, ein paar Schritte durch den Unterführungstunnel, eine andere Treppe wieder hoch. Obwohl der Polizist sehr langsam geht, schafft es die am Bein verletzte ältere Frau nur unter großen Mühen und gestützt durch ihren Begleiter. «Stopp!», ruft der Beamte, als der Bahnhofsvorplatz erreicht ist, und alle bleiben stehen. Jeder bekommt nun ein Bändchen für die Registrierung ans Handgelenk. Das sorgt für Unruhe, die Geflüchteten verstehen nicht, was vor sich geht. «Please, please, speak English?», fragt ein junger Mann und hält mir das Display seines Handys hin. «Münster» steht drauf. Da möchte der junge Mann hin, sein Cousin sei dort. Er würde gerne sofort weiter. Es ist nicht einfach, den Menschen klarzumachen, dass ihr Ankommen in Deutschland Schritt für Schritt vollzogen wird. Als sie es begreifen, lachen sie erleichtert auf. Offenbar waren sie unsicher, ob sie tatsächlich schon in Deutschland sind. «Ich lieben Deutschland!», ruft ein alter Mann. Ein junges Paar aus Aleppo spricht Englisch. Von Dankbarkeit und Gnade spricht der Mann und hat Tränen in den Augen. Er werde alles tun, um Deutschland eines Tages etwas zurückgeben zu können. Seine Frau, sie trägt ein roséfarbenes Kopftuch, zieht einen in Zellophan verpackten Kaugummi aus ihrer Jackentasche: Sie hat ihn aus Syrien mitgebracht, den ganzen weiten Weg. Ich soll ihn bekommen. Sie schenkt ihn mir. Dieser Kaugummi sei der Lieblingskaugummi der syrischen Mädchen und Frauen. Wie sagt man Kaugummi auf Deutsch?, fragt sie und versucht das Wort nachzusprechen. Wie sagt man Kaugummi auf Arabisch?, frage ich und versuche das Wort nachzusprechen. Die Menschen vor und hinter uns lachen amüsiert über meinen missglückten Versuch. Der Polizist gibt ein Zeichen, es geht weiter, zum Registrierungszelt. Das Paar aus Aleppo und der alte Mann winken mir, bevor sie weitergehen.

Anfang 2015 waren etwa fünf Prozent der Bevölkerung in Deutschland Muslime. Mit den Flüchtlingen wird sich dieser Anteil rasch vergrößern. Die meisten der Menschen, die kommen und bleiben dürfen, stammen aus Syrien und sind Muslime. Sie werden Deutschland prägen, genauso wie Deutschland sie prägen wird. Was für einen Islam haben sie im Gepäck?

Wie in jedem islamischen Land ist die Glaubensauslegung auch in Syrien durch den Bildungsgrad und davon beeinflusst, ob ein Muslim aus dem urbanen oder ländlichen Milieu stammt – von «den» syrischen Muslimen an sich kann folglich nicht die Rede sein. Doch es gibt gewisse Tendenzen. Wie die Syrien-Expertin Kristin Helberg in ihrem Buch «Brennpunkt Syrien. Einblick in ein verschlossenes Land» (2012) dargelegt hat, ist der sunnitische Islam der überwiegenden syrischen Bevölkerung eher konservativ geprägt. In dem Sinn, dass die Gläubigen den klassischen Lehren der Religion folgen und den Islam nicht als Mittel zur Durchsetzung politischer Ziele sehen. Bis der Bürgerkrieg in Syrien ausbrach, war die Toleranz gegenüber anderen Religionen ein wesentliches Merkmal des dort gelebten Islams. Über viele Jahrhunderte lebten Muslime und Christen friedlich miteinander. Am Freitag, dem islamischen Sonntag, gingen die Muslime in christliche Geschäfte und sonntags die Christen in muslimische. In keinem anderen islamischen Land war es für Christen so einfach, Kirchen zu bauen und ihre Rechte als Minderheit auszuüben.

Anders als in Ägypten oder Saudi-Arabien wurde in Syrien die Religion nie als Waffe von Unabhängigkeitskämpfern oder Staatsgründern missbraucht. Der Islam galt den Menschen immer als eine – wenn auch wichtige – Privatangelegenheit. Das autoritäre syrische Staatswesen machte eine säkulare Grundeinstellung selbstverständlich; staatliche Angelegenheiten wurden nicht mit religiösen vermischt. Die saudische Vorstellung, der

Koran sei die Verfassung des Staates, ist für einen durchschnittlichen syrischen Muslim undenkbar. Für ihn bleibt der Koran ein religiöses Buch.

Die allermeisten Syrer kennen dieses Buch recht gut. Syrer gelten als sehr belesen und gefestigt in ihrer Religion. Das macht sie weniger anfällig für radikale Strömungen. Ganz abgesehen davon haben sie den radikalen Islamismus schon in Form verschiedener radikalislamistischer Kämpfertruppen kennengelernt und sind vor ihm geflüchtet. Nicht jeder syrische Flüchtling hat den Schrecken des IS unmittelbar erlebt. Aber der Fanatismus zeigt sich auch in dem Versuch, das gesamte Leben der Menschen zu kontrollieren. Eine Bewohnerin von Aleppo mag es nicht, wenn ihr jemand die Vollverschleierung befiehlt – die hat in Syrien keine Tradition, wenn überhaupt, dann sah man dort vor dem Krieg höchstens Kopftücher. Und ihrem Sohn wird es nicht gefallen, wenn man ihm verbietet, Musik zu hören, weil das unislamisch sei.

Die Syrer stehen in einer urbanen Tradition, wie sie kaum ein anderes Land der arabischen Welt hervorgebracht hat. Trotzdem ist ihnen die Idee fremd, dass moralische Werte und soziales Verhalten statt auf Gott auch auf Humanismus beruhen können und dass es Menschen gibt, die ganz bewusst auf ein explizit gestaltetes Wertegefüge verzichten. Das werden die syrischen Flüchtlinge in Deutschland lernen müssen.

Sie werden sich leichter integrieren, wenn die deutsche Gesellschaft ihnen verdeutlicht, dass deutsch und muslimisch keinen Widerspruch darstellt und dass die Ausübung ihres Glaubens in Deutschland ohne weiteres möglich ist. Mit den Syrern wird sich die muslimische Vielfalt noch verstärken. Für den Islam in Deutschland ist das eine Chance, da dadurch die Dominanz der türkisch geprägten Verbände auf lange Sicht aufweichen könnte. Ganz sicher werden die Syrer nicht Türkisch lernen, sondern Deutsch. Gut möglich, dass es zur Gründung syrischer Moscheevereine kommt.

Vielleicht wird die deutsche Gesellschaft durch die syrischen Muslime auch neu sehen lernen. In dem Sinn, dass gewisse Zerrbilder hinsichtlich des Islams ad acta gelegt werden können: Zerrbilder, entstanden in einer Zeit, als die Deutschen durch das Anwerbeabkommen erstmals mit dem Islam in Berührung kamen.

Die syrischen Frauen gelten als fromm und selbstbewusst. Schon jetzt zeigen viele syrische Eltern einen unbändigen Willen, dass aus ihren Kindern etwas wird. Steve Jobs war das Kind eines syrischen Einwanderers in die Vereinigten Staaten – vielleicht gründet eines der syrischen Kinder von Rosenheim in zehn Jahren das deutsche Apple?

Christlich, muslimisch – Hauptsache schwäbisch
In Stuttgart ist der Islam schon angekommen

Ein kühler Oktobermorgen bricht an, als ich am nächsten Tag am Stuttgarter Bahnhof ankomme. Die riesige Baustelle von Stuttgart 21 hat sich bis an dessen Mauern vorgefressen. Man tritt aus dem Ostausgang des Bahnhofs, steht vor einem Bauzaun und blickt in ein Loch. Dahinter steigen die Hänge des Stuttgarter Talkessels an: Bungalows im Bauhaus-Stil, Gründerzeitvillen mit rauchenden Schornsteinen, dazwischen Grün, in das der Herbst schon gelbe und braune Tupfer gemalt hat. Die Stuttgarter Wut gegen den Umbau des Paul-Bonnartz-Bahnhofs, die 2010 ihren Weg auf die Straße fand, war von Anfang an eine sehr bürgerliche. Sie ist noch nicht verraucht. Die Plakate am Bauzaun wenden sich (auch) an die Gottesmutter: «O Maria hilf!» Einer dreht eines der letzten Worte des Erlösers am Kreuz ins Sarkastische: «Herr, vergib ihnen nicht, denn sie wissen, was sie tun».

Der Wachmann der Baustelle unterhält sich mit einer Frau. «Jede Dienschtag und Donnerschtag wird hier noch demonschtriert. Die da vorne komme aber jede Dag», sagt sie und deutet auf das kleine Menschengrüppchen an der Zufahrt zur Baustelle. Er: «Die schaffet nix, ich kenn die, des sin' Sozialhilfeempfänger! Die haben nix anderes zu tu!» Sie: «Die spinnet, die Stuttgarter. Ich bin ja Ausländerin, ich komme aus Italien. Und der isch a Jugo.» Er: «Aus Albanien komme ich.»

Die Sozialhilfeempfänger sind drei gepflegte ältere Damen mit Goldrandbrillen und zwei Männer. Brave Bürger, vielleicht die standhaftesten des standhaften Stuttgarter Protests. Das einzig Schrille an ihnen sind ihre Trillerpfeifen. Sie haben die Zufahrt blockiert, die Autoschlange ist ein paar Meter lang. Ein Polizist beschwichtigt. Der Fahrer des weißen Opel ganz vorn steigt wieder in sein Auto. «Schöne Dag noch, und net müde werde, gell!», ruft er noch. Als Antwort reckt das Grüppchen seine Protestplakate noch ein bisschen mehr in die Höhe. Die Autos setzen zurück, wahrscheinlich fahren sie einfach um den Bahnhof herum und von dort zur Baustelle.

Die Energie der Demonstranten weicht, die Schilder sinken. «Gib ihr einen Flyer, damit sie sich orientieren kann», sagt einer von ihnen in meine Richtung. Die Dame, die sich ein Wollstirnband über ihre Ohren gezogen hat, erklärt: Seit 45 Monaten kommen sie jeden Tag. Allen fünf stehen Atemwolken vor dem Gesicht, es ist empfindlich kalt an diesem Morgen. Da nähert sich von der Baustelle eine Planierwalze. Sofort ist die Energie zurück, die Damen schnellen wie Sprungfedern hoch, versperren der Planierwalze den Weg. Sie stellen sich auf die Zehenspitzen, damit ihre Plakate einigermaßen die Höhe des hoch gelegenen Fahrerhäuschens erreichen. Ein junger dunkelhaariger Mann mit schönen Augen sitzt darin. Er raucht und fährt sein Fahrzeug so weit vor, dass die Walze fast die Fußspitzen der Damen berührt. «Mich stört des nicht, ich bekomm meine Arbeit au so bezahlt», ruft er ihnen zu und raucht in aller Seelenruhe weiter: «Karim, fahr doch einfach da vorne raus», sagt ein hinzutretender Bauarbeiter. «Nein, Karim, bleib ruhig da stehen!», ruft eine der Frauen. In hohem Bogen wirft Karim seine Zigarette aus dem Führerhäuschen, setzt zurück und fährt um das Grüppchen herum.

—

Vom Bahnhof zum Mädchengymnasium St. Agnes ist es nicht weit. Die Schule ist eine der angesehensten Stuttgarts. Sie wurde 1886 von katholischen Eltern und Franziskanerinnen der Kongregation von Sießen gegründet. Im vorwiegend protestantischen Stuttgart wünschten sich die Eltern eine höhere Bildung für ihre Töchter, die sie gleichzeitig zu frommen Katholikinnen erziehen sollte. Mittlerweile sind unter den Schülerinnen des St. Agnes auch evangelische und muslimische Mädchen, nichtsdestotrotz spielt die franziskanische Spiritualität bis heute eine besondere Rolle: Der Unterricht beginnt mit einem Gebet, einmal pro Woche wird in der Pause Andacht gehalten, und dreimal im Jahr feiert die Schule einen Gottesdienst. Das Lehrerkollegium besteht aus Männern und aus Frauen, von denen zwei ein Kopftuch tragen. Das eine ist grau und gehört einer franziskanischen Ordensschwester. Das andere ist grün, gelb oder pink und bedeckt die Haare von Ayşe Karaman. Jenes, das die Muslimin heute trägt, ist blau mit lila Punkten.

Ayşe Karaman und ich sitzen in einem Zimmer, in dem normalerweise Elterngespräche geführt werden. Die Deutschtürkin, die seit Januar 2015 als Referendarin am St. Agnes Deutsch und Geschichte unterrichtet, hat gerade eine Freistunde. In der Stunde zuvor hat sie das morgendliche Gebet ihrer Klasse angeleitet: «Ich sage ‹Im Namen des Vaters, des Sohnes und des Heiligen Geistes›, dann übernimmt eine Schülerin. Ist das Gebet beendet, sage ich ‹Amen› und die Schülerinnen bekreuzigen sich.» Es den Mädchen in diesem Augenblick gleichzutun, ginge der Muslimin zu weit. Der Rest sei okay, sagt sie, zwischen Christentum und Islam gebe es ja ohnehin viele Gemeinsamkeiten. In den Gebeten der Mädchen sei ihr jedenfalls noch nie ein Gedanke begegnet, dem sie als Muslimin widersprechen würde. Die Schülerinnen teilen Ayşe Karamans Offenheit: An deren Kopftuch interessiert sie vor allem, welche Haarfarbe und Haarlänge sich darunter verbirgt.

«Frauen wie ich fehlen an deutschen Schulen», sagt die Referendarin. «Der Islam gehört zu Deutschland, und deshalb sollte das Kopftuch an Schulen selbstverständlich sein.»

Muslime wie Nichtmuslime sehen das anders. Nach einer Umfrage des Meinungsforschungsinstituts TNS/Emnid von 2015 lehnen immerhin 37 Prozent der Bevölkerung eine Lehrerin mit Kopftuch ab.

Darüber gestritten wird seit 1998. Weil die Lehrerin Fereshta Ludin im Unterricht nicht auf ihr Tuch verzichten wollte, hatte das Land Baden-Württemberg ihr die Einstellung verweigert. Das Kopftuch beeinflusse muslimische Schülerinnen in ihrer Glaubensauslegung, argumentierte das Land. Zudem sei der Schleier eher ein politisches und weniger ein religiöses Symbol und das Tuch im Islam nicht ausdrücklich vorgeschrieben. Die in Afghanistan geborene und in Deutschland aufgewachsene Ludin, die sich 1995 hatte einbürgern lassen, zog vor Gericht. Sie scheiterte, klagte in nächster Instanz, verlor abermals und ging bis vors Bundesverfassungsgericht, vor dem die Klage 2003 ebenfalls abgewiesen wurde. Ludin gab danach auf und nahm eine Stelle an einer staatlich anerkannten islamischen Grundschule in Berlin an.

Einige Jahre später prüfte Karlsruhe die Einwände gegen das Kopftuch erneut. Das Ergebnis war ein ‹ja, vielleicht, vielleicht aber auch nicht›: Ob der Islam den Schleier verlange, könne nicht pauschal, ohne Berücksichtigung der religiösen Vorstellungen der jeweiligen Frau, entschieden werden. Gleiches gelte für den Symbolgehalt des Kopftuchs. Ob die Entscheidung junger Musliminnen dafür oder dagegen durch andere Frauen beeinflusst werde, auch das lasse sich nicht ausnahmslos feststellen. Ein pauschales Kopftuchverbot für Lehrerinnen an öffentlichen Schulen, so die Richter 2015, sei folglich nicht mit der Verfassung vereinbar. Sieht eine Schule allerdings ihren Schulfrieden durch eine verschleierte Lehrerin gefährdet, darf sie das Tragen des Kopftuchs untersagen.

Äußerst bemerkenswert waren die Debatten rund um die Urteile. Sie brandmarkten das Kopftuch als Symbol der Unterdrückung und Rückständigkeit. Einige Leute behaupteten, die Trägerinnen verweigerten sich der deutschen Kultur. Oftmals entstand der Eindruck, die an deutschen Hochschulen examinierten Musliminnen seien gehirnlose Wesen, ferngesteuert von Ehemann und Imam.

Ayşe Karaman wirkt alles andere als auf den Kopf gefallen. Das Thema ihrer Examensarbeit im Fach Germanistik: Der animalische Magnetismus bei Hoffmann und Kleist. Die Note: Sehr gut. Verklemmt oder seltsam wirkt sie auch nicht. Dogmatisch kann die Muslimin nicht sein, sonst säße sie nicht im St. Agnes, hinter sich an der Wand ein Kruzifix. Ayşe Karaman ist hübsch, eine emanzipierte, ehrgeizige Frau mit durchsetzungsstarker Stimme und gurgelndem Lachen. Ihr lila Kopftuch kombiniert sie mit Boots im Bikerstil, einer dunklen, enganliegenden Hose und weitem Pulli. Darunter trägt sie ein Hemd, dessen schwarzer Rüschensaum den Po bedeckt.

Im Regierungspräsidium hatte man ihr geraten, das Kopftuch lieber abzulegen. Die meisten Schulen seien noch nicht so weit. Für das Kollegium am St. Agnes ist es jedoch kein Problem. Schwierigkeiten gab es mit zwei Eltern: Ayşe Karaman habe sich für ihr Referendariat ganz bewusst eine katholische Schule ausgesucht, um die Kinder von ihrem Glauben abzubringen, behaupteten sie. Der Schleier der Referendarin müsse weg. Die Schulleiterin berief einen Elternabend ein und stellte sich hinter die junge Frau. Die übrigen Eltern erinnerten die Quertreiber an die Tradition der Schule, nach dem Vorbild des heiligen Franziskus für ein religiöses Miteinander einzustehen.

Wenn ihr Alltag es zulässt, betet Ayşe Karaman täglich fünfmal. Sie trinkt keinen Alkohol, sie raucht nicht, sie wohnt bei ihren Eltern. Der Glaube, sagt sie, gebe ihr Kraft. «Und die Hoffnung, dass Menschen, die mich verletzt haben, eine gerechtes Urteil erwartet.»

Ayşe Karaman wuchs auf in Ditzingen, einem Städtchen nördlich von Stuttgart mit Sitz des Reclam-Verlags. Schaute sie aus dem Fenster, sah sie das Verlagshaus. Ihr Vater arbeitete als Sattler bei Porsche, in den siebziger Jahren war er aus der Osttürkei nach Deutschland gekommen. Seine Frau und die sechs Kinder holte er nach. Ayşe, die Jüngste, war in der Schule eine Außenseiterin. Kam sie nach Hause, mussten die Eltern sie oft trösten. Später erzählten sie Ayşe, sie hätten viel für sie gebetet, dass sie weniger leiden müsse: Lehrer und Mitschüler gaben dem Mädchen zu verstehen, dass es da eine nicht zu akzeptierende Fremdheit an ihr gebe. Ihre Grundschullehrerin fragte einmal, ob sie von ihren Eltern geschlagen werde. Ayşe Karamans «nein» schenkte sie keine Beachtung – die Referendarin ist sich sicher, «die Frage war eher als Feststellung gemeint». Bei Läusealarm wurde zuerst der Kopf der Türkin untersucht: «Als sei meine Familie hygienisch nicht auf dem neuesten Stand.»

Ein anderes Mädchen hätte vielleicht aufgegeben, sich in sich zurückgezogen, das Lernen verweigert. Bei Ayşe Karaman gewannen Wut und Trotz die Oberhand. Sie beschloss, besser zu sein als alle anderen. Sie stürzte sich in ihre Schulbücher und schaffte, obwohl ihre Eltern bis heute kaum Deutsch gelernt haben, den Sprung aufs Gymnasium. Dort gingen die Ungerechtigkeiten zwar weiter, doch Ayşe Karaman war mittlerweile eine Kämpferin. Sie sagt: «Mein Glaube gab mir Kraft. Ich habe mich an dem Gedanken festgehalten, dass es da jemanden gibt, der mich unterstützt und immer bei mir ist.» In ihrer Lesart des Korans schreibt der Islam vor, dass Frauen sich verhüllen sollen. Ihre Mutter trägt ein Kopftuch, und so machte es auch Ayşe Karaman mit Beginn der Oberstufe. «Mir war klar, man würde mich von nun an noch mehr als junge Muslimin ansehen, die später ihrem Mann die vollgepackten Aldi-Tüten hinterherträgt. Aber das war mir egal», sagt sie.

Sie studierte in Stuttgart, um ihr Elternhaus nicht verlassen zu müssen. In den Vorlesungen saß sie immer vorn. Ihr Geschichtsprofessor machte sie zur Tutorin in mittelalterlicher Geschichte – Ayşe Karmans Lieblingsfach. Dann kam ein neuer Professor, und mit der Tutorenstelle war es vorbei. Es war ein Schlag, der alte Wunden aufriss. «Ich bin mir sicher, der Neue mochte mein Kopftuch nicht», sagt sie fest. Einmal lobte sie ein Kommilitone, weil sie die Übungen im Syntax-Seminar stets fehlerfrei bewältigte. Ayşe Karaman freute sich nicht über das Kompliment, sie fühlte sich beleidigt – «nur weil ich Türkin bin, bin ich noch lange keine Vollidiotin». Auch dass die Universität ihre Examensnote abrundete, nachdem ihre mündliche Prüfung nicht ganz so glänzend wie der schriftliche Teil ihrer Arbeit ausgefallen war, führt sie auf Vorbehalte gegen sie als Muslimin zurück. Ayşe Karaman akzeptiert für persönliche Niederlagen nur zwei Gründe: ihre türkische Herkunft und ihre Religion.

Ayşe Karaman mag den Kontakt zu Kindern und Jugendlichen. Schüler mit Migrationshintergrund sind ihr ein besonderes Anliegen. Sie will ihnen ein Vorbild sein, sie lehren, wie wichtig Durchhaltewillen ist. Fleiß allein genüge nicht, glaubt sie. Die Vorbehalte in Deutschland seien noch zu groß.

Vielleicht hat Ayşe Karaman damit recht. Vielleicht hat sie ihre Wahrnehmung in manchen Situationen ihres Lebens aber auch getäuscht. Sie ist verletzt worden, sie fühlte sich benachteiligt. Was daran im Einzelnen objektiv richtig ist – wer will das entscheiden? Sicher aber ist: Ihre Erfahrungen und Gefühle decken sich mit dem Erleben einer ganzen Generation.

Ob sie nach dem Referendariat als kopftuchtragende Lehrerin eine Stelle an einer staatlichen Schule finden wird, ist ungewiss. Viele Schulleitungen wollen sicherlich keine Konflikte mit der Elternschaft riskieren. «Ich möchte unbedingt als Lehrerin arbeiten», sagt die Referendarin inbrünstig. «Wenn es wirklich gar nicht anders geht, dann würde ich sogar mein Kopftuch ablegen. Gott wird das verstehen. Studiert zu haben und zu Hause zu sitzen, kann er nicht gutheißen. Wären die Menschen doch bloß offener.»

Dann muss Ayşe Karaman in den Deutschunterricht ihrer 10. Klasse. Sie schreibt dort eine Erörterung. An der Tür dreht sie sich nochmals um: «Wirke ich eigentlich sehr verbittert?»

Eine von Ayşe Karamans Schülerinnen heißt Melissa Blume. Ihre Familie wohnt in Filderstadt, gut 15 Kilometer von Stuttgart entfernt. Als eine Stadt mit Flair, Stadtkern und drum herum angeordneten Stadtbezirken sollte man sich Filderstadt nicht vorstellen. Bei der Gebietsreform im Jahr 1975 wurden die Ortschaften Plattenhardt, Sielmingen, Bernhausen, Harthausen und Bonlanden zu einem leicht unübersichtlichen Siedlungskonglomerat zusammengeschlossen. Die Restaurants tragen hier Namen wie «Hirsch», «Schwanen-Bräu» und «Hahnen».

In Filderstadt sitzt der Zeppelin-Verlag, der mit dem Einkaufsführer «Fabrikverkauf Deutschland» als Erster einen Schnäppchenführer für Verbraucher auflegte. Auch sonst wirkt hier alles so schwäbisch, wie man sich Schwaben gerne vorstellt: sauber, korrekt und auf sympathische Weise störrisch.

Die Mutter von Melissa ist Zehra Blume, 40 Jahre alt, Deutschtürkin und gläubige Muslimin. Ihr Mann Michael ist Deutscher, gläubiger Christ, promovierter Religionswissenschaftler, der im Staatsministerium arbeitet. Das Paar wohnt mit seinen drei Kindern in einem hübschen Haus mit Garten im Stadtteil Plattenhardt, das ein Architekt nach ihren Vorstellungen entworfen hat: Oben wohnen die Blumes, in der unteren Etage Türkan und Osman Tayanç, Zehra Blumes Eltern. Sie haben sich unter der Bedingung auf das Zusammenleben mit der Tochter und dem Schwiegersohn eingelassen, dass es weder eine gemeinsame Küche noch ein gemeinsames Wohnzimmer gibt und jeder seine Tür auch mal zumachen kann. Eine weiterere Bewohnerin des Hauses ist die Hündin Damla, Familie Blume hat sie aus einem türkischen Tierheim adoptiert. An Abenden, an denen Michael Blume beruflich unterwegs ist, dreht Schwiegervater Osman Tayanç die letzte Gassi-Runde mit ihr.

Im Jahr 2012 hat Zehra Blume den Verlag sciebooks gegründet, der Bücher zu religiösen Themen herausbringt. Außerdem gehört sie dem Verein Integra an. Er möchte Menschen mit Migrationshintergrund das soziale Ankommen in Filderstadt erleichtern. Zehra Blume hat sich zur Sozial-Lotsin ausbilden lassen, übersetzt in Schulen bei Elterngesprächen und begleitet Migranten zu Behörden. Im Wohnzimmer hängt die Kalligraphie einer Koransure, auf dem Fernseher steht eine Skulptur, die das Letzte Abendmahl darstellt – ein Geburtstaggeschenk ihrer Eltern für ihren Mann. Zehra Blume, eine zierliche Frau mit Lockenkopf und freundlichem Lächeln, hat Kaffee vorbereitet. Auf dem Tisch brennen Kerzen, daneben steht ein Teller mit Keksen und Lebkuchen. Damla bekommt noch einen Hundeknochen, dann setzt sich Zehra Blume und erzählt:

Ja, eine Ehe zwischen einer gläubigen Muslimin und einem gläubigen Christen ist für viele schwer vorstellbar. Ich kann nur sagen: Unsere Ehe funktioniert sehr gut, auch hinsichtlich des Glaubens. Michael und ich hatten uns schon vor unserer Hochzeit überlegt, wie ein Leben, in dem beide Religionen einen angemessenen Platz haben sollen, aussehen könnte. Mir hat der Glaube schon immer viel bedeutet, mein Mann hat erst als junger Mann zu seinem gefunden. Wir haben uns im Ethikunterricht kennengelernt. Mit 19 Jahren hat Michael sich dann taufen lassen.

Im selben Jahr haben wir uns verlobt. Da das in türkischen Familien üblich ist, hielt Michael bei meinen Eltern um meine Hand an. Das hat ihnen gefallen. Genauso, dass er sich den deutschen Koran meines Vaters auslieh. Meine Eltern hatten nichts gegen eine Heirat mit einem Christen – jedenfalls haben sie uns gegenüber keine Einwände formuliert. Mein Vater sagt immer: ‹Gott ist allmächtig. Hätte er gewollt, dass alle Menschen die gleiche Religion haben, dann wäre das so. Offenbar ist ihm lieber, dass wir verschiedenen Religionen angehören, uns darüber austauschen, manchmal auch streiten und mit dieser Vielfalt leben›. Bedenken hatten sie nur wegen unseres jugendlichen Alters. Sie lieben meinen Mann heiß und innig. Sie nennen ihn «oğlum», «meinen Sohn». Sie feiern Weihnachten mit uns und wünschen ihm frohe Ostern.

Außerhalb der Familie wurde weniger entspannt auf unsere Hochzeitspläne reagiert. Viele waren überzeugt, ein gleichberechtigtes Miteinander von Islam und Christentum sei in einer Ehe unmöglich. Es gab viele Fragen, besonders wegen unseres Kinderwunsches. Wollt ihr eure Kinder taufen lassen? Was ist, wenn ihr einen Sohn bekommt – wird er dann beschnitten? Einige gingen davon aus, einer von uns habe sich mit seiner Religion durchgesetzt und der andere dessen Glauben angenommen. Das haben wir so aber nicht gemacht. Und was unsere Kinder angeht: Wir haben sie weder beschneiden noch taufen lassen. Sie wurden in beiden Religionen gesegnet, von einem Pastor und einem Imam. Offiziell gibt es eine solche Segnung nicht, sie war unsere Idee. Wir gehen in die Kirche, und ich lese meinen Kindern abends Prophetengeschichten vor. Melissa hat sich gerade entschieden, den Konfirmationsunterricht zu besuchen und sich taufen zu lassen. Für mich ist das in Ordnung. Wäre es anders, hätte ich mich 20 Jahre lang belogen.

Es gibt viel Verbindendes zwischen Islam und Christentum. Beispielsweise der Glaube an den einen Gott und an verschiedene Propheten oder die Barmherzigkeit und Nächstenliebe. Der wesentliche Unterschied ist, Jesus ist für mich nicht Gottes Sohn, sondern nur ein wichtiger Prophet. Darüber haben Michael und ich viel diskutiert. Unsere größte Meinungsverschiedenheit hatten wir allerdings bei dem Gleichnis über den verlorenen Sohn. Mein Mann findet es richtig, dass der Vater seinen Sohn wieder aufnimmt, ihn behandelt, als sei er nie weg gewesen, und ihm die gleichen Rechte zugesteht wie dessen Brüdern. Ich empfinde das als ungerecht. Aber das hat nichts mit dem Islam zu tun, das ist etwas Persönliches.

Mein Vater ist sehr gläubig, das hat mich geprägt. Er fastet und betet fünfmal am Tag. Meine Mutter ist in diesen Dingen nachlässiger. Mit 12 Jahren habe ich zum ersten Mal gefastet. Ein paarmal war ich in einer Koranschule, wo der Koran auf Arabisch gelesen wurde. Aber ich merkte schnell, das ist nichts für mich. Meine Eltern wollten ohnehin, dass ich den Koran auf Deutsch lese. Schließlich sollte ich ihn verstehen.

Zehra Blume muss jetzt das Mittagessen vorbereiten. Sie schnippelt Gemüse und zerteilt Fleisch, setzt zwischendurch Wasser auf und hantiert mit Gewürzen, es gibt Currygeschnetzeltes mit Reis. Nebenher erzählt sie weiter:

Nach der Grundschule war ich zunächst auf der Realschule. Ich hatte gute Noten, meine Eltern drängten deshalb auf einen Wechsel auf das Gymnasium im Ortsteil Bernhausen. Es war schrecklich, ich ging da vollkommen unter. Das einzig Gute war, ich habe Michael dort kennengelernt.

Meine Mitschüler lebten in einer vollkommen anderen Welt. Ihre Eltern waren Unternehmer, Anwälte, Ärzte. Meine waren Arbeiter, wir wohnten in einem alten Haus. Meine Klassenkameraden lebten in schicken Neubauten. Niemand von ihnen wollte mich besuchen kommen. Sie hatten Klamotten, die ich mir niemals hätte leisten können. Sicherlich, auch meine türkische Herkunft machte mich für sie zu einer Fremden. Damals haben türkische Kinder es nur sehr selten aufs Gymnasium geschafft.

Irgendwann hat mir eine Freundin von ihrer Schule in Stuttgart erzählt – dem katholischen St. Agnes Gymnasium. Ich wusste sofort: Da will ich hin. Die Schulleiterin des St. Agnes sagte, ich müsse den katholischen Religionsunterricht besuchen. Wenn meine Eltern das akzeptierten, könnte ich kommen. Meine Eltern haben es akzeptiert. Sie sagten: ‹Wir haben versucht, dir unsere Religion nahezubringen. Was du daraus machst, ist deine Sache.› Die drei Schuljahre auf dem St. Agnes waren wunderbar. Im Abitur hatte ich Religion als viertes Prüfungsfach. Mündlich bekam ich eine Eins, als erste Muslimin überhaupt in der Schulgeschichte. Kürzlich habe ich erfahren, die heutige Schulleiterin führt mich immer als Beispiel an, wenn eine muslimische Familie sich über Möglichkeiten für ihre Tochter informiert –

als Beispiel, dass ein religiöses Miteinander möglich ist, ohne den eigenen Glauben zu verleugnen.

Mein Glaube gibt mir Halt. Beim Zubettgehen, beim Aufstehen und bevor ich ins Auto steige, sage ich immer ‹Bismillahirrahmanirrahim›. Es bedeutet «Im Namen Gottes» und meint, dass man sich in Gottes Hände begibt. So verabschiede ich auch meine Kinder in die Schule. Ich glaube daran, Gott beschützt uns. Ich bete nicht fünfmal am Tag, das würde weder zu mir noch zu meinem Alltag passen. Was ein guter Muslim für mich ist? Ein guter Muslim ist tolerant und zweifelt nicht an seinem Weg. In diesen Tagen, in denen der IS so viel Schrecken verbreitet, ist das allerdings nicht immer einfach. Ich werde oft gefragt: Wie siehst du das, Zehra, legitimiert der Koran tatsächlich die Taten des IS? Für mich sind das Terroristen, sie missbrauchen die Religion. Diese Leute töten, doch einzig Gott darf entscheiden, wann wir die Welt wieder verlassen. Wer tötet, stellt sich über Gott. Einige Muslime wollen keine kritische Debatte über den Islam. Ich finde das falsch. Ich finde, solche Leute sollten Deutschland wieder verlassen.

Als Heranwachsende stand ich zwischen zwei Welten. Für die Deutschen war ich die Ausländerin. Für meine türkische Verwandtschaft war ich die Deutsche. Mein Türkisch ist nämlich nicht so gut, da ich mehr oder weniger in einer deutschen Familie aufgewachsen bin. Meine Mutter hat in einer Fabrik Schicht gearbeitet. Währenddessen passte unsere Nachbarin Helene auf mich auf. Mit zweieinhalb war ich zum ersten Mal bei ihr. Manchmal hat meine Mutter mich morgens um halb sechs bei ihr abgegeben, manchmal um 23 Uhr abgeholt. Irgendwann sagte Helene: «Jetzt lass des Kind halt schlofe, du holst sie einfach morgen ab.» Und so wurde ich Helenes drittes Kind. Helene ist inzwischen 80 Jahre alt. Sie lebt zu Hause, ist aber ein Pflegefall. Morgens wird sie von ihrer Tochter versorgt, abends von ihrem Sohn, und ich besuche sie mittags. Das Essen, das ich gerade in eine Tupperdose gefüllt habe, bringe ich ihr nachher rüber. So mache ich es jeden Tag.

Ich habe Helene sehr viel zu verdanken. Wenn ich von ihr nicht so gut Deutsch und Schwäbisch gelernt hätte, hätte ich weder meinen Mann getroffen noch das Abitur geschafft. Ich bin sehr froh, ihr jetzt etwas zurückgeben zu können. Als ich Helene sagte, dass ich Michael heiraten werde, sagte sie: «Mensch, Mädle, ein Sielminger! Warum kein Plattenhardter? Unsere anderen kleinen Unterschiede wie deutsch – türkisch und christlich – islamisch waren für sie weniger von Bedeutung als die Filderstädter Ortsteile.

Bis ich volljährig war, hieß es immer, wir sind nur zu Gast und kehren bald zurück. Ich war ein Gastarbeiterkind. Als ich heiratete, änderte sich das, als ich 22 Jahre alt war, änderte es sich abermals: Meine Eltern ließen sich einbürgern. Ich hingegen wollte meinen türkischen Pass behalten. Ich dachte, er gebe mir Heimat. Ich brauchte noch zwei Jahre, bis ich merkte, Heimatgefühl braucht keine Papiere. Der Entschluss zur Einbürgerung fiel nach einem Türkeiurlaub. An der Passkontrolle des Flughafens Stuttgart musste ich in der Schlange für Nicht-EU-Bürger anstehen. Meine Mutter wurde mit ihrem deutschen Pass einfach durchgewunken. Während ich ewig wartete, trank sie draußen mit Michael gemütlich einen Kaffee. Da dachte ich: Es reicht!

Die Einbürgerung selbst war ein enttäuschender Akt. Als mein Mann und ich meine Einbürgerungsurkunde beim Landratsamt Esslingen abholten, kamen wir einige Minuten zu spät, da wir nicht sofort einen Parkplatz gefunden hatten. Das Erste, was die Dame hinter dem Schreibtisch sagte, war: Warum kommen Sie zu spät? Ich entschuldigte mich. Sie blieb eisig. Sie zeigte mir, wo ich überall unterschreiben muss, und drückte mir die Urkunde in die Hand. Das war's. Keine Gratulation, kein Lächeln, nichts. Es ist ein großer Schritt, seine Staatsbürgerschaft zugunsten einer anderen aufzugeben. Das sollte gewürdigt werden, finde ich. Michael und ich habe dann in einem Café mit Sekt angestoßen.

Ja, ich trinke Alkohol. Im Koran heißt es: «Ihr, die ihr glaubt, naht euch nicht betrunken dem Gebet, bis ihr wisst, was ihr sagt!» An einer anderen Stelle wird Wein als «Gräuel an Satanswerk» beschrieben und gefordert: «Meidet ihn.» Für mich ist damit gemeint – und viele Muslime legen das so aus –, man solle einen Vollrausch, der zu Dummheiten verleiten kann, vermeiden. Also, ich war noch nie in meinem Leben betrunken. Meine Eltern sehen das ähnlich, ab und zu trinken sie deshalb ein Gläschen mit.

Grundsätzlich bin ich der Ansicht, jeder Muslim sollte selbst entscheiden, welche religiösen Vorschriften zu ihm und seinem Leben passen. In einem islamischen Land ist es viel einfacher, die islamischen Verbote und Gebote einzuhalten. Während des Ramadans beispielsweise kommt dort das öffentliche Leben nahezu zum Erliegen: Viele Leute legen sich nachmittags hin, weil das Fasten sehr anstrengend ist. Hier geht das natürlich nicht, deshalb faste ich mittlerweile auch nicht mehr. Der Alltag mit drei Kindern ist sehr fordernd. Ich muss sie zum Tischtennis oder Turnen fahren und vieles andere. Da kann ich mir keine Unkonzentriertheit leisten. Anstatt zu fasten, spende ich. Ich hoffe, Gott akzeptiert das.

Nach islamischem Glauben wird jeder Mensch von zwei Engeln begleitet. Der eine sitzt auf der rechten Schulter und notiert die guten Taten in sein Buch, der andere auf der linken und notiert die Sünden. Am jüngsten Tag werden die Bücher gegeneinander aufgewogen. Ich weiß nicht, ob jedes versäumte Gebet als Sünde notiert wird. Strenggläubige Muslime sind davon überzeugt. Ich bezweifle das. Wer recht hat, erfahren wir am Jüngsten Tag.

Sehr bedauerlich finde ich, dass sich so wenige Deutschtürken in Vereinen, in Ehrenämtern oder in der Politik engagieren. 25 Prozent der Bewohner von Filderstadt haben einen Migrationshintergrund. Das spiegelt sich weder im Gemeinderat noch in den Vorständen der Vereine wider. Migranten sind dort kaum vertreten.

Die erste Generation war ausgelastet damit, die Familie zu ernähren, mit der Sprache klarzukommen, den Alltag zu meistern. Außerdem dachten die meisten, sie kehren irgendwann zurück. Meine Generation ist zwischen zwei Welten aufgewachsen. Wir mussten erst einmal herausfinden, wo wir stehen. Noch immer kämpfen wir um Akzeptanz, müssen bei gleicher Qualifikation dreimal so viele Bewerbungen schreiben wie eine Person mit deutschem Namen. Da bleibt nicht viel Energie für gesellschaftliches Engagement. Hinzu kommt das kulturelle Selbstverständnis. Die Türkei ist ein zentralistischer Staat, der alles regelt. Etwas selbst auf die Beine zu stellen, ist den Menschen fremd.

Zum Glück ändert sich dieses Denken langsam. Schließlich ist es nicht in Ordnung, dass, um bei Filderstadt zu bleiben, 25 Prozent der Bevölkerung von allem ausgeschlossen sind – auch von der Verantwortung. Bei der Organisation von Fußballspielen beispielsweise sind es immer die Deutschen, die sich einbringen. Die Kinder der Familien mit Migrationshintergrund sind beim Turnier aber trotzdem mit dabei. Das schafft Animositäten. Unser jüngstes Projekt bei meinem Verein Integra ist deshalb ein Debattierclub für jugendliche Migranten. Denn in den Familien gibt es meistens keine Diskussionskultur. Die jungen Leute müssen aber lernen, eine Meinung zu vertreten. Wer weiß, vielleicht stoßen wir bei ihnen ja eine solche Veränderung an, dass aus einem ein Politiker wird oder ein Gemeinderatsmitglied oder auch nur ein Vorsitzender in einem Verein.

Zehra Blumes Vater bietet an, mich zurück nach Stuttgart zu fahren. Herr Tayanç hat wache, helle Augen, um die sich spöttische Fältchen ziehen. Die Haare rund um seine Halbglatze sind grau. Er ist ein dynamischer Mann im Ruhestand. Mit schnellen Bewegungen drückt er am Navi seines Autos herum. «Der Sauropoda wurde über 15 Meter lang», dröhnt es aus den Lautsprechern. «Huch», fährt Herr Tayanç zusammen, «da habe ich wohl den CD-Spieler erwischt! Mit meinem Enkel höre ich beim Fahren immer ‹Was ist Was›-CDs.» Er fährt los, hinter Filderstadt auf die Autobahn. Das Tageslicht verabschiedet sich und färbt den Himmel rosarot. Es ist kurz nach 17 Uhr, Feierabendverkehr. Zehra Blumes Vater fährt sicher, aber rasant. Die eine Hand umfasst das Lenkrad, die andere gestikuliert. Wir haben Verständigungsprobleme. Herr Tayanç spricht schnell und leise, meine Stimme ist ihm ebenfalls nicht laut genug. «Ich habe an vielen Maschinen gearbeitet, mein Gehör ist deshalb nicht mehr das beste», ruft er.

Osman Tayanç stammt aus einem kleinen Ort nahe Ankara. 1972, er war damals 16 Jahre alt und hatte seine Schreinerlehre gerade abgeschlossen, gingen er und sein Vater nach Deutschland. Erst nach Sindelfingen, 1979 nach Filderstadt. Der Vater hatte keine Lust mehr, sein Feld von Hand zu beackern. Er sagte: Wenn ich genügend Geld für einen Traktor zusammen habe, kehren wir nach Hause zurück. Damals wurde in Stuttgart gerade die U-Bahn gebaut. Leute wie Osman Tayanç' Vater, die anpacken können, wurden gebraucht. Nach sechs Jahren hatte er das Geld für den Traktor zusammen und ging. Sein Sohn blieb.

Osman Tayanç arbeitete in einem Stuttgarter Möbelhaus, später in einem Küchenstudio, war Werkstattleiter beim Designermöbelspezialisten WK Wohnen und 13 Jahre im Messebau tätig. Es klingt, als seien dies seine schönsten Jahre gewesen. Er arbeitete Hand in Hand mit einem Architekturprofessor. Der Professor zeichnete, Osman Tayanç stand daneben und setzte die Entwürfe um. Manchmal telefonieren die beiden noch. Zehra Blumes Vater lernte seine Frau in der Türkei kennen. Sie folgte ihm nach Deutschland, war in der Wäscherei eines Altenheims tätig, ging putzen und montierte bei Bosch Bohrmaschinenanker.

Herr Tayanç schnalzt genervt mit der Zunge. Wir sind am Rand des Stuttgarter Talkessels angelangt, auf der Straße geht nun gar nichts mehr. «In den meisten Autos sitzt nur eine Person», ruft er. «Die Stadt versucht die Stuttgarter zu überzeugen, Tram zu fahren. Aber die arbeiten ja alle beim Daimler oder Porsche, die lassen ihre Autos nicht stehen.»

Dass Zehra ausgerechnet einen Christen heiraten wollte, hätte ihn und seine Frau anfangs schon ein wenig schockiert, sagt Osman Tayanç und starrt auf die Bremslichter vor seiner Kühlerhaube. «Aber wir haben gemerkt, sie lieben sich, und das ist schließlich die Hauptsache.» Er grinst. «Immerhin haben wir jetzt ganz schön viele Feiertage: Pfingsten, Ramadan, Opferfest, Ostern, Weihnachten. Es ist immer was los.»

Osman Tayanç besucht freitags immer die DITIB-Moschee in Filderstadt. Der Imam habe vernünftige Ansichten und spreche mittlerweile sogar ganz passabel Deutsch. Oftmals gehe es aber um türkische Politik, das störe ihn. Die Funktionäre des Moscheevereins seien fast alle Erdoğan-Anhänger. Manche von ihnen kämen freitags immer erst kurz vor Beginn und stellten sich dann in die erste Reihe, damit jeder ihre Anwesenheit bemerke. «Nach der Predigt verschwinde ich immer sofort. Ich möchte mich nicht mit solchen Leuten auseinandersetzen», sagt er. Er ist sich sicher, der Imam bekommt eins auf die Finger, wenn er etwas gegen die türkische Regierungspolitik sagt. «Grundsätzlich sollten Politik und Religion nicht miteinander vermischt werden. Man sieht ja, wohin das im Nahen Osten führt. Der IS ist ein politisches Produkt. Wenn diese Typen Leute umbringen, rufen sie ‹Allah u ekber›. Aber diejenigen, die umgebracht werden, rufen auch ‹Allah u ekber›. Da stimmt doch etwas nicht!»

Herr Tayanç ist gläubig, seit er denken kann. Er sagt: «An Gott zu glauben macht mich glücklich. Wenn ich nicht bete, fehlt mir etwas.» Seine Eltern hatten zu Hause einen Koran, rührten ihn aber nicht an, da sie nicht lesen und schreiben konnten. Zu seiner Spiritualität fand Osman Tayanç erst, nachdem er auf die Werke des türkischen Theologen Yaşar Nuri Öztürk aufmerksam geworden war. Öztürk selbst beschreibt sich als orthodoxer Muslim, andere nennen ihn den «türkischen Luther». Für den Theologen ist die Kritik der Vernunft das wichtigste Handwerkszeug eines jeden Gläubigen und der Koran der einzig gültige Maßstab. Er unterscheidet zwischen dem darin festgehaltenen «wahren Islam» und einem «Islam der Traditionen», beruhend auf den Sitten und Gebräuchen des Nahen Ostens. Auswüchse davon seien beispielsweise die Todesstrafe für Apostaten und die Unterdrückung der Frau – beides seien alte arabische Sitten und deshalb falsch. Die islamischen Rechtsschulen hätten das nicht erkannt und verzerrte Auslegungen des Islams hervorgebracht.

Viele Muslime empfinden Öztürks Ansichten als Frevel. Es gab Zeiten, da verließ der Theologe sein Haus nur in Begleitung von Bodyguards. Auch der türkische Staatspräsident Erdoğan hat schon gegen ihn gewettert. Osman Tayanç aber hat alles gelesen, was Öztürk veröffentlicht hat. Er stellte fest, dass vieles, was er in seiner Kindheit und als junger Mann über den Islam gelernt hatte, richtig gewesen sei. Sehr vieles aber auch falsch. Wann immer Yaşar Öztürk einen Vortrag in Deutschland hält, versucht Osman Tayanç im Publikum zu sein.

Der Verkehr läuft jetzt wieder flüssig, der Grund des Stuttgarter Talkessels ist fast erreicht. Vor dem Fenster gleiten nachkriegsöde Betonklötze und Geschäfte mit hell erleuchteten Schaufenstern vorbei, darunter viele Einrichtungshäuser. Stuttgart ist eine reiche Stadt, die schlichte Ästhetik der Möbel erzählt davon. An einer roten Ampel muss Herr Tayanç scharf bremsen. «In der Türkei wäre ich jetzt noch rübergefahren», sagt er auf Deutsch und fragt auf Türkisch: «Wie heißt du eigentlich?» – «Karen.» – «Ich heiße Osman, sehr erfreut. Wenn du möchtest, Karen, zeige ich dir noch schnell das Stuttgarter Kreuzberg.»

Es liegt im Stadtteil Feuerbach, in einem der letzten alten Stuttgarter Industriegebiete. Wir fahren durch Straßen, deren Namen an Industrielle erinnern. Ihre Unternehmen sind allesamt eng mit der Geschichte der Gastarbeiter verknüpft: Kruppstraße, Borsigstraße, Siemensstraße. In der Mauserstraße parkt Osman sein Auto. «Hier ist es», sagt er und steigt aus. Früher wurde die Straße von handwerklichen Betrieben, kleinen Fabriken und Lagerhallen gesäumt. Als sie dichtmachten, eröffnete die DITIB in einer ehemaligen Autokühlerfabrik die «Yeni-Moschee». Nebenan machte ein türkischer Bäcker auf, aus dem ein Schnellrestaurant wurde. Hinzu kamen ein türkischer Supermarkt, ein Juwelier und ein Bekleidungsgeschäft für die verhüllte Frau. «Meine Frau und ich finden das Kopftuch bescheuert. Sie würde niemals eins anziehen», sagt Osman grimmig.

Am Eingang der «Yeni-Moschee» streifen wir die Schuhe ab. Ich habe nichts bei mir, um meine Haare zu bedecken. «Das macht nichts, komm, es ist gerade keine Gebetszeit», sagt Osman. Vor uns liegt ein langer, hoher Raum, ausgelegt mit fein gemusterten Teppichen. Der junge Mann, der auf dem Boden sitzend im Koran liest, blickt nicht auf. Entschlossenen Schrittes durchquert Osman den Raum. Spiritualität wohnt für ihn im Herzen, nicht an einem von Menschen für das Gebet ausgewiesenen Ort. Gut möglich, dass er mir das mit seinem forschen Auftreten demonstrieren will. Neben der Gebetsnische an der Stirnseite kauert ein älterer Mann. Er trägt einen Bart, hat eine muslimische Gebetskappe auf dem Kopf und vor sich einen Koran. Auf ihn steuert Osman zu. «Ich habe hier eine Besucherin», sagt er auf Türkisch, «sie will sich ein wenig umschauen.» Der Mann erhebt sich schnell, sagt: «Herzlich willkommen.» Er blickt uns fragend an. «Können Sie ihr was zeigen, vielleicht, wie man betet?» – «Also ich kenne mich nicht so gut aus.» – «Sie sind doch der Imam?» – «Nein, nur ein Besucher.» Osman bittet um Entschuldigung. Dem älteren Herrn scheint die Verwechslung zu schmeicheln. «Sie haben noch etwa zehn Minuten, dann geht die Gebetszeit los», sagt er fest.

Wir ziehen uns in das türkische Schnellrestaurant zurück. Bei einem Gläschen Tee erzählt Osman von Derya, Zehras Schwester. Als Teenager habe sie sich irgendwann geweigert, zu Hause Türkisch zu sprechen. Mittlerweile lebe sie in Istanbul und sei sehr glücklich dort. Niemals hätte er sich das vorstellen können, sagt Osman und wirkt sehr stolz. «Sie verdient gut und hat eine hübsche Wohnung.»

Wenn er mit seiner Frau in die Türkei fahre, vermissten sie nach spätestens drei Wochen die deutsche Ordnung und Filderstadt. «Ist ja kein Wunder», sagt er, «ich habe nur 16 Jahre meines Lebens in der Türkei verbracht.» Empfindet er sich als Türke oder als Deutscher? «Der Stamm ist deutsch, die Äste und Blätter sind türkisch», sagt Osman, leert sein Teeglas in einem

Zug und greift nach seiner Jacke. «Ich werde hier nie als richtiger Deutscher angesehen werden. Wir Stuttgarter Türken sind nur Halbschwaben.»

Als wir ins Auto steigen, fließt aus der Moschee tief und laut die Stimme des Imams in die Stuttgarter Nacht.

Rechts gegen Islam
*Wie in Dresden das Abendland
verteidigt wird*

Der Philologenverband Sachsen-Anhalt gibt eine Mitgliederzeitung heraus. In der aktuellen Novemberausgabe geht es um Muslime. Der Verbandschef Jürgen Mannke und seine Vize Iris Seltmann-Kuke haben das Wort. Sie rufen nach Aufklärung, damit junge Mädchen sich nicht «auf ein oberflächliches sexuelles Abenteuer mit sicher oft attraktiven muslimischen Männern» einlassen. Viele «junge, kräftige, meist muslimische Männer» kämen ins Land, «nicht immer mit den ehrlichsten Absichten». Von einer «Immigranteninvasion» ist die Rede und sexuellen Belästigungen durch Asylbewerber. Die «oft auch ungebildeten Männer» hätten ein Bedürfnis nach Sexualität. Schon jetzt höre man «aus vielen Orten in Gesprächen mit Bekannten, dass es zu sexuellen Belästigungen» komme – «vor allem in öffentlichen Verkehrsmitteln und Supermärkten».

Genauso gut hätte der Philologenverband schreiben können: Das deutsche Blut wird beschmutzt, der Volkstod eingeleitet – Bürger, sperrt eure Frauen ein.

Ich sitze in einem ICE, der gegen Mitternacht Dresden erreichen wird. Auch geographisch ist Sachsen-Anhalt in diesem Moment ganz nah. Der Mythos des sexuell ungezügelten Fremden ist in der deutschen Geschichte schon oft aufgetaucht. Bereits den italienischen Gastarbeitern wurde nachgesagt, sie vergewaltigten im Schwabenland blonde Frauen. Von Pädagogen, die jeden Tag vor einer Schulklasse stehen, dürfte man anderes erwarten. Die vorurteilsfreie Bildung ist ihr Auftrag.

Im Osten Deutschlands ist die deutsche Vielfalt keine Realität. Weniger als zwei Prozent der Muslime in Deutschland leben in den neuen Bundesländern. Wissenschaftler des Berliner Instituts für Integrations- und Migrationsforschung haben festgestellt, dass sich dies vor allem auf die ältere Generation auswirkt. In ihrer Studie vom Februar 2015 zeigten sich Ostdeutsche, die älter als 26 Jahre sind, deutlich abwehrender gegenüber Muslimen als jüngere Befragte. Die Haltung ostdeutscher Jugendlicher gegenüber Muslimen ist hingegen fast genauso offen wie jene von Westdeutschen gleichen Alters. Das mag auf den ersten Blick überraschen, können die Jugendlichen doch kaum mehr Kontakt zu Muslimen haben als ihre Elterngeneration. Anders als vielfach behauptet ist direkter Kontakt jedoch keine zwingende Voraussetzung für Offenheit. Durch die pädagogische Arbeit gegen Antisemitismus ist bekannt, dass eine vorurteilsfreie Bildung fehlenden Kontakt auffangen kann. Bei den ostdeutschen Jugendlichen ist das offenbar gelungen: Anders als ihre Eltern sind sie in einem Deutschland groß geworden, das sich seit 2001 als Einwanderungsland beschreibt. Die Bilder und das Wissen, das Medien und Schulen über sie transportieren, prägen sie – sofern in der Schule nicht ein Lehrerkollegium existiert, das einem Jürgen Mannke folgt. Noch steht die Sensibilisierungsarbeit gegen antiislamische Ressentiments ganz am Anfang. Sie muss in den Bildungsinstitutionen weiter vorangetrieben werden, genauso wie der Kampf gegen die zahlreichen Vorbehalte, die es in der westdeutschen Gesellschaft gegenüber Ostdeutschen gibt.

Seitdem die «Patrioten Europas gegen die Islamisierung des Abendlandes», kurz Pegida, jeden Montag in Dresden aufmarschieren, sind die Vorbehalte gegen Ostdeutsche nicht weniger geworden. In Dresden, einer Stadt, die nicht mehr als zwei Prozent Muslime zählt, rief Lutz Bachmann im Oktober 2014 erstmals zu einem sogenannten «Montagsspaziergang» auf. Seitdem finden sie jeden Montagabend in Dresden statt, mit mittlerweile bis zu 20 000 Teilnehmern. Auch am morgigen Montag, er trägt das Datum des 9. November, wird Pegida sich wieder in Dresden treffen. Während in ganz Deutschland Menschen der Opfer der Reichspogromnacht gedenken werden, werden die Pegida-Anhänger ihre fremdenfeindlichen Parolen skandieren.

Der Versuch, die Kundgebung zu verhindern, scheiterte. Die Stadt Dresden sieht keine rechtlichen Möglichkeiten dafür. Auch die Online-Petition, die 98 000 Dresdner unterzeichnet haben, damit die Zusammenkunft zumindest an einen weniger symbolbelasteten Ort verlegt wird, hatte keinen Erfolg: Der Theaterplatz hieß zu Zeiten des Nationalsozialismus Adolf-Hitler-Platz und diente den Nazis für ihre Aufmärsche.

In Dresden habe ich mir in einem Hotel direkt an der Frauenkirche ein Zimmer reserviert. Vom Bahnhof aus läuft man die Prager Straße entlang, geht über den Altmarkt, auf dem schon Buden der Eröffnung des Weihnachtsmarkts entgegenschweigen, und schon kommt die Frauenkirche in Sicht. Nach der Zerstörung Dresdens als Schutthaufen belassen, war sie lange die eindringlichste deutsche Mahnstätte. Nur noch die rußgeschwärzten Quader des Chors erinnern heute daran, was in der Nacht des 13. Februar 1945 geschah: Die Stadt verglühte unter alliiertem Bombenhagel. Die Frauenkirche ragte bis zum Morgen des 15. Februar über den schwelenden Resten. Dann sank auch sie in sich zusammen. Spenden aus der ganzen Welt machten möglich, sie wieder aufzubauen. Seit 2005 finden dort wieder Gottesdienste statt.

Das Internet funktioniere nicht, entschuldigt sich das handgeschriebene Kärtchen neben dem Christstollen in meinem Hotelzimmer – traditionelles Weihnachtsgebäck als Ausgleich für technisches Versagen, auf so eine Idee muss man erst mal kommen. Für seinen Christstollen ist Dresden bekannt. Auch für Kunst und Künstler ist die Stadt immer ein einzigartiger Ort gewesen. Traurige Berühmtheit erlangte sie durch den Mord an der Ägypterin Marwa El-Sherbini am 1. Juli 2009, der ein hartes Schlaglicht auf die Islamfeindlichkeit in Deutschland warf.

Auf einem Spielplatz hatte Alex W. die 31-jährige, kopftuchtragende Frau als Islamistin, Terroristin und Schlampe beschimpft. Marwa El-Sherbini, die als Apothekerin gearbeitet hatte und dem deutschen Rechtsstaat vertraute, zeigte Alex W. wegen Beleidigung an. Er wurde verurteilt und legte Berufung ein. Bei der Berufungsverhandlung zog er im Gericht ein Messer und stach 18 Mal auf die schwangere Ägypterin ein. Sie starb vor den Augen ihres kleinen Sohnes und ihres Ehemanns. Elwy Okaz, Genforscher und Stipendiat des Dresdner Max-Planck-Instituts, hatte noch versucht, sich zwischen seine Frau und Alex W. zu werfen. Ein Polizist hielt den Ägypter für den Attentäter und schoss ihm ins Bein. Niemand hatte es für nötig gehalten, Alex W. auf Waffen zu kontrollieren. Auf dem rechten Auge war Sachsen lange blind; gut möglich auch, dass die Beamten gar nicht so richtig hinsehen wollten: Im Jahr 1990 hatte sich in Dresden die sächsische NPD gegründet, 2004 zog die Partei erstmals in den Sächsischen Landtag ein und blieb dort bis 2014. Der neonazistische NSU fand in Sachsen jahrelang Unterschlupf und Unterstützer.

Am nächsten Morgen liegt ein unfreundlicher Nieselregen über der Stadt. Er durchfeuchtet die sandsteinernen Mauern ihrer Türme und Kuppeln und verwandelt sie in eine düstere Kulisse. Am Eingang der Kunstakademie, an der Otto Dix, Oskar Kokoschka und Gerhard Richter Schüler und Meister waren, haben Studenten ein Plakat mit einem Zitat aus Goethes «West-Östlichem Divan» aufgehängt: «Das Land, das die Fremden nicht beschützt, geht bald unter». Der nicht weit entfernte Theaterplatz ist um diese frühe Tageszeit noch menschenleer. Nur die Semperoper ergreift das Wort: «Guten Morgen Neues Dresden», leuchtet es geheimnisvoll von der elektronischen Leinwand über ihrem Eingang auf den Theaterplatz. Was will die Semperoper damit sagen? Vielleicht ist der Gruß als Gruß der Hoffnung gemeint und soll daran erinnern, dass der Ausstieg aus Gedankenverirrung jeden Tag aufs Neue möglich ist. Wenn es abends dunkel wird, erhellen normalerweise Strahler die Semperoper. Seitdem Pegida das Gebäude als Bühne missbraucht, hüllt es sich zum Protest montagabends immer in Dunkelheit.

Vor dem Schloss wartet eine Gruppe Asiaten darauf, eingelassen zu werden. Im Jahr 2014 zählte Dresden 4,4 Millionen Besucher. Mittlerweile sind die Zahlen stark eingebrochen. Kanada hat sogar eine Reisewarnung für den Freistaat Sachsen ausgesprochen. Mit Fremdenfeindlichkeit will niemand konfrontiert werden, und sei eine Stadt noch so schön. Schön ist Dresden wirklich. Besonders in diesem Augenblick, als ich beim Gang über die Augustusbrücke kurz stehen bleibe und zurückschaue auf Frauenkirche, Schloss und Kunstakademie. Unter mir fließt die Elbe, sie nimmt sich Zeit, treibt gemächlich durch die Stadt, als wolle sie möglichst lange in ihr verweilen.

Am Alaunpark bin ich mit Khaldun Al Saadi verabredet. Der Dresdner ist Sprecher des Islamischen Zentrums. Es ist eine von drei Moscheegemeinden der Stadt, die sich alle als Gemeinden der Mitte beschreiben lassen: offen gegenüber nichtmuslimischem Publikum, moderat in theologischen Fragen. Al Saadi hat einen Spaziergang zu dritt vorgeschlagen – der Vormittag war eigentlich für seine Tochter reserviert. Sie sitzt im Kinderwagen, ein warm eingepacktes kleines Mädchen mit riesigen Augen. Khaldun Al Saadi, groß, dunkle Haare, Brille, eleganter Wollmantel, sieht müde aus. Er ist Stipendiat der Heinrich-Böll-Stiftung und Mitglied der Jungen Islamkonferenz. Er studiert in Leipzig Islam- und Kommunikationswissenschaften, wohnt aber in Dresden. Seit 2010 hat der 26-Jährige den ehrenamtlichen Job des Sprechers seiner Gemeinde inne. «Ich mache das sehr gern, weil die Gemeinde mir wichtig ist», sagt er.

Wir laufen los, durch den Alaunpark zur Heide. Sie ist ein Waldgebiet, deren Ausläufer bis in die Dresdner Neustadt reichen. Der Weg führt unter Kiefern und Eichen an der Prießnitz entlang, einem Nebenfluss der Elbe, der in diesem Abschnitt eher einem Bächlein gleicht. Auch hier ist Dresden schön. Schon nach wenigen Schritten hat der Wald den Lärm der Stadt verschluckt. Pegida erscheint auf einmal ganz weit weg. Im Kopf von Al Saadi behält die islamfeindliche Bewegung allerdings die Oberhand.

Dem Pegida-Irrsinn eine vernünftige Antwort entgegenzusetzen ist seine Aufgabe. Er setzt dabei nicht auf Parolen, sondern auf konstruktiven Dialog. In den vergangenen Wochen hat er Dutzende von Interviews gegeben, Reden gehalten und auf Podien mit Politikern, Wissenschaftlern und Bürgervertretern diskutiert. Seine Forderung: ein fairer Umgang mit dem Islam. Zudem möchte er, dass Dresdens Ruf nicht noch schlechter wird und dass Muslime sich in Sachsen wieder sicher fühlen können –

Khaldun Al Saadi kämpft für seine Heimat, gleichermaßen für die spirituelle wie für die geographische.

Al Saadi ist gläubiger Muslim, betet fünfmal am Tag, isst kein Schweinefleisch und trinkt keinen Alkohol. Genauso ist er mit Herz und Seele Sachse. Er wurde 1990 in Karl-Marx-Stadt geboren und wuchs in der Nähe von Chemnitz auf. Sein Vater war als junger Mann aus Südjemen in die DDR gekommen, als einer von vielen jungen Jemeniten, denen Honecker als Entwicklungshilfe für den sozialistischen Bruderstaat ein Studium anbot. Er heiratete eine Deutsche. Das Paar bekam sechs Kinder, Al Saadis Mutter studiert mittlerweile interkulturelle Kommunikation.

Khaldun Al Saadi möchte, dass sich das Leben der Familie auch künftig in Sachsen abspielen kann. Pegida betrachtet den Islam jedoch nicht als Religion, sondern als gewaltverherrlichende und frauenfeindliche Ideologie. Diese Meinung verbreiten auch unzählige Internetforen, sie wird von gewissen Zeitungen vertreten und im Fernsehen rauf und runter diskutiert. Als Muslim erfordert es viel Kraft, sich davon nicht das Selbstwertgefühl nehmen zu lassen.

Das Leben der Dresdner Muslime beschreibt Al Saadi als ein Leben unter konstantem Druck, in dem Rassismus, Gewalt und Fremdenfeindlichkeit alltäglich geworden sind: Der Tochter eines Gemeindemitglieds sei auf dem Schulweg der Schleier heruntergerissen worden. Eine Muslimin wurde in der Straßenbahn beleidigt, ihr Vater geschlagen. Einer Bekannten und deren Kindern rief ein Mann in Chemnitz ‹Ihr werdet alle brennen› hinterher. «Was geht bloß in solchen Menschen vor?», fragt Al Saadi und rückt seiner Tochter die Mütze zurecht. «Mein Eindruck ist, die Leute sind enthemmt, seitdem es Pegida gibt.»

Als dunkelhaarige Person hätte man sich früher nur vor Glatzen hüten müssen. Mittlerweile teilten jedoch ganz normal aussehende Bürger, von denen man dies nicht erwarten würde,

Beleidigungen und Schläge aus. Die daraus resultierende Unsicherheit mache den Muslimen enorm zu schaffen.

Montags, am Versammlungstag von Pegida, meidet Al Saadi die Dresdner Innenstadt. In seinem Bekanntenkreis ist es an diesem Tag schon üblich, mit den Worten ‹Pass auf dich auf› auseinanderzugehen. Al Saadi holt tief Luft: «Ich mag die Sachsen, manchmal mag ich sogar ihre grobe Art. Ich definiere mich als Sachse. Aber der Hass auf der Straße wird immer stärker.» Es klingt fast ein wenig trotzig: Ein Mann, der an dem Ort lebt, an dem er leben möchte, weil er sich ihm zugehörig fühlt, dem jedoch jede Woche zehntausend Menschen auf der Straße grölend erklären, dass er dort nicht hingehört.

Hat er den Aufsatz des Philologenverbandes gelesen? Al Saadi nickt, starrt stur geradeaus: «Da ist von Immigranteninvasion die Rede, vom enthemmten Trieb der Muslime nach Sexualität. Ich bin wirklich schockiert. Die Grenzen des Sagbaren haben sich komplett nach rechts verschoben.»

Al Saadi und seine Gemeinde haben schon viel im Kampf gegen Ängste und Vorbehalte getan. Im Islamischen Zentrum sind Besucher jederzeit willkommen. Am Tag der offenen Moschee empfängt es Schulklassen und andere interessierte Bürger. Die Gemeinde lädt ein zu Konferenzen, engagiert sich im interreligiösen Dialog, nimmt Teil an pädagogischen Weiterbildungen, ist offener Ansprechpartner bei Fragen zu Terrorismus und Islamismus und hilft der Stadt bei der Flüchtlingsfrage. Als die Dresdner Asyl-Zeltstadt an der Bremer Straße im Sommer mit ihrer ungenügenden medizinischen Versorgung, ihren zu wenigen Toiletten und überfüllten Schlafstätten einen medialen GAU verursachte, sorgte das Islamische Zentrum dafür, dass sich der Schaden an Mensch und Image in Grenzen hält. Die Flüchtlinge bekamen dort warme Mahlzeiten, konnten tagsüber in den Räumen der Gemeinde verweilen, ein Nickerchen machen, ihre Handys aufladen, die Waschmaschine benutzen, duschen. Nach einigen Wochen riefen die Städtischen Wasserwerke an: Der Verbrauch sei plötzlich so hoch, ob die Moschee vielleicht einen Wasserschaden habe?

Die Gemeinde stellt Großartiges auf die Beine, vor allem wenn man bedenkt, dass alles von Ehrenamtlichen geleistet wird. Ganz gleich, welches Anliegen an sie herangetragen wird: sie macht bei allem mit. Wohl wissend natürlich auch, wie schnell man als islamische Gemeinde unter Rechtfertigungsdruck geraten kann. Als 2012 Salafisten in der Dresdner Fußgängerzone Korane verteilen wollten, stellte das Islamische Zentrum sich öffentlich gegen die Aktion. Die Verteiler seien Muslime, die glaubten, «nach einer Überdosis Online-Fatwa-Videos über Nacht zu ‹Gelehrten› zu werden», schrieb Al Saadi. Damit hatte er natürlich recht. Doch welche christliche Gemeinde würde eine Stellungnahme für notwendig erachten, wenn es um die zweifelhaften Umtriebe einer christlichen Sekte geht, mit der sich die Gemeinde ohnehin nicht identifiziert?

Wie fragil der gesellschaftliche Boden für die Gemeinde ist, zeigte sich im Herbst 2014: Am 30. September berichtete das ZDF-Magazin «Frontal 21», Max P. und Samuel W., zwei junge Konvertiten aus Sachsen, hätten im Islamischen Zentrum gebetet, bevor sie in den Dschihad nach Syrien aufgebrochen seien. Außerdem unterhalte die Gemeinde Kontakt zur Muslimbruderschaft. Der Beitrag dauerte keine fünf Minuten, genügte aber, um Erfolge der langjährigen Integrationsbemühungen der Gemeinde zu zerstören. Schon am nächsten Morgen stand ein Pulk aus Journalisten und Kamerateams vor der Moschee. Einige Tage später erkannte Al Saadi auf einem Foto tatsächlich in Max P. einen der Besucher wieder, die während des Ramadans in die Moschee gekommen waren. Länger mit ihm gesprochen hatte er nicht. Ihm war nur der spöttische Unterton aufgefallen, mit dem der Konvertit Al Saadis Einladung zur gemeinsamen Koranlektüre abgelehnt hatte. «Wir können nicht die Religiosität jedes Einzelnen überprüfen», sagt Al Saadi. «Aber wir haben garantiert niemanden in unserer Gemeinde radikalisiert. Das stand und steht nicht auf unserem Programm.» Dass sie Kontakt zur Muslimbruderschaft habe, wies die Gemeinde zurück. Der Verfassungsschutz bestätigte die Behauptung des ZDF nicht. Doch was einmal in der Welt ist, wird nicht mehr vergessen, vor allem nicht in Zeiten des Internets. Egal, wie absurd die Vorwürfe auch sein mögen: Man kann eine muslimische Gemeinde und Biographien damit beschädigen oder sogar zunichtemachen.

Erst vor wenigen Tagen musste Al Saadi das wieder erfahren. Eigentlich sollte er im Auftrag des Deutschen Zentrums für Märchenkultur einer Grundschulklasse «Der fliegende Teppich» von Wladislaw Krapiwin vorlesen. Am Abend zuvor sagte die Schule ihm ab: Zwei Eltern hätten sich beschwert. Bei dem gemeinsamen Gespräch, das eigentlich ein klärendes werden sollte, knallten die Eltern Ausdrucke von Zeitungsberichten und Kommentaren zu dem Beitrag von «Frontal 21» auf den Tisch. Die Schuldirektorin glaubte Al Saadi zwar, hatte aber nicht den Mut, die Lesung gegen den Willen der Eltern durchzusetzen. «Mich hat erschüttert, welche Kraft ihre Anschuldigungen entfalteten», sagt Al Saadi. «Für diese Eltern bin ich ein islamistischer Funktionär.»

Al Saadis Tochter verlangt zu trinken. Eine Normalität, was seine Religion angeht, habe er nur als kleiner Junge erlebt, sagt Al Saadi, während er dem Mädchen die Flasche reicht. In Prügeleien geriet er nicht wegen seiner dunklen Haare oder wegen seines Glaubens, sondern durch Umstände, wie sie auch jedes andere Kind erlebt: Da spielt man beispielsweise mit den Freunden Fußball, und plötzlich kommen die Großen und beanspruchen den Rasen für sich. Sicherlich, manche Kinder nannten ihn

«Kümmeltürke» – Al Saadis arabischer Vater und die kopftuchtragende Mutter boten Stoff für jugendliche Kabbeleien. Doch die Kinder begriffen dieses Fremdsein eher als Information, nicht als Zustand. Heute hingegen wird Muslimsein meistens als ein so starkes Identitätsmerkmal aufgefasst, dass alles andere dahinter zurücktritt. Facetten, die eine Person sonst noch ausmachen, spielen in dieser Sichtweise keine Rolle mehr; weder, wo jemand aufgewachsen ist, noch wie er erzogen wurde und auch nicht, was er gelernt hat. Das Einzige, worum es geht, ist das Für und Wider des Islams.

Wie die meisten Muslime geriet Al Saadi mit 9/11 in diesen Frontenkampf. Er war damals in der fünften Klasse. Am Tag nach dem Attentat sprachen die Schüler mit ihrer Lehrerin darüber, was geschehen war. Dann beteten sie gemeinsam. Al Saadis Banknachbar faltete die Hände, er selbst führte seine – wie es beim islamischen Gebet üblich ist – vor sein Gesicht. «Das war ein schöner Moment», sagt Al Saadi. «Wir waren in dem Gedanken vereint, etwas sehr Schlimmes ist passiert.» Es dauerte nicht lange, und die Diskussionen fingen an. Sie liefen stets auf eines hinaus: auf den Verdacht, der Grat zwischen seiner Religion und dem Fundamentalismus sei zu schmal. So schmal, dass man Muslimen wie Al Saadi grundsätzlich nicht vertrauen könne. Man sich vorsehen müsse. Dass es besser sei, wenn nicht zu viele Muslime in der westlichen Welt leben. Letztendlich macht Pegida für Al Saadi auf der Straße sichtbar, was er schon lange zuvor gespürt hatte.

Er sagt: «Am zermürbendsten finde ich diese Hilflosigkeit. Man möchte den Leuten so gerne sagen: Ich bin nicht so. Der Islam ist nicht so. Wir Muslime sind nicht so. Aber langsam habe ich den Eindruck, die meisten Leute interessiert das gar nicht.»

In Städten mit großen muslimischen Gemeinden und einer ausgeprägten muslimischen Infrastruktur haben Muslime zahlreiche Möglichkeiten, um gemeinsam die Anfeindungen zu reflektieren und sich gegenseitig den Druck zu nehmen. In Dresden sind die Bedingungen andere: Das Islamische Zentrum zählt nur 250 Mitglieder. Die Gemeinde droht aufgerieben zu werden von dem Druck von rechts und ihrem eigenen Bemühen, Vorbehalte und Ängste durch gesellschaftliches Engagement zu entkräften. Viele der Gemeindemitglieder kamen in den achtziger Jahren nach Sachsen, als Studenten, als Vertragsarbeiter. Die jungen wurden hier geboren. Deutsch ist die Sprache, in der sie sich zu Hause fühlen, in der sie über persönliche Probleme und die Anfeindungen sprechen.

Zurück am Alaunpark verabschiedet sich Khaldun Al Saadi. Das Dresdner Bündnis «Herz statt Hetze» hat für diesen Abend zu einer Gegendemonstration aufgerufen. Al Saadi wird unter den Demonstranten sein. Besonders heute, am 9. November, sei es wichtig, die Straße nicht allein Pegida zu überlassen. «Der verantwortungsvolle Umgang mit dem Holocaust ist ein Merkmal der deutschen Identität: Was bedeutet es, wenn Menschen offen sagen können, der industrielle Massenmord an 6 Millionen Juden müsse nicht mehr erinnert werden? Was sagt das aus über uns Deutsche?»

―

Mit der Straßenbahn fahre ich zum Marwa El-Sherbini Kultur- und Bildungszentrum Dresden. Die Worte von Khaldun Al Saadi noch im Ohr, beobachte ich die Menschen um mich herum. Unmöglich zu sagen, was in ihren Köpfen vor sich geht.

Das Kultur- und Bildungszentrum Marwa El-Sherbini e.V., kurz MKEZ, ist ein unauffälliger Flachdachbau, eingekesselt von Plattenbauten und einem Spielplatz. Ein Minarett hat das Gebäude nicht, dafür mehrere Sicherheitskameras. Das im Mai

2009 gegründete Kulturzentrum möchte Muslimen verschiedenster Nationalität ein spirituelles Zuhause und eine Plattform bieten, um sich gemeinsam für den Abbau von Vorurteilen zu engagieren. Unter den Mitgliedern der ersten Stunde war auch Marwa El-Sherbini. Einen Monat nach der Vereinsgründung war sie tot. Der Verein nahm ihren Namen an – als ehrende Geste und als Mahnung, was niemals wieder geschehen soll.

Im Vorraum streife ich die Schuhe ab und stelle sie in das Regal neben die anderen. Ein Mann von vielleicht 45 Jahren tritt mir entgegen: graue Dschellaba, graumelierter Bart, barfuß, in der Hand hält er einen Koran. Er zögert, grüßt dann aber mit dem islamischen Gruß: «Salam» – «Friede sei mit dir», «Wa Aleikum selam» – «und auf dir sei der Friede auch», antworte ich, denn so ist es Tradition. Der Mann stellt sich als Mohammed, stellvertretender Imam des Zentrums, vor.

Wir setzen uns in ein kleines Zimmer. Den Koran legt der Imam zwischen uns auf den Tisch. Sein Misstrauen ist mit Händen greifbar. Er hat keine Lust auf eine Unterhaltung mit einer Fremden, so viel ist klar. Er blickt zur Tür, auf den Boden. Trüge sein Handgelenk eine Uhr, dann würde er jetzt wahrscheinlich auf ihr Ziffernblatt starren. Missfällt es ihm, mit einer Journalistin über das Zentrum zu sprechen? Er schaut mich lange an. «Es wird so viel Schlechtes über uns geschrieben», sagt er, und dann bricht es aus ihm heraus, und er nennt eine Flut an Indizien für den wachsenden Fremdenhass. Sie ähneln jenen, die Khaldun Al Saadi angeführt hat, doch hier sitzt jemand, den die Gemeindemitglieder wahrscheinlich zu jeder Tages- und Nachtzeit mit Nöten konfrontieren. Al Saadi wirkte erschöpft, und ja, er wirkte auch ein wenig frustriert. Der Mann vor mir hat aufgegeben.

Die Menschen hätten ihn willkommen geheißen, als er vor 23 Jahren aus Ägypten an die Elbe kam, sagt der Imam. Sicherlich, schon damals hätten einige Dresdner Vorurteile und Ängste gehabt. Also richtete seine Gemeinde Fußballturniere aus und organisierte ein Joggingtraining für jedermann; sie lud ein zu Gesprächen bei Kaffee und Kuchen, veranstaltete Arabischkurse und Bastelnachmittage für Kinder. Nach dem Attentat auf «Charlie Hebdo» veröffentlichte das Zentrum eine Stellungnahme im Internet, die den Anschlag verurteilte und den Angehörigen der Ermordeten ihr Beileid aussprach. Und als sich im Februar 2015 der Tag der Zerstörung von Dresden zum siebzigsten Mal jährte, da wurde der Opfer in der Freitagspredigt gedacht. Danach reihten sich die Gemeindemitglieder vor der Frauenkirche in die Menschenkette des «stillen Gedenkens» ein.

«Hat uns das alles irgendetwas gebracht?», fragt der Imam. Mittlerweile genüge es schon zu sagen, man bete fünfmal am Tag, um als Radikaler zu gelten. «Die Leute haben völlig falsche Vorstellungen. Ein Gebet dauert 5 bis 7 Minuten. Nicht länger, als man zum Austrinken einer Tasse Kaffee braucht. Es ist unsere Art, mal abzuschalten.»

Nichtdestotrotz, sagt der Imam, sei er noch immer gern in Dresden. Wenn es aber so weitergehe, müsse er nach Ägypten zurück. Eine andere deutsche Stadt komme für ihn nicht in Frage. «Ich wünsche mir nur, dass diese Leute von Pegida uns in Ruhe lassen.»

Der Imam wirkt jetzt entspannter. Die meisten der Flüchtlinge, die in Dresden seien, verrichteten ihr Freitagsgebet mittlerweile im MKEZ, erzählt er. Manchmal kämen so viele, dass vom Gebetsraum in den Garten ausgewichen werden müsse. Die Gemeinde legt auf dem Rasen Teppiche aus, auf denen die Gläubigen beten können. Der Imam deutet zu ein paar Dutzend Kopfhörern hinter sich an der Wand. Über sie kann man die Simultanübersetzung der Predigt auf Deutsch oder Englisch verfolgen, sagt er. Auch die Monitore für die Sicherheitskameras stehen in dem Raum. Gab es denn schon einmal einen Übergriff? Der Imam nickt. «Jemand hat etwas an die Wand des Zentrums geschmiert.» Er kaut auf Worten herum, die er nicht aussprechen möchte. Er sagt nur: «Da stand etwas, das den Propheten zutiefst beleidigt hat.»

Ein Mann betritt den Raum, setzt sich lächelnd an den Tisch: Magdi Khalil aus Ägypten ist promovierter Ingenieur. Bevor er vor sieben Jahren nach Sachsen kam, um am Max-Planck-Institut als Wissenschaftler zu arbeiten, war er an der Universität Tokio tätig. «In Dresden habe ich mir zum ersten Mal im Leben meine Haut angesehen und gedacht: Oh, stimmt, ich bin nicht weiß», sagt er und lacht. Khalil gilt als hochqualifiziert. Nach nur einem halben Jahr bekam er deshalb eine unbefristete Aufenthaltsgenehmigung. Deutschland braucht Leute wie ihn. Aber wollen Leute wie er überhaupt noch nach Deutschland kommen? An Sachsens neun Hochschulen, neun Fraunhofer-Instituten, drei Leibniz-Instituten, drei Max-Planck-Instituten und der Helmholtz-Gesellschaft arbeiten etwa 1000 ausländische Wissenschaftler. Mittlerweile sei der Zuzug internationaler Forscher deutlich abgeebbt, hat der sächsische Wirtschaftsminister Martin Dulig kürzlich gesagt. Kahlil erzählt von Kollegen. Sie denken darüber nach, wegen Pegida ihre Verträge nicht zu verlängern.

Er selbst sieht in der verschärften Stimmung gegen Muslime auch etwas Gutes: Die Leute stellten viele Fragen zum Islam und dem Kopftuch seiner Frau. «Viele denken, ich verlange, dass sie das Tuch trägt. Aber meine Frau hat sich selbst dafür entschieden. Sie hat wunderschöne rote Haare, die sie, wenn es nach mir ginge, auch zeigen sollte.»

Am Abend versammeln sich auf dem Theaterplatz die Pegida-Anhänger: junge Männer und Frauen, vor allem aber Männer, die deutlich älter als 50 Jahre sind. Eine Frau hat sich eine Burka übergeworfen. Eine andere trägt ein großes, selbstgebasteltes Kreuz in Schwarz-Rot-Gold. Viele halten Plakate in den Händen. Die Botschaften: «Gewaltfrei und vereint gegen Glaubenskriege auf deutschem Boden» oder «Gegen religiösen Fanatismus und jede Art von Radikalismus». Die deutsche Flagge wird geschwenkt, die russische. Dann eine russische Flagge, in deren Mitte der sächsische Löwe prangt. Mehrere israelische Flaggen sind zu sehen – die Pegida-Anhänger fühlen sich mit Israel solidarisch, weil das Land in ihren Augen von Muslimen belagert wird. Über die Gründungsgeschichte des Staates, die eng mit dem nationalsozialistischen Schrecken verbunden ist, denken die Flaggenträger an diesem Abend des 9. November sicherlich weniger nach. Auch die Wirmer-Flagge ragt zwischen den Köpfen empor: Sie geht auf den katholischen Juristen Josef Wirmer zurück, der zum Unterstützerkreis des Stauffenberg-Attentats gehörte und sie als Nationalflagge für ein neues, demokratisches Nach-Nazideutschland konzipierte. Der Fahnenschwenker will wohl suggerieren: Hier stehen wahre Demokraten. Die Semperoper weiß es besser: «Wir sind kein Bühnenbild für Hass», steht jetzt auf ihrer elektronischen Leinwand über dem Eingang, hell strahlt sie in die dunkle Nacht. Gegenüber der Semperoper und am Rande des Geschehens liegt die Hofkirche. Dorthin ziehe ich mich zurück.

Zu Füßen der Kirchentreppe kniet ein schlanker, großer Mann am Boden. Behutsam wischt er den Stolperstein ab, der dort im Pflaster liegt. Danach zieht er eine Kerze hervor, entzündet sie, legt drei Rosen neben den Stolperstein und verharrt einen Augenblick im stillen Gedenken. Der Stolperstein ist dem sorbischen Priester Alois Andritzki gewidmet, der am 3. Februar

1943 im Alter von 29 Jahren in Dachau ermordet wurde. Bis zu seiner Verhaftung im Jahr 1941 war Andritzki in der Hofkirche als Kaplan tätig. Das Reinigen von Stolpersteinen, die an Menschen erinnern, die während des Nationalsozialismus verschleppt und getötet worden sind, ist am 9. November Tradition geworden. Nur hätte ich nicht damit gerechnet, ihr ausgerechnet hier zu begegnen, nur ein paar Meter von der Pegida-Kundgebung entfernt.

«Ich hoffe, dass ich nicht verprügelt werde», sagt der Mann, der Viktor heißt und höchstens zehn Jahre älter ist, als Andritzki wurde. Ein Herr im Jackett bleibt vor ihm stehen, stellt sich vor als Rechtsanwalt. Er sagt: «Ich dachte mir, dass es hier heute einsam wird. Deshalb bin ich hier.»

Von den Lautsprechern der Pegida-Bühne weht Musik herüber, immer mehr Pegida-Anhänger strömen an den beiden Männern vorbei auf den Theaterplatz. Sie glauben: «Wir sind das Volk», sie rufen: «Volksverräter» und «Lügenpresse». Jetzt steht über dem Eingang der Semperoper: «Wir gedenken der Opfer der Reichspogromnacht 1938». Viktor und der Rechtsanwalt sind die Einzigen.

Sie müssen dafür einiges über sich ergehen lassen.

Eine junge Frau tritt heran, möchte wissen, wer «dieser Andritzki» war. «Ermordet? Das ist ja schrecklich!», sagt sie, lacht laut auf und geht zu den anderen auf dem Theaterplatz. Dann ein älteres Paar. Sie bleibt stehen, deutet auf den Boden, fragt laut: «Was ist das?» – «Ein Stolperstein für Alois Andritzki.» Die Frau macht eine wegwerfende Handbewegung, sie gehen weiter, kehren dann aber wieder zurück. Die wenigen Schritte haben genügt, um ihre Gesichter wütend werden zu lassen: «Ihr habt sie ja nicht mehr alle! Stolpersteine! Wo es der Wirtschaft so schlecht geht!», brüllt der Mann, tritt so nahe an Viktor heran, dass ihre Nasen einander fast berühren. «Hast du in deinem

Leben überhaupt schon mal gearbeitet? Wer war der Typ überhaupt? Ein Priester?! An die ermordeten Kommunisten wird auch nicht erinnert!» – «An wen denken Sie denn?», fragt der Rechtsanwalt, bemüht um Dialog. «An, an – ach, mir fällt jetzt auch niemand ein, aber die haben die ganzen Straßen hier umbenannt!» Der Nächste ist ein junger Mann, er sieht südländisch aus. Ob sie von allen guten Geistern verlassen seien, fragt er: «Da drüben stehen Nazis, was glaubt ihr, was passiert, wenn die euch sehen?» Als er weg ist, fragt der Rechtsanwalt leise: «Was würde Alois Andritzki wohl zu all dem sagen?» – «Er wäre unbeugsam. Er würde weiter Menschlichkeit predigen», sagt Viktor.

Am Ende des Abends tritt Tatjana Festerling vor das Mikrophon der Pegida-Bühne. Mit Blick auf den 9. November erklärt sie den «deutschen Schuldkomplex der deutschen Naziherrschaft offiziell für beendet». Sechstausend Pegida-Anhänger kommen an diesem Abend in Dresden zusammen. Die beiden Männer vor dem Stolperstein bleiben allein. Die Gegendemonstration, an der Khaldun Al Saadi und einige andere Muslime aus seiner Gemeinde teilnehmen, führt die Polizei auf die andere Seite der Elbe, weit weg in die Neustadt.

Generation Dschihad
*Eine Berliner Hip-Hopperin entkommt
dem Sog der Salafisten*

Tief getroffen verurteilen Muslime in Deutschland und auf der ganzen Welt mit klaren Worten, was am Abend des 13. November 2015 in Frankreich passiert: Der IS schlägt in Paris zu. Es ist ein koordinierter, furchtbarer Angriff, der fast zeitgleich an fünf verschiedenen Orten der Stadt erfolgt. Am Stade de France, wo gerade ein Freundschaftsspiel Deutschland gegen Frankreich stattfindet, und im 10. und 11. Arrondissement, wo Attentäter den Konzertsaal Bataclan stürmen und auf Gäste von Bars und Restaurants schießen. 130 Menschen werden getötet, mehr als 350 Menschen verletzt. Etliche muslimische Twitter-Nutzer zitieren an diesem Abend eine Sure aus dem Koran: «Wer einen unschuldigen Menschen tötet, tötet die gesamte Menschheit.» Der französische Präsident Hollande spricht von Krieg, ruft den Notstand aus und verstärkt die Luftangriffe auf IS-Stellungen in Syrien. In einem UN-Resolutionsentwurf appelliert Frankreich an die internationale Gemeinschaft, sich im Kampf gegen den IS zusammenzuschließen und ihn mit aller Härte zu führen. Bundespräsident Gauck greift die Kriegsrhetorik Hollandes auf, und der bayerische Finanzminister und CSU-Lautsprecher Markus

Söder twittert «ParisAttacks ändert alles, wir dürfen keine illegale und unkontrollierte Zuwanderung zulassen». Auf verhängnisvolle Weise vermischt er damit die Sicherheitsdebatte mit der Flüchtlingsdiskussion. Das entspricht auch der Wertung von Pegida, die schon wenige Stunden nach den Attentaten im Internet erscheint: «Es ist nur noch eine Frage der Zeit, bis auch Deutschland vom Terror heimgesucht wird, wenn nicht endlich die Asylantenlawine gestoppt wird». Michael Stürzenberger, Redner des Pegida-Ablegers in München und Autor des islamfeindlichen Blogs «Politically Incorrect», schreibt, der Islam befinde sich «im Kriegszustand», es stehe ein «unvorstellbarer Massenmord» in Europa bevor. Frauke Petry von der AfD spricht von «Terror-Notstand» und der Thüringer AfD-Chef Björn Höcke teilt mit: «Ich will keine Betroffenheitsbekundungen mehr hören. Ich will Taten».

In Spanien und Frankreich kommt es zu Übergriffen auf Muslime, auch in weiten Teilen Deutschlands nähert sich die Stimmung dem Ausnahmezustand. Die Erklärung mehrerer deutscher islamischer Verbände, entschlossen gegen die Radikalisierung junger Muslime vorgehen zu wollen, geht darin fast unter. Schon vor den Anschlägen brannte fast täglich irgendwo eine Flüchtlingsunterkunft. Die Attentäter und die Rhetorik mancher Politiker liefern jenen, die dahinterstecken, und den Sympathisanten bei Pegida und der AfD Stoff, sich in ihrem Hass auf Muslime bestätigt zu fühlen.

Ändert Paris wirklich alles? Zwar wurde bei einem der Attentäter ein syrischer Pass gefunden. Er soll Anfang Oktober über Griechenland in die EU eingereist und in mehreren Ländern registriert worden sein. Der Verfassungsschutz hält es jedoch für wenig wahrscheinlich, dass mit den Flüchtlingen Terroristen in größerer Zahl nach Deutschland kommen. Der IS hat andere Weg, um Kämpfer einzuschleusen – wenn Attentäter nicht ohnehin im Inland radikalisiert werden. Mindestens drei der Attentäter von Paris waren Franzosen, mindestens einer war Belgier, also keine von außen eingeschleusten Terroristen. Die Sicherheitsbehörden wussten auch schon vorher, dass Terroristen überall und jederzeit zuschlagen können.

—

Es gibt ein Handbuch der psychologischen Kriegsführung, das auf unheimliche Weise die aufgeheizte Stimmung nach den Anschlägen von Paris vorwegnimmt. Das Buch heißt «Management of Savagery» und wurde von Abu Bakr Naji, einem ehemaligen Chefdenker von Al Qaida, verfasst. Seit 2004 ist es im Internet zu lesen, 2006 hat es der Wissenschaftler William McCants ins Englische übersetzt. Terrorismusexperten sind davon überzeugt, dass der Führungskader des IS sich daran orientiert. Es ist ein Manifest der islamistischen Welteroberung, die mit «unzähligen kleinen Operationen» erreicht werden soll. Die Gewalt soll zu Unsicherheit und zum Kollaps der Ordnung führen, die Menschen sollen das Gefühl bekommen, der Tod sei «immer nur einen Herzschlag entfernt».

Das Kalkül dahinter: Der Gegner werde unweigerlich in die Denkweise des Dschihads hineingezogen, in eine Polarisierung der Welt in Gut und Böse. Sei das einmal erreicht, könne man mit militärischen Interventionen der betroffenen Staaten rechnen – und genau das möchte Naji. Denn daraus ergebe sich neuer propagandistischer Spielraum, etwa durch das Schaffen von Märtyrern. Eine Gewalt, die keine Grenzen kennt, schüre außerdem in der westlichen Welt die Islamfeindlichkeit, was ebenfalls eine gute Ausgangslage sei, um Muslime als Dschihadisten zu rekrutieren.

Hält man sich vor Augen, was seit den Attentaten von

Paris passiert ist, dann sind die Ziele des IS in greifbare Nähe gerückt.

Es genügt nicht, dem IS einzig militärisch zu begegnen. Damit wird man diesem Gegner nicht gerecht. Er ist weder an ein Staatsgebiet noch an einen geographisch klar umrissenen Raum gebunden, auch wenn der Name «Islamischer Staat» das suggeriert. Der IS ist ein transnationales Phänomen, er ist die Verkörperung eines revolutionären Aufrufs und einer Botschaft, die Anhänger auf der ganzen Welt findet. Männer und Frauen aus mehr als neunzig Ländern kämpfen mittlerweile für ihn. Genaue Zahlen, wie viele davon europäischer Abstammung sind, existieren nicht. Schätzungen sprechen von 32 Prozent. Ihre gemeinsamen Merkmale: Sie sind jung, die meisten von ihnen zwischen 18 und 29 Jahre alt oder jünger. Sie wurden in westlichen Demokratien sozialisiert, teilen also nicht die Erfahrungen ihrer Mitkämpfer, die in einer Region aufgewachsen sind, in der seit dem Sturz Saddam Husseins Gewalt, Vertreibung und Unsicherheit zum Alltag gehören und schon Kindern beigebracht wird, dass Ungläubige Muslime töten, wenn die sich nicht wehren. Was den Willen zur Selbstaufopferung angeht, stehen die ausländischen Rekruten trotzdem nicht hinter ihren Mitstreitern zurück. Sie sind bereit, ihr Leben zu geben und zu töten.

Oft ist in diesen Tagen die Rede davon, die Anhänger des IS seien nihilistische Verbrecher. Das greift zu kurz. Die Bereitschaft, systematisch Menschenleben auszulöschen, erfordert feste Überzeugungen. Die Anhänger des IS kämpfen für eine bessere Welt in ihrem Sinn, sie töten für eine gesellschaftliche Utopie: einen Ort und eine Gesellschaft, in denen Muslime nach den vermeintlichen Regeln des Propheten in Freiheit und Harmonie zusammenleben. Mit der Ausrufung des Kalifats durch den IS-Anführer Abu Bakr al-Baghdadi auf syrischem und irakischem Boden im Jahr 2014 hat der Traum, der unter Salafisten schon lange vor der Entstehung des IS existierte, Gestalt angenommen. Angegriffen wird nun jeder, der sich der angeblichen Vollendung entgegenstellt. Dafür töten die Dschihadisten. Sie töten füreinander. Doch was bringt westliche junge Männer und Frauen dazu, sich der Weltsicht des IS hinzugeben und alles, was sie einmal waren und vielleicht sein wollten, hinter sich zu lassen?

Jahrzehntelang hat sich die Debatte um die Ursachen des islamistischen Extremismus auf Fragen der sozialen Ungleichheit und Religion konzentriert. Folgt man aber den Publikationen der amerikanischen Terrorismusforscher Jessica Stern und J. M. Berger oder den Befunden des Anthropologen Scott Atran, dann haben die Aussicht auf den Einzug ins Paradies und die damit verbundenen Annehmlichkeiten als Motiv für den Aufbruch in den Dschihad weitestgehend ausgedient.

Atran hält religiöse Lehren, politische Entwicklungen und Diskriminierungserfahrungen nur für Zahnrädchen in einer Gedankenmaschine, die von etwas ganz anderem angetrieben wird: von der zugespitzten jugendlichen Sehnsucht nach Abenteuer, Ruhm und einem Leben, das Bedeutsamkeit verspricht. Anders gesagt: Es ist weitaus spannender, ein gefährlicher Krieger, ein *Mudschahedin*, zu sein als ein rechtschaffener junger Erwachsener, der, wie man das heute eben so macht, aufgeklärt über Klimawandel, Flüchtlingskrise und Konsumterror spricht und sich mit Biobrot und Yogakurs auf ichbezogene Sinnsuche begibt. Wer hingegen beim IS mitmacht, fühlt sich als Avantgarde. Und engagiert sich bei einem globalen Projekt, das sich als progressiv versteht. In der Ideologie extremistischer Islamisten braucht es die Rückwärtsgewandtheit, um vorwärts zu gehen.

Der IS verlangt zwar die Unterwerfung unter ein strenges

Regelwerk. Doch er verbindet dies mit der positiven Botschaft, dass jeder, der mitmacht, persönlich Anteil haben wird an der Schaffung einer neuen Welt. Eine Jugend, die Unfreiheit wählt statt Freiheit, um eine eindeutige Identität zu finden in einer vieldeutigen Welt – für Atran ist der IS nicht nur die dynamischste Jugendbewegung der Gegenwart, sondern auch deren stärkste gegenkulturelle Ideologie. In einem Interview sagte er einmal: «Die Begriffe Terrorismus und auch Extremismus sind völlig indiskutabel, um dem IS gerecht zu werden.»

Atran ist einer der wenigen Wissenschaftler, der Interviews mit jungen IS-Anhängern im Irak und in Europa geführt hat. Er ist deshalb in der Lage, das Ganze auch mit den Augen dieser Jugendlichen zu sehen. Je mehr man sich in seine Publikationen vertieft, desto plausibler, ja evidenter wird seine These. Wer sich im Internet angeschaut hat, wie westliche Dschihadisten ihre neue Identität auf Facebook oder Instagram zelebrieren, kann der These nur zustimmen. Da geht es nicht um Träumereien vom Paradies, sondern um Abenteuer im Hier und Jetzt; in Uniform oder Kleidung mit IS-Logo. Die Leute posten Fotos, die den Alltag des Krieges dokumentieren sollen. Trotz schwerer Waffen wirken sie jedoch meist, als sehe man einer Clique bei einem Wochenende mit lustigen Paintballspielen zu. Einer der Jungs ist meist mit seiner Waffe beschäftigt, die anderen lächeln entspannt in die Kamera, umfassen einander bei der Schulter oder formen mit der rechten Hand jene Geste, die das Erkennungszeichen unter radikalen Islamisten ist: der ausgestreckte Zeigefinger mit der Botschaft «ein Gott ein Staat». Dann Landschaftsaufnahmen und Bilder von syrischen Kindern, wie ein Tourist sie vielleicht machen würde.

Scott Atran zufolge hatten die jungen Leute, die er befragte, ähnliche Probleme und Bedürfnisse. Denn die Hinwendung zum Salafismus, aus der nicht immer, aber oft die Reise in den

Dschihad wird, geschieht nach seinen Befunden vor allem in Phasen des Übergangs. Es sind Teenager oder Migranten; Auszubildende, die ihre Lehrstelle hingeschmissen haben, Studenten zwischen Hochschule und erstem Job; junge Männer oder Frauen, deren langjährige Liebesbeziehung gerade zerbrochen ist oder die kürzlich von zu Hause ausgezogen sind. Sie zeigen eine normale Fähigkeit zur Empathie, wollen meistens eher helfen als andere verletzen. Vor allem aber haben sie keine Lust auf elterliche Vorschriften, auf Leute, die ihnen sagen, was zu tun ist. Trotzdem wollen sie natürlich etwas Besonderes sein.

Gerade in Gesellschaften, die persönliche Freiheiten und Entfaltungsspielräume bieten wie nie zuvor, gibt es dafür jedoch kein Rezept. Die Fülle der Möglichkeiten wirkt nicht verlockend, sondern verunsichernd. Der Druck, die richtige Wahl zu treffen, ist enorm, und genau da setzt die salafistische Ideologie an: Statt der Freiheit, alles tun zu können, verheißt der Salafismus die Freiheit, nicht alles tun zu müssen. An die Stelle von Ambivalenz setzt er klare Regeln, statt Kopfzerbrechen fraglose Wahrheiten – die religiöse Bildung bleibt deshalb rudimentär.

Nun mag man einwenden, dass aufgeklärte junge Menschen sich doch niemals freiwillig einer reglementierten Sexualität und den strengen salafistischen Kleidervorschriften unterwerfen würden. Der Einwand unterschätzt das Provokationspotenzial, das beidem innewohnt. Zugespitzt kann man sagen: Junge Salafisten wollen anecken, das gehört zu einer gelungenen Rebellion schließlich dazu. Junge Frauen erleben in der salafistischen Szene oft sogar mehr Gleichberechtigung als in ihren Herkunftsmilieus. Sie dürfen zwar so gut wie nichts, doch für Männer gilt das Gleiche. Eine junge Französin aus dem Pariser Vorort Clichy-sous-Bois hat ihre Konversion gegenüber Atran so beschrieben: «Ich war wie eine Muslimin, die in einem christlichen Körper gefangen ist.» Inzwischen sei sie überzeugt davon, dass ihr einzig der «Islamische Staat» ein würdevolles Leben als Muslimin ermöglichen werde.

Lange wurden die Forschungen von Atran als linke Spinnereien abgetan. Inzwischen ist der am Centre National de la Recherche Scientifique in Paris lehrende Atran als Terrorismusexperte gefragt. Nicht zuletzt auch deshalb, weil sich seine Befunde mit der psychologischen Zielsetzung des IS decken. Man müsse sich die «Aufsässigkeit der Jugend» zunutze machen, heißt es in «Management of Savagery»; sie müsse unbedingt dazu gebracht werden, «in die Regionen zu fliegen, die wir kontrollieren». Um das zu erreichen, schlägt das Buch eine globale Medienoffensive vor, und tatsächlich braucht es längst nicht mehr den Gang in die Moschee eines radikalen Predigers, damit einen die Botschaft des Dschihads erreicht: Sie poppt mittlerweile auf den Smartphones und Tablets ganz normaler Leute auf, bei der Arbeit am Schreibtisch, beim Treffen mit Freunden im Café – als Twitter-Nachricht, in Form von Fotos und Filmen. Die Medienbrigade des IS stellt sie simultan auf Englisch, Französisch und Deutsch ins Netz, in der Regel kommen später Versionen in Russisch, Indonesisch und Urdu hinzu. Das Skript dieser Filme orientiert sich an den Vorlieben und Sehgewohnheiten des westlichen Publikums. Auch das ist etwas, worauf Naji großen Wert legt: Im Westen unterwerfe man sich der Täuschung durch die Medien nicht nur aus Angst, sondern auch aus «Liebe», denn die Medien propagierten «Freiheit, Gerechtigkeit, Gleichheit unter den Menschen und eine Reihe von anderen Werbeslogans».

Analysen des britischen Thinktanks Quilliam Foundation haben gezeigt, dass die Darstellung von Gewalt, anders als oft angenommen, tatsächlich nur einen Bruchteil ausmacht im Arsenal der IS-Propagandafilme. Es überwiegen Produktionen, in denen man glückliche Kinder sieht. Mit leuchtenden Augen lauschen sie dem Koranlehrer, um danach mit Papa zu spielen, offenbar hat er an der Front gerade Feierabend gemacht. Auf den Wochenmärkten türmen sich Berge von Obst und Gemüse, zwischen den Marktständen stehen vollverschleierte Frauen und schwatzen. Den Inhalt ihrer prallen Einkaufsbeutel haben sie mit der brandneuen Währung des IS bezahlt. Es sind Bilder des Friedens und der Harmonie, Bilder von einer besseren Welt im Aufbau, mit Reportagen über Landwirtschaft, vorbildlich geführte Krankenhäuser, neue Polizeieinheiten – dass die Realität anders aussieht, weiß man von desillusionierten Rückkehrern.

Die jungen Leute, die sich dem IS anschließen, bekommen schon beim ersten Kontakt das Gefühl, bedeutsam zu sein. Es werden Hunderte von Stunden darauf verwendet, Einzelne zum Mitmachen zu bewegen. Schrittweise wird eine persönliche Nähe hergestellt, mit Gesprächen über Wünsche, Sorgen, Träume, mit Nachfragen, wie es den Freunden und der Familie geht. In diesem Sinn verfügt der IS über hervorragende Sozialarbeiter. Er agiert global, ist gleichzeitig aber zu jener Intimität in der Lage, die junge Träumer brauchen. Das große Ganze gerät dabei niemals aus dem Blick: Drei von vier Leuten, die sich dem IS anschließen, werden von Freunden angeworben. Ist die Anwerbung erfolgreich und mündet in einen Flug nach Syrien oder in den Irak, ist die nächste Stufe der Bedeutsamkeit erreicht. Haben die Dschihadisten ihre Heimatländer erst einmal hinter sich gelassen, finden sie sich wieder in einer Gemeinschaft, die völlig losgelöst von allem existiert, das sie kannten. Es gibt jetzt nur noch wenig, das der Indoktrinierung im Wege steht. Zum Töten und zur Selbstopferung ist es nur noch ein kleiner Schritt.

Die «Huffington Post» hat Scott Atran einmal gefragt, was

zu tun sei. Er schlägt vor, den IS mit dessen eigenen Mitteln zu schlagen. Was er damit meint, ist die psychologische und soziale Dimension der Bewegung. Der IS will Polarisierung, will Hass auf Muslime – also bieten wir ihm Geschlossenheit, sagt Atran. Man müsse der Jugend eine Vision bieten, die ein bedeutsames Leben durch gemeinschaftliches Engagement in Aussicht stellt. Wohlstandssicherung, für ihn derzeit das Hauptaugenmerk der Politik, interessiere junge Leute nicht. Was sie brauchten, sei ein persönlicher Traum, dem sie sich mit Enthusiasmus widmen könnten, und Menschen, die ihnen dabei helfen. Von staatlichen Jugendprogrammen hält Atran nicht viel. Er plädiert für kleine, lokale Initiativen und für Angebote von Jugendlichen für Jugendliche. Das sei, wie man am IS sehe, am erfolgreichsten.

―

Ein Deutscher, der sich 2012 in Syrien dem IS anschloss, ist der Berliner Dennis Cuspert. Mitte Oktober 2015 bestätigte das Pentagon, er sei bei einem Luftangriff auf sein Auto nahe der syrischen Stadt Rakka getötet worden. Cuspert, ein charismatischer junger Mann, der in Deutschland eine Zeitlang als Rapper unter dem Namen Deso Dogg auftrat, wurde 39 Jahre alt.

Die extremistische Karriere Cusperts erscheint atemberaubend, wenn auch auf makabere Weise. Er habe sich «innerhalb von vier Jahren von einem zwar beachteten, aber wirtschaftlich wenig erfolgreichen ‹Gangsta-Rapper› zu einem international wahrgenommenen, dschihad-salafistischen Propagandisten» entwickelt, heißt es in einer Studie des Verfassungsschutzes von 2014.

Mamadou Gerhard Cuspert wurde 1975 in Berlin geboren. Sein Vater war ein Asylbewerber aus Afrika, der vor der Geburt des Sohnes abgeschoben wurde. Cusperts Stiefvater war ein amerikanischer Soldat. Eine behütete Kindheit und Jugend hatte Cuspert nicht. Er war ein Junge der Straße, ein Außenseiter in der deutschen Gesellschaft – wegen seiner dunklen Hautfarbe. Er wollte dazugehören zu den von Türken und Arabern dominierten Jugend-Gangs, die es in den achtziger Jahren in Westberliner Bezirken gab, und rutschte ab in die Kleinkriminalität. Er landete im Gefängnis. Danach versuchte er sich im Kampfsport und als Rapper. Er galt als vielversprechender Künstler: charismatisch, gutaussehend, wie gemacht für die Hip-Hop-Szene. Der Durchbruch blieb dennoch aus. Cuspert verschrieb sich der Suche nach spiritueller Reinheit. Er fand sie erst im Islam, dann im Salafismus. Statt zu rappen sang Cuspert nun *Nashids*, das sind islamische Lieder, die eigentlich der Lobpreisung Gottes und Mohammeds dienen sollen. Bei Cuspert wurden sie Kampf-*Nashids* mit Aufruf zum Dschihad.

Quasi über Nacht avancierte er unter den Namen Abu Malik und Abu Talha al-Almani zum Poster Boy des deutschsprachigen muslimischen Extremismus – unmöglich, seine ganzen YouTube-Auftritte zu zählen. Er ging von Berlin nach Bonn, wurde 2011 Mitglied der militanten Gruppe Millatu-Ibrahim und schlug ein Jahr später mit salafistischen Glaubensbrüdern bei einer islamfeindlichen Demonstration fast einen Polizisten tot. Nachdem das Bundeskriminalamt ihn wegen Terrorismusverdachts offiziell zur Fahndung ausgeschrieben hatte, tauchte Cuspert 2013 ab. Über Ägypten gelangte er wohl nach Syrien. Erst soll er in den Reihen der Freien Syrischen Armee gekämpft haben, dann ging er zum IS. Dort erkannte man schnell, dass der charismatische junge Mann hervorragend geeignet war, um mit Propagandavideos neue Kämpfer zu rekrutieren. Im August 2013 tauchte ein als «Dokumentation über Abu Talha al-Almani» betiteltes Video im Internet auf, es wurde viele tausende Male geklickt. In Schwarzweiß und cooler Hip-Hop-

Ästhetik visualisierte der Film Cusperts kriminelle Vergangenheit, dann seine Hinwendung zum Islam, danach ist plötzlich alles in Farbe, und man sieht Cuspert mit militärischer Schutzweste nachdenklich an einem Wasserfall sitzen. Er streckt er die Hände in das Nass und spritzt lachend wie ein kleiner Junge damit herum. Er sei jetzt auf dem «Boden der Ehre», ruft er. Dann ruft er auf zum Dschihad in Syrien, während im Hintergrund Schüsse knallen.

Ein Jahr später posierte Cuspert in einem Video neben den Leichen von Enthaupteten.

Mehrfach hatte es seitdem geheißen, Abu Talha al-Almani sei im Kampf gefallen. Jedes Mal dementierte der IS und stellte als Beweis für Cusperts Lebendigkeit neue Propagandavideos mit ihm ins Netz. Cuspert ist unzerstörbar, so schien es – wie der IS sich selbst auch fühlt und präsentiert. Bis Cuspert der Tod tatsächlich traf.

Hört man sich in Berlin unter Leuten um, die ihn kannten, bevor er sich den Salafisten anschloss, kommen die Antworten zögerlich. Ein Macher sei der Denis gewesen, immer am Tun, kein Typ, der rumsitzt und kifft oder Playstation spielt; ein guter, wenn auch unberechenbarer Kumpel, «immer auf der Suche nach irgendwas». Einer, der sich Murat nennt, will erst nichts sagen und sagt dann doch: «Er war immer mein Freund, eine Stunde täglich war er zum Chillen in meinem Laden. Aber dann ist er nur noch in die Moschee. Andere kommen voller Frieden von dort zurück. Er hat hier kaum noch jemanden gegrüßt.»

Sahira Awad verband über Jahre eine Freundschaft mit Denis Cuspert. Auch sie rutschte in das salafistische Milieu ab. Mit ungeheurer Kraftanstrengung gelang der jungen Frau jedoch, was nur wenige schaffen, die diese Szene einmal betreten haben: Sahira Awad kehrte von dort zurück.

Doch der Reihe nach. Die 1979 in Berlin geborene Sängerin und Songwriterin palästinensischer Herkunft war vor zehn Jahren eine der bekanntesten Hip-Hop-Musikerinnen Deutschlands. Auf Fotos aus dieser Zeit sieht man eine strahlend schöne und selbstbewusste junge Frau, die an den Ohren große Kreolen trägt und ihr Kopftuch als Turban gebunden hat. Als Frau und gläubige Muslimin war sie eine Exotin in der männerdominierten Hip-Hop-Szene. Schon früh verschaffte sie sich mit ihrer Musik Respekt bei den männlichen Kollegen. Mit 15 fing sie an, Songs zu schreiben und diese auf Kassetten aufzunehmen. Ihr Bruder verteilte sie unter Freunden, so bekam sie ihre ersten Auftritte. Sie machte Musik mit Bushido, mit Alpa und mit Deso Dogg, mit dem sie sich als Teenager angefreundet hatte. Ihr Debütalbum «Frei Schnauze!» veröffentlichte sie als 26-Jährige bei ihrem eigenem Label «Imanimusic». Mit souliger Stimme sang sie über Liebe, über Glauben und über das schwierige Leben als Muslimin und Nicht-Biodeutsche. Sie rappte mit Kopftuch auf Deutsch – und manchmal auch darüber, «warum die dit bloß mag, dit Tuch in ihrem Haar».

Kurz vor der Veröffentlichung ihres zweiten Albums «Mit reiner Absicht» schmiss sie die Musik hin und verschwand von der Bildfläche – ähnlich wie Dennis Cuspert. Statt in Berliner Hip-Hop-Studios ging sie von nun an in Moscheen. Aus der Sängerin wurde eine tiefverschleierte Muslimin, die – ohne sich das bewusst zu machen – in salafistischen Kreisen verkehrt.

Etwa vier Jahre lang war sie in der Szene. In einer Welt mitten in Deutschland, in der nur gehorsame und gefügige Frauen gute Frauen sind; einer Welt, in der Lachen, Schönheit und Musik als so teuflische Verführungen gelten, dass die Menschen, wenn in der Warteschleife eines Anrufs eine Melodie erklingt, den Telefonhörer von sich halten und Beschwörungsformeln murmeln, die sie beschützen sollen. Jeder, der nicht lebt und glaubt wie ein Salafist, ist in dieser Welt ein *Kafir*, ein Ungläubiger, ihm wird mit Feindseligkeit begegnet. Auch Sahira Awad, denn sie hat ihren Schleier mittlerweile wieder abgelegt.

Tiefgläubig ist Sahira Awad bis heute; sie hat wieder ihren eigenen Dialog mit Allah.

Die Tür zu ihrer Wohnung öffnet sich und vor mir steht eine Frau mit offenem, dunklem Haar. Sahira Awad sieht reifer aus als auf den Fotos, die Unbeschwertheit in ihrem Blick ist verschwunden. Eine schöne Frau ist sie bis heute. Wir setzen uns in die Küche. Über die vergangenen Jahre zu reden, fällt Sahira Awad nicht leicht. Da ist Scham, da sind Wut und Schmerz. Sie erkenne sich mitunter kaum wieder, wenn sie an die vergangenen Jahre denke, sagt Sahira Awad mit der warmen Stimme einer Sängerin. Es brauchte Zeit und Tränen, um die Sahira von damals zu verstehen. Sie spricht darüber, weil sie andere Frauen bewahren möchte vor salafistischen Kreisen. Sie will warnen vor dem lieblosen Islam, der dort gepredigt wird – nicht zuletzt auch deshalb, weil sie erlebt hat, wohin er Männer wie Dennis Cuspert treiben kann. Sie sagt: «Wir gutherzigen Frauen und leidenschaftlichen Männer, die wir alle nur mit Halbwissen und heißem Blut für den Islam ausgerüstet sind – aus uns wollen die radikalen Religionsführer Sklaven und Soldaten machen.»

Ihre Hinwendung zum salafistischen Milieu begann in einer Zeit, als sie den Boden unter den Füßen verlor. Markus, der Vater ihres 2000 geborenen Sohnes, mit dem sie trotz Trennung in tiefer Freundschaft und Vertrautheit verbunden blieb, erkrankte an Knochenkrebs. Bis dahin hatte Sahira Awad immer einen Islam der Spiritualität, der Liebe und Barmherzigkeit gelebt, umgeben von Freunden, die nichts Schlechtes an sie heranließen. Doch nun geriet ihr Leben aus den Fugen, alte

Wunden brachen auf. Sie brauchte etwas, das so groß ist, dass es den Schmerz, die Angst und die wachsende Labilität aus ihrem Bewusstsein verdrängen konnte. Sahira Awad begann sich auf das Erfüllen von religiösen Geboten zu konzentrieren. Alles, was in dieser Hinsicht jemals formuliert worden ist, wurde zu ihrem Regelwerk. Selbst Gebote, bei denen sie die Sinnhaftigkeit vermisste. Sie suchte nicht spirituelle Freiheit, sondern Eindeutigkeit – je enger das Korsett, desto stärker der Halt. Nur so könne sie am Jüngsten Tag vor Allah bestehen, sagte sich die junge Frau, die das Sterben ihres Ex-Mannes begleitete. Sie lernte Frauen kennen, die lebten wie sie, andere Freunde, mit denen sie die Nächte in Hip-Hop-Clubs durchgetanzt hatte, verlor sie aus den Augen – auch Deso Dogg, der sich fast zeitgleich, jedoch umgeben von ganz anderen Leuten und in einem anderen Teil Berlins, für den Salafismus zu interessieren begann.

Sahira Awad tauschte ihren «Turban» gegen ein Kopftuch ein, das nun auch die Ohren und den Hals bedeckte. Sie ging in eine Moschee und war enttäuscht von dem patriarchalen Islam, der dort gelehrt wurde. Trotzdem machte sie weiter. Sie sagt: «Es war, als wäre da ein Typ, in den man eigentlich nicht verliebt ist, aber alle sagen, worauf wartest du, du bist nicht mehr die Jüngste, er ist schon der Richtige für dich. Also redet man ihn sich ein bisschen schön und lässt sich ohne Wenn und Aber auf ihn ein, obwohl das Herz im tiefsten Inneren eigentlich nach etwas anderem verlangt.»

Menschen, die sie in diesem neuen Leben respektierte, sagten: Musik ist verboten im Islam. Das stand auch in dem Buch eines islamischen Gelehrten, das Sahira Awad gerade las. Das Gegenteil behaupten andere islamische Quellen. Sahira Awad kannte sie nicht. Sie suchte auch nicht danach. «Ich war zu sehr damit beschäftigt, mich selbst zu sabotieren», sagt sie, legt die Hände vors Gesicht, weil sie die Tränen nicht zurückhalten kann. «Ich weiß nicht, wo ich war. Bei mir war ich nicht.» Sie ließ das sein, was ihr neben ihrem Sohn und Allah immer das Wichtigste im Leben gewesen war. Die Musik aufzugeben, das war fast schon autoaggressiv.

Sie sang nicht mehr. Sie ließ keine Musik in ihrer Nähe zu. Acht lange Jahre. Es war, als hätte Sahira Awad sich einen anderen Namen zugelegt.

Der Vater ihres Sohnes war Musiker, sie hatten sich im Studio kennengelernt. Klavier oder Geige würde sie gern lernen, sagt sie jetzt. «Die Geige ist ein so schönes Instrument. Sie kann klingen, als würde sie weinen.»

Im Jahr 2011 erlag Markus dem Krebs. Nach seinem Tod wurde aus Sahira Awads Kopftuch ein *Khimar*, ein caperatiger Schleier, der über die Schulter bis zur Taille reicht. Aus Hose und Tunika, die sie bis dahin immer getragen hatte, wurde eine schwarze *Abbaya*, ein Ganzkörperkleid. Die junge Frau, die nun ganz allein Sorge für ihren Sohn zu tragen hatte und der die Musik als Ventil für ihre Trauer fehlte, verkroch sich darin. Es fühlte sich gut an. Sie war nun noch mehr wie jene Frauen, die sie dreimal in der Woche in einer salafistischen Moschee traf: Frauen, die das Leben nur als Warteschleife fürs Jenseits betrachten; die kaum Hobbys haben und nur leben, um Allah zu dienen. Sie meinen dies zu erreichen, indem sie dem Mann zu Diensten sind. Ihre Verschleierung, so glauben sie, mache sie zu guten Musliminnen. Auf Glaubensschwestern, die es anders halten, schauten sie herab. Auch Sahira Awad dachte nun vermehrt so. «Dieses Gefühl von Erhabenheit, ja fast schon Hochmut, schleicht sich langsam und unbemerkt ein. Ein solches Denken macht aber ein Monster aus dir. Genau das will der Islam nicht», sagt sie heute.

Über Facebook lernte sie einen Düsseldorfer Konvertiten kennen. Ein Ex-Rapper, der wie sie Allah zuliebe die Musik aufgegeben hatte, der mit Bart und gekürzten Hosen wie der Prophet rumlief und gerade nach Mekka zur Hadj aufbrechen wollte. Sahira Awad war beeindruckt, aber er, der an dieser Stelle Nikolas heißen soll, war ein Blender, der mit dem Aufsagen vermeintlicher Überlieferungen religiöse Autorität ausstrahlte. Nikolas tat so, als lebe er nicht für sein Ego, sondern nur für Gott. Sahira Awad hatte den Eindruck, ihrer Religion an Nikolas' Seite noch näher zu kommen. Sie wollte ihrer Einsamkeit entfliehen. Wenige Wochen nach ihrem ersten Kontakt ließen die beiden sich trauen. Nicht standesamtlich, sondern von einem Imam. Nur mit dessen Segen, hatte Nikolas Sahira Awad eingeredet, sei ein weiteres Kennenlernen möglich.

Mit ihrem kleinen Sohn zog Sahira Awad zu Nikolas nach Düsseldorf. Der Konvertit mochte nicht, wenn Sahira lachte. Er war ein Fanatiker, der alles, was die junge Frau tat, kontrollierte. Er beleidigte sie, bedrohte sie. Er erniedrigte sie mit Worten. Sie widersetzte sich. Einmal ertappte sie sich, wie sie in ihrer Verzweiflung auf ihrem Handy die Nummer ihres verstorbenen Ex-Mannes wählte. Nach drei Wochen wiederholte Nikolas dreimal das Wort *Talaq*. Ausgesprochen unter bestimmten Bedingungen, wird so eine nach islamischem Ritus geschlossene Ehe für beendet erklärt.

Nikolas schmiss Sahira Awad und ihr Kind raus. Ihre Möbel, die Waschmaschine und die Kuscheltiere ihres Sohnes behielt er. Später erfuhr Sahira Awad, Nikolas war schon mehrfach islamisch verheiratet gewesen. Sie war seine vierte Ehefrau innerhalb von zwölf Monaten.

Sie kehrte zurück nach Berlin, mit nichts als ihrem Sohn an der Hand. Sie nahm Kontakt zu islamischen Rechtsgelehrten der Community auf, da sie wissen wollte, wie ihr zu ihrem Recht verholfen werden könne. Doch eine Krähe hackt der anderen kein Auge aus. Diese Männer sagten nur: ‹Schwester, pass beim nächsten Mal besser auf, du hast ihn ja über Facebook kennengelernt.›

Nicht jeder, der dich Schwester nennt, ist dein Bruder, das lernte Sahira Awad in diesem Moment.

Sie ging trotzdem weiter in die Moschee, noch intensiver als je zuvor. Doch etwas war in ihr zerbrochen. Die Einsicht begann zu reifen, dass Gott und der Islam die Frauenverachtung und religiöse Überheblichkeit der Salafisten nicht wollen kann. Sie begann Ekel zu empfinden vor der Feindseligkeit und Heuchelei dieser Fanatiker. «Irgendwann dachte ich: Wieso fühlen diese Männer sich schon durch die Nähe einer vollverschleierten Frau sexuell erregt? Haben die sich denn gar nicht im Griff?» Schon das Hören einer weiblichen Stimme gilt unter Extremisten als Verführung des Teufels. Frauen haben den Mund zu halten.

Der Mann einer Freundin sollte Sahira Awad beim Einrichten ihrer neuen Wohnung helfen; Jalousien aufhängen, Schrank aufbauen. Sie durfte niemals direkt, sondern nur über seine Ehefrau mit ihm kommunizieren. Es war aufreibend, anstrengend. Als die Wohnung fertig war, brach Sahira Awad körperlich und nervlich zusammen.

«In diesen Kreisen wird der Alltag übersexualisiert», sagt sie und steht auf, um einen Kaffee zu kochen. «Wenn es hingegen wirklich um Sexualität und den menschlichen Körper geht, werden sämtliche Grenzen überschritten.» Einmal ging es im Islamkurs in der Moschee um islamische Regeln rund um die Periode der Frau. Der Imam sprach darüber vor den Männern; was er sagte, übertrugen Lautsprecher in den Frauenraum. Hatte eine Frau eine Frage, dann musste sie diese auf einen Zettel notieren, der in den Männerraum weitergeleitet und dort am Mikrophon vorgelesen wurde. «Wie kann es sein, dass ein so intimes Thema auf diese Weise in die Öffentlichkeit gezerrt wird? Ich habe das als sehr entwürdigend und unangenehm empfunden.»

Für Sahira Awad traf Dennis Cuspert, ähnlich wie sie, an einem labilen Punkt im Leben die falschen Leute. Sie sagt: «Der Unterschied zwischen uns ist, dass ich immer Pazifistin gewesen bin. Wenn ich jemanden verletzt habe, dann nur mich selbst. Deso aber war schon als Heranwachsender ein Straßenkämpfer. Wäre er nicht an diese Hunde geraten, hätte sein Leben trotzdem anders verlaufen können. Wenn ich darüber nachdenke, werde ich fast verrückt.»

Schon bevor ihn der Luftangriff tötete, sei er für sie tot gewesen. Für den Deso, wie sie ihn in ihrer Zeit als Hip-Hop-Sängerin kannte, hat Sahira Awad jedoch bis heute Herzenswärme. Eine Type sei er gewesen. Witzig, charmant, ein Überlebenskünstler, sagt sie, und ihre Augen verlieren sich in der Vergangenheit. Sie lernten einander auf einem Spielplatz in Berlin-Wilmersdorf kennen. An der Kletterspinne, Sahira Awad war damals 12 Jahre alt und Denis Cuspert 16. Er, der Deutschafrikaner, Ausländer und spätere Muslim, der mehr Zeit auf der Straße verbrachte als zu Hause, und sie, die Deutschpalästinenserin, Ausländerin, Muslimin, der die Enge ihres Elternhauses die Luft abschnitt. Er wurde für viele Jahre ein guter Freund, für sie schon fast ein großer Bruder. Wenn man mit Deso unterwegs war, habe er ständig nach rechts und links gegrüßt, erzählt Sahira Awad. Ein Helfer sei er gewesen, der anderen Leuten gerne einen Gefallen tat. Er wollte respektiert und geliebt werden. Er wurde gemocht.

Typisch Deso, das war: Hungrig und mit wenig Geld in der Tasche im Penny-Supermarkt stehen, und Deso schlägt vor, Brioches zu kaufen; lecker, billig, ergiebig. Sie hatte noch nie Brioche gegessen, er sagte: Das kaufen wir, gehen in den Park und reden.

Typisch Deso, das war auch: Er ist in ihrer Wohnung und

sie muss kurz weg. Als sie zurückkommt, hatte er im Bad den kaputten Klorollenhalter repariert.

«Mann, so ein Idiot!», sagt Sahira Awad und schlägt wieder die Hände vors Gesicht. «Ich komme mir richtig blöd vor, gut über ihn zu reden.»

Sie sagt, sie habe das Gefühl gehabt, ihn zu kennen, aber viele Geschichten kannte sie eben nicht. Dennis Cuspert sprach wenig über seine Kindheit.

Bald nachdem sie hörte, er habe sich in Syrien den Rebellen angeschlossen, sah sie ihn im Internet in einem Video, es war ein Spendenaufruf für Waisenkinder. In dem Clip zog Deso einem kleinen Jungen, vielleicht drei Jahre alt, Schuhe an. «Das war er für mich, so kannte ich Deso. Ich dachte, er hat ein Ventil gefunden, sein Knoten ist geplatzt», sagt Sahira Awad.

Dann ging er zum IS. Sahira Awads Freunde sagten: Schau dir nicht die neuen Videos an. Eines sah sie aber: Ein Mensch wurde enthauptet, Deso steht neben dem Leichnam. Er nimmt den Kopf des Ermordeten und legt ihn auf dessen Bauch. Der Film zeigt nicht, ob er das Messer geführt hat. «Er stand daneben, das heißt, er hat es auf jeden Fall bejaht», sagt Sahira Awad.

Sie schweigt, wieder kämpft sie mit den Tränen: «Ich bin sehr dankbar, dass Allah mir geholfen hat, mich von diesen Leuten zu lösen.» Nach ihrer Rückkehr aus Düsseldorf, als ihre extreme Überzeugung schon bröckelt, stellte sie eines Tages fest, dass sie die *Abbaya*, in der sie sich so wohl gefühlt hatte, als Last empfindet. Das sollte nicht sein, wenn man etwas liebt. Es bedeutet, die Liebe ist weg. Sie ging aus dem Haus, ohne *Khimar* und *Abbaya*. Sie lief einmal um den Block. Es fühlte sich gut an.

Sahira Awad liest bis heute aus dem Koran, Gott möchte, dass die Frau ihr Haar verhüllt. Sie selbst kann das Tuch aber nicht mehr tragen. Vielleicht irgendwann wieder, und so gebunden, wie sie es mag. Nicht aber jetzt, es geht gerade nicht. Es haften zu viele schlechte Erfahrungen und Erinnerungen daran. Für sie hat der Schleier seine Reinheit verloren. Sie kennt Musliminnen, die studieren, Musik hören und ihr Haar bedecken. Sie tragen das Kopftuch, den *Khimar* oder den *Niqab* aus freien Stücken. An diesen Frauen empfindet Sahira Awad die Verschleierung als schön, an diesen Frauen wertet sie diese sogar als Zeichen von Selbstbewusstsein, Stärke und Weiblichkeit. «Aber ich weiß mittlerweile eben auch, und es fühlt sich komisch an, das zu sagen, weil es immer von Nichtmuslimen gesagt wird: Das Tuch kann auch ein Zeichen von Unterdrückung und Unfreiheit sein. Gewisse Menschen glauben, dass eine verschleierte Frau keinen Respekt verdient, dass man mit ihr machen kann, was immer man will.»

Früher, sagt Sahira Awad, habe sie nur die einseitige Berichterstattung der Medien über Muslime und ihren Islam-Hass wahrgenommen. Als sie dann tiefer in die Extremistenkreise geriet, erkannte sie, dass dort mit derselben Schwarzweißmalerei gearbeitet wird. Nur andersherum. Man solle als Gemeinschaft näher zusammenrücken, denn man sehe ja selbst, wie sehr die Mehrheitsgesellschaft Muslime verachte. Auch «zurückhassen» sei legitim, ja sogar wünschenswert. Nachdenken oder in sich hineinfühlen wurde in der Moschee als Gotteslästerung bezeichnet. Die Manipulation funktioniere, weil die Salafisten immer genug Wahrheit in die Lüge mischten. «Für eine religiös Halbgebildete wie mich war es fast unmöglich, ihr zu entgehen.»

Sahira Awad sagt: «Das Einzige, was uns helfen wird, wieder die Liebe und Barmherzigkeit zu leben, auf denen der Islam basiert, ist es, genug Wissen über unsere Religion zu bekommen.»

Manchmal begegnet sie auf der Straße den verschleierten Frauen aus der Moschee. Sie nannten Sahira Awad einmal Freundin, jetzt grüßen sie nicht mehr.

Sahira Awad weiß: Dort wo sie sind, ist es dunkel.

Ihr eigenes Leben ist wieder hell. Sie ist sich wieder gewiss, was für Menschen sie in ihrer Nähe haben möchte und welche Form der Liebe. Sie ist nicht mehr labil, sie ist stark. Sie sitzt jetzt wieder gern im Café, auf den Kopfhörern Musik, beobachtet die Menschen und schreibt. Am Ringfinger ihrer Hand trägt sie einen mit Permanent Make-up gestochenen Notenschlüssel. Er war über die Jahre verblasst, Sahira Awad hat ihn kürzlich nachstechen lassen. Sie singt wieder.

Sprechen wir über den barmherzigen Gott
Lehrer des Islams in Dinslaken und Münster

Der Besuch bei der islamischen Religionslehrerin Lamya Kaddor in Dinslaken beginnt mit einer Begegnung bei «Hähnchen Willi». Die drei jungen Männer hinter dem Tresen sind dunkelhaarig und sprechen untereinander Arabisch. In ihrem Rücken brutzelt ein Döner-Spieß. Willi, der war in Dinslaken eine richtige Institution, erklärt einer der drei auf meine Frage. Als sein libanesischer Chef den Laden übernahm, habe er aus Rücksicht auf Willis deutsche Stammkunden den Namen beibehalten. «Ach, Sie besuchen Lamya Kaddor?», sagt er dann. «Sagen Sie ihr Grüße von Aras Brahim, dem Syrer. Ich war ihr Schüler.» Das sei lange her, Lamya Kaddor habe damals gerade als Lehrerin angefangen. Sie habe ihm und seinen Freunden gezeigt, wie man betet, und erklärt, was man im Islam darf und was nicht. Er habe ihr Fragen stellen können, auf die seine Eltern keine Antworten wussten oder die er sie nicht hätte fragen wollen. «Ich mochte sie, sie war fair», sagt Aras Brahim.

Nächster Morgen, islamischer Religionsunterricht in der Friedrich-Althoff-Sekundarschule: Ein Siebtklässler mit Brille stellt Lamya Kaddor eine Frage, die er seinen Eltern vielleicht nicht stellen will: «Erwarten Menschen, die keine Muslime sind, am Jüngsten Tag schlimmere Strafen als Muslime?» Lamya Kaddor, 37 Jahre alt, Tochter syrischer Einwanderer, Religionspädagogin und Islamwissenschaftlerin, dunkle Haare, Jeans und Turnschuhe, schaut ihn konzentriert an: «Wieso sollten sie das? Weil sie keine Muslime sind? Das Einzige, woran Gott uns misst, sind unsere Taten und nicht zuerst, welcher Religion wir angehören.» Die anderen Kinder haben aufmerksam zugehört, einige scheint die Antwort ihrer Lehrerin nervös zu machen. Möglicherweise haben sie eine andere erwartet. Gewisse muslimische Kreise sind davon überzeugt, Andersgläubige erwarte die Hölle. Die Jungs in der Bank links vorne haben eben schon die Köpfe zusammengesteckt, jetzt reden sie aufgeregt und halblaut auf Türkisch miteinander. «Hey, ihr sollt im Unterricht nicht Türkisch reden! Wir wollen euch alle verstehen. Eure Muttersprache ist auch Deutsch!», ruft Lamya Kaddor. «Wenn ich noch ein Wort Türkisch höre, schreibt ihr die Schulordnung ab!»

Eigentlich war Kaddor, die seit 2003 Islamkunde und mittlerweile islamische Religion unterrichtet, gerade dabei gewesen, mit den Schülern die vier Kalifen des Islams, Mohammeds Nachfolger, durchzugehen. Darauf kommt sie jetzt zurück. «Wo gab es denn in Europa mal ein Kalifat?», fragt sie die Schüler. «In Paris?» – «Quatsch!» – «In Spanien?» – «Richtig! Und wo in Spanien?» Bei den Antworten geht es wild durcheinander: «Madrid?» – «Barcelona?» – «Miami?» – «Mallorca?» Frau Kaddor schüttelt den Kopf, holt die Schulatlanten aus dem Schrank, die Kinder sollen die Seite mit der Spanien-Karte aufschlagen. Sie zeigt ihnen, wo Cordoba liegt. «Die Menschen dort waren mal Muslime?», fragt eine Schülerin erstaunt, sie ist die Einzige in der Klasse, die ein Kopftuch trägt. «Ja.» – «Und leben die dort auch heute noch?» Ja, sagt Frau Kaddor. «Haben die auch Moscheen?» – «Ja», sagt Frau Kaddor wieder und lächelt.

Noch wird ihr Unterrichtsfach, der bekenntnisorientierte Islamische Religionsunterricht auf Deutsch, nur an wenigen Schulen angeboten. Im März 2008 beschloss die Islamkonferenz dessen flächendeckende Einführung an öffentlichen Schulen – der Islam sollte endlich auch dort in Deutschland ankommen. Der Ausbau des Faches kommt allerdings nur schleppend voran. Erst in sechs Bundesländern wird es mittlerweile unterrichtet. Einige Bundesländer haben Modellprojekte, in anderen gibt es gar kein Angebot. In Nordrhein-Westfalen wurde 1999 Islamkunde eingeführt, 2012 wurde aus dem Übergangsfach das Regelfach Islamischer Religionsunterricht. Derzeit unterrichten in dem Bundesland 64 Lehrer rund 6500 Schüler an 92 Schulen darin. Insgesamt zählt NRW aber etwa 320 000 muslimische Schüler – es ist also längst noch nicht genug. Dabei zeigen sich schon jetzt positive Effekte. Wer gelernt hat, dass der Islam schon seit dem 10. Jahrhundert in Europa ist, kann widersprechen und wird sich weniger als Fremder fühlen, wenn es heißt: Der Islam gehört nicht zu Deutschland und Europa. Wer verstanden hat, dass Gott die Menschen nicht nach ihrer Religionszugehörigkeit beurteilt, wird nicht auf Menschen anderen Glaubens hinabsehen und den Islam zum einzig richtigen Weg erklären.

Frau Kaddor hat heute Pausenaufsicht. Auf dem Weg zum Schulhof wird sie immer wieder von Schülern angehalten: Frau Kaddor, ich habe gleich bei Ihnen Unterricht. Frau Kaddor, Sie haben tolle Turnschuhe an. Frau Kaddor, wollen Sie mal von meinem Pausenbrot probieren? Frau Kaddor antwortet nett und schlagfertig. So, wie man sie auch aus dem Fernsehen kennt. Wenn in einer Talkrunde über den Islam diskutiert wird, ist sie meistens mit von der Partie. Sie ist eine Galionsfigur des liberalen Islams in Deutschland. Leben und leben lassen, lautet das Credo von Lamya Kaddor. Sie ist davon überzeugt, dass der Islam für sie die richtige Religion ist, und praktiziert sie auch. Sie glaubt aber auch, dass der Islam nicht für jeden Menschen auf der Welt die richtige Religion sein muss.

Im Jahr 2010 gründete sie den «Liberal-Islamischen Bund», der sich, in bewusster Abgrenzung zu den islamischen Verbänden, als eine Vertretung von deutschen Muslimen und nicht von Muslimen in Deutschland versteht. Er tritt ein für ein offenes und progressives Islamverständnis. Nicht in dem Sinn, dass er die Grundpfeiler des Islams umwerfen möchte, sondern indem er für ein zeitgemäßes Islamverständnis eintritt – unter anderem für eine umfassende Geschlechtergerechtigkeit und eine dogmafreie Auslegung religiöser Schriften unter Einbeziehung historischer und sozialer Kontexte. Die Muslimische Gemeinde Rheinland, eine Moscheegemeinde des Liberal-Islamischen Bundes, trifft sich alle zwei Wochen in den Räumen der Kölner Lutherkirche. Statt einer Predigt gibt es ein dialogisches gemeinsames Gespräch, bei dem manchmal auch gegessen und getrunken wird. Am Ende wird zusammen gebetet. Für Kaddor ist das ein Stück islamische Heimat, so wie sie sich es in Deutschland wünscht.

Ihre liberale Haltung prägt auch «Saphir», die erste deutsche Schulbuchreihe für den deutschsprachigen islamischen Religionsunterricht, zu deren Mitherausgeberinnen Kaddor gehört. Zudem hat sie mehrere Bücher zu Migration und zum Thema Islam verfasst, darunter «Der Koran für Kinder und Erwachsene» und «Zum Töten bereit: Warum deutsche Jugendliche in den Dschihad ziehen». Sie schrieb es, nachdem fünf Schüler, die sie an der Hauptschule in Dinslaken-Lohberg zwei oder drei Jahre unterrichtet hatte, zum Dschihad nach Syrien gegangen waren.

Für Kaddor war das ein Schlag. Sie sagt: «Meine gesamte Familie ist vom Bürgerkrieg in Syrien betroffen – und dann ziehen auch noch fünf meiner ehemaligen Schüler in diesen Krieg. Das war einfach zu viel.»

Leute, die dem Islamunterricht ohnehin kritisch gegenüberstehen, nutzten die Radikalisierung der fünf jungen Männer als Beleg für den Misserfolg des Islamunterrichts und griffen Kaddor an: Wie könne es sein, dass die Lehrerin die Radikalität ihrer Schüler nicht bemerkt habe? «Ganz einfach deshalb, weil sie damals noch nicht radikal waren», sagt sie. «Es waren ganz normale Jungs, die auf Partys gingen und Alkohol tranken. Man darf nicht vergessen: Das waren fünf von etwa 1000 Schülern, die ich unterrichtete. Die übrigen 995 sind hier geblieben – auch dank des islamischen Religionsunterrichts, behaupte ich.»

Dessen Vorteile liegen auf der Hand: Studien haben einen «religiösen Analphabetismus» unter heranwachsenden Muslimen festgemacht. Als Kinder von Muslimen, die meistens selbst nicht mehr in einem islamischen Land aufgewachsen sind, fehlt ihnen die Verankerung in ihrer Religion. Diese Krise der Religion wäre vielleicht nicht weiter von Belang, würden sich nicht trotzdem viele junge Muslime stark über den Islam identifizieren – bedingt durch gesellschaftliche Zuschreibungen oder durch das Gefühl, in Deutschland fremd zu sein. Die jungen Männer und Frauen sagen: Ich bin Muslim, der Islam ist Teil meiner Identität, ich bin stolz darauf. Aber sie wissen nicht, was der Islam bedeutet. Ihnen fehlt das Wissen, die Tradition. Von den Eltern bekommen sie keine Antworten, weil es ihnen oftmals ähnlich geht. In Moscheen werden sie üblicherweise mit Inhalten und einer Lehre konfrontiert, die deutschen Jugendlichen nicht angemessen ist. Also versuchen sie, auf eigene Faust etwas über ihre Religion herauszufinden – beispielsweise im Internet. Dort gibt es einen Wildwuchs an extremistischen Webseiten, durch deren Lektüre die Heranwachsenden schnell in die falschen Kreise abrutschen können. Doch nicht nur der Extremismus ist eine Gefahr. Auch Angebote, die nur in muslimischer Tradition und Kultur wurzeln und mit verkrusteten Geschlechtervorstellungen und dem Ehrbegriff hantieren, können sie in die falsche Richtung führen. Sie müssen an der Hand genommen werden, damit das nicht geschieht.

Die Kinder, denen Lamya Kaddor im Unterricht begegnet, kennen meistens nur die Gebote und Verbote des Islam. Seine fünf Säulen können sie gerade noch aufsagen, danach ist meistens Schluss. Sie haben keine Ahnung von den ethischen Grundsätzen ihrer Religion und wissen nichts über deren Geschichte. Von dem goldenen Zeitalter des Islams, in dem Intellektuelle offen über den Koran und das Leben Mohammeds debattierten, haben sie noch nie gehört. Doch welche Form des Islams soll vermittelt werden, damit der Unterricht einen Gewinn für ihren Intellekt, aber auch für ihre Seelen darstellt? «Für mich persönlich steht im Islam die Gerechtigkeit Gottes ganz stark im Vordergrund, und das vermittle ich auch meinen Schülern», sagt Lamya Kaddor. «Gott ist gerecht, er liebt das Schöne und er ist barmherzig. Er ist ein Gott, vor dem man keine Angst haben muss. Gott hört den Ruf seiner Geschöpfe, wenn sie ihn brauchen. Das steht im Koran, und daran glaube ich auch. Empathie ist für mich islamisch, auch teilen und helfen. Ein guter Muslim ist bescheiden und demütig, egal wie weit er gerade über sich hinauswächst.»

Lamya Kaddor wird sowohl von Islamisten als auch von «besorgten Bürgern» für ihre Haltung angegriffen: Den einen ist sie nicht islamisch genug, den anderen zu islamisch. Auch die islamischen Verbände, die in einem Beirat über den Inhalt des islamischen Religionsunterrichts und der Ausbildung der Lehrer wachen, liegen mit ihr im Konflikt. Nach dem Grundgesetz bzw. den Verfassungen der einzelnen Bundesländer ist der bekenntnisorientierte Religionsunterricht Angelegenheit der jeweiligen Religionsgemeinschaft. Der Staat darf sich in die Inhalte nicht einmischen. Da in Deutschland, abgesehen von den Aleviten, bisher keine islamische Religionsgemeinschaft als Körperschaft des öffentlichen Rechts anerkannt wurde, hat man in NRW ein Beiratsmodell gewählt. Mitglied sind Islamexperten und Vertreter verschiedener islamischer Verbände. Sie verfolgen eigene Interessen, die nicht unbedingt jene des Landes und der Schule sind. Von Lehramtsanwärtern für den Islamunterricht wurde beispielsweise berichtet, die Verbandsvertreter verlangten weniger Loyalität gegenüber dem Glauben als vielmehr gegenüber der Verbandspolitik. Eine Lehrerin wie Lamya Kaddor, die ihre Schüler einen Islam ohne ständigen Verweis auf das Herkunftsland der Eltern und Großeltern lehrt und den Mädchen und Jungen klarmacht, dass sie Gott hinterfragen dürfen, ist nicht in ihrem Sinn. Und dennoch erhielt Kaddor ihre Lehrerlaubnis. Die Verbände versuchen, entsprechend Einfluss auf den Inhalt des Unterrichts und auf die Ausbildung der Lehrer zu nehmen. An der Universität Münster, dem einzigen Standort, an dem in NRW neben Imamen auch Lehrer für den islamischen Religionsunterricht ausgebildet werden, führte dieser Umstand zu einem wahren Eklat.

—

Das Zentrum für Islamische Theologie (ZIT) an der Universität Münster wird seit 2011 von Mouhanad Khorchide geleitet. Es bildet Studenten zu islamischen Religionslehrern aus, befähigt sie aber auch, als Imame und islamische Seelsorger tätig zu sein. Neben Münster ist ein Studium der Islamischen Theologie mittlerweile an den Universitäten Osnabrück, Tübingen, Gießen/Frankfurt und Erlangen/Nürnberg möglich. Die politischen

Erwartungen sind riesig, das Interesse junger Leute groß: Allein in Münster haben sich im ersten Jahr 1200 Abiturienten um einen Studienplatz beworben, im Jahr darauf 1400. Im Jahr 2015 hatte die Universitätsverwaltung sogar über 1600 Bewerber zu entscheiden.

Während an den übrigen Zentren für Islamische Theologie alles mehr oder weniger reibungslos läuft, schlingerte Münster von Anfang an in einem Zickzackkurs aus Streitereien und Boykott vor sich hin. Das Problem ist der Beirat. Er zählt acht Mitglieder, von denen vier die Universität in das Gremium schickt und die islamischen Verbände die übrigen vier vorschlagen. An Letzterem ist ein erstes Treffen mehrfach gescheitert: Die Bundesregierung, die das Zentrum für Islamische Theologie mit vielen Millionen Euro mitfinanziert, lehnte Kandidaten ab. Sie hatte Zweifel an deren Verfassungstreue. Neue Kandidaten nominierten die Verbände nicht. Auch der Versuch der Uni, die Verbände direkt anzusprechen, scheiterte. Aus ihrem trotzigen Rückzug wegen der Ablehnung ihrer Kandidaten entwickelte sich ein Boykott: Khorchide, dessen Berufung die Verbände 2011 abgesegnet hatten, soll weg.

Der Streit enzündete sich an Khorchides 2012 veröffentlichtem populärwissenschaftlichen Werk «Islam ist Barmherzigkeit». Es entwirft eine islamische Theologie, die den Menschen in den Mittelpunkt rückt: Nicht der Gläubige sei Gott unterworfen, sondern dieser Gott diene dem Menschen. Der entscheidende Wesenszug dieses Gottes sei dabei Barmherzigkeit, der Islam folglich auf Humanismus, nicht auf Gewalt ausgerichtet.

«Ich habe gut tausend Mails erhalten, in denen Leute mir für das Buch danken. Bis heute schreibt mir fast täglich ein muslimischer Leser, wie er durch die Lektüre zurückgefunden habe zur Religion», sagt Khorchide.

Der Professor sieht müde aus. Es ist einer dieser Tage, an

dem sich für den Leiter des ZIT ein Termin an den nächsten reiht. Obwohl schon längst Dunkelheit über Münster liegt, ist Khorchide im Gespräch noch hochkonzentriert. Im Schein der Schreibtischlampe und umgeben von Regalen, in denen Hunderte von reich mit Gold verzierten Büchern mit arabischen Schriftzeichen stehen, umgibt den 44-Jährigen die Aura eines Magiers. Er hat dunkle Augen, schwarze Haare, einen akkurat gestutzten Bart.

Sein Sprechen ist eine weiche, von harten Akzentuierungen unterbrochene Melodie; Resultat einer Symbiose aus Orient und Okzident: Geboren im Libanon und aufgewachsen in Saudi-Arabien, ging Khorchide mit 18 Jahren für sein Studium nach Österreich, wo er 2008 auch promovierte. Zwei Jahrzehnte lebte er in Wien, bevor er 2010 den Ruf nach Münster erhielt.

Manche Leute sagen, Khorchide sei ein nur mäßig begabter Theologe, aber ein hervorragender Prediger. Auch jetzt in diesem Gespräch beschreibt und erklärt der Professor nicht, sondern malt Wortgemälde in die Luft. Er ist Soziologe, in seiner Doktorarbeit hat er die Integration muslimischer Zuwanderer in Österreich untersucht. Sein theologisches Wissen hat er sich im Eigenstudium angeeignet. Islamische Verbände und Salafisten, die in Fußgängerzonen Korane verteilen, drehten ihm daraus einen Strick: Was Khorchide nicht gefalle am Koran, stemple er als veraltet ab, was hingegen zu seiner modernen Lesart passe, erkläre er für überzeitlich gültig, behaupteten sie. Der Koordinationsrat der Muslime, unter dessen Dach sich einige deutsche Islamverbände organisieren, gab ein Gutachten gegen Khorchide in Auftrag. Die DITIB preschte vor und veröffentlichte die Stellungnahme auf ihrer Internetseite.

Khorchides Äußerungen stimmten, behauptete das Gutachten, weder mit einem wissenschaftlichen Anspruch noch mit seiner Selbstverpflichtung zur bekenntnisorientierten Islamtheologie überein. In der türkisch-nationalistischen Tageszeitung «Türkiye» meldeten sich drei prominente deutsche Islamfunktionäre zu Wort und forderten Khorchide dazu auf, «Reue zu zeigen und sich wie ein Muslim zu verhalten». Khorchide solle zurücktreten.

Sogar der Bundespräsident kommentierte das Ganze, Minister schalteten sich ein. Die Islamische Theologie an deutschen Hochschulen ist ein staatliches Prestigeprojekt. Es sollte nicht schon Schaden nehmen, bevor es den Kinderschuhen entwachsen ist. Die Uni Münster stellte sich hinter ihren Professor. Religionswissenschaftler aus ganz Deutschland gaben Stellungnahmen ab, die das Gutachten des Koordinationsrats als dilettantisch bezeichneten und auf zahlreiche handwerklicher Fehler hinwiesen. Streckenweise lese es sich, so der Tenor der Kritiker, als habe das Ergebnis schon von vornherein festgestanden. Offenbar sei es dem Koordinationsrat von Anfang an nur darum gegangen, seine Deutungshoheit über den Islam in Deutschland und damit seine Macht zu verteidigen, anstatt, was ja äußerst begrüßenswert gewesen wäre, sich ernsthaft mit Khorchides Thesen auseinanderzusetzen.

Echte Wissenschaft erzeugt Erkenntnisse, die revidierbar sind. Das Problem ist, dass die Verbände nur eine bestimmte religiöse Wahrheit vertreten. Die Gläubigen sollen sie nicht in Frage stellen. Gleiches erwarten die Verbände von den Universitäten. Das ist bestimmt überhaupt nicht böse gemeint, es entspricht einfach ihrer Sicht auf die Welt. Auch wenn die Verbandsfunktionäre dies so nie sagen würden, läuft ihre Haltung letztendlich nur auf eines hinaus: Unabhängige Professoren wie Khorchide sind Feinde des Islams.

Sie beobachten genau, was an den verschiedenen Standorten der islamischen Theologie gelehrt wird. Entsprechend fallen ihre Empfehlungen an junge Leute ihrer Gemeinden aus.

Das ZIT in Münster rechnet 2017 mit den ersten Absolventen. Wie viele von ihnen in den Schuldienst gehen oder als Imame tätig sein werden, ist offen. Entscheidend wird auch die Stellenlage sein: Die türkische DITIB will ihre Imame weiterhin in der Türkei ausbilden lassen. Unabhängige, kleine Moscheegemeinden sind für die Absolventen wenig attraktiv, da das Gehalt des Imams aus Spenden aufgebracht werden muss. Wählt ein Studierender hingegen den Beruf des Lehrers, hat er ausgesorgt: Etwa 2000 Lehrer wären nach einer Schätzung des Bundesbildungsministeriums nötig, damit ein flächendeckender Islamunterricht möglich wird. «Der Bedarf an islamischen Religionslehrern», sagt Mouhanad Khorchide, «kann frühestens in zehn Jahren gedeckt werden.»

Die meisten Studierenden am ZIT sind geborene Muslime und haben Eltern oder Großeltern, die aus der Türkei oder einem arabischen Land eingewandert sind. Manche wollen durch das Studium das Wissen über ihren Glauben vertiefen, andere einen Beitrag für die Anerkennung des Islams in Deutschland leisten. Wieder andere sehen das Fach aufgrund des Lehrermangels als Jobgarantie. Der hohe Frauenanteil von über fünfzig Prozent ist für einen Lehramtsstudiengang nicht ungewöhnlich. So viele Kopftücher wie in den Vorlesungen der islamischen Theologie sieht man in anderen Fachbereichen allerdings nicht. Khorchide sagt: «Mir ist es egal, ob eine Frau sich verschleiert oder nicht.»

Und was haben die Studierenden für theologische Vorkenntnisse? Khorchides Antwort ist ein gequältes Lächeln. Seufzend lehnt er sich in seinem Stuhl zurück: «Ich muss bei Gott anfangen. Die meisten haben von ihm ein völlig verzerrtes Bild.» Anstatt den jungen Menschen Gottes Liebe nahezubringen, habe man ihnen in ihrem Elternhaus oder der Moschee vor allem Gottesfurcht eingeimpft.

Als eine Art Stammesvater stellten sich viele der Studierenden Gott vor, der strafend reagiere, wenn nicht alles nach seinen Regeln läuft – beispielsweise bei der Unterlassung eines Gebets. «Ein solches Denken impliziert, dass Gott nicht vollkommen und barmherzig ist. Nur so jemand lässt sich kränken und lauert kleingeistig auf Fehler», sagt Khorchide.

Er erzählt von Erstsemestern, die in seiner Sprechstunde sagen: Ich war nicht religiös, aber jetzt bete ich fünfmal am Tag. Oder: Ich hatte den Zugang zu meiner Religion verloren, aber jetzt trage ich ein Kopftuch. Wenn Khorchide solche Sätze hört, weiß er, wie viel Arbeit vor ihm liegt. Sicherlich, das Gebet sei bedeutend, es ist schließlich die spirituelle Beziehungsaufnahme zu Gott. Darin dürfe Religiosität sich aber nicht erschöpfen, sie müsse sich genauso im alltäglichen Handeln zeigen. Seine Studenten sollen Spiritualität erleben; Gott im Herzen tragen. «Nur dann werden sie auch die Menschen erreichen können, wenn sie später als Imame vor einer Gemeinde oder als Religionslehrer vor einer Klasse stehen», sagt er.

Eigentlich bleibt Khorchide gar nichts anderes übrig, als ein hervorragender «Prediger» zu sein. Gott liebt uns, lautet seine Botschaft, es geht ihm nicht so sehr darum, was wir essen oder wie wir uns kleiden, sondern um unser Inneres, aus dem der Einzelne das Gute bestmöglich herausarbeiten soll, damit Gottes Licht durch ihn leuchten kann. Auch die intellektuelle Auseinandersetzung mit der Religion sei für viele der Studierenden neu.

Geringe theologische Vorkenntnisse können eine größere Toleranz gegenüber offenen Interpretationen des Islams bedeuten und Neugier, wie islamische Tradition mit dem Leben von heute vereinbart werden kann. Bei einigen Studierenden sei das glücklicherweise der Fall, sagt Khorchide. Andere hingegen, und auch von den übrigen Standorten islamischer Theologie wird dies berichtet, wollten eigentlich nur das bestätigt bekommen, was sie ohnehin schon glauben – was davon abweicht, ist für sie Ketzerei.

Wird ein Thema nicht so besprochen, wie es ihren theologischen Vorstellungen entspricht, stecken manche sich demonstrativ Ohropax in die Ohren, verlassen aus Protest den Raum oder behaupten, der deutsche Staat wolle den Islam mit diesem Studiengang zu einem Wohlfühl-Islam machen und für seine Zwecke aushöhlen.

Kommilitonen, die weniger Wert auf das Einhalten der Gebote und Verbote legen, würden von diesen Studierenden attackiert – schon ein versäumtes Nachmittagsgebet reicht aus für übelste Beschimpfungen. Studentinnen, die kein Kopftuch tragen, müssten sich Sprüche anhören wie ‹O meine Schwester, möge Gott auch dich auf den richtigen Pfad führen›, berichtet Khorchide.

Und solche Studierende werden irgendwann als Imame oder Lehrer vor einer Gemeinde oder Schulklasse stehen? Wieder lächelt Khorchide gequält. Manchmal gelinge es ihm, sie zum Umdenken zu bewegen, sagt er. Anstatt Vorgegebenes zu akzeptieren, sollten sie ihren Verstand benutzen. Khorchide sagt, er vermittle seinen Studenten keine bestimmte Lesart des Islam. Aber er wirbt für eine zeitgemäße Auslegung der religiösen Schriften.

Ich erzähle Khorchide von dem Schüler in Dinslaken, der wissen wollte, ob Muslime am Jüngsten Tag mit weniger Qualen zu rechnen hätten als Christen oder Juden. Der Professor seufzt. Und sagt, was auch Lamya Kaddor dem Schüler geantwortet hatte: Gott beurteile jeden Menschen aufgrund seiner Taten und nicht nach dem Etikett Muslim, Jude oder Christ. Viele Muslime sähen im Islam die einzig wahre Religion. Sie wollten nicht hören, dass Gott alle Menschen liebt. Das würde ihnen ihren

Exklusivitätsanspruch streitig machen, dass einzig Muslime auf unendliche Glückseligkeit hoffen können, während Nichtmuslime dazu verdammt seien, in der Hölle zu brennen. «Dieses religiöse Exklusivdenken ist eine Mainstream-Idee im islamischen Kontext. Theologisch ist es nicht einwandfrei gedeckt, aber viele Muslime glauben daran», sagt Khorchide. Er spannt einen Bogen zu den Terroranschlägen von Paris: Letztendlich sei es dieses Exklusivdenken, mit dem die Attentäter das Töten unschuldiger Menschen legitimiert hätten – Leute, die glauben, dass Gott Andersgläubigen Gewalt antun wird am Jüngsten Tag, sehen sich schnell dazu berechtigt, es ihm auf Erden gleichzutun. «Viele Muslime haben nach Paris gesagt, der Islam sei Frieden. Erst nach «Charlie Hebdo», dann nach den Anschlägen im November. Bewusst oder unbewusst glauben trotzdem viele an einen gewalttätigen Gott. Die islamische Theologie muss die Religion vor Missbrauch schützen, indem über dieses Missverständnis geredet wird. Es reicht nicht aus zu sagen, das alles habe nichts mit dem Islam zu tun. Die Theologie muss das Exklusivitätsdenken, das viele in den Islam hineininterpretieren, entschärfen, den Extremisten ihren Spielraum nehmen.»

Khorchide sagt, er sei optimistisch. Optimistisch, dass die Zukunft des Islams in Deutschland eine positive ist und dass immer mehr Muslime sich der aufgeklärten islamischen Theologie zuwenden werden. «Die Voraussetzung dafür ist allerdings, dass sie sich gesellschaftlich angenommen fühlen. Wenn sie den Eindruck haben, in Opposition zur Gesellschaft zu stehen, werden sie in ihrer Religion eine Auslegung suchen, die diese Opposition religiös unterstützt.»

Frau Doktor Yildiz in Berlin-Mitte macht keine Jungfrauen
Muslimische Frauen und Sexualität

Das neue Jahr beginnt fürchterlich. In der Silvesternacht werden in Köln Hunderte Frauen beleidigt, sexuell belästigt und bestohlen. Männer, die Augenzeugen als «Araber» und «aus dem nordafrikanischen Kulturkreis stammend» beschreiben, fassen jungen Frauen an den Hintern, an die Brust, in alle Körperöffnungen, die ihre Hände erreichen. Die Frauen werden umzingelt wie die Beute einer Jagd, es kommt zu einer Vergewaltigung. Die anwesende Polizei zeigt sich unfähig, gegen die Angreifer vorzugehen, von denen sich an Silvester mehr als tausend in Köln versammelt haben sollen. Zunächst wagt niemand den Verdacht auszusprechen, es handele sich bei den Tätern auch um Geflüchtete, einiges deutet jedoch darauf hin. Die Übergriffe von Köln scheinen den fremdenfeindlichen Scharfmachern und ihrem Geschrei von der sexuellen Zügellosigkeit des muslimischen Mannes recht zu geben. Sie rufen alte Ängste wach vor einem Einfall der Barbaren in die Zivilisation. «Sind unsere Frauen nicht mehr sicher?», raunt es in deutschen Talkshows, bevor überhaupt klar ist, ob es sich bei den Tätern um Migranten handelt, die schon lange in Deutschland leben, oder um solche, die erst kürzlich hierhergekommen sind. Die Antwort von Politikern, die Merkels Flüchtlingspolitik mit dem Verweis auf die Gefährlichkeit des Islams seit Monaten torpedieren wollen, ist ein sorgenvolles Nicken. Manchen scheinen die Vorfälle der Silvesternacht aber auch gelegen zu kommen.

―

Der World Values Survey untersucht regelmäßig die Wertvorstellungen in verschiedenen Ländern der Welt. Was die Menschen in der islamischen Welt dieser Studie zufolge am meisten vom Westen trennt, ist nicht ihre Einstellung zu demokratischen Werten, sondern ihre Vorstellung von Geschlechterrollen und Sexualität. Die Silvesternacht von Köln war im Grunde eine szenische Umsetzung dieses Befundes: Männer, die hierherkamen, weil sie in Freiheit leben wollen, zeigten überdeutlich, dass ihre Vorstellungen von Frauen und Sexualität nicht zu unserer Realität passen. Wie tief der Graben ist, offenbaren aber auch das Entsetzen und die Ratlosigkeit, die auf diese sexuellen Übergriffe folgten. In arabischen Ländern und in der Türkei hätte es ein solches Ereignis vermutlich nicht mal in die Zeitung geschafft. Sexuelle Belästigungen durch Männergruppen kommen vor allem in Ägypten ständig vor, nur Frauenorganisationen schreien deshalb auf. Diese sexuelle Kluft darf nicht übersehen werden.

Als Ursache dafür gelten patriarchale Denkstrukturen und der Islam. Von einer Kultur, in der eine Frau nur dann eine gute ist, wenn sie dem Mann bedingungslos folgt (in jeder Hinsicht, nicht nur auf der Straße), ist gleichberechtigte Sexualität nicht zu erwarten. Was aber meint in diesem Zusammenhang «der Islam»? Der Islam ist eine Religion der Möglichkeiten. «Den Islam» gibt es nicht, das muss immer wieder gesagt werden, und schon gar nicht gibt es «den Islam» im Bett. Man macht es sich zu einfach, wenn man die islamische Religion als Ganzes in die Verantwortung nimmt. Die Denkweise, dass Frauen Sexobjekte seien, ist kein Erbe des klassischen Islams, sondern das Resultat einer politischen Instrumentalisierung der Religion und einer archaischen Betrachtung der Sexualität. Das war nicht immer so. Wer einen Blick in alte Schriften wirft, versteht das sofort.

Die Verfasser früher religiöser Schriften in der arabischen Welt waren nicht prüde und nahmen bei der expliziten Schilderung von Bettszenen kein Blatt vor den Mund. In «Der duftende Garten zur Erbauung des Gemüts» aus dem frühen 15. Jahrhundert heißt es beispielsweise: «Das Vorspiel hilft der Frau, Lust zu empfinden; ohne Vorspiel erlangt die Frau keine Befriedigung und kann keine Wollust empfinden. Wenn du deine Lust gestillt hast, dann steh nicht plötzlich auf, sondern erhebe dich langsam von der rechten Seite.»

Im Abassiden-Reich, dessen goldenes Zeitalter vom achten bis zum zehnten Jahrhundert andauerte und in dessen Zeit auch die Übertragung von «1001 Nacht» aus dem Persischen ins Arabische fällt, tauchten immer mehr religiöse Persönlichkeiten in muslimischen Schreibstuben auf, die in der Erotologie ihre Berufung sahen. Ihren Federn entfloss ein wahres arabisches «Kamasutra», ein Einmaleins für die Glückseligkeit im Bett: Wissenswertes über die Beschaffenheit der Sexualorgane, psychologische Tipps für das Entfachen und die Steigerung der Lust, minutiöse Beschreibungen von Sex-Stellungen und ausgefallenen Praktiken. Die Liebeshandbücher wurden in Hülle und Fülle produziert und fanden eine spektakuläre Verbreitung in der muslimischen Welt. Christliche Gelehrte griffen die Sichtweisen der muslimischen Kollegen auf und verwiesen vorsichtig darauf, dass «Natürliches» doch eigentlich nicht anstößig sei.

Sie fanden wenig Gehör, das Christentum akzeptierte Sex nur als Mittel der Fortpflanzung.

Sicherlich speisten die Erotologen in ihre Schriften auch eigene – männliche – Phantasien und Erfahrungen ein. Letztendlich entwickelten sie aber nur weiter, was im Koran und der Sunna, den prophetischen Überlieferungen, steht: Wenn es im klassischen Islam um Sex geht, stehen Genuss und Sinnlichkeit im Vordergrund. Darauf hat vor allem der tunesische Soziologe Abdelwahab Bouhdiba in «La Sexualité en Islam» (1975) hingewiesen: «Die Ausübung der Sexualität war ein Gebet, ein Sich-Schenken, ein Akt der Nächstenliebe», schreibt er über die Anfänge des Islams. Auch der Brite Habeeb Akande, der nach einem Filmstudium in London in Kairo Islamische Rechtswissenschaft und Geschichte studiert hat, folgt in «A Taste of Honey: Sexuality and Erotology in Islam» (2015) dieser Spur. Ihre Forschungen über Sex und Islam sollen Muslimen die Augen für den Sinn von Sexualität neu öffnen. Das erhoffte Resultat: Mehr Spaß und Zufriedenheit und die Erkenntnis, was Gott wirklich will. Anhand des Korans und der Hadithe zeigen beide Autoren, dass Sinnlichkeit und Sexualität mit dem Islam vereinbar sind, und beschreiben sie sogar als wesentliche Quellen des Glaubens: Beim Orgasmus ist man Gott näher als beim Gebet.

Lust und Sexualität begreift der klassische Islam als Möglichkeit der persönlichen Entfaltung und als Gottesgeschenk, als Vorgeschmack auf die Freuden des Paradieses. Vorausgesetzt, der rechtliche Rahmen ist erfüllt und Mann und Frau sind im Hafen der Ehe angekommen. Im Koran wird die Ehe oder Heirat mit Geschlechtsverkehr gleichgesetzt. Denn *nikah*, die arabische Bezeichnung im Koran, steht sowohl für Ehe als auch für Geschlechtsverkehr. Eine eigene Bezeichnung für Sex existiert im Arabischen nicht. Bis heute schwebt das Gebot «erst nach der Hochzeit» über der Lust, und in einigen islamischen Ländern muss jeder, der sich nicht an diese Regel hält, deshalb mit drakonischer Bestrafung rechnen. Die in manchen islamischen Staaten noch übliche Steinigung als Strafe für außerehelichen Geschlechtsverkehr lehnt der Koran übrigens ab.

Folgt man den Hadithen, dann kommt die Lust der Frau beim ehelichen Beischlaf keineswegs zu kurz, im Gegenteil. In zahlreichen Überlieferungen betont der Prophet das Anrecht der Frau auf sexuelle Befriedigung: «Wenn ein Mann Sex mit seiner Frau hat, dann sollte er sich darum bemühen, sie zu befriedigen. Wenn er seine eigenen Bedürfnisse gestillt hat, sollte er nicht aufstehen, bevor nicht auch sie zufrieden ist.» Eine andere Hadithe berichtet, Mohammed habe zu einem Gefolgsmann gesagt: «Deine Frau hat ein Anrecht auf dich.» Der Hintergrund: Der Adressat hatte sich vor lauter Askese dem Sex verweigert. Dazu passt auch, dass der Koran der Frau die Scheidung erlaubt, sollte ihr Gatte impotent sein. Auch Verhütung ist erlaubt.

Das alles klingt eigentlich zu schön, um wahr zu sein. Der Koran ist schließlich ein männerorientierter Text, und von Geschlechtergleichheit spricht er nur in religiöser Hinsicht. In der 30. Sure betont er, dass es bei der Erschaffung der Geschlechter um die Seele geht, um Zuneigung und Gegenseitigkeit. Auch von Liebe und Barmherzigkeit ist die Rede. Doch noch bevor der Leser zu dieser Stelle gelangt, liest er die vierte Sure, die Gewalt in der Ehe erlaubt. Vertreter der soziohistorischen Lesart der Schrift plädieren dafür, dem Koran solche Manifestationen von Ungleichheit nicht vorzuwerfen oder schlimmer noch: sich in ihnen zu verbeißen. Eine göttliche Botschaft könne die gesamte gesellschaftliche Ordnung nun einmal nicht auf den Kopf stellen, wenn sie von den Hörern akzeptiert werden soll.

Tatsächlich war die arabische Gesellschaft, als der koranische Dialog zwischen Mohammed und seiner Gemeinschaft begann, von starken Unterschieden zwischen den Geschlechtern geprägt.

Reformtheologen wie der 2010 verstorbene Ägypter Nasr Hamid Abu Zaid haben gezeigt, dass im Koran dennoch einige Passagen auf Geschlechtergleichheit hindeuten – und somit über das damals gültige Rollenbild hinausgehen. In den Händen muslimischer Rechtsgelehrter erodierte diese emanzipatorische Botschaft in den folgenden Jahrhunderten allerdings. Anstatt die Impulse aufzunehmen, zementierten sie die Ungleichheit von Mann und Frau. Es verblüfft, dass zur selben Zeit die Literatur der Liebeskunst zur Blüte kam. Womöglich waren die Schriften ja ein Versuch, die im Koran postulierte religiöse Gleichheit in die soziale Wirklichkeit zu verlängern – pochten sie doch gleichermaßen auf die Lust von Mann und Frau.

Heute ist die muslimische Gesellschaft von Geschlechtergleichheit weiter entfernt als die Sonne vom Mond. Sex haben zwar alle (sofern sie verheiratet sind), aber offen darüber zu sprechen oder zu schreiben, ist ein Tabu. Die Erotika sind aus den arabischen Schlafzimmern verschwunden und auf dem arabischsprachigen Buchmarkt nicht mehr zu bekommen. In «Honigkuss», einem Roman der syrischen Autorin Salwa Al Neimi, der 2008 für gehörigen Wirbel in der muslimischen Welt sorgte, entdeckt eine namenlose muslimische Bibliothekarin die sündigen Schriften zwischen verstaubten Schinken an ihrem Arbeitsplatz. Genussvoll setzt sie mit Zufallsbekanntschaften um, was die heimliche Lektüre sie lehrt. An einer Stelle des Romans heißt es: «Der Scheich al-Sujuti schrieb im dreizehnten Jahrhundert ein Buch über die Kunst der Liebe eigens für die Frauen. Wenn die Leserinnen es heute läsen, würden sie kein Wort davon verstehen. Ebenso gut könnte man einem Neandertaler ein Informatikbuch in die Hand drücken.»

Wahrscheinlich ist das nicht einmal übertrieben. Wie aber konnte es dazu kommen? Der politische und intellektuelle Niedergang der islamischen Welt bis zum Ende des neunzehnten

Jahrhunderts war auch ein sexueller. Die Intellektuellen des Nahen und Mittleren Ostens nahmen sich immer mehr durch den orientalistischen Blick der europäischen Kolonisatoren wahr, die mit erhitzten Gesichtern vom Harem und von den sexuellen Ausschweifungen schwärmten, sie aber gleichzeitig verdammten. Viele Araber machten sich das europäische Argument zu eigen, der politische Niedergang der arabischen, persischen und osmanischen Gesellschaften habe etwas mit ihrer sexuellen Freizügigkeit zu tun.

Die Muslimbruderschaft, die sich in Ägypten Ende der zwanziger Jahre als eine Art religiöser Antiimperialismus gründete und schnell Ableger im gesamten Nahen und Mittleren Osten fand, griff die These von der Sittenlosigkeit auf, attestierte ihr aber andere Ursachen. Schuld an der muslimischen Libertinage sei der Einfluss der westlichen Welt. Nur die Rückbesinnung auf den traditionellen Islam könne gegen die vermeintlichen Übel des Abendlands immunisieren. Die Muslimbruderschaft hatte allerdings ganz eigene Vorstellungen vom «traditionellen Islam». Anstatt die emanzipatorischen Ansätze des Korans weiterzuentwickeln und damit die patriarchalen Strukturen aus vorislamischer Zeit aufzuweichen, propagierte sie religiöse Dogmen und sexuelle Prüderie. Salafisten und Wahhabiten bliesen mit ihren wortgetreuen Auslegungen des Korans ins gleiche Horn. Von allen Seiten wurde auf sexuelle Regression gedrängt. Während in Europa die sexuelle Revolution die Körper aus ihrem Korsett befreite, legten die Islamisten ihnen mit ihren Interpretationen des Korans Fesseln an.

Das Kopftuch und der Schleier wurden das islamistische Parteisymbol. Aus dem politischen und moralischen Zwang, eines zu tragen, wurde mit der Zeit ein Bedürfnis. Die Disziplinierung und Politisierung des Körpers betraf aber auch den Mann, denn die Islamisten nahmen die Sexualität als solche ins Visier. In ihrer Sicht auf die Welt ist sie Skandal und Katastrophe: Mann und Frau schäumen derart über vor sexueller Energie, dass der Absturz ins gesellschaftliche Chaos droht. Die Frau verkörpert das Begehren und die Versuchung, und als solche entfernt sie den Mann von Gott. Eine Denkfigur, die übrigens jahrhundertelang praktisch wortgleich von der christlichen Moraltheologie vertreten wurde: Eva verlockt Adam. Damit der Mann seine Triebe zügeln kann, muss die Frau sich bedecken. Kritiker des Kopftuchs halten dagegen, erst die Verhüllung mache die Frau zum Sexualobjekt. Denn ebenso wie die Geschlechtertrennung führe das Kopftuch dazu, dass Männer und Frauen sich stets in einer sexuell aufgeladenen Atmosphäre begegnen würden. Tabuisierungen, wie sie sich in der Geschlechtertrennung und dem Kopftuch manifestieren, würden sexuelle Gedanken und Gefühle geradezu erwecken und verstärken.

Vor allem in der einfachen Landbevölkerung, die von der Entwicklung in den geistigen Zentren des Nahen Ostens seit jeher abgehängt war, fand der politisierte Islam breite Zustimmung. Das gesellschaftspolitische Engagement und der revolutionäre Anstrich trafen dort einen Nerv. Mit der Landflucht diffundierte die islamistische Ideologie in die Städte. Das vergleichsweise freie Leben dort wirkte sich nicht modernisierend auf die Leute aus, sondern verstärkte die sexuelle Regression. Denn im Wirrwarr der Stadt können Männer ihre Ehefrauen, Töchter und Schwestern weniger leicht überwachen. Was aber bedeutet das für uns und die Ereignisse von Köln?

Es ist davon auszugehen, dass die Täter der Silvesternacht – sie sollen durchweg jung gewesen sein – vor allem Männer waren, deren Einstellungen zur Frau und zur Sexualität auf einseitigen Koraninterpretationen fußen und in einem Universum archaischer Traditionen verhaftet sind, in dem Frauen verleugnet, vergewaltigt, eingeschlossen und besessen werden.

Die Schuldigen von Köln sind Männer, denen das Verhältnis der westlichen Moderne zur Frau unverständlich ist. Das ist ihre Kultur. Sie werden sie nicht so leicht aufgeben. Sie ist schließlich das Einzige, das den entwurzelten Männern nach der Flucht in ihrer neuen Umgebung bleibt. Es ist die Tradition und weniger die Religion, die der Gleichbehandlung von Frauen und einem liberalen Umgang mit Sexualität im Wege steht. Die westliche Gesellschaft muss diesen Männern ihre Werte verständlich machen. Sie muss sie durchsetzen. Gefordert wären hier auch islamische Reformtheologen, die über die emanzipatorische Haltung des Korans in Sachen Sexualität aufklären könnten. Man muss ihnen die Möglichkeiten dazu geben. Es darf keine Scheu herrschen, mit Muslimen über Sex zu reden, nur weil es um Intimität geht – sonst tritt man in die Falle der islamistischen Schweigemoral.

Die deutschtürkische Frauenärztin, die ich in Berlin treffe, redet schon seit Jahren mit Muslimen über Sex – allerdings ohne Verweis auf den Koran. Sie ist eine attraktive Frau um die vierzig, ihre Praxis wirkt hell und einladend. Sie bittet mich, ihren Namen unerwähnt zu lassen. Sie will das Vertrauen ihrer muslimischen Patientinnen nicht enttäuschen. «Nehmen Sie einen Phantasienamen», sagt sie. Ich wähle den Namen Ada Yildiz: Der türkische Vorname Ada hat mir schon immer gefallen, und Familien, die Yildiz heißen, gibt es in Deutschland und in der Türkei wie Sand am Meer. Außerdem bedeutet «Yildiz» – «Stern», und eine Art Stern ist die Gynäkologin tatsächlich für viele ihrer Patientinnen.

Etwa die Hälfte von ihnen stammt aus dem muslimischen Kulturkreis. Die meisten haben ihre Wurzeln in der Türkei. Die

Frauen kommen zu Frau Doktor Yildiz, weil es ihnen leichter fällt, auf Türkisch über Intimes zu reden. Noch wichtiger als die Sprache ist allerdings, dass die Ärztin ihren kulturellen Hintergrund teilt: Ihre Eltern kamen als Gastarbeiter nach Deutschland, sie wuchs mit jenen archaischen Vorstellungen von Sexualität auf, unter denen viele ihrer Patientinnen leiden. Den Satz «Sie wissen ja, wie es bei uns ist» hört Doktor Yildiz sehr oft. Sicherlich, unter ihren Patientinnen sind Musliminnen, die ihre Sexualität genauso aufgeklärt und selbstbestimmt leben wie der deutsche Durchschnitt, der in ihre Praxis kommt. Bei den meisten Musliminnen muss Doktor Yildiz jedoch viel Zeit und Geduld aufbringen, um ihrem Anspruch als helfende Ärztin gerecht zu werden.

Man sieht es den Frauen nicht an. Nach außen wirken sie offen und modern, in ihren Köpfen aber tragen sie althergebrachte Moralvorstellungen mit sich herum, die ihre Empfindungen und ihre Wahrnehmung von Sexualität umschließen wie ein Gefängnis: Die Frauen kennen ihren Körper nicht und können ihn nicht genießen. Sie wissen nichts von weiblicher Lust, und wenn sie diese doch einmal empfinden, schämen sie sich dafür. Der Gedanke, körperliche Nähe als eine schöne Form der Zuneigung anzusehen, ist ihnen fremd. In den Ehen dieser Frauen interpretieren allein die Männer die Sexualität. Ihr eigenes sexuelles Empfinden ist ohne Belang. Als kleinen Mädchen wurde ihnen beigebracht, ihre Sexualität als etwas Verbotenes, Unreines anzusehen. Und als erwachsene Frauen gelingt es den wenigsten, sich aus der Denkweise, die ihnen ihre Familien über Jahre hinweg eingeimpft haben, zu befreien. Sie fußt vor allem auf dem hohen Stellenwert der Jungfräulichkeit in der muslimischen Kultur. Von der Existenz islamischer Liebesliteratur und der sexuellen Offenheit prophetischer Überlieferungen wissen diese Frauen nichts.

Das Schlüsselwort, unter dem die weibliche Sexualität in traditionell denkenden türkischen Familien verhandelt wird und das auch Ada Yildiz als Kind sehr oft zu hören bekam, ist *ayıp*, «unanständig». Schon ganz kleinen Mädchen wird beigebracht, dass *orası*, «der Ort da» oder *aşagısı*, «da unten», auf eine äußerst ambivalente Form besonders ist: Sie haben etwas zwischen den Beinen, wofür sich Jungs interessieren und das sie deshalb verbergen und schützen müssen. Ihre Sexualität wird mit strengen Regeln, Verboten und so stark mit Scham belegt, dass schon das Aussprechen eines Wortes wie «Scheide» oder «Sex» als *ayıp*, als unanständig gilt. Die kindliche Neugier, die eigenen Geschlechtsorgane zu erkunden, wird unterbunden – das Wissen um den eigenen Körper könnte schließlich Anlass für dumme Gedanken sein. Den Sexualunterricht, den es an deutschen Schulen gibt, sehen viele türkische Eltern ebenfalls nicht gern. Ihre Kinder lernen dort etwas kennen, das die Eltern als so gefährlich erachten, dass sie es ihnen vorenthalten wollen. Darüber reden können die jungen Mädchen nur mit Freundinnen. In den Familien ist das Thema tabu. Auch sollen Jungen und Mädchen möglichst voneinander ferngehalten werden. Dieses Denken saugen die Kinder quasi mit der Muttermilch auf. Und verinnerlichen damit eine Verhaltensaufforderung, die nur selten diskutiert oder in Frage gestellt wird. Die Vorstellung, dass der Kontakt zu Jungen *ayıp* ist, schwebt wie ein Damoklesschwert drohend über der gesamten weiblichen Kindheit und Jugend. Der Vater von Doktor Yildiz beispielsweise sprach niemals direkt gegenüber seiner Tochter aus, dass er Kontakte zu Jungen nicht tolerieren würde, zeigte es aber durch eine subtile Form der Kontrolle. Einmal, Ada war damals in der sechsten Klasse, rief ein Junge aus der Schule an. Er hatte Fragen zu den Hausaufgaben. Während sie mit ihm telefonierte, saß ihr Vater neben ihr auf dem Sofa und hörte zu. Nachdem seine Tochter aufgelegt hatte, fragte er: Wer war das? Bist du denn die Einzige in der Klasse, die Auskunft zu den Hausaufgaben geben kann? Das nächste Mal wollte Ada Yildiz nicht mehr ans Telefon gehen. Und wenn ihr im Beisein ihrer Eltern ein Klassenkamerad auf der Straße begegnete, dann tat sie so, als kenne sie ihn nicht.

Ganz anders verläuft die Erziehung von Jungen. Sie genießen alle Freiheiten (der Junge, der Ada Yildiz damals anrief, war übrigens ein Deutschtürke). Ihr Geschlechtsteil gilt nicht als unrein, türkische Familien beten es förmlich an. *Aslanım*, «mein kleiner Löwe», *kocum*, «mein kleiner Widder», nennen die Mütter ihre Söhne, wenn sie im Kindesalter beschnitten werden. Die Beschneidung ist der erste Schritt zur Mannwerdung, die weibliche Verwandtschaft feiert ihn mit Pomp und Tränen. Die Mütter staffieren die kleinen Jungen aus wie Prinzen oder Offiziere und feiern mit der Familie ein rauschendes Fest.

Das Konzept, das der Ungleichbehandlung der Geschlechter zugrunde liegt, ist *namus,* die «Ehre». Sie ist identitätsstiftend für die meisten türkischen und arabischen Familien, wird jedoch immer mit der Sexualität der Frau in Verbindung gebracht. Als gehöre der Körper der Frau nicht ihr allein, sondern den Angehörigen, dem Clan, ihrer Kultur, den Verboten. Wird die Ehre nicht gewahrt, dann zerbricht das familiäre Fundament. Es genügt, dass ein Mädchen sich vermeintlich schuldig macht, und die Ehre der gesamten Familie ist beschädigt. Jeder Riss im Bild wird als kollektives Problem wahrgenommen, Gewalt gilt in bestimmten Milieus als einziges Mittel, ihn wieder zu kitten. Mord ist die extremste Form davon, auch in Deutschland. Wie viele junge Frauen schon auf deutschem Boden einem Ehrenmord zum Opfer gefallen sind, weiß niemand. Eine Studie des Bundeskriminalamtes von 2011 geht von zwölf Ehrenmorden pro Jahr aus. Viele Taten bleiben allerdings unentdeckt. Bei manchen Ehrenmorden wird in der Berichterstattung oder vor

Gericht der Begriff Ehre nicht einmal erwähnt. Für Aufsehen sorgte in Berlin der Mord an der 23 Jahre alten Hatun Sürüçü im Februar 2005. Die junge Frau hatte ein Bauchnabelpiercing und einen deutschen Freund – aus Sicht ihres 18-jährigen Bruders Ayhan war es deshalb nötig, sie umzubringen und «die Ordnung in der Familie wiederherzustellen», so seine Erklärung vor Gericht.

Mädchen und junge Frauen sollen sich *«namuslu»*, «ehrenhaft», verhalten. Von ihrer sexuellen Reinheit hängt die Ehre der gesamten Familie ab. Im Klartext bedeutet das: Sie dürfen nicht flirten, keinerlei sexuelle Erfahrungen sammeln und sollen jungfräulich in die Ehe gehen. Die Jungfräulichkeit besitzt, wie in vielen archaischen Gesellschaften, in der patriarchalen Kultur muslimischer Gesellschaften einen sehr hohen Stellenwert. Dahinter steckt weniger ein strenger Glaube als vielmehr eine Ehrvorstellung aus vorislamischer Zeit. Im Koran wird die Jungfräulichkeit nirgendwo ausdrücklich als Gebot oder Pflicht formuliert, sondern lediglich als Präferenz. Allerdings wird Keuschheit gefordert, und Sex ist, wie schon dargelegt, vor der Ehe verboten. Besondere Bedeutung erhält die Jungfräulichkeit außerdem, da der Koran muslimischen Männern als Belohnung für ein besonders gottgefälliges Leben 72 Jungfrauen im Himmel verspricht.

«Traditionelle Familien», sagt Doktor Yildiz, «stellen sich Sexualität wie einen Dammbruch vor. Hat ein junges Mädchen einmal mit einem Mann geschlafen, dann heißt es, ‹ihre Tür› sei ‹offen› und jeder könne Sex mit ihr haben. Das Mädchen ist nicht mehr ‹sauber›.» Junge Männer, erzählt die Ärztin weiter, ernteten hingegen Schulterklopfen für sexuelle Aktivität. Für diese Männer gebe es zwei Arten von Frauen: jene, mit denen man Sex hat, und jene, die man heiratet. «Frauen der ersten Kategorie präsentiert man niemandem», sagt Doktor Yildiz.

«Die Männer ziehen diese Frauen auch nicht als Ehefrau in Betracht. Nur eine ‹saubere›, also jungfräuliche Braut gilt als gesellschaftsfähig.»

Als Beweis, dass der familiäre Neuzugang tatsächlich jungfräulich war, muss in der Türkei am Tag der Hochzeit noch mancherorts das blutbefleckte «Ehrenlaken» aus dem Schlafzimmer den Angehörigen gezeigt werden – Ehre der Familie bewiesen, alle glücklich, die Party kann losgehen. Selbst in der türkischen Community in Deutschland gibt es Familien, die auf diesem archaischen Brauch bestehen. Anderen genügt das Wort des Bräutigams oder die Bestätigung der Jungfräulichkeit durch einen Arzt. Und so kommen immer wieder Mütter mit ihren Töchtern zu Doktor Yildiz in die Praxis und wollen, dass die Ärztin einen prüfenden Blick zwischen die Beine ihres Kindes wirft.

Doktor Yildiz mag solche Situationen nicht. Sie bittet die Mutter dann immer ins Wartezimmer, um sich alleine mit der Tochter unterhalten zu können. Manche der jungen Frauen lehnen das ab, die Mutter könne ruhig bleiben, da ohnehin alles in Ordnung sei. Andere gehen auf das Angebot ein. Doktor Yildiz hat schon oft Patientinnen erlebt, die sie anflehten, ihnen das Jungfernhäutchen wieder zuzunähen. Die Ärztin verweigert das. Leicht fällt ihr das nicht, das Stückchen Haut kann über Leben und Tod entscheiden. Doch die Ärztin ist überzeugt: Hymenrekonstruktionen, die von vielen Ärzten in Deutschland durchgeführt werden, stützen letztendlich nur ein System, das Frauen die sexuelle Selbstbestimmung verwehrt. Es kann nur zum Einstürzen gebracht werden, wenn die betroffenen Frauen selbst dagegen rebellieren. Sie sagt: «Ich rate den Frauen, offen in die Beziehung zu gehen. Ich sage: Wollen Sie Ihren Mann wirklich von Anfang an belügen? Fragen Sie ihn, ob er nicht auch schon mal mit einer Frau geschlafen hat. Wenn Sie glauben, dass er

Sie nur als Jungfrau akzeptiert, kann er nicht der Richtige sein. Sie brauchen einen Mann, der Sie versteht, mit dem Sie dieses Geheimnis teilen können.»

Natürlich kommt es auch unter Muslimen zu vorehelichem Geschlechtsverkehr – Doktor Yildiz hat einige sehr junge muslimische Patientinnen, die heimlich die Pille nehmen. Der Kult um das Hymen bringt sie in Gefahr. Angst vor Entdeckung und extreme Gewissenskonflikte sind weitere Folgen dieser frauenverachtenden Tradition, ebenso heimliche Abtreibungen.

Die nahende Hochzeit ist der Zeitpunkt, an dem die meisten muslimischen Patienten erstmals in die Praxis von Doktor Yildiz kommen. Die Frauen wollen sich über Verhütungsmethoden informieren. Obwohl sie es zunächst nicht zugeben, merkt die Ärztin, dass die Frauen noch etwas anderes bewegt: Unwissenheit und Angst, was in der Hochzeitsnacht passieren wird. Wie könnten die Frauen dem Ereignis auch entspannt entgegensehen? Die meisten von ihnen wurden nicht einmal richtig aufgeklärt. Im Türkischen sagt man: *Kız onu birşey sanar, ama ilk gecede bikar* – «Die Jungfrau denkt, dass es etwas Besonderes ist, und hat schon in der ersten Nacht genug davon.» Gruselige Geschichten über das erste Mal verhelfen der Redewendung zu ihrem Recht. Sie kursieren hinter vorgehaltener Hand in der türkischen Community. Auch Doktor Yildiz wurde als Kind und Jugendlicher so einiges erzählt: «Als ich 15 Jahre alt war, hat eine Verwandte gesagt, ihre frisch verheiratete Freundin habe nach der Hochzeitsnacht drei Tage lang nicht mehr gehen können. Mich hat das sehr beunruhigt. Es gab leider niemanden, mit dem ich über meine Ängste hätte reden können», sagt sie.

Anstatt die jungen Frauen einfühlsam darauf vorzubereiten, dass die Entjungferung eine schwierige und schmerzhafte Prozedur sein kann oder dass es sogar einige Versuche brauchen kann, bis es mit dem Sex klappt, wird geschwiegen. Die Zweifel und Unsicherheiten der Frauen werden ignoriert. Sie werden umsponnen mit einer dicken Schicht aus gesellschaftlicher Zuckerwatte, bestehend aus pompösem Brautkleid, aufwendiger Schönheitspflege und gigantischer Hochzeitsfeier. Die Hochzeitsnacht gilt als der Moment, in dem ein Mädchen zur Frau gemacht wird. Eine ganze Industrie hat sich darauf eingestellt, sie dem Paar als ein wunderbares, ja märchenhaftes Ereignis zu verkaufen: Die speziell dafür angefertigten Nachthemden gleichen Prinzessinnenkostümen; das Schlafzimmer, in dem es passieren soll, wird ausstaffiert, als nächtige ein Königspaar darin. Die Königskinder haben aber bis dahin höchstens Händchen gehalten – wenn überhaupt. Bei arrangierten Ehen, die auch in Deutschland in bestimmten Milieus noch üblich sind, ist die Situation noch dramatischer. Das voreheliche Kennenlernen beschränkt sich oftmals auf ein paar Gespräche. Und so landen in der Hochzeitsnacht eine sexuell gänzlich unerfahrene Frau und ein Mann miteinander im Bett, die nur wenig voneinander wissen und bisher keine oder nur wenig körperliche Nähe miteinander erfahren haben. Bisweilen sind sie nicht einmal ineinander verliebt. Hinzu kommen die gesellschaftlichen und familiären Erwartungen. Sie stehen wie Gespenster neben dem Hochzeitslager und beobachten genauestens, was darin passiert. Kein Wunder, dass die viel beschworene Hochzeitsnacht für viele Paare der Auftakt für einen langen Leidensweg des sexuellen Scheiterns ist.

Bald nach der Hochzeit sitzen viele Frauen abermals im Behandlungszimmer von Doktor Yildiz. Sie erzählen von ihren Erlebnissen. Sie sind frustriert, enttäuscht, weil der Sex nicht klappt. Sie fühlen sich schuldig und quälen sich mit Vorwürfen, die Erwartungen ihres Mannes nicht zu erfüllen. In der traditionellen muslimischen Denkweise ist allein die Frau verantwortlich für das Eheglück – der Gedanke, dass es nicht nur um die

Bedürfnisse des Mannes geht, dass beide Spaß haben sollen im Bett, ist ihnen fremd. Die Frauen vermuten, sie seien anatomisch nicht in Ordnung, da sie so verkrampfen, dass der Mann nicht in sie eindringen kann. Doktor Yildiz soll sie untersuchen.

Die Ärztin beruhigt die Frauen. Und erklärt, der Grund für die Verkrampfung liege nicht in den Genitalien, sondern im Kopf: Die Sexualfeindlichkeit, die den Frauen als Mädchen und jungen Frauen anerzogen wurde, lässt sich nicht in einer Nacht ablegen.

Manche Frauen besuchen die Sprechstunde auch in Begleitung ihres Mannes. Die Problemlage ist dann meistens genau umgekehrt: Die Hochzeit ist vorbei, und im Bett klappt's ganz gut. Zu gut nach Ansicht der Ehemänner. Sie sagen: Frau Doktor, untersuchen Sie bitte meine Frau. Wie kann es sein, dass meine Frau sich so weit anfühlt, obwohl ich sie kürzlich als Jungfrau geheiratet habe? Doktor Yildiz muss in solchen Momenten sehr vorsichtig sein. Eine falsche Formulierung könnte das Leben der Frau zur Hölle machen. Also zieht sie erst mal Papier und Stift hervor und beginnt zu zeichnen, während ihre Patientin meistens unter Tränen beteuert, noch nie Sex mit einem anderen Mann gehabt zu haben. Sie malt die weiblichen Genitalien auf, sagt, was sich bei der Frau wo befindet, und erklärt dem Mann, dass es trotz aller Gemeinsamkeiten auch Unterschiede gibt: «Jede Frau ist anders gebaut. Ihre Frau gehört offensichtlich zu jenen, die von Natur aus etwas weiter sind. Ist eine Frau erregt, weitet sich ihre Scheide zusätzlich. Werten Sie das also als gutes Zeichen. Der Sex mit Ihnen gefällt ihr offenbar.» Letzteres interessiere die meisten Männer herzlich wenig, sagt Doktor Yildiz. Sie wünschten sich eine enge Scheide, weil das in ihren Augen die Garantie für Jungfräulichkeit ist. «Ich sehe ihrem Gesichtsausdruck an, wie unzufrieden sie mit meiner Antwort sind», sagt Doktor Yildiz. «Es wäre ihnen lieber, zu hören: Ja,

Ihre Frau hatte offenbar schon Geschlechtsverkehr mit einem anderen Mann.»

Erzählt Doktor Yildiz ihren Kollegen von solchen Begegnungen, dann hört sie oft: Wie bitte, solch archaische Denkweisen gibt es hier, mitten in Berlin? «Ich sage dann, ja, mitten in Berlin. Möglicherweise sind diese archaischen Traditionen in Berlin sogar verbreiteter als in Städten wie Istanbul oder Ankara. Die türkische Community in Deutschland hält fest an Traditionen, die in den siebziger und achtziger Jahren mit den ersten Gastarbeitern hierher kamen. Wenn ich in der Türkei bin, habe ich oft den Eindruck, viele Leute dort sind in Bezug auf Sexualität mittlerweile offener als die Türken in Deutschland.» Ähnliches beobachtet auch Ahmet Toprak, der an der Fachhochschule Dortmund Erziehungswissenschaften lehrt. In seinem Buch «Unsere Ehre ist uns heilig» (2012) hat er den Ehrbegriff muslimischer Familien in Deutschland untersucht. Toprak kommt zu dem Schluss, dass die erste Generation muslimischer Gastarbeiter weitaus toleranter war, als es viele Familien der dritten Generation heute sind. Vor allem Familien, die wenig Wert auf Bildung legten, hätten bisweilen weitaus strengere Moralvorstellungen als noch deren Eltern und Großeltern.

Für die Familien prallen in Deutschland zwei Welten aufeinander. Jene zu Hause ist sexualfeindlich und prüde, doch sobald sie auf die Straße gehen, werden sie mit einer Gesellschaft konfrontiert, in der sexuelle Selbstbestimmung als Menschenrecht gilt. Traditionell denkende Eltern lehnen das ab, bisweilen scheinen sie gar nicht zu verstehen, was der Begriff überhaupt meint. Sie nehmen an, sexuelle Selbstbestimmung bedeute ständige sexuelle Aktivität. Klassenfahrten ihrer Töchter beispielsweise kommen deshalb für viele muslimische Eltern nicht in Frage. Sie erscheinen ihnen als Sexorgien in Begleitung eines Lehrers. Auch im Elternhaus von Ada Yildiz war das so, allerdings waren ihre Eltern bei dem Thema ambivalent: Zweimal durfte sie mitfahren, zweimal nicht. Um sie zu trösten, schickten ihre Klassenkameraden ihr haufenweise Briefe aus dem Landschulheim. Ihr Vater holte sie aus dem Briefkasten, und wie selbstverständlich zog seine Tochter sich zum Lesen nicht in ihr Zimmer zurück, sondern öffnete ihre Post vor den Eltern. Sie las sie ihnen sogar laut vor. In einem der Briefe berichtete eine Freundin begeistert, sie habe mit dem Jungen, den sie toll findet, getanzt. Ada Yiliz' Vater fragte daraufhin: Und mit welchem Jungen würdest du gerne tanzen, Ada?

Dass ein junges Mädchen sich verliebt und seine Zuneigung auch körperlich zeigt, darf es in diesem Milieu nicht geben. Der Koran schreibt vor, dass das sexuelle Leben einer Frau erst mit ihrer Heirat beginnt.

Die Tabuisierung von Sexualität, die fehlende Aufklärung und die Darstellung der weiblichen Sexualität als etwas Unreines führen bei den meisten von Doktor Yildiz' muslimischen Patientinnen dazu, Sex als eine Verpflichtung wahrzunehmen, der sie als verheiratete Frau wohl oder übel nachkommen müssen. Ein ‹Nein› gegenüber dem Gatten darf es nicht geben. Doktor Yildiz sagt: «Die Frauen empfinden es als Erleichterung, wenn ihr Mann mal nicht da ist. Genauso reagieren sie, wenn ich ihnen wegen eines gynäkologisches Problems eine Woche sexuelle Abstinenz verordne. Es kommt selten vor, dass eine Frau das bedauert. Eher höre ich: Oh, mein armer Mann. Oder: Ich denke, mein Mann wird dafür Verständnis haben. Das ist symptomatisch für eine Sexualität, der es an Freiheit und Selbstbestimmung fehlt.» Manche verheiratete Frauen hätten sogar Probleme, ihren Familien mitzuteilen, dass sie schwanger sind. Unausgesprochen steht dann nämlich im Raum, Sex gehabt zu haben. Auch die Menstruation gilt als unrein und ist zutiefst schambesetzt. Junge Mädchen würden es niemals wagen, beim

Familieneinkauf eine Packung Binden in den Einkaufswagen zu legen. Das ist umso paradoxer, da die Gebärfähigkeit der Frau und die Mutterschaft zutiefst verehrt werden.

Doktor Yildiz schätzt sich glücklich, dass es ihr als junge Frau gelang, Schritt für Schritt aus diesen Denkstrukturen auszubrechen. Sie schwindelte, um den elterlichen Fesseln zu entfliehen. Wenn sie ausgehen wollte oder auf eine Party, schob sie eine Übernachtung bei einer Freundin vor. Es war quälend. Sie fühlte sich sehr schlecht dabei. Die Eltern der Freundinnen mussten eingeweiht werden. Die so erkaufte Freiheit konnte sie nicht genießen. Die Ärztin sagt: «Es war eine schwere Zeit. Aber ich hätte meine Familie niemals verlassen können. Sie ist bis heute das Allerwichtigste für mich. Damals fehlte mir das Bewusstsein, dass ihre Strenge nicht gerechtfertigt war.» Und so ging ihr Versteckspiel nach dem Abitur weiter. Ada Yildiz zog nicht zu Hause aus, sondern schrieb sich an der Universität ihrer Heimatstadt für das Medizinstudium ein. Ihre Eltern freuten sich über diese Studienwahl, die Fachrichtung Gynäkologie verheimlichte die Tochter ihnen lange. Allein die Vorstellung, das Wort Gynäkologie vor ihrem Vater aussprechen zu müssen, erfüllte sie mit Scham. Irgendwann tat sie es doch. Der Vater reagierte gelassen. «Vielleicht», sagt Doktor Yildiz und lacht, «war er sogar erleichtert, dass ich nur mit weiblichen Patienten zu tun haben werde.»

Nachdem sie ihr Studium abgeschlossen hatte, wurde der Vater unruhig. Dass seine Tochter erst studiert, bevor sie Ehefrau und Mutter wird, hatte er ja noch unterstützt, aber nun machte sie keinerlei Anstalten, zu heiraten. Um sein Unbehagen zu verstehen, muss man wissen, dass sich der Vater und die Brüder in traditionellen türkischen Familien verantwortlich dafür fühlen, das Verbot des vorehelichen Geschlechtsverkehrs bei der Tochter oder Schwester durchzusetzen. Die ständige Angst vor dem

Verlust der Jungfräulichkeit führt dazu, die Mädchen so früh wie möglich zu verheiraten – der Sexualität soll, bevor sie ausbricht, ein legitimer Rahmen gegeben werden. Fast alle Zwangsheiraten fußen darin. Letztendlich wollen die Familien sich der Verantwortung für die Jungfräulichkeit der Tochter entledigen. Gleichzeitig streben viele junge Deutschtürken, die sich außerhalb der familiären Fesseln begegnen und ineinander verlieben, vergleichsweise früh eine Heirat an – nur sie gibt ihnen schließlich den legitimen Rahmen, körperlich intim zu werden. Doktor Yildiz erzählt: «Mein Vater sagte immer, wenn du geheiratet hast, kannst du machen, was du willst. Wichtig für ihn war, mich durch die Zeit davor zu führen und mich weiß und unbefleckt meinem Mann zu übergeben. Dann wäre er fein raus.»

Ihr Vater ahnte nicht, dass Ada Yildiz schon seit Jahren einen deutschen Freund hatte, den sie auch heiraten wollte. Da er anfing, nach einem geeigneten Ehemann Ausschau zu halten, gestand sie es ihm. Aus Angst vor seiner Reaktion wählte sie ein Café für das Gespräch: «Die Aussicht auf einen deutschen Schwiegersohn war genauso katastrophal für meinen Vater wie die Tatsache, dass ich ihn jahrelang belogen hatte. Er sah mich an, als hätte er eine Kröte verschluckt.» Ihr Vater versuchte, sie von der Hochzeit abzubringen – ein deutscher Mann, das sei nicht ihre Kultur. Ada Yildiz blieb hart, die Hochzeit fand statt. Ihr Vater kam nicht und brach den Kontakt zu seiner Tochter ab. Ein paar Jahre später begegneten Ada Yildiz und ihr Mann dem Vater zufällig. Er nahm sie in den Arm und weinte. Danach umarmte er seinen deutschen Schwiegersohn.

Welche fatalen Folgen die sexuelle Unfreiheit muslimischer Frauen noch haben kann, weiß kaum jemand besser als die deutschtürkische Frauenrechtlerin und Juristin Seyran Ateş. Sie arbeitet im Berliner Stadtteil Wedding. Es ist eine Adresse, die leicht zu finden ist, man steigt aus der U-Bahn, geht ein paar Meter die mehrspurige Straße entlang, an der viele bunte Geschäfte mit fremdländischen Namen liegen, vor denen Menschen stehen, von denen manche Deutsch sprechen und viele nicht, läuft vorbei an einem Burger King und hat das Haus erreicht. Es ist ein heruntergekommener Bau aus Nachkriegsdeutschland. Der Eingang ist mit Graffiti beschmiert. Neben der Tür hängt ein schwarzes Schild mit großen, weißen Buchstaben: Seyran Ateş, Rechtsanwältin.

Das Schild ist ein mutiger Schritt für eine Frau, die bei öffentlichen Auftritten von LKA-Beamten begleitet wird und ihren Beruf als Rechtsanwältin fast sieben Jahre ruhen ließ, weil sie um ihr Leben fürchtete. Jeder, der in den vergangenen Jahren die Debatte um Islamkritik verfolgt hat, kennt Seyran Ateş' Namen oder hat ihr Gesicht schon einmal gesehen. Ateş war Mitglied der Islamkonferenz und hat mehrere Bücher geschrieben, alle ausnahmslos empfehlenswert. Eines, «Der Islam braucht eine sexuelle Revolution» (2009), setzt sich mit dem Sexualleben von Muslimen auseinander und sorgte für so große Empörung, dass sie mit dem Tod bedroht wurde. Auch ihr Eintreten gegen das Kopftuch stieß oft auf Unverständnis, ebenso ihre Kritik an jenem deutschen Milieu, das einerseits Multikulti preist, weil es zum liberalen Ton dazugehört, die eigenen Kinder aber lieber auf Schulen schickt, in deren Klassen nicht vorwiegend Migrantenkinder sitzen, deren Eltern für einen getrennten Schwimmunterricht plädieren. Seyran Ateş kann sehr scharfe Sätze sagen, wenn es um all das geht. Viele Leute können ihr das nicht verzeihen. Doch Ateş argumentiert aus einer besonderen Position heraus: Sie ist eine Frau, die erfahren hat, wie es sich anfühlt, wenn man unfrei lebt. Ihr

Kampf um Freiheit ging bei weitem nicht so glimpflich aus wie jener von Ada Yildiz.

Der Summer geht, die Tür öffnet sich in ein Treppenhaus. Dann wieder eine Tür. Dahinter noch eine Klingel, diesmal ohne Namen. Man muss wissen, wohin man will. Und dann steht Seyran Ateş da, eine Frau von Anfang fünfzig, mit offenem, geradem Blick. Sie trägt einen grauen Wollpullover, eine hellgraue Hose, die Lippen sind rot geschminkt. Ihre Haare sind jetzt länger, als man es von Fotos kennt, umrahmen weich ihr Gesicht. Sie lächelt freundlich.

«Kommen Sie, ich zeige Ihnen mein Büro», sagt sie und geht den Gang entlang, hinter dessen Türen zwei weitere Anwälte praktizieren. In der Anzeige, die sie bei ihrer Suche nach einer Kanzlei vor einigen Jahren aufgegeben hat, stand: «Welche Kanzlei hat keine Angst, mich aufzunehmen?» Die einzige, die antwortete, war diese. Ein Wink des Schicksals, denn hier im Wedding wuchs Ateş auf, hier begann ihr Aufbegehren gegen die Vorstellung, Mädchen und Frauen seien den Männern nicht ebenbürtig. Sie entwickelte dabei jene Eigenschaften, die einem nun als Erstes einfallen, wenn man sie beschreiben soll: Mut und ein starker Wille. Die Straße, in der sie und ihre drei Geschwister in einer Einzimmerwohnung aufwuchsen, liegt nicht weit entfernt. Kurz vor ihrem 18. Geburtstag riss Seyran Ateş aus, die elterliche Strenge nahm ihr die Luft zum Atmen. Sie kam beim Kinder- und Jugendnotdienst unter. Sie wollte nur noch unter Deutschen leben. Und nie mehr zurückkehren in dieses Viertel, an diesen Ort.

In der Ecke steht ein Schreibtisch mit einem Laptop, an der Wand gegenüber ein Bücherregal. Die beiden abstrakten Gemälde an der Wand, eine Explosion fröhlicher Farben, hat ein Freund von ihr gemalt. Der Raum hat große Fenster, ist lichtdurchflutet. Unten auf der Straße fließt der Nachmittagsverkehr.

Im Wedding wohnen nach Kreuzberg die meisten Migranten in Berlin. Aus deren Mitte kommt Seyran Ateş' Klientel. Und auch die Leute, die sie hassen. Dort, wo sie mittlerweile privat wohnt, steht ein Phantasiename an der Tür.

Seyran Ateş war 21 Jahre alt, als auf sie geschossen wurde. Sie arbeitete damals in einem Beratungszentrum für muslimische Frauen und übersetzte gerade für eine Klientin ein Schreiben vom Arbeitsamt, als ein Mann hereinkam und schoss. Ateş wurde in den Hals getroffen. Die andere Frau starb. «Ihr Name war Fatma. Sie wurde 40 Jahre alt. Ich lebe schon 31 Jahre länger, als ich hätte leben sollen. Eigentlich hätte ich verbluten müssen. Aber der liebe Gott hat mir die Chance gegeben, weiterzuleben.»

Der Täter, ein türkischer Nationalist, wurde wegen Ermittlungsfehlern freigesprochen – die Polizei ging sofort von einer Beziehungstat aus und verdächtigte Ateş' Vater. Sechs Jahre dauerte es, bis ihr Körper und ihre Seele das Trauma überwunden hatten. Dann machte sie weiter. Aus Wut, jetzt erst recht: Sie brachte ihr Jurastudium zu Ende, eröffnete 1997 eine Kanzlei in einer schönen Altbauwohnung in Berlin-Mitte. Ihre Mandantinnen sollten sehen, dass die Welt schon drei U-Bahnstationen weiter eine ganz andere ist, sie sollen mehr im Leben wollen. Es sind vor allem muslimische Frauen, die damals zu ihr kommen, die weg möchten von ihren Männern, aber schon so viel psychische oder körperliche Gewalt erfahren haben, dass sie sich nicht trauen. Sie sind zu Opfern geworden, über die Tat hinaus. Auch Frauen, die gegen ihren Willen verheiratet werden sollen, kommen in ihre Kanzlei, und Ateş beginnt in der Öffentlichkeit dafür zu kämpfen, dass Zwangsheirat als Straftatbestand in das Strafgesetzbuch aufgenommen wird. Das gefällt nicht jedem: «Diese Anwältin ist irre geworden. Sie stellt die türkischen Männer als Sklavenhalter dar», schreibt 2005 die deutsche Ausgabe der «Hürriyet». Die Zeitung startet eine Kampagne gegen die Anwältin. Erste Morddrohungen treffen im Mailpostfach von Ateş ein. Als sie wenige Monate später nach einem Scheidungstermin an der U-Bahnhaltestelle von dem Ex-Mann ihrer Mandantin bedroht, ihre Mandantin geschlagen wird und keiner der Umstehenden hilft, bricht sie innerlich zusammen.

Seyran Ateş schließt ihre Kanzlei, berät Frauen nur noch per Mail. Und schreibt ihr Buch «Der Islam braucht eine sexuelle Revolution», in das ihre jahrelangen Erfahrungen mit muslimischen Mandantinnen einfließen, deren Sexualität mit Gewalt unterdrückt wurde, die man mit Gewalt zwangsverheiratete und deren Familien mit Gewalt ihre Vorstellungen von Ehre durchsetzen, bis hin zum Ehrenmord. Das heutige Intimleben vieler Muslime vergleicht Ateş mit dem der Deutschen in den fünfziger Jahren: Als die Kirchen noch mehr Einfluss auf die westlichen Gesellschaften hatten, habe die gleiche Prüderie geherrscht, und es hätten die gleichen Restriktionen für die Sexualität und den Alltag der Frauen und eine ähnliche Doppelmoral gegolten wie heute in muslimischen Familien. Sie fordert, die Muslime müssten den Einfluss des Islams auf ihr Leben ebenso zurückdrängen, wie es die 68er im Westen in Bezug auf die Kirchen gemacht hätten. Sie sagt: «Der Islam erlaubt vor allem Frauen Sexualität nur innerhalb der Ehe. Eine Religion, die Sexualität außerhalb der Ehe verbietet und die Einhaltung dieser Forderung mit massiven Repressalien durchsetzt, kann nur sexualfeindlich sein.»

Ateş versteht ihr Buch als Streitschrift; die Forderung nach einer sexuellen Revolution im Islam ist ernst gemeint. Auch von arabischen Feministinnen wie Mona Eltahawy und Wedad Lootah wird diese mittlerweile gefordert. Nicht in dem Sinn, dass in den Straßen von Kairo und Tunis auf einmal freie Liebe herrschen soll. Sie wollen Aufklärung, das Schweigen über Sex ist für sie der größte Skandal. Sie haben es satt, dass Sexualität eine Quelle der Schande ist und damit ein mächtiges Werkzeug der Unterwerfung. Sie wollen Freiheit, Würde, Gleichheit im Bett und den Schutz der Privatsphäre – universelle Werte, die man ihrer Ansicht nach auch im Kontext des Islams findet, die der politische Islam aber als westliche Degeneration abtut. Einige der Wortführerinnen verweisen auf die eingangs erwähnten alten Erotika. Nicht, weil sie denken, dass das, was man im Mittelalter unter sexueller Erfüllung verstanden hat, auch heute noch weiblichen Ansprüchen genügt. Sie erinnern an die alten Schriften, um den islamischen Gelehrten etwas entgegnen zu können, wenn diese behaupten, die Frauen verkauften sich an westliche Vorstellungen. Die arabische Sexkrise ist für viele Frauen auch eine religiöse.

Die Morddrohungen, die Seyran Ateş nach dem Erscheinen des Buches erhält, sind so besorgniserregend, dass das LKA ihr Personenschutz gewährt. Ateş taucht aus der Öffentlichkeit ab, hält sich sogar zurück, als ganz Deutschland sich bald darauf Gedanken über Thilo Sarrazin macht. Die Entscheidung, noch einmal aufzustehen und weiterzumachen, fällt, als Erdoğan Ende 2011 nach Deutschland kommt. Ohne etwas gegen den anstehenden Besuch gesagt zu haben, findet Ateş in ihrem Postfach eine Hass-Mail: «Wenn du nicht den Mund hältst, und nicht aufhörst, den Islam und die Türkei schlechtzumachen, schneiden wir dir die Zunge ab!» Ateş fühlte: Da ist er wieder, ihr Kampfgeist. Auch wenn sie sich bewusst ist, dass es letztendlich egal ist, was sie sagt oder schreibt, weil die Leute, die ihr nach dem Leben trachten und glauben, sie sei eine Feindin des Islams und der Türkei, ihre Bücher wahrscheinlich ohnehin nicht lesen. Im Berliner Anwaltsblatt gab sie eine Anzeige auf und bezog bald darauf ihr jetziges Büro im Wedding. Weil sie weiß, dass es Frauen gibt, die eine wie sie brauchen, damit sie ihr Leben frei leben können. Ihre Kollegen übernehmen solche Fälle nicht gern. Wenn sich eine Frau in Not per Mail bei ihr meldet, schreibt Seyran Ateş zurück. Die Frauen finden sie, so und anders. Wie jene Mandantin etwa, die Ateş kürzlich in Wien in der Schlange vor einem Kino kennenlernte. Ateş sagte: Ich bin aus Berlin. Die Frau sagte: Dahin kann ich nicht zurück. Sie war vor ihrem Mann geflüchtet, der sie eingesperrt und geschlagen hatte. Lange Zeit habe sie das als normal empfunden. Es machte klick im Kopf, als sie ihrer Schwiegermutter die Füße waschen und hinterher das Wasser austrinken sollte. Da sei sie gegangen, erzählt Seyran Ateş.

Sie schaut auf die Uhr. Sie erwartet eine Mandantin. Im Flur sitzt eine Frau mit dunklen Augen. Im Vorbeigehen grüßt sie leise. Ihre Stimme hat einen kleinen Akzent.

Wir.dienen.Deutschland
Mit Allah und Grundgesetz in Berlin

Seyran Ateş ist eine von vielen Migranten, die sich für Deutschland entschieden haben. Sie gab ihren türkischen Pass zugunsten des deutschen ab. Es war keine Absage an ihre kulturellen Wurzeln, sondern ein Ja zu einem politischen System; zu einer offenen und den Menschenrechten verpflichteten Gesellschaft, für die sich das Grundgesetz ausspricht wie kaum eine andere Verfassung auf der Welt. «Die Bürgerrechte und die Freiheit, die mir der deutsche Staat gewährt, haben mich zur Verfassungspatriotin gemacht», hat Seyran Ateş einmal gesagt.

Dass Freiheit, Gleichberechtigung der Geschlechter, Demokratie, Toleranz und Religionsfreiheit nicht nur auf dem Papier existieren, dafür kämpft sie als Anwältin und Menschenrechtsaktivistin. Andere Muslime setzen sich als Politiker dafür ein. Obwohl der rechte Rand immer wieder behauptet, der Islam sei unvereinbar mit der Demokratie, werden Muslime im Deutschen Bundestag und anderen politischen Institutionen immer selbstverständlicher. Zahlenmäßig bilden sie dort zwar noch längst nicht den Anteil von Muslimen in der deutschen Bevölkerung ab. Doch immer mehr muslimische Politiker setzen sich bis in die oberen Parteiebenen durch. Zuletzt wurde 2013 die Deutschtürkin Aydan Özoğuz zur Staatsministerin bei der Bundeskanzlerin ernannt als Beauftragte der Bundesregierung für Migration, Flüchtlinge und Integration.

Ähnlich wie in der Debatte um den Moscheebau, um das Kopftuch oder um Schäubles Islamkonferenz brauchte es auch hier ein Ereignis, um das gestritten wird, damit das Eis bricht. Im Jahr 1994 zog mit Cem Özdemir der erste muslimische Politiker in den Bundestag ein. Der Islam spielte damals noch keine Rolle in der öffentlichen Debatte, und so wurde nur die türkische Herkunft Özdemirs thematisiert. Ganz anders fielen die Reaktionen aus, als Christian Wulff 2010 bekanntgab, die 38-jährige Aygül Özkan zur niedersächsischen Landesministerin für Soziales, Frauen, Familie, Gesundheit und Integration berufen zu wollen. Eine bekennende Muslimin, die sich, nimmt man ihre damaligen Bekundungen als Maßstab, so wenig um angebliche Sittenvorschriften des Islams schert, wie die meisten Katholikinnen um die Sexualmoral des Vatikans.

Die «Zeit» sah den Namen Aygül Özkan schon im Geschichtsbuch; die «Süddeutsche Zeitung» hoffte, dass mit ihr eine neue deutsche Einheit beginnt, und türkische Medien wähnten sogar eine «Revolution in Deutschland» heraufziehen. Die kritische Wende brachte ein Interview, das die designierte Ministerin dem «Focus» gab. Özkan, politisch großgeworden in der CDU, gleichzeitig aber geprägt von der laizistisch-türkischen Denkweise ihrer Eltern, spazierte darin ohne präzisen Lageplan in ein Minenfeld: Sie forderte, nicht nur Kopftücher, sondern auch Kruzifixe aus staatlichen Schulen fernzuhalten. Sie stellte klar: Für sie sei Religion Privatsache.

In den Reihen der CDU löste das eine Identitätsdebatte der mittleren Stärke aus, auf die zahlreiche Medien reagierten: Das Kreuz in deutschen Klassenzimmern ist nun einmal Ausdruck einer jahrhundertealten christlichen Tradition. Hat Frau Özkan vor, die Kruzifixe in niedersächsischen Klassenzimmern abzuschaffen?, sorgten sich gewisse Journalisten. Als Özkan kurz darauf bestätigte, mit dem Zusatz «So wahr mir Gott helfe» der Eidesformel nach Artikel 56 des Grundgesetzes vereidigt werden zu wollen, wirkte das wie ein Brandbeschleuniger. Statt die Kompetenz der Juristin für das Amt in den Vordergrund zu stellen, erhitzte sich die Debatte nun an Fragen wie diesen: Darf eine Muslimin das überhaupt? Auf welchen Gott schwört Frau Özkan denn?

Özkan sah sich genötigt, eine theologische Darlegung folgen zu lassen – im Vorfeld einer Amtsvereidigung hatte es so etwas in Deutschland noch nie gegeben. Sie gab zu Protokoll, sich auf den Gott zu beziehen, der Juden, Christen und Muslimen gemeinsam ist, den Gott Abrahams, Isaaks und Jakobs – eine Äußerung, die ihr die Missbilligung der evangelischen und katholischen Kirche des Landes Niedersachsen eintrug. Nimmt man es jedoch genau, dann hat es eben mit diesem «Gott Abrahams, Isaaks und Jakobs» zu tun, dass sich in der Geschichte der Bundesrepublik alle gläubigen Amtsträger, gleich ob Christen oder Juden, auf «Gott» als Schutz und Zeuge ihrer regierungsamtlichen Gewissenhaftigkeit berufen konnten. Letztendlich bestätigte Aygül Özkan mit ihrer Begründung die Tauglichkeit des Grundgesetzes für die veränderte Welt. Denn der Gott in der Eidesformel des Artikels 56 ist derjenige, der auch in der Präambel ganz vorne steht. Wäre die deutsche Gesellschaft religionsfester, hätte sie wahrscheinlich kein Problem damit gehabt.

«So wahr mir Gott helfe. Deutschlands erste muslimische Ministerin im Landtag von Niedersachsen vereidigt», titelte Bild-Online am 27. April 2010, dem Tag von Aygül Özkans Vereidigung. In der «Welt» hieß es: «Muslimische CDU-Frau: Aygül

Özkan schwört auf Gott und wird Ministerin.» Und: «Aygül Özkan: Hilfe, diese Muslima ist gar keine Christin!»

Aygül Özkan, geboren 1971 in Hamburg und verheiratet mit einem deutschtürkischen Gynäkologen, sitzt mir in einem Restaurant in Berlin gegenüber. Die Juristin, eine attraktive, selbstbewusste Frau, hat gerade Mittagspause. Seit August 2014 ist sie Geschäftsführerin eines Tochterunternehmens der Deutschen Bank, das sich mit dem Kreditgeschäft befasst. Sie ist aus der Politik ausgestiegen, aber noch immer ein hochpolitischer Mensch.

Was damals geschah, habe sie verletzt, sagt sie: «Ich lebe hier, ich spreche Deutsch, ich bin deutsch sozialisiert worden, ich bin deutsche Staatsbürgerin. Meine Religionszugehörigkeit hat noch nie Einfluss auf meine politische Arbeit gehabt.» Bis Wulff ihre Ernennung zur Ministerin bekanntgab, hatte vor allem im Vordergrund gestanden, dass ihr als Frau mit Migrationshintergrund eine Karriere bei der CDU gelungen war. Doch nun wurde sie mit einem Mal auf einen Aspekt in ihrem Leben verwiesen, der immer nur wenig relevant für sie selber gewesen war.

Aygül Özkan ging in die Offensive, kehrte den schwierigen Start ins Positive um. Sie reiste durchs Land und leistete Aufklärungsarbeit. Um politische Themen ging es bei den Veranstaltungen kaum. Die Menschen waren an ihr als Muslimin interessiert – sie wollten beruhigt werden. Die meisten hatten noch nie näheren Kontakt zu einer Frau wie sie gehabt.

Aygül Özkan erzählte viel Persönliches. Dass ihr Glaube an Gott ihr Kraft gebe, sie die islamischen Feiertage wenn möglich im Kreis ihrer Familie begehe und die Familie an Heiligabend immer zu einem festlichen Essen zusammenkomme. Sie berichtete ihren Zuhörern von ihrer Kindheit und Jugend in Hamburg, von ihren gläubigen und liberalen Eltern, die als Gastarbeiter aus der Türkei nach Deutschland gekommen waren und immer wollten, dass es ihren Kindern einmal besser gehe. Von ihrem Vater, der erst bei der Post arbeitete und sich nach fünf Jahren als Schneider in Hamburg selbständig machte. Im Gymnasium gleich gegenüber der Schneiderei machte die Tochter 1990 ihr Abitur. Sie studierte Jura, absolvierte ein Trainee-Programm bei der Telekom, wurde dort Managerin und schließlich Chefin der Hamburger Niederlassung des Logistik-Konzerns TNT.

Aygül Özkan erklärte den Menschen, wo im Rückblick Weichenstellungen waren, die ihr, der Migrantentochter, diesen Weg ermöglichten. Sie sagt: «Anhand meiner eigenen Biographie machte ich meinen Zuhörern verständlich, wo es Unterstützung oder Überzeugungsarbeit braucht, damit die Chancen der Integration steigen.»

Nachbarn halfen beispielsweise ihren Eltern, als sie Aygül Özkan mit drei Jahren in einer Kita anmeldeten. Entscheidend sei auch die Schulzeit gewesen. Ihr Vater hatte schnell Deutsch gelernt und ließ sich in den Elternbeirat wählen, weil er das deutsche Schulsystem verstehen wollte, erzählt sie. Ihre Eltern hätten ihr vorgelebt, dass es nichts nützt, sich in die Schmollecke zurückzuziehen, wenn man nicht weiter weiß: Überwinde dich, geh voran, frage, mach Vorschläge, gestalte!, lautete ihr Credo. Bis heute vertritt Özkan dies gegenüber Migranten: Ob es um religiöse oder andere Integrationsthemen geht – sie sollen nicht nur die Hand aufhalten, sondern sich selbst in die Pflicht nehmen, wenn sie Veränderung wollen.

Zu sehen, dass eine Deutschtürkin Ministerin wird, erfüllte die türkische Community mit Stolz. Die Menschen ließen es Özkan spüren. Etwa die entfernte Verwandte, die sie anrief und sagte, sie werde sich jetzt sofort für einen Integrationskurs anmelden und endlich richtig Deutsch lernen, denn nun, da eine Gastarbeitertochter Ministerin geworden sei, könne sie ihren Enkeln kaum noch erklären, warum sie selbst es nicht zu mehr gebracht habe in diesem Land. Oder das ältere Paar, das kurz nach ihrer Vereidigung vor dem Landtag in Hannover auf sie zueilte. Die Frau, erzählt Aygül Özkan, habe sie umarmt und geweint. Die Dame sagte: Dafür haben wir fünfzig Jahre lang hier gelebt, um das endlich erleben zu dürfen. «Für viele Menschen war meine Ernennung zur Ministerin das Signal, dass sie und ihre Kinder und Enkel nicht länger nur Gäste in Deutschland sind», sagt Özkan. «Es zeigte ihnen, auch Kinder von Gastarbeitern können es in die Elite schaffen. Es lohnt sich, sich für Deutschland zu engagieren.»

Einige Tage später bläst der Wind kalt über den Innenhof des Verteidigungsministeriums, als Generalleutnant Jörg Vollmer, der Inspekteur des deutschen Heeres, Generalmajor Guy Zur, den israelischen Chief of Ground Forces, mit militärischen Ehren empfängt. Angeführt vom Stabmusikkorps marschiert das Wachbataillon ein: Augen geradeaus, den Karabiner präsentiert. Die Bewegungen der Soldaten sind absolut synchron, es ist ein minutiös eingeübtes Schauspiel. Die Soldaten hauen die Gewehrkolben gegen die Brust und lassen sie auf den Boden knallen. Die exerzierten Gewehrgriffe entsprechen alten preußischen Reglements, denn die Tradition des Wachbataillons reicht in die Zeit vor Gründung der Bundeswehr und bis in die Armee Preußens zurück. Es ist die Visitenkarte der Bundeswehr und das Gesicht der deutschen Armee bei Staatsempfängen. «Semper Talis», «Stets gleich», lautet der Schlachtruf seit dem siebzehnten Jahrhundert. Und doch hat sich etwas verändert: Zwei Frauen fallen unter den Soldaten auf und ein Mann in der ersten Reihe. Seine Haare sind ein wenig zu schwarz, seine Haut ein wenig zu dunkel für den deutschen Durchschnitt. Es ist Oberstabsgefreiter Bellal Temmo, Deutschlibanese und Muslim.

Genaue Zahlen, wie viele Muslime im Dienst der Bundeswehr stehen, sind nicht bekannt. Schätzungen sprechen davon, dass jeder fünfte Bundeswehrangehörige einen Migrationshintergrund hat, häufig sind die Wurzeln muslimisch. Die Truppe stellt sich langsam darauf ein. Im Mai 2015 ist in Koblenz eine «Zentrale Ansprechstelle für Soldatinnen und Soldaten anderer Glaubensrichtungen» eingerichtet worden. Auch über die Einstellung von muslimischen Militärseelsorgern wird nachgedacht. Viele muslimische Soldaten wollen jedoch gar nicht, dass ihrer Religionszugehörigkeit ein besonderes Gewicht gegeben wird. Immerhin bietet die Truppe die Chance, mit der Mehrheit zu verschmelzen, dazuzugehören. Bellal Temmo hat trotzdem Ja zu einem Treffen mit mir gesagt.

Statt grauem Dienstanzug trägt er Flecktarn, als er mir einige Stunden später in der Berliner Julius-Leber-Kaserne gegenübersitzt. Der Raum atmet die traditionsreiche Vergangenheit des Wachbataillons: Schwere dunkle Ledersofas, gerahmte Urkunden an den Wänden und Bilder von Friedrich Wilhelm I. und seinem Infanterieregiment, den «Langen Kerls», mit dem die Geschichte des Wachbataillons 1675 begann. Aus ganz Europa warb der König Männer an, die eine Körpergröße von über zwei Metern besaßen.

Die Auswahlkriterien und körperlichen Anforderungen sind bis heute streng. Fitness ist ein Muss; das Gewicht des 3,9 Kilo schweren Karabiners macht sich auf die Dauer bemerkbar. Stillstehen und Marschieren erfordert eine extreme Körperspannung. Die Soldaten dürfen keinen Bart, keinen Bauch und keine starke Sehschwäche haben. Zugelassen werden nur Männer und Frauen, die eine Körpergröße von 1,75 Meter bis 1,95 Meter haben. Bellal Temmo ist 1,86 Meter groß und sehr stolz darauf,

Teil der traditionsreichen Einheit zu sein. Sie ist bekannt für ihren Korpsgeist. Er sagt: «Wenn die deutsche Nationalhymne bei den Staatsempfängen gespielt wird, singe ich innerlich immer mit.»

Der Deutschlibanese hat schon Barack Obama, die Queen, François Hollande, König Felipe VI. von Spanien und den chinesischen Präsidenten Xi Jinping mit militärischen Ehren begrüßt. Er nimmt Haltung an für Gäste im Schloss Bellevue, im Kanzleramt, am Berliner Flughafen. Oder im Bendlerblock wie an diesem Morgen, zu Ehren des israelischen Generalmajors Zur. Temmos Eltern flüchteten infolge des israelischen Libanon-Feldzugs nach Deutschland. Da traf heute früh sehr viel Geschichte aufeinander. «Ich bin deutscher Staatsbürger, da schießt einem nichts durch den Kopf», sagt der Oberstabsgefreite fest.

Er wurde 1992 in Gifhorn geboren und wuchs in Berlin auf. Er boxt in einem Berliner Polizeisportverein, verbringt die Wochenenden im Kreis seiner Familie oder geht mit Freunden und Kameraden aus. Seit fünf Jahren ist Bellal Temmo als Zeitsoldat bei der Bundeswehr. Nach dem Realschulabschluss stand für ihn fest: Entweder zur Polizei oder zur Bundeswehr. Es wurde die Bundeswehr. Er sagt: «Ich wollte für eine Institution arbeiten, die deutsche Werte schützt. Ich bin überzeugt davon, dass es sich lohnt, Dienst für die deutsche Verfassung zu tun.» Es klingt ein wenig pathetisch. «Ich finde es normal, dass jemand dem Land, das seine Eltern aufgenommen hat, etwas zurückgeben will», erwidert Temmo.

Dem von Kriegserfahrungen geprägten Vater wäre die Polizei als Arbeitgeber lieber gewesen. Er habe die Vorstellung nicht gemocht, dass sein Sohn vielleicht eines Tages in den Krieg ziehen muss. Angehörige des Wachbataillons nehmen jedoch nur auf persönlichen Wunsch an Auslandseinsätzen teil. Temmo hat vor, eine Feldwebellaufbahn im Sanitätsdienst einzuschlagen, um nach Verlassen der Bundeswehr mit einer soliden Ausbildung dazustehen. Als Sanitäter wäre ein Auslandseinsatz wahrscheinlich. Die Bundeswehr ist derzeit vor allem in Ländern aktiv, in denen die Mehrheit der Bevölkerung muslimisch ist. Wäre das ein Problem für ihn? «Deutschland führt in diesen Ländern ja keine Glaubenskriege. Es geht um politische Fragen», antwortet Temmo.

Anders als Soldaten mit Migrationshintergrund es vielfach in der Presse berichtet haben, sei der Grundwehrdienst für ihn kein Höllenritt gewesen. Er wurde nicht von Vorgesetzten schikaniert und hörte auch keine fremdenfeindlichen Sprüche von Kameraden. Aus seiner Religionszugehörigkeit machte Temmo dabei nie einen Hehl. Er ist gläubiger Muslim, seitdem er denken kann. Seine Eltern haben ihn religiös erzogen. Der Glaube, sagt er, bedeute ihm sehr viel. Er sei sein Halt, seine innere Richtschnur. Er helfe ihm, ein guter Mensch zu sein.

Auch bei der Bundeswehr kann er die Religion praktizieren. Es sei ein Aufeinanderzugehen: Temmo passt die Glaubensvorschriften seinem Dienstalltag an, gleichzeitig kommen seine Vorgesetzten ihm entgegen. Die täglichen Gebete legt Temmo so zusammen, dass er es trotz seiner Dienstzeit schafft, seiner Pflicht des fünfmaligen Gebets nachzukommen. Würde er jedoch um Pausen für das Gebet bitten, würde man ihm das auch zugestehen, glaubt er. Während des Fastenmonats Ramadan hat Temmo sich in den vergangenen Jahren immer Urlaub genommen, damit er seiner religiösen Pflicht gerecht werden kann. Nur einmal klappte es nicht. Also befreite ihn sein Vorgesetzter während dieser Zeit vom anstrengenden Sportprogramm. Auch die Freitagspredigt nimmt Temmo jede Woche wahr: Freitags hat er schon um 12 Uhr Dienstschluss, genügend Zeit also, um bis 13 Uhr in der Moschee seiner Gemeinde zu sein. Und was das islamkonforme Essen angeht: Im Kantinenangebot der Kaserne gebe es immer etwas ohne Schweinefleisch. Notfalls esse er Nudeln mit Käse oder andere Beilagen. Beim Essen nimmt Temmo es aber ohnehin nicht so genau: «Ich gehe manchmal auch zu McDonald's», sagt er und lacht.

Viele der Männer und Frauen, die er bei der Bundeswehr kennengelernt hat, seien noch nie zuvor einem Muslim begegnet. Wenn sie es wissen wollen, erklärt Temmo, warum Schweinefleisch im Islam verboten ist und das Fasten eine Pflicht. Temmo hat nie woanders gelebt als in Deutschland. Er fühlt sich von seinen Kameraden als Deutscher wahrgenommen. Wenn jedoch irgendwo in der Welt ein islamistischer Anschlag verübt wird oder der IS durch neue Schreckensnachrichten auf sich aufmerksam macht, soll er plötzlich wie ein Fremder Auskunft geben. Temmo, ist das bei euch so?, fragen ihn die Kameraden. Was hältst du als Muslim vom IS? Ist das, was dessen Anhänger machen, wirklich so gewollt im Islam? «Ich sage ihnen immer, der Koran heißt Gewalt nicht gut. Manchmal stören mich diese Fragen. Die Kameraden könnten sich diese eigentlich auch selbst beantworten. Es ist nicht unbedingt nötig, einen Muslim darauf anzusprechen. Ich wünsche mir mehr Differenzierung bei Gewalt und Religion.»

Bis April 2014 war das Wachbataillon noch zum Teil in Siegburg stationiert. Mit einem großen Zapfenstreich wurde es nach Berlin verabschiedet, Temmo kam eine besondere Ehre zuteil. Er wurde ausgewählt, an diesem Tag die preußische Uniform der «Langen Kerls» zu tragen.

Manchmal schreibt Temmo Freunden, wenn er gleich bei einem Staatsempfang im Fernsehen zu sehen ist. Sie teilen seinen Stolz. Einige von ihnen haben keinen deutschen Pass, würden aber gerne für die Bundeswehr arbeiten. Sie fragen: ‹Temmo, kannst du da nicht was klarmachen für mich?›

Im Wohnzimmer seiner Eltern hängen Fotos von Staatsempfängen, bei denen der Sohn als Soldat des Wachbataillons anwesend war. Auf einem schüttelt Bundeskanzlerin Angela Merkel ihm, Bellal Temmo, Sohn libanesischer Flüchtlinge, Muslim und Deutscher, die Hand. Er hatte an diesem Tag Geburtstag und die Bundeskanzlerin ließ es sich nicht nehmen, ihm zu gratulieren. Kommen Verwandte zu Besuch, dann stehen sie sehr lange vor diesem Foto und schauen es sich an.

Epilog:
Deutschland, der Islam und das islamische Deutschland

Kurz nachdem meine Reise durch das islamische Deutschland zu Ende ging, hat die AfD auf ihrem Parteitag verkündet: «Der Islam gehört nicht zu Deutschland.» Sofort hatte Deutschland sie wieder, die Debatte über den Islam. Im Internet und in Talkshows wird wieder Suren-Pingpong gespielt, mit dem bewiesen oder widerlegt werden soll, ob der Islam mit dem Grundgesetz vereinbar ist oder nicht. Dabei sind wir in Sachen Islam doch längst viel weiter.

Der Islam gehört zu Deutschland: Christian Wulff hat diesen Satz, den auch Angela Merkel sich später aneignete, 2010 nicht als Erster gesagt, viele Nichtpolitiker haben das schon vor ihm getan und auch Wolfgang Schäuble, als er 2006, damals noch Innenminister, die erste Islamkonferenz eröffnete. Was ist seitdem nicht alles geschehen: Diese Islamkonferenz, ein Meilenstein des Dialogs zwischen Muslimen und der Politik, jährt sich 2016 zum zehnten Mal; seit 2008 wird der deutschsprachige bekenntnisorientierte islamische Religionsunterricht flächendeckend an Schulen eingeführt, vier Universitäten bilden islamische Religionslehrer und Imame aus, damit künftig auf importierte Imame aus dem Ausland verzichtet werden kann. Diese Zentren der islamischen Theologie bieten wichtige Impulse für einen «deutschen Islam», der grundgesetzkonform, friedliebend, undogmatisch und unabhängig von fremden Staaten ist. Um Gleiches bemühen sich kleine, aber geistig umtriebige liberale Verbände und engagierte Einzelpersonen.

Die meisten der etwa vier Millionen Muslime, die in Deutschland leben (die Geflüchteten nicht mitgerechnet), wurden hier geboren, sind hier zur Schule gegangen und werden wahrscheinlich auch hier begraben werden. Sie leisten einen immensen Beitrag für diese, für ihre Gesellschaft. Nicht obwohl sie Muslime sind. Sondern auch, und das gilt für viele, gerade weil sie Muslime sind: Im Islam gilt das Engagement für die Gemeinschaft als gottgefälliger Dienst. Auch muss man den wenigsten unter ihnen erklären, dass das Grundgesetz schützenswert ist. Aber genau dieser Nachholbedarf wird den Muslimen immer wieder unterstellt. Von den insgesamt etwa 3000 Moscheen, die es hierzulande gibt, stehen 90 unter Beobachtung des Verfassungsschutzes. Schätzungen sprechen von 7500 Salafisten, die es in Deutschland geben soll. Verglichen mit der Gesamtzahl der Muslime ist das nicht viel.

Das Lebensgefühl der Islamgegner ist nach eigenem Bekunden nicht primär gegen etwas gerichtet. Sie behaupten, sie hätten nichts gegen Muslime an sich. Fremdenfeindlich seien nur die anderen, die Rechtsradikalen, von denen man sich selbstredend distanziert. Man selbst sei nur Verteidiger der eigenen Kultur. Muslime sollen in Deutschland leben dürfen – aber bitte ohne Islam. Sie sagen: Muslime gehören zu Deutschland – der Islam nicht. Muslime sind aber nicht ohne die Religion denkbar. Genauso wie Protestanten oder Katholiken nicht ohne das Christentum denkbar sind. Darf etwas nur zu Deutschland gehören, wenn es sich historisch bis – ja, bis wohin eigentlich –

zurückverfolgen lässt? Es wäre eine äußerst altbackene Sicht auf die Wirklichkeit.

Das Meinungsforschungsinstitut YouGov hat im Mai 2016 festgestellt, dass 52 Prozent der Deutschen nur wenig vom Islam wissen und zwei von drei Deutschen nicht einen Muslim im Bekanntenkreis benennen können. Fast fünfzig Jahre, nachdem der Islam infolge des Anwerbeabkommens in Deutschland zu einem Massenphänomen geworden ist, wäre es an der Zeit, mehr aufeinander zuzugehen. Deutschland hat einen muslimischen Friedenspreisträger des Deutschen Buchhandels, im Bundestag sitzen muslimische Politiker, bei so gut wie jedem Turnier der Fussball-Nationalmannschaft schießen muslimische Spieler Tore, und Comedians vom Schlage eines Fatih Çevikkollu sorgen für herzliches Lachen. Sie alle sind Menschen, die sich zu ihrem Muslimsein bekennen. Einige von ihnen haben gesagt, der Glaube gebe ihnen Kraft. Er ist eine wichtige, wenn auch nicht die einzige Facette ihrer Identität.

Unter den Muslimen in Deutschland sind nicht nur die Fundamentalisten erstarkt, sondern auch die Gegenkräfte, die ein säkulares Gesellschaftsmodell vertreten oder es sogar religiös begründen – auch das kann man nämlich mit dem Koran.

Die Anhänger von Pegida und der AfD wollen zurück in eine Vergangenheit, die es so nie gegeben hat. Sie nehmen eine überlieferte Lebensweise in Anspruch. Genauso machen es radikale Islamisten, gegen die ja die AfD nach eigenem Bekunden zu Felde ziehen will. Auch radikale Islamisten wollen eine Lebensweise, die es in dieser Reinheit nie gegeben hat. Beide glauben, dass es Rückwärtsgewandtheit braucht, um vorwärts zu gehen. Ironischerweise konstruieren sich beide auf diese Weise ein Gesellschaftsmodell, das von vornherein Freizügigkeit, Pluralität und Toleranz ausschließt.

Moscheen sind nicht per se Orte des Verdachts, Anlaufstellen für Radikale. Sie können Orte des lebendigen Zusammenlebens, des Teilens sein. Während viele Kölner Nichtmuslime sagen, dass die dort entstehende *Merkez*-Moschee das Panorama bereichern wird, fühlen sich viele Kölner Muslime umgekehrt mit dem Dom verbunden: Er ist auch ihr Wahrzeichen Kölns. Aus der Religion wird eine Ideologie gemacht, wenn man dem Minarett und dem Ruf des Muezzins unterstellt, nichts anderes als den Herrschaftsanspruch der Religion zu manifestieren. Von den wenigsten ertönt der rituelle Ruf zum Gebet. «Es gibt keine Gottheit außer Allah», heißt es darin. Manche Menschen glauben, dieser Satz hebe das tolerante Miteinander und die Gleichwertigkeit der Religion auf. Dabei ist der Gott im Islam auch jener, an den Juden und Christen ihre Gebete richten.

Von der Gesellschaft lange unerkannt, von manchen Politikern hinhaltend bekämpft, ist Deutschland zum Einwanderungsland geworden. Die Realität hat sich verändert, das Bild, das viele Deutsche von Deutschland haben, jedoch noch nicht. Davon wollen die Populisten profitieren. Anstatt das kulturell Neue als bereichernd zu verstehen, als etwas, das man gemeinsam gestalten kann, wollen sie an einer bestimmten Identität festhalten. Sie konstruieren diese, indem sie sagen, was man alles nicht sein will oder ist. Deshalb wollen sie auch nicht mit Muslimen reden, sondern nur über diese. Sie brauchen «die Muslime» und «den Islam» zur Selbstaffirmation: als das Andere, das Fremde, das die eigene Kultur bedroht.

Immer mehr Muslime lösen sich von den religiösen Praktiken, die ihnen die Eltern und Großeltern aus den Herkunftsländern überliefert haben. Sie sind in Deutschland angekommen, die Immigration funktioniert wie ein Bruch mit der Autorität des religiösen Wissens. Sie eignen sich die Religion auf eine sehr bewusste, intellektuelle Art neu an. Sie besuchen Seminare, nehmen an Konferenzen teil und gründen muslimische Vereine.

Es sind Muslime, die integriert leben und gläubig sind, ohne islamistisch geprägt zu sein. Manche der Frauen tragen ein Kopftuch, andere nicht. Sie sind berufstätig, engagieren sich zivilgesellschaftlich oder in der Politik. Man nimmt sie nur selten wahr, denn sie treten nicht durch spektakuläre Demonstrationen in Erscheinung und kaum als Gäste in Talkshows. Denn der Islam, den sie vertreten, lässt sich nicht auf das Streitbare reduzieren.

Viele Menschen in Deutschland haben vergessen, dass die Religionen außerhalb Westeuropas immer sehr präsent waren. Nur die westeuropäischen Gesellschaften haben sich weitgehend von ihren Einflüssen befreit. Sie haben beispielsweise ihre sexuelle Revolution realisiert und erleben derzeit eine neue Welle der Säkularisierung, indem immer mehr Bürger sich auch für sexuelle Minderheitenrechte starkmachen. Während das organisierte Christentum immer noch auf dem Rückzug ist, fordern Muslime, die selbstbewusst als Gläubige auftreten und deshalb einer längst überwundenen Zeit anzugehören scheinen, vehement ihre religiösen Rechte ein. Diese Sichtbarwerdung des Islams lässt die Gesellschaft, die sich von ihrer Religiosität entfernt hat, nicht kalt. Verbunden mit dem Erstarken des islamistischen Terrors sorgt sie für große Verunsicherung. Das schafft eine Konfrontation, in der das Miteinander gemeinsam ausgehandelt werden muss. Denn natürlich gibt es Richtungen des Islams, die hier nicht tolerierbar sind. Auslegungen der Religion, die Andersdenkende, Andersgläubige, das weibliche Geschlecht und sexuell anders Orientierte unterdrücken oder Antisemitismus transportieren, dürfen in Deutschland keinen Platz haben. Wo das Kopftuch als Zeichen gelebter Spiritualität getragen wird, ist es selbstverständlich zu akzeptieren. Nicht zu tolerieren ist es, wenn es aufgezwungen wird. Wie viele der hier lebenden Muslime das religiöse Gesetz über das Grundgesetz stellen, ist nicht wirklich belegt. Sicher ist aber, dass derartige

Interpretationen auch aus religiöser Sicht umstritten sind. Die Mehrheit der deutschen Muslime lehnt sie ab. Man muss deshalb differenzieren: Von «dem Islam» und «den Muslimen» zu sprechen ist falsch und ein Verschenken von Möglichkeiten. Denn erst die Differenzierung erlaubt, angemessen auf ein Problem zu reagieren. Man muss diese toleranten, freiheitsliebenden und gläubigen, ja frommen Muslime mit an Bord holen, wenn den radikalen und menschenfeindlichen Auslegungen nicht das Feld überlassen werden soll. Doch auch eine Variation des Islams, die mit den Menschenrechten kompatibel ist, wird dem Terror letztendlich nicht den Boden entziehen können. Er findet überall dort Anhänger, wo die gesellschaftlichen und politischen Zustände von einem «Wir» und «Ihr» bestimmt werden.

Die Muslime, die in diesem Buch zu Wort gekommen sind, wünschen sich das «Wir». Sie wollen aufklären, Normalität aufzeigen und engagieren sich gegen Missstände in der muslimischen Community. Genauso stellen sie die Probleme dar, die aus der schwierigen Konstellation resultieren, gleichzeitig muslimischen Glaubens und deutscher Bürger zu sein. Allein schon durch ihre Präsenz treiben sie die Veränderung der Gesellschaft voran. Nur der Dialog bietet die Chance, sich aneinander zu gewöhnen, gegenseitig Veränderungen anzustoßen, kurz gesagt: gemeinsam eine tolerante und plurale Gesellschaft zu formen.

Dass der Islam Teil der deutschen Lebenswelt ist, ist aufregend und bereichernd. So wichtig es für den Beobachter sein mag, sich ein Urteil über den Islam zu bilden, es wird in jedem Fall Muslime geben, die diesem Urteil nicht entsprechen. Und am Ende sind sie es und nicht die Populisten, die bestimmen, was ihre Religion ist oder sein kann. Es gibt vieles zu entdecken – diese Reise zeigt nur einen winzigen Ausschnitt davon.

Danksagung

Allen, die in diesem Buch erscheinen, all jenen, die es mit ihrer Unterstützung möglich gemacht haben: Necati Benli, Lena Bopp, Ezhar Cezairli, Simone Dringelstein, Swantje Karich, meiner Mutter Maria Krüger, Mimoun Mokhtari, Katrin Pehle, Erzsébet Nour Roth, Seti und Janina, die ehrenamtlich für Asylsuchende übersetzen und selbst als Geflüchtete nach Deutschland kamen, Constanze Sickart, Elisabeth Siedel, die mir als Stadtführerin von rent-a-guide das Münchner Bahnhofsviertel gezeigt hat, Rainer Schulze und Yüksel. Ohne die Geduld und Hilfe meiner Familie und Freunde hätte ich dieses Buch nicht schreiben können.

Das für dieses Buch verwendete Papier ist FSC®-zertifiziert.